Wege aus der Wohlstandsfalle

Der NAWU-Report: Strategien gegen Arbeitslosigkeit und Umweltkrise

Herausgegeben von:
Hans Cristoph Binswanger
Werner Geissberger
Theo Ginsburg

Fischer
Taschenbuch
Verlag

fischer alternativ
Eine Reihe des Fischer Taschenbuch Verlages
Mai 1979
Umschlagentwurf: Peter Hajnoczky, Zürich
Lizenzausgabe mit freundlicher Genehmigung
des S. Fischer Verlags, Frankfurt am Main

Druck und Bindung: Clausen & Bosse, Leck/Schleswig
Printed in Germany
780-ISBN-3-596-24030-1

Inhalt

Vorwort

Die vorliegende Arbeit faßt Ergebnisse der Forschungsarbeit einer interdisziplinären Arbeitsgruppe zusammen, die sich 1972 in der Schweiz aus Dozenten und Mitarbeitern verschiedener Hochschulen sowie der Privatwirtschaft gebildet hat. Das Projekt stand unter der Leitung von Prof. Dr. Hans Christoph Binswanger, Hochschule St. Gallen, und Dr. Theo Ginsburg, Privatdozent an der Eidgenössischen Technischen Hochschule Zürich. Die Redaktion besorgte Dr. Werner Geissberger, Wettingen/Aargau, der die Teilarbeiten zu einem Ganzen vereinigte.

Das Projekt trug den Titel: »Neue Analysen für Wachstum und Umwelt« (NAWU), und stellte sich zur Aufgabe, Wege zu einer umweltkonformen Wirtschaft aufzuzeigen. Die Zielsetzung lautet ursprünglich wie folgt:

»Wie und mit welchen politisch-rechtlichen Steuerungsstrukturen ist es möglich, aus der Phase eines exponentiellen Wachstums in geordneter Weise, ohne ökonomische Krisen, in ein ökonomisch-ökologisches Gleichgewicht zu gelangen?« Diese Fragestellung wurde später durch den Einbezug gesellschaftlicher Aspekte erweitert, denn es zeigte sich im Verlauf der Forschungsarbeit, daß die Lebensform in einer Wirtschaft mit ökonomisch-ökologischem Gleichgewicht nicht die gleiche sein kann wie in einer Wirtschaft des exponentiellen Wachstums.

Die Ratlosigkeit der offiziellen Wirtschaftspolitik erfordert mutige und realisierbare Konzepte, die in Neuland vorstoßen. Diesem Prozeß des Umdenkens dient dieses Buch. Es wird kein Globalrezept angeboten. Hingegen wird versucht, konkrete Wege aus dem Dilemma aufzuzeigen, in das uns eine bedenkenlose industrielle Expansion geführt hat. Solange die Alternative der Wirtschaftspolitik auf umweltschädigendes Wachstum *oder* Arbeitslosigkeit reduziert wird, so lange wird es unmöglich sein, die Schwierigkeiten der heutigen Situation zu überwinden. Es geht also darum, das Leitbild einer stabilen Wirtschaft zu entwickeln, die allen Menschen Beschäftigung

und Lebensqualität ermöglicht. Die gegenwärtigen wirtschaftlichen Probleme lassen sich nicht mehr mit den üblichen Instrumentarien der Wirtschaftspolitik lösen.
Das NAWU-Projekt findet seinen Niederschlag in verschiedenen Einzelschriften und in der vorliegenden Zusammenfassung. Die Arbeit wurde aus Mitteln des »Schweizer Nationalfonds« finanziert. Ebenso haben einzelne Schweizer Unternehmen diese Arbeit mit Beiträgen unterstützt. Dem »Schweizer Nationalfonds« und den betreffenden Unternehmen sei an dieser Stelle für die großzügige Unterstützung der NAWU-Gruppe gedankt, die in völliger Freiheit arbeiten konnte.

St. Gallen/Wettingen (Aargau)/Zürich   Ende September 1977

Hans Christoph Binswanger   Werner Geissberger   Theo Ginsburg

Die Mitarbeiter des NAWU-Projektes

- Prof. Dr. Hans Christoph Binswanger, Ökonom, Hochschule St. Gallen
- Dr. Martin Boesch, Geograph, Hochschule St. Gallen
- Giorgio Crespo, dipl. Arch., Eidgenössische Technische Hochschule (ETH), Zürich
- Dr. Joan Davis, Biochemikerin, c/o Eidgenössische Anstalt für Wasserversorgung, Abwasserreinigung und Gewässerschutz (EAWAG), Dübendorf/Zürich
- Walter Dänzer, lic. oec., Zürich
- Paul Dubach, dipl. Ing. ETH, Wetzikon/Zürich
- Dr. Werner Geissberger, Ökonom und Publizist, Wettingen/Aargau
- Eleasar Ginsburg, Landesplaner, Zürich
- Dr. Theo Ginsburg, Physiker, Dozent, ETH, Zürich
- Dr. Peter Gross, Sozialwissenschaftler, Universität Konstanz
- Verena Häberli, Raumplanerin NDS/ETH, Zollikon/Zürich
- Beat Hotz, lic. oec., Ökonom, Universität Zürich
- Dr. Ernst Koenig, Wirtschafts- und Sozialwissenschaftler, Zürich
- Elmar Ledergerber, lic. phil. et oec., volkswirtschaftlicher Berater, INFRAS, Infrastruktur- und Entwicklungsplanung, Umwelt- und Wirtschaftsfragen, Zürich
- Dr. Wolf Linder, Jurist und Politologe, Institut für Orts-Regional- und Landesplanung (ORL), ETH Zürich
- Dr. Samuel Mauch, dipl. Ing., INFRAS, Infrastruktur- und Entwicklungsplanung, Umwelt- und Wirtschaftsfragen, Zürich
- Dr. Ruedi Müller-Wenk, dipl. Ing., Tübach/St. Gallen
- Dr. Walter Pankow, Biologe, Zürich
- Dr. Klaus Sorgo, dipl. Verkehrsingenieur, Zürich
- Otto Schmid, dipl. Ing. ETH, Agronom, Landwirtschaftsberater, Wermatswil/Zürich
- Dr. Alois Steiger, Assistent für Volkswirtschaftslehre, Hochschule St. Gallen
- Dr. Arieh A. Ullmann, Betriebswirt, Dipl. Natw. ETH, Internationales Institut für Umwelt und Gesellschaft, Wissenschaftszentrum Berlin
- Hans Werder, lic. iur., Politologe, ORL-Institut der ETH Zürich

Koordination und Sekretariat besorgte: Dorrit Wechler, Zürich

Einleitung

Was will dieses Buch?

Wenn wir unsere heutige Situation erkennen wollen, dann gilt es, die Zukunft in unsere Gegenwart einzubeziehen. Denn wir dürfen morgen nicht im gleichen Stile weitermachen, wie wir gestern begonnen haben. Bei den vorgegebenen Strukturen würde ein stetiges Wirtschaftswachstum unvermeidlich eine Umweltkrise heraufbeschwören. Liefe das Räderwerk der Wirtschaft jedoch langsamer, dann hätten wir die Lähmung des Industriesystems mit Arbeitslosigkeit und Staatsverschuldung bitter zu büßen. Wem nützte ein blauer Himmel über der Ruhr, wenn die Fabrikschlote nicht mehr rauchten, die Maschinen stille ständen?
Ziel dieses Buches ist es, einen Ausweg aus diesem Dilemma aufzuzeigen. Dazu ist die heute vorherrschende, in erster Linie auf die materielle Gütervermehrung ausgerichtete Wirtschaftspolitik nicht mehr in der Lage. Diese Einbahnstraße läßt keine Alternativen offen. Wo aber die Zukunft keine Zukunft mehr hat, droht nicht nur dem Ökosystem Gefahr, auch das Verhältnis von Mensch zu Mensch wird zutiefst gestört.
Doch hüten wir uns vor ideologischen Sandkastenspielen! Die von uns entworfenen Maßnahmenbündel zur Überwindung der Krise lassen sich unter Berücksichtigung bestehender Entscheidungsmuster Schritt um Schritt verwirklichen. Damit sind die Motive zum Handeln gegeben. Unserer Generation bleibt die Chance, durch die politische Aktion die soziale Wirklichkeit mit den ökologischen Voraussetzungen auf dem Raumschiff Erde in Einklang zu bringen.
Wir sind überzeugt, daß die Gesellschaft verändert, die Wirtschaft in neue Bahnen gelenkt werden kann.
Um jedoch Strategien zur Bewältigung unserer Probleme entwickeln zu können, bedarf es vorerst einer exakten Analyse unserer gegenwärtigen Situation. Erst in der Rückblende werden die Kräfte klarer erkennbar, die uns in die Wohlstandsfalle gelockt haben. Und mit Bestürzung stellen wir fest, daß die von unserem hochentwickelten

Industriesystem produzierten »Reichtümer« weder den Hunger aus der Welt zu vertreiben vermochten, noch die durch Raubbau geschlagenen Wunden und Narben unseres geplünderten Planeten heilen können.
Was aber nützt einer Maus der verführerische Speck vor der Nase, wenn sie in der Falle sitzt?

Aufschwung und Wende
Die mächtig anwachsende Produktivkraft des Wirtschaftsapparates lieferte der kauffreudigen Konsumgesellschaft nach dem Zweiten Weltkrieg eine Überfülle von Waren. Der Güterausstoß wuchs sprunghaft an, Erlesenes aus allen Richtungen der Windrose deckte den Tisch der Wohlhabenden. Das einmalige Wirtschaftswunder amerikanisch-westeuropäischer Prägung nach 1945 schlug selbst die Wirtschaftsmanager des Ostblocks und die Führungseliten der Dritten Welt in seinen Bann. Die Spannungen des Kalten Krieges ließen nach; der friedliche Prestigekampf um die höchsten Wachstumsraten beherrschte das Feld. Die wirtschaftlichen und sozialen Eingriffsmöglichkeiten des Staates schienen den krisenanfälligen Kapitalismus in ein stabileres System verwandelt zu haben, die »soziale Marktwirtschaft« garantierte Vollbeschäftigung, wachsende Einkommen, materielle Sicherheit für alle. Und es war, als ob der Mensch endlich den Schweiß aus dem Angesicht wischen könne und sich vom Fluche befreie, der seit der Vertreibung aus dem Paradies auf seiner Arbeit lastete.
Doch neue Hiobsbotschaften verdunkelten den Horizont. Die Kluft zwischen arm und reich, zwischen Süd und Nord, zwischen Peripherie und Zentrum vergrößerte sich, obschon das Bruttosozialprodukt der Industrieländer sprunghaft angewachsen war. Die Nahrungsmittel der auf vier Milliarden angewachsenen Weltbevölkerung wurden knapper. Die »Grüne Revolution«, die den Hunger der Ärmsten hätte stillen sollen, erreichte nicht ihre ursprünglich vermutete Wirksamkeit und verlor ihren Elan. Gleichzeitig ließen Rohstoffverschleiß und rücksichtsloser Energieverbrauch die kommende Knappheit unersetzlicher Güter der Erde ahnen. Ein Weiterwirtschaften im Rafferstil müßte mit zwingender Logik die biologischen Systeme, auf denen das Leben auf unserem Planeten beruht, gefährden und damit letzten Endes die menschliche Gemeinschaft bedrohen.
Diese Ängste wurden durch die unheilträchtigen Computerkurven des legendären *Meadows-Berichtes* des Club of Rome in der Sprache der modernen Wissenschaft ausgedrückt. »Die Grenzen des Wachs-

tums«[1]* – Titel der 1972 publizierten Studie – traten in das Bewußtsein breiter Schichten.

Begreiflicherweise fehlt es nicht an Gegenstimmen und Gegenentwürfen, die in ihrem »Angriff auf die Zukunft« alle einengenden Grenzen zu überwinden hofften. Es wurden vom Managerdenken geprägte globale Szenarien entworfen, die einem faustischen Menschengeschlecht die Bewältigung der Umweltprobleme zumuteten und eine Welt des Wohlstandes, der besseren Ausbildung und der Freizeit prognostizierten. Ihre Hypothesen beeinflußten insbesondere führende Politiker und die kühlen Rechner an den Schalthebeln der Macht. Denn die Manager hatten auf Grund ihrer wirtschaftspolitischen Erfahrung in der relativ langfristigen Aufschwungsphase eine Depression im Stile der dreißiger Jahre aus ihrem Denkschema verbannt. Die Währungskrisen von 1971 und 1973 jedoch signalisierten Störungen des Weltwirtschaftssystems. Ölschock und Energieknappheit, durch die starke Preiserhöhung der erdölfördernden Länder ausgelöst, wirkten als zusätzliche Unsicherheitsfaktoren. Die Krisensymptome verdichteten sich. 1974 wurde ein deutliches Nachlassen des bis zu diesem Wendepunkt immer schneller expandierenden Wirtschaftswachstums konstatiert. Hauptursache: Zusammenbruch des Gold-Dollar-Standards.

Die Dilemma-Situation

Wie war es zu dieser Tendenzwende gekommen? Die Zentralbanken der nicht zum Dollarblock gehörenden Länder hatten sich außerstande erklären müssen, weiterhin zu einem fixen Kurs Dollars anzuhäufen und dafür in beliebiger Menge eigenes Geld auszugeben. Die Stunde der flexiblen Wechselkurse und – damit zusammenhängend – der einschränkenden Geld- und Kreditpolitik hatte geschlagen. Zwar gelang es dadurch die immer schneller gewordene Fahrt in die Inflation abzubremsen, doch mit der Aufhebung des Dollar-Kreditschöpfungsmechanismus wurde gleichzeitig die Finanzierung der Investitionen, auf denen die Wirtschaftsexpansion beruht, eingeschränkt.

Damit aber tauchte ein neues Gespenst auf, das die industrialisierten Staaten seit mehr als drei Jahrzehnten nur noch als Randerscheinung gekannt hatten: die *Arbeitslosigkeit.* Vor dieser akuten Gefahr verblaßten die Sorgen um die Bewahrung einer intakten Umwelt und um die Erhaltung einer Rohstoffreserve für kommende Generationen. Unternehmer und Arbeiter drängten gemeinsam auf die Wie-

* Die Anmerkungen stehen jeweils am Schluß der Kapitel.

derankurbelung der Wirtschaft. Der Slogan »Wachstum des Sozialproduktes« eroberte seine dominierende Stellung in Regierungserklärungen und Parteiprogrammen zurück. Alle Hebel staatlicher Konjunkturpolitik wurden in Bewegung gesetzt, das wachstumsfördernde finanzpolitische Instrumentarium angewandt, einziges Ziel: Intensivierung der Investitionen. Mit einem Seitenblick auf die Arbeitslosenziffer verloren selbst die Bemühungen um die Erhaltung der Preisstabilität an Bedeutung.

Und tatsächlich gelang es, die wirtschaftspolitische Talfahrt zu bremsen. Denn eine konzentrierte Aktion konjunkturpolitischer Maßnahmen, gestützt durch eine investitionsanregende Währungs- und Diskontpolitik der Zentralbanken, vermag selbst dann eine expansive Wirkung zu erzielen, wenn der automatische Dollar-Kreditmechanismus nicht mehr spielt.

Der Konjunktureinbruch von 1974/75 hatte gezeigt, daß eine Abflachung der Wachstumskurve oder gar eine wirtschaftspolitische Stagnation, die allein auf der Bremsung der Kreditschöpfung durch die Banken beruht, zu Arbeitslosigkeit führt. Aber: Wird die Sicherung der Arbeitsplätze durch neue Investitionen nicht einfach zu der Situation zurückführen, die sich aus der Überspitzung des Wachstums in den sechziger und Anfang der siebziger Jahre ergeben hatte? Sollen wir den Teufel mit dem Beelzebub austreiben und wiederum aus der ökonomischen in die ökologische Krise flüchten? Denn die langfristigen Probleme, wie sie beispielhaft Herbert Gruhl in seinem eindrücklichen Plädoyer gegen die Plünderung unseres Planeten beschrieben hat, sind ja geblieben: »Der ›Wettlauf der Systeme‹ ist ein Wettlauf zum Abgrund. Er ist ein blindwütiger Krieg gegen die Erde und die natürliche Umwelt – und damit auch gegen die Grundlagen menschlichen Lebens.«[2]

Im Angesicht dieser Situation wird der Zwiespalt zwischen den Wirtschaftssorgen und den Umweltsorgen immer augenfälliger. Zwei grundsätzlich divergierende Denkmuster prallen aufeinander. Bezeichnend etwa die Auseinandersetzung zwischen zwei Vorkämpfern entgegengesetzter Zielrichtungen, dem Politiker und dem Biologen. In ihrem Streitgespräch – das wir hier in knappester Form wiedergeben – wird eine unüberbrückbare Kluft aufgerissen. *Hans Matthöfer,* Bundesminister für Forschung und Technologie in der Bundesrepublik Deutschland, behauptet:

»Unsere Wirtschaft ist auf niedrigeres oder gar ›Nullwachstum‹ nicht eingestellt. Wachstumsstillstand bedeutet Massenarbeitslosigkeit und damit den katastrophalen wirtschaftlichen Zusammenbruch der

Bundesrepublik Deutschland. Freie Wirtschaft ist Wettbewerbswirtschaft; Wettbewerbswirtschaft kann nur durch ständige Neuinvestitionen für technischen Fortschritt bestehen; Neuinvestitionen können nur durch dauernde steigende Kaufkraft finanziert werden. Eine langsame Abflachung der Wirtschaftskurve ist notwendig und möglich, aber niemals bis zum Wachstumsstillstand. Alle politischen Entscheidungen müssen in Zukunft von der Frage bestimmt sein: *Wie können wir so viel dauerndes Wachstum der Gütererzeugung und der Kaufkraft sichern, daß die freie Wettbewerbswirtschaft lebensfähig bleibt?*«

Dieser Auffassung stellt Dr. Günter Altner, Biologe und Theologe, die folgende These gegenüber:

»Daß in einer Welt von begrenztem Raum und Stoff jedes Wachstum begrenzt sein muß, bedarf keines Beweises. Daß wir den Wachstumsgrenzen näher sind, als noch vor wenigen Jahren bekannt war, hat die Meadows-Studie gezeigt, ungeachtet möglicher Kritik an ihren einzelnen Prognosen über Ressourcen-Bestände und zeitliche Verläufe. Die Ölkrise, die Weltinflation und die Rezession haben die Beurteilung der Gesamtproblematik zunehmend auf die wirtschaftlichen Probleme der Energie- und Gütererzeugung verschoben, darüber wird das primäre Problem der Umweltzerstörung vernachlässigt. Zu ihr gehört nicht nur die wachsende Belastung von Wasser, Luft und Erde mit Schadstoffen und die unwiderrufliche Ausrottung von Pflanzen- und Tierarten, sondern ebenso der rasend beschleunigte Verbrauch der begrenzten Vorräte an fossilen Brennstoffen und mineralischen Rohstoffen. Alle politischen Entscheidungen müssen in Zukunft von der Frage bestimmt sein: *Welche weitere Belastung durch unser wirtschaftliches Handeln erträgt die Natur noch, ohne in voraussehbarer Zeit katastrophal zusammenzubrechen, damit unsere Lebensgrundlage zu zerstören und möglicherweise das Ende der Menschheit herbeizuführen?*«[3]

Was ist zu tun, wenn beide Auffassungen zu Recht bestehen, wenn tatsächlich nur eine wachsende Wirtschaft funktioniert, diese wachsende Wirtschaft aber die Umwelt zerstört? Bleibt uns unter diesen Voraussetzungen nur noch die Wahl zwischen zwei Übeln, dem Bankrott der Wirtschaft oder dem Bankrott der Umwelt?

Zuerst ist allerdings zu prüfen, ob dieses Dilemma wirklich besteht und ob die wirtschaftliche Entwicklung nicht von selbst aus der Wohlstandsfalle herausführt. Es mangelt ja nicht an Zukunftsbildern einer nachindustriellen Gesellschaft, die ihr Füllhorn über eine vergnüglich gesättigte Menschheit ausschüttet und dank ihrem Erfindungsreichtum und ihrer hohen Produktivkraft die Umweltprobleme meistert.

Zwei hervorstechende Thesen beherrschen die Diskussion über Szenarien einer hoffnungsvollen Weltentwicklung, beide mit vordergründig einleuchtenden Argumenten, Überzeugungskraft und Suggestion vorgetragen, beide gern geglaubt, denn sie versprechen den durch Umweltbelastung, Energieschock und Arbeitslosigkeit Verunsicherten: »Vor uns die guten Jahre« (H. Kahn). Diese Theorien einer postindustriellen Wirtschaft, die unser Dilemma bestreiten, bezeichnen wir in unserer Analyse als *»die Sättigungsthese«* und *»die Durchbrecherthese«:*

Der Sättigungsthese liegt die Beobachtung zugrunde, daß »kein Baum in den Himmel wächst«. Analog sei zu erwarten, daß auch die menschliche Gesellschaft ihre Produktivkraft nur so lange für die Steigerung des Sozialproduktes einsetze, als sie noch nicht »gesättigt« sei, ergo ein »Hunger« nach mehr materiellem Wohlstand bestehe. Nach dieser Theorie sollte sich das wirtschaftliche Wachstum von selbst abflachen oder sich bei allseitigem gutem Willen bremsen lassen, ohne daß dieser Übergang in eine Gleichgewichtslage Erschütterungen und Arbeitslosigkeit hervorrufe. Dadurch würde sich das Wachstums-Dilemma automatisch entschärfen und auf die Frage reduzieren, ob der Grenznutzen eines weiteren Wachstums noch größer oder bereits kleiner sei als der Grenzschaden einer zusätzlichen Umweltzerstörung. Logische Folge: Eine Sättigung wäre mit Bestimmtheit zu erwarten. Ungewiß bliebe nur der Zeitpunkt des Wachstumsstillstandes, nicht aber die Möglichkeit eines solchen Stopps.

Die Durchbrecherthese nimmt demgegenüber an, daß ein anhaltendes Wachstum der Wirtschaft möglich und erwünscht sei. Die Umweltqualität würde durch die Expansion der Produktion sogar verbessert, denn jede Wachstumsgrenze könne durch den technologischen Fortschritt und durch Verbesserung der Umweltschutzmaßnahmen durchbrochen werden. In dieser Sicht wird die weitere Steigerung des Sozialproduktes unerläßlich, um die zum Schutze der Natur notwendigen zusätzlichen Mittel bereitzustellen: Wirtschaftswachstum als Voraussetzung, um die Folgen der Expansion zu beseitigen! Eine stagnierende Wirtschaft hingegen würde nicht nur das Arbeitslosenproblem verschärfen und die Armen zu Armut verdammen, sondern auch die Steuergelder zur Beseitigung der Umweltschäden spärlicher fließen lassen.

Oft werden die Sättigungsthese und die Durchbrecherthese auch zur optimistischen Annahme vereinigt, daß auf absehbare Zeit – für die nächsten hundert oder zweihundert Jahre – der technologische Durchbruch gelingen werde, später aber eine gewisse Sättigung wahrscheinlich sei. In diesem Sinne vermutet *Herman Kahn:* »Unserer Meinung nach kann der Einsatz eines ausreichenden Maßes an Intelligenz und gutem Management in der Behandlung der anstehenden Probleme durchaus ein Fortdauern des Wirtschaftswachstums für eine beachtliche Zeitspanne bewirken, und zwar weit eher zum Segen der Menschheit als zum Schaden ... Das heißt nun aber nicht, daß wir ein unbegrenztes wirtschaftliches Wachstum erwarten; vielmehr wird die momentan exponentiell verlaufende Wachstumsrate sich wahrscheinlich auf einem sehr niedrigen Niveau oder sogar bei Null einpendeln«.[4]

Wir können dem Konflikt nicht ausweichen ...

Wäre die Sättigungsthese oder wäre die Durchbrecherthese richtig, dann käme es nur darauf an, gewisse Umweltschutz-Vorschriften (Abfallbeseitigung, Begrenzung der Umweltverschmutzung) zu erlassen und den Verbrauch besonders knapp werdender Rohstoffe auf Kosten reichlich vorhandener Ressourcen zu schonen. Zwar würden sich – wie die Erfahrung zeigt – auch bei einer solchen, relativ einfachen Regelung Interessenkonflikte ergeben, weil die Lastenverteilung umstritten wäre. Stets harrt die Frage »Wer bezahlt?« einer Antwort. Ein grundsätzliches Umdenken jedoch würde nicht gefordert. Die Situation wäre ähnlich wie beim Erlaß der Arbeiterschutzgesetze vor hundert Jahren. Die Gesetzgebung war zwar heiß umstritten, schuf schließlich aber doch allgemein akzeptierte Rahmenbedingungen, ohne daß dadurch der Wirtschaftsablauf empfindlich verändert oder gestört worden wäre.

Müssen aber hinter beide Thesen deutliche Fragezeichen gesetzt werden, dann stehen wir vor einer *Krisensituation* ganz anderer Tragweite, welche das Funktionieren unserer Gesellschaft und ihrer Wirtschaft fundamental trifft. Eine bloße Kurskorrektur innerhalb enggezogener Grenzen genügt nicht mehr, eine Transformation, ein grundlegender Wandel sollte die gegebenen Strukturen zu einer Anpassung an veränderte Lebensbedingungen befähigen. Da wir heute noch auf quantitatives Wachstum programmiert sind, müßte das Programm geändert werden.

Es ist daher entscheidend zu wissen, ob die Aussagen der Sättigungsthese oder der Durchbrecherthese stimmen können. Auf diese Frage gibt dieses Buch durch seine theoretischen Analysen und durch seine

Erfahrungsberichte aus der Praxis eine Antwort. Die eingehende Untersuchung des Wachstumsprozesses und seiner Grenzen wird aufzeigen, daß – im Gegensatz zu den beruhigenden Erklärungsmustern der Sättigungsthese und der Durchbrecherthese – die Auseinandersetzung um die Priorität des Umweltschutzes oder des Wirtschaftswachstums zu Recht besteht. Mag auch in einzelnen Bereichen eine Versöhnung beider Anliegen möglich sein, im Grundsätzlichen wird die Menschheit mit einem *echten Konflikt* konfrontiert. Wir sind herausgefordert, einen Ausweg, eine Lösung zu finden.

Unsere Problemanalyse bildet den Ausgangspunkt zur Entwicklung von Strategien, die wieder zu einem ökologisch-ökonomischen Gleichgewicht hinführen sollen. Zwar sind in vielen Publikationen eindrückliche und zumeist pessimistische Szenarien der Umweltzerstörung entworfen worden; bei der Ausweglosigkeit der aufgezeichneten Situation droht aber die Politik ihren Elan zu verlieren und in die Resignation zu flüchten. Andererseits lockt der Gedankensprung in technologische Science-fiction oder euphorische Wachstumsideologie. Man versucht, die Endlichkeit unseres begrenzten Planeten nicht wahrzunehmen, verdrängt die Probleme und scheut den mühsamen Weg zu ihrer gedanklichen und politischen Bewältigung.

Im Strategie-Teil unseres Berichtes hingegen wird das Gewicht auf Maßnahmenkombinationen gelegt, die sich realistisch mit der heute gegebenen Situation befassen und durchsetzbar sind. Allerdings kann es sich ehrlicherweise nicht darum handeln, *die* richtige Lösung zu propagieren. Vielmehr geht es bescheidener darum, auf Schritte hinzuweisen, die in die richtige Richtung führen – Schritte allerdings, die über die bloße Symptombehandlung hinausgehen. Angesichts der Bedeutung des Problems muß jede Therapie gründlich und umfassend sein. Die üblichen Linderungsmittelchen einer »Umweltschutzpolitik fürs Auge« genügen nicht mehr. *Eine Lösung ist nur denkbar, wenn wir den Mut haben, die Grundlagen unseres wirtschaftlich-gesellschaftlichen Systems zu überprüfen und zu verändern.*

In diesem Sinn bildet die vorliegende Untersuchung vor allem eine Ergänzung und Weiterführung von Vorschlägen, welche die Wirtschaft über die Umweltpolitik in engerem Sinn hinaus zu einem ökonomisch-ökologischen Gleichgewicht führen wollen. Zu diesen Vorschlägen gehört insbesondere die Propagierung einer »mittleren Technologie« durch E. F. Schumacher und das »Überlebensprogramm« von Frederic Vester, das auf der Berücksichtigung der kybernetischen Regelkreise in der Wirtschafts- und besonders der Raumplanung aufbaut.

Zwischenbemerkung: die Situation in der Dritten Welt

Unsere Analysen legen ihr Hauptgewicht auf die Situation in den industrialisierten Ländern, die nach wie vor die Promotoren des wirtschaftlichen Wachstums sind und ein Übermaß der Güter der Erde für sich beanspruchen. Durch die Industrienationen werden – trotz des vergleichsweise geringen Anteils an Menschen, die dort leben – achtzig Prozent der auf der Erde erzeugten Energie und Rohmaterialien verbraucht. Eine relativ geringe Wachstumsrate des Konsums in einem Industrieland bewirkt daher – absolut gesehen – einen wesentlich höheren Umweltverbrauch als eine große Wachstumsrate des Konsums in einem Entwicklungsland. Im Zeitraum von zehn Jahren stieg beispielsweise der Stahlverbrauch in den Vereinigten Staaten mit einer für eine entwickelte Wirtschaft wenig spektakulären Rate von einem Prozent pro Jahr. Das bedeutet immerhin einen Mehrverbrauch von gegen sechzig Kilogramm pro Kopf und steigerte den durchschnittlichen Gesamtverbrauch des Nordamerikaners auf über 600 Kilogramm. Indien ließ im gleichen Zeitraum mit einer Erhöhung des Stahlkonsums um vierzig Prozent aufhorchen. Doch der »Prozent-Boom« entpuppte sich in Wirklichkeit als eine höchst bescheidene Erhöhung des Stahlverbrauchs von neun auf dreizehn Kilogramm pro Kopf.

Im Gegensatz dazu ist das Problem der »Bevölkerungsexplosion« eine Frage, die in erster Linie die Dritte Welt bedrängt, die mehr als zwei Drittel der Weltbevölkerung beherbergt. Dabei lassen die bevölkerungspolitischen Bedingungen dieser »jungen Länder«, in denen Kinder unter fünfzehn Jahren dreißig bis fünfundvierzig Prozent der Gesamtbevölkerung ausmachen, ein Andauern der durch den Bevölkerungsdruck ausgelösten Kettenreaktion vermuten. Tatsächlich wächst die Bevölkerung Afrikas am schnellsten. Dort betragen die jährlichen Zuwachsraten zwischen zwei und drei Prozent. Danach folgen Asien und Südamerika, während die Bevölkerungszahlen in Europa stagnieren oder sogar zurückgehen. Doch die globale Bevölkerungszunahme geht weiter und beträgt im Jahresdurchschnitt etwa 80 Millionen. Zu Beginn des Jahres 1977 ist im »Statistischen Jahrbuch der Vereinten Nationen« ein Bevölkerungszuwachs von 1,9 Prozent errechnet worden. Demnach würde sich die gegenwärtige Erdbevölkerung von 3,97 Milliarden Menschen bis zum Jahre 2011 verdoppeln, wenn die Zuwachsrate nicht reduziert werden kann.

Die Bevölkerungsproblematik ist insbesondere in den Werken von Paul R. Ehrlich und in dem von Mihailo Mesarovic und Eduard

Pestel verfaßten »2. Bericht an den Club of Rome zur Weltlage« eingehend untersucht worden. Während Paul R. Ehrlich in seinem aufrüttelnden Buch feststellt, »das Raumschiff Erde ist heute bis zur Grenze seiner Aufnahmefähigkeit oder darüber hinaus besetzt, und die Nahrung wird bedenklich knapp«, schlägt der Club of Rome in seinen neueren Analysen optimistischere Töne an. Eine Wende sei möglich, »die Menschheit muß nicht weiterhin von einer Krise in die nächste und schließlich in eine dann unvermeidliche Katastrophe stürzen«. Doch läßt dieses Weltmodell »keinen Zweifel daran, daß die Ära nationaler Unabhängigkeit zu Ende geht und daß wir mutige Schritte in das heraufkommende Zeitalter eines globalen integrierten Weltsystems unternehmen müssen«.

Unser Bericht wird die Bevölkerungsfrage nur am Rande streifen, da ihre Bedeutung in die Augen springt und eingehend untersucht worden ist. Als einfach zu handhabende quantifizierbare Größe wird die Bevölkerungsziffer nach unserer Auffassung als Faktor der Umweltkrise eher überbewertet. Unsere Analyse hingegen deutet an, daß nicht das Bevölkerungswachstum die Krisensituation der Industrieländer bestimmt, sondern die Überforderung politischer und gesellschaftlicher Systeme. Hier müssen die Strategien zur Verbesserung unserer Lebensbedingungen ansetzen. Denn die langfristige Dynamik der Wirtschaftsexpansion, die – von den Industrieländern ausgehend – zunehmend auch die Entwicklungsländer erfaßt, kann nur durch Strukturänderungen in sinnvolle Bahnen gelenkt werden.

Gefahr und Chance

Unsere Gesellschaft gilt als pluralistisch, das heißt: sie ist geprägt durch ein Nebeneinander verschiedenster Wertvorstellungen, die sich nicht auf einen Nenner bringen lassen. Diese Auffassung ist irreführend.

In Wirklichkeit war keine Zeit wie die heutige von einem einzigen Ziel, von einer einzigen Wertvorstellung so tief geprägt, die für die ganze Welt – Ost und West, Nord und Süd – einheitlich Gültigkeit hat: der Glaube an das Heil, das in den Wachstumsraten des Sozialprodukts liegt! Wer diesem »Monotheismus« nicht huldigte, wurde zum Außenseiter gestempelt, zur Randschicht degradiert. Heute besteht daher die Gefahr, daß sich Gruppen und Völker, welche sich den Lebensformen der industrialisierten Welt nicht anpassen können oder anpassen wollen, verdrängt werden.

Jeder Glaube lebt von der Unbegrenztheit seines Anspruchs, so auch die Überzeugung vom Segen des Wachstums.

Jedes ideologisch bestimmte Ziel muß in unendlicher Ferne liegen. Es dürfen keine Schranken erkennbar sein. Eine Begrenzung relativiert ein Ziel und verwandelt es aus einem unbedingten zu einem bedingten. Wenn sich daher heute Grenzen des Wachstums zeigen, dann bricht die »Theologie des Wachstums« zusammen. Die divergierenden Zielsetzungen der einzelnen Gruppen der Bevölkerung werden wieder sichtbar. Die geschichtliche Erfahrung belegt, daß sich gesellschaftliche Strukturen jedesmal in »Grenz«-Situationen verändern. Sitte und Verhalten suchen sich in einem langfristigen, schmerzlichen Prozeß auf gewandelte Umweltbedingungen einzuspielen. Darin liegt eine Gefahr und eine Chance: die Gefahr, daß damit der Antagonismus in der Welt, der durch die Intensivierung der wachstumsfördernden Arbeitsteilung vorerst gemindert wurde, wieder verstärkt wird, aber auch die Chance, daß sich der Mensch, statt in steter Flucht vor sich selbst die Befriedigung in einer bloß äußeren Steigerung des Wohlstands zu suchen, wieder vermehrt auf sich selbst besinnt. Diese Herausforderung ist seine eigentliche Chance. Neue Entwürfe zur Gestaltung des individuellen und gesellschaftlichen Lebensraums können wieder ins Gesichtsfeld rücken. *Die Zukunft hängt von unserem Mut zur Veränderung ab.*

Anmerkungen

[1] Dennis L. Meadows u. a., The Limits to Growth. A report for the Club of Rome's project on the predicament of mankind, New York 1972.

[2] Herbert Gruhl, Ein Planet wird geplündert – Die Schreckensbilanz unserer Politik, Frankfurt am Main 1975 (Zitat auf Buch-Einband).

[3] Zitiert aus: Max Himmelheber, Alternativen zur Kernenergie – Gedanken nach einer Tagung über Energiepolitik, Scheidewege 1976. S. 355 f.

[4] Herman Kahn, Vor uns die guten Jahre, Wien 1977, S. 16.

I. Teil:
Der Wachstumsnotstand

1.
Wege in die Wohlstandsfalle

Seit Mitte des 19. Jahrhunderts hat eine industrielle Revolution die andere überrollt. Die Kohle wurde durch andere Energieträger ergänzt oder ersetzt. Elektrizität aus Wasserkraft, Erdöl, Atomstrom traten hinzu. Das leichte Aluminium rivalisiert mit dem schweren Eisen. Chemische Prozesse führen zu ganz neuen Dimensionen der industriellen Revolution. Das Flugzeug verbindet alle Wirtschaftszentren der Welt zu einer Einheit. Und wenn auch das wirtschaftliche Wachstum durch zwei Weltkriege und die große Krise der dreißiger Jahre unterbrochen wurde, so setzte es sich bisher immer wieder von neuem durch. Die Zeit nach dem Zweiten Weltkrieg bis anfangs der siebziger Jahre bildete den Höhepunkt dieser Entwicklung.
Was steht hinter dieser Dynamik? Wird sie nach der gegenwärtigen Rezession sich wieder verstärken oder aber in absehbarer Zeit nachlassen und dann in einen Sättigungszustand münden, oder in eine Krise ausarten?

Die Dynamik der Erwerbswirtschaft
Das ursprüngliche Ziel der wirtschaftlichen Tätigkeit war nichts anderes als die *Versorgung* mit den lebensnotwendigen Dingen – Nahrung, Kleidung, Wohnung. In den letzten 200 Jahren wurde dieses Ziel abgelöst bzw. ergänzt durch das dynamische Prinzip des *Gelderwerbs.* Man spricht daher auch von der *Erwerbswirtschaft.* Sie ist im Gegensatz zur Versorgungswirtschaft von vornherein auf Dynamik und Unersättlichkeit angelegt, da es zwar für den Bedarf an Nahrung, Kleidung und Wohnung eine gewisse Sättigungsgrenze gibt, nicht hingegen für den Bedarf an Geld, das beliebig lang »gelagert« und akkumuliert werden kann und den Anspruch auf Leistungen in der Zukunft verbrieft, in die sich Wunschträume und Hoffnungen ohne Grenze projizieren lassen. Schon Aristoteles spricht davon, daß diejenigen, die auf Erwerb bedacht sind, versuchen, »ihr Geld ins Grenzenlose zu vermehren«, und daß daher eine

Wirtschaft, die auf Gelderwerb angelegt ist, »ins Endlose geht« und keine Grenze kennt.

Das erste Ziel der Erwerbswirtschaft ist fraglos ein hoher *Gewinn*, der nur durch steigenden *Konsum* erreicht werden kann. Der Emissionsprozeß des Geldes hat letzten Endes einen wachsenden Verbrauch im Sinne. Deswegen müssen auch die Löhne zunehmen. Der Produktionsfortschritt durch die Fabrikationsbetriebe der arbeitsteiligen Wirtschaft wird mit höheren Erträgen honoriert, die sowohl in die Gewinne wie in die Löhne gehen. Die längere Wartefrist bis zum Produktionsausstoß wird durch den *Zins* entgolten. Ein Teil dieser Einnahmen wird in Form von *Steuern* für den Staat abgezweigt, dessen Budget in der Regel sogar noch überproportional zu den übrigen Einkommen zunimmt. Die Steigerung der Gewinne, der Löhne, der Zinserträge und der Steuern kommt in einem höheren Volkseinkommen zum Ausdruck, dessen ständiges Wachstum konsequenterweise zum Ziel der Erwerbswirtschaft geworden ist. (Dies gilt auch für das sozialistische System. Es ist ebenfalls als System der Erwerbswirtschaft zu bezeichnen, auch wenn an die Stelle der privatwirtschaftlichen Gewinne die Zunahme des volkswirtschaftlichen Gesamtbudgets gerückt ist. Auch hier ist daher die ständige Erhöhung des Sozialprodukts das erklärte Ziel aller wirtschaftlichen Tätigkeit.)

Das Entscheidende ist nun: eine Erwerbswirtschaft muß sich ständig ausdehnen. Jeder Rückgang in der Produktion löst eine Wirtschaftskrise mit all ihren bedenklichen Folgen aus: Arbeitslosigkeit, sinkende Einkommen, steigende Staatverschuldung.

Um diese Wachstumsimpulse fixieren zu können, gilt es, den *Geldschleier* zu zerreissen und die Meinung zu widerlegen, Geld sei bloß bequemes Tauschmittel. Das Geld verwandelt sich und verändert in der Erwerbswirtschaft seinen Charakter: Das »Mehrprodukt« der einstigen Versorgungswirtschaft wurde vom Grundherrn als »Zehnter«, zumeist in Form von Naturalprodukten und Frondienst, eingezogen und in feudaler Art durch Bauten und Kriegszüge »konsumiert«. Der *»Mehrwert«* der Erwerbswirtschaft aber ist eine Geldgröße, das Erzielen dieses Überschusses ist ein ökonomischer Vorgang, da dieser Investitionsprozeß zur *Schöpfung* neuer Geldwerte beiträgt.

In allen *Produktionsprozessen* werden die *Arbeitskraft* sowie das gespeicherte Wissen und Können durch *Investitionsgüter* (Werkzeuge, Maschinen, Fabriken) potenziert und zu ihrer Ausschöpfung *Kredite* aus Sparmitteln und aus neugeschöpftem Geld beansprucht.

Die im Wirtschaftsgeschehen gewonnene Erfahrung, die hergestellten Produkte und die Geldkredite tragen ihrerseits wiederum zur Mehrung dieses Kapitals an Innovation, Gütern und Geld bei.
Produktion und Konsum sind siamesische Zwillinge des Wirtschaftsprozesses, beide für die Existenzsicherung der menschlichen Gesellschaft unerläßlich. Güterherstellung und Güterverbrauch scheinen miteinander in einem Ablaufrhythmus verbunden zu sein, der sich repetiert. Die produzierten Güter werden an diejenigen geliefert, die sie konsumieren, und diese stellen dafür wieder ihre Arbeitskraft der Produktion zur Verfügung. In Wirklichkeit handelt es sich aber nicht um einen Kreislauf: *zwei Unterbrechungen* verdienen besondere Beachtung:

- erstens schließt das Ende des Wirtschaftsprozesses, der Konsum, nicht wieder direkt an den Anfang, die Produktion an: die Abfälle werden nur in beschränktem Ausmaß regeneriert: es werden daher ständig neue natürliche Ressourcen beansprucht;
- zweitens werden die sich immer wiederholenden Wirtschaftsabläufe – Produktion und Konsum – durch die aufeinanderfolgenden Kapitalisierungsvorgänge durchbrochen und damit in ihrer Größe und Zusammensetzung verändert.

In einer *wachsenden Wirtschaft* erfolgt der Wechsel von Konsum und Produktion demnach nicht mehr im Sinne einer bloßen Wiederholung, sondern als *Expansion* unter ständiger Ausweitung des Konsumstroms, des Produktionsstroms und des Geldstroms. An die Stelle eines Kreislaufs tritt somit eine *Spirale*: das Ende des Umlaufs führt nicht mehr an den Anfang derselben zurück (vgl. Figur 1).
Diese »ökonomische Spirale« wird zum Symbol für die quantitative Steigerung: Dank der mit der Kapitalerhöhung verbundenen Kapazitätsausweitung wachsen Produktion und Verbrauch. Durch den global noch immer ungebrochenen Bevölkerungsboom erhält diese Bewegung zusätzlichen Auftrieb.

Der unersättliche Mensch

Wozu aber diese ständige Ausweitung? Es wäre denkbar, daß eine menschliche Gemeinschaft, welche die Existenz eines jeden materiell zu sichern vermag, das wirtschaftliche Wachstum freiwillig eindämmt und damit den Prozeß der Ausweitung von Produktion und Konsum zum Erliegen bringt, da sie schließlich *»gesättigt«* ist. Dem stehen jedoch nicht nur die objektiven Wachstumszwänge entgegen, sondern auch subjektive, schwer zu sättigende Motive des menschlichen Handelns.

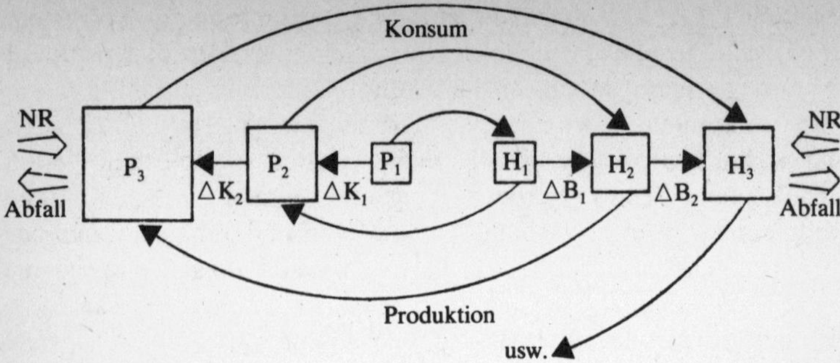

Legende: P = Betriebe (Produktionsstätten) H = Haushalte (Konsumstätten) △K = Kapitalzuwachs △B = Bevölkerungszuwachs NR = Natürliche Ressourcen

Figur 1: Die »ökonomische Spirale«: Der Wechsel von Konsum- und Produktionsprozeß erfolgt heute nicht mehr im Sinne einer bloßen Wiederholung, sondern im Sinne einer Expansion, d. h. unter ständiger Ausweitung des Konsum- und Investitionsstroms (Realeinkommenserhöhung, Nettoinvestitionen) einerseits, des Produktionsstroms andererseits. Sofern man überhaupt noch von Wiederholung des Wirtschaftsprozesses im Zeitverlauf sprechen kann, so nur im Zusammenhang mit einer quantitativen Steigerung. An die Stelle eines Kreislaufs tritt somit eine Spirale: das Ende eines Umlaufs führt nicht mehr an den Anfang desselben zurück. Der Bogen wird immer größer. Gleichzeitig wächst sowohl das ökonomische Kapital ($P_3>P_2>P_1$) als auch die Bevölkerungszahl ($H_3>H_2>H_1$). Die Spirale ist asymmetrisch, weil in den entwickelten Ländern der Kapitalzuwachs stärker ist als der Bevölkerungszuwachs. Dank der mit der Kapitalerhöhung verbundenen Produktionssteigerung kann somit auch der Konsum pro Kopf der Bevölkerung ansteigen. Außerdem wächst der Verbrauch an Natur, sowohl im Sinne des Verzehrs von natürlichen Ressourcen als auch als Beanspruchung der natürlichen Lebensgrundlagen, während diese gleichzeitig durch die Abfälle beeinträchtigt bzw. zerstört werden.

Der Hunger wird als Mangelerlebnis empfunden, das zur »Nahrungssuche« motiviert. Hat dieses Verhalten zum Ziel geführt, verschwindet die Antriebskraft; das Motiv fällt in die Passivität zurück und wird erst wieder belebt, wenn erneut »Hunger« verspürt wird. Dieses Verhalten entspricht dem *homöostatischen Motivationsmodell*: Es besteht eine Art Verbindung (Rückkoppelung), die bei zunehmender Sättigung das Motiv abschwächt. Das Homöostasemodell ist geeignet, eine ganze Reihe von physiologischen Motiven zu erklären, wie Schlafbedürfnis, Durst, Sexualität, aber auch immaterielle Verlangen, wie menschliche Zuneigung. Allerdings versagt es schon bei relativ einfachen leiblichen Bedürfnissen. So kann es das Verhalten des Weinliebhabers nicht deuten, der bei gefülltem Keller weiter Wein hortet. Es versagt auch beim Phänomen, daß der

Mensch bei kalorienmäßiger Sättigung immer feinere, exotischere Speisen wünscht oder schließlich gar süchtig wird und immer mehr nach einer Ware (Alkohol, Nikotin, Rauschgifte) verlangt. Bei den Motiven, die den Menschen nach Rang und Ansehen, Besitz und Vermögen streben lassen, scheint der menschlichen Gier ohnehin keine Grenze gesetzt zu sein.

Obschon das homöostatische Motivationsmodell nur begrenzten Erklärungswert aufweist, beherrscht es die landläufigen Vorstellungen über die Motivation, weil es so einleuchtend ist und die elementarsten Motivationsprozesse auf den ersten Blick zufriedenstellend erklärt. Es überrascht daher nicht, daß auch in der Nationalökonomie das homöostatische Motivationsmodell eine tiefgreifende Wirkung hinterlassen hat in Form des *Grenznutzenprinzips.* Dieses besagt, daß der Mensch eine zusätzliche Mengeneinheit eines Gutes um so geringer bewertet, je mehr Einheiten er von diesem Gut schon hat. Als 1. Gossensches Gesetz formuliert: »Die Größe eines und desselben Genusses nimmt, wenn wir mit der Bereitung des Genusses ununterbrochen fortfahren, fortwährend ab, bis zuletzt Sättigung eintritt.« Würde dieses Gesetz gelten und wären die Bedürfnisarten des Menschen ein für allemal gegeben und nicht vermehrbar, dann könnte in der Tat globale Sättigung eintreten.

Soziologen und Psychologen widersprechen den vereinfachenden Erklärungsversuchen der Ökonomen. Abraham Maslow beispielsweise geht von der Prämisse aus, daß die menschlichen Grundbedürfnisse hierarchisch geordnet sind. Bedürfnisse höherer Ordnung werden erst dann zu zentralen Motiven, wenn Bedürfnisse niedriger Ordnung ausreichend befriedigt werden. Seine Theorie deckt die Hintergründe auf, die unser unstillbares Verlangen erklärbar machen:

a) Das Motiv ist selbstverstärkend, etwa beim *Bedürfnis* nach *Selbstverwirklichung,* das immer von neuem nach Erfüllung und Fortentwicklung des Selbst strebt.
b) Das Motiv kann infolge sozialer Konkurrenzerscheinungen nicht gesättigt werden: Dieser Fall tritt zum Beispiel beim *Machtstreben* auf. In einer Gesellschaft ist Macht nie absolut, sondern immer relativ als Machtdifferential zur Bezugsperson zu verstehen. Wird diese Differenz verändert, wird das Machtstreben erneut aktiviert. Strebten alle Menschen nach Macht, wäre die Eskalation unaufhaltsam.
c) Das Motiv ist nicht zu sättigen, weil Sättigung das Motiv erst recht weiterverstärkt. Ein Beispiel dafür bietet das *Sicherheitsstreben,*

das durch erhöhten materiellen Wohlstand zu befriedigen ist. Dazu aber ist quantitatives Wirtschaftswachstum erste Voraussetzung. Expansion aber ist mit intensivierten wirtschaftlichen und sozialen Strukturänderungen verbunden, die das Bedürfnis nach noch mehr Sicherheit aufkommen lassen. Hier wird erkennbar, daß bei wachsender »Befriedigung« bestimmter Motive die Stärke der Motivation paradoxerweise zunimmt, indem das Anspruchsniveau steigt.

Es liegt auf der Hand, daß an sich in einer wachsenden Wirtschaft die Motive, die »ins Grenzenlose« streben, stärker zum Zuge kommen als diejenigen, welche auf Sättigung angelegt sind. Zwar ist nicht zu verkennen, daß viele Menschen gegenüber den Produkten des zivilisatorischen Systems eine gewisse Sättigung oder sogar Übersättigung, ja Überdruß empfinden – anders wäre die sich verstärkende Aversion gegen den Straßenbau und der Kampf um die letzten Bäume in der Stadt nicht zu verstehen. Die andern Motive sind aber in ihrer Wirksamkeit ebenfalls nicht zu verkennen. Dies gilt für die Manager, deren Geltung und gesellschaftliche Anerkennung in hohem Maß von der Größe der Firma abhängen, und für die Mitglieder von Regierungen und Parlamenten, deren Einfluß und Macht durch die Größe des Staatsbudgets bestimmt wird, über das sie verfügen. Aber es gilt auch für die Arbeitnehmer – vom Handlanger bis zum Direktor –, die nach Sicherheit, und das heißt in erster Linie nach Sicherheit des Arbeitsplatzes, streben und diese um so eher garantiert glauben, je stärker die Wirtschaft expandiert.

All diese Motive sind neben den inneren Wachstumszwängen der Erwerbswirtschaft mitzuberücksichtigen, wenn wir im folgenden das Wachstum der Unternehmungen und den Konzentrationsprozeß in der Wirtschaft, die Verstärkung der Staatsbürokratie und die immer gefährlichere Abhängigkeit des einzelnen von Wirtschaft und Staat betrachten.

Die Konzentrationsbewegung in der Wirtschaft

Das Wirtschaftswachstum wird heute nicht mehr primär durch die Vermehrung von selbständigen, eigenständigen Wirtschaftseinheiten gefördert. Inneres Wachstum bereits bestehender Unternehmungen durch *Produktionsausweitungen* und der Drang zu äußerem Wachstum durch *Betriebszusammenschlüsse* und Geschäftsfusionen spielen eine weit entscheidendere Rolle. Im Jahre 1929 betrug der Anteil der 100 größten nordamerikanischen Industriekonzerne 44 Prozent am industriellen Sachkapital. Dreißig Jahre später waren es über 60

Prozent. Die Konzentrationsbewegung in Industrie und Handel ist unaufhaltsam: Trotz der Abflachung der gesamtwirtschaftlichen Zuwachsrate vergrößerten die zehn führenden schweizerischen Konzerne ihren Umsatz von 32 Milliarden im Jahre 1969 auf 56 Milliarden im Jahre 1975. Im gleichen Zeitraum ging die Verkaufsfläche des Detailhandels um 17 Prozent zurück, mehr als 6000 Ladengeschäfte ließen ihre Rolläden für immer herunter und 20 000 Landwirtschaftsbetriebe wurden aufgegeben.
Durch die »Inzucht der Giganten« erhöhten beispielsweise die hundert bedeutendsten Konzerne der Bundesrepublik Deutschland ihren Umsatz in der kurzen Zeitspanne von 1972 bis 1974 von 327 Milliarden auf 456 Milliarden Mark und sicherten sich damit 25 Prozent des gesamtwirtschaftlichen Umsatzes. Hingegen haben in den letzten 15 Jahren fast 750 000 selbständige Unternehmer – vom kleinen Einzelhändler bis zum mittelständischen Fabrikanten – ihren Betrieb aufgegeben. In diesem Zeitraum ist jeder fünfte aus dem Markt ausgeschieden. (Vgl. Tab. 1).

Tabelle 1: Rückgang der Selbständigen in der Bundesrepublik

Jahr	Selbständige (in Mio.)	Mithelfende Familien-angehörige (in Mio.)	Abhängige (in Mio.)	Total (in Mio.)	Selbständige in % des Total der Erwerbs-tätigen
1950	3 245	3 168	13 963	20 376	15,92
1955	3 215	2 855	17 160	23 230	13,89
1960	3 284	2 632	20 331	26 247	12,51
1965	3 027	2 285	21 841	27 153	11,14
1970	2 690	1 732	22 246	26 668	10,08
1975	2 510	1 420	21 420	25 350	9,90

Statistisches Jahrbuch der Bundesrepublik Deutschland

Viele kleinere Betriebe verschwanden jedoch nur als zählbare Einheiten, ihre *Produktionskapazität* aber wurde von größeren Unternehmungen übernommen und ausgeweitet. In der Schweiz verloren die Kleinbetriebe mit weniger als fünfzig Beschäftigten in zehn Jahren sieben Prozent ihrer Arbeitskräfte. Unternehmungen mit mehr als fünfhundert Mitarbeitern hingegen erhöhten ihre Belegschaft um drei Prozent. Dabei wächst mit der Konzentration der Arbeitskräfte in der Regel auch die monetäre Produktivität. Beispielsweise arbeiten in den zehn größten Unternehmungen der Bundesrepublik Deutschland ungefähr siebzehn Prozent aller in der

Industrie Tätigen. Diese Konzerne erzielten jedoch zwanzig Prozent des Industrieumsatzes. Dies bedeutet, daß im gutorganisierten Großbetrieb die einzelne Arbeitskraft mehr Güterwerte erzeugt als im Gewerbe.
Die 25 größten Industriekonzerne Westeuropas beschäftigen heute mehr als fünf Millionen Arbeitskräfte. Wie in einer Untersuchung der »Europäischen Gemeinschaft« festgehalten wurde, gibt es in der ganzen Welt etwa 100 000 größere Unternehmungen mit Niederlassungen in zwei oder mehreren Ländern. Die 4534 multinationalen Konzerne mit Sitz in den neun Ländern der Europäischen Gemeinschaft beherrschen 49 256 Betriebe außerhalb ihres Stammlandes. 2570 USA-Großkonzerne verwalten 24 177 ausländische Tochtergesellschaften; dabei unterhalten 300 dieser Konzerne Verbindungen zu abhängigen Unternehmungen in mehr als zwanzig Ländern.
Betriebsgröße wird zu einem schlagkräftigen strategischen Mittel, um *Wirtschaftsmacht* anzustreben und durchzusetzen. Der vielseitig verflochtene *Konzern* vermag die Märkte besser zu überblicken und zu beherrschen. Ihm steht der Zugang zum internationalen Geldmarkt offen und damit der Zugriff auf großzügige Kredite für die Finanzierung seiner Expansion. Durch ihre weltweiten Verbindungen schafft sich die »Weltfirma« einen Informationsvorsprung, der sie befähigt, ihre Forschungsanstrengungen auf neue Entwicklungsgebiete und Zukunftsmärkte zu lenken.

Die Staatsbürokratie nimmt zu

Diesem »Gesetz« des Machtzuwachses der Mächtigen ist in einer verwalteten Welt jedoch auch die *Staatsbürokratie* in ihrer spezifischen Art unterworfen. Da der Staat prinzipiell allen Anliegen gegenüber, die von potenten Wählergruppen oder einflußreichen Lobbyisten der Wirtschaft formuliert werden, zugänglich ist, weitet sich sein Aufgabenbereich unausweichlich aus. Einmal übernommene Pflichten aber werden der auf Stabilität bedachten Administration belassen, auch wenn der ursprüngliche Anlaß für den Staatseingriff nicht mehr besteht.
Der Sachzwang *staatlicher Ausgabensteigerung* wird in allen Industrieländern durch zwei wesentliche Impulse gesteuert:
- Das politische System ist gezwungen, eine immer *kostspieligere Infrastruktur* für den wachsenden Wirtschaftsapparat bereitzustellen (Raumplanung, Verkehrssysteme, Versorgung und Entsorgung) und gleichzeitig Regulierungsmechanismen (Wirtschaftspolitik, Geldpolitik, »Konjunkturspritzen«, Subventionen für ge-

fährdete Wirtschaftszweige) zu entwickeln, die ein reibungsloses Funktionieren der Wachstumswirtschaft sichern.

- Der Bereich jener *Dienstleistungen*, die weder das Wirtschaftssystem produziert, noch die Kleinfamilie aus eigener Kraft erbringen kann (Gesundheitsdienst, Erziehung, Betreuung von Randgruppen, Schutz der bedrohten Umwelt), weitet sich aus. Einzig möglicher »Produzent« dieser lebensnotwendigen Güter: *der Staat.*

Wo herkömmliche Sozialstrukturen aufs radikalste auf individualistischen Warenkonsum zurückgebunden werden – wir denken an den Lebensstil der mobilen Kleinfamilie im Wohnblock der ungestalten Agglomeration –, da ist der Mensch *zwingend auf materielle und geistige Gemeinschaftseinrichtungen* angewiesen.

Der Rückzug in die Kleinfamilie

Der Konzentrationstendenz in der Wirtschaft und der Verstärkung der Staatsbürokratie steht der Rückzug des einzelnen in die Kleinfamilie gegenüber. Die Lebenssituation der *Arbeiter* erfuhr im anbrechenden Industrialismus eine grundsätzliche Umwälzung. Die Erfindung der Dampfmaschine hatte mitgeholfen, die überlieferten handwerklichen Arbeitsmethoden zu erschüttern. Die Kraft des jungen Kapitalismus steigerte sich in der Mitte des 19. Jahrhunderts zu einem eigentlichen Gründertaumel. In einem mit rücksichtsloser Schärfe geführten Konkurrenzkampf wurde die moderne technische Welt geschmiedet.

Doch der äußere Glanz dieses Booms, der Enthusiasmus erfolgreicher Unternehmer und der sich bereichernden Bürger vermochte nicht darüber hinwegzutäuschen, daß eine wachsende Arbeiterschicht sich um menschenwürdige Behausung und tägliches Brot sorgte.

Das anbrechende 19. Jahrhundert hatte den europäischen Ländern eine in der Geschichte des Abendlandes einmalige Bevölkerungsvermehrung gebracht. Große Teile der entwurzelten Landbevölkerung überfluteten die Städte. An primitive Lebensbedingungen gewohnt, drückten sie den Lebensstandard der arbeitenden städtischen Bevölkerung herunter. Die Bindungen an die Hausgemeinschaft lösten sich auf. Da die Maschine physische Kraft »einspart«, konnten die Fabrikarbeiter jederzeit ausgewechselt und durch Frauen und Kinder ersetzt werden.

Die Not des 19. Jahrhunderts ist heute einem breiten Wohlstand gewichen. An die Stelle der Ausbeutung der Arbeitskraft ist eine verstärkte Ausbeutung der Natur getreten. Geblieben aber ist die

Reduktion der Hausgemeinschaft auf die Kleinfamilie, die im 19. Jahrhundert als die »heile Welt« idealisiert wird. Menschen flüchten sich in den »Randstunden« aus ihrem arbeitsintensiven Alltag, sie verlassen zu häufig das verwirrende politische Kampffeld, um »chez soi« der Gemütlichkeit zu pflegen: »my home is my castle«. Als Gegengewicht zur kontaktarmen Außenwelt wird *im intimen Kreis* versucht, ein inniges beziehungsreiches Verhältnis zu pflegen – Vater, Mutter und Kind, der Freundeskreis, die Wohngemeinschaft als harmonische Oase in einer als feindlich empfundenen Umwelt. Die gesellschaftliche Moral verlangt und erwartet im privaten Kreis Verhaltensmuster und kulturelle Wertsysteme, die in der Wirtschaft und in der Politik längst über Bord geworfen worden sind oder dem erwerbswirtschaftlichen Prinzip und der politischen Macht grundsätzlich zuwiderlaufen.

Durch die Auflösung der Großfamilie in der frühkapitalistischen Epoche und den bis heute fortdauernden Rückgang der Geburtenrate in den hochindustrialisierten Ländern wurden zwei bedeutsame psychologische Effekte ausgelöst: Einerseits entstand durch die Betreuung der wenigen Kleinkinder in der *Kleinfamilie eine homogene Kleinstgruppe*, die in einem sozialen Ghetto lebt. Der ursprüngliche Zusammenhang zwischen den Generationen in einem größeren Sippenverband reduzierte sich auf Liebe und Leid in der zusammengeschrumpften Familie, die sich – wenn wir den von der vordergründigen Moral schützend um das Familienidyll gewobenen Schleier zerreißen – häufig als Nährboden für uneingestandene Ängste und seelische Komplexe erweist. Es gibt keine Rückkehr des »verlorenen« Sohnes in den von einem autoritären Vater beherrschten Familienkreis.

Andererseits wurde diese von gesellschaftlichen Bindungen entblößte Kleinfamilie zu einem starken *Impuls der Wachstumswirtschaft.* Der beziehungslose Mensch kann seine gesamte Produktivkraft gegen wachsende Entlöhnung ungehemmt der arbeitsteiligen Wirtschaft zur Verfügung stellen. Braucht sie die Arbeitskraft nicht mehr, so läßt sie den unbehüteten Menschen fallen, der in der Kleinfamilie keinen Schutz finden kann. Versicherungssystem oder staatliche Fürsorge müssen den Fall des von der Wirtschaft abgeschriebenen Menschen dämpfen. Die Bürokratie des Sozialstaates wächst. Der Zwang zur Produktionssteigerung scheint unausweichlich.

Mehr als neunzig Prozent der in den Arbeitsprozeß eingespannten Bevölkerung sind von Lohnzahlungen direkt abhängig. Ohne staat-

liche und gewerkschaftliche Unterstützung würden die privaten Reserven der Arbeiterfamilien im Durchschnitt kein Vierteljahr zur Sicherung der nackten Existenz ausreichen.
Das Industriesystem bindet die Kleinfamilie mit tausend Fäden an den Produktionsapparat und zwingt die kleine Hausgemeinschaft mit der »Durchökonomisierung« sämtlicher Dienstleistungen und Handreichungen zur Bezahlung steigender fixer Kosten. Der Arbeiter hat nicht bloß die Mittel zur steten Erneuerung seiner Arbeitskraft sicherzustellen und seine Familie zu ernähren, Miete, Versicherungsbeiträge, Krankenkassenprämien müssen am Monatsende unerbittlich bezahlt werden. Mit der Stromrechnung flattert die Telefonrechnung auf den Tisch, Zeitungsabonnement und Fernsehkonzession sind für die Information unerläßlich.
Die *Geldform des Lohnes* ermöglicht seine Umsetzung im breiten Spektrum des Güterangebotes und gibt dem Lohnempfänger das Gefühl, steigendes Einkommen, in wachsenden Konsum verwandelt, trage zu seiner Selbstverwirklichung bei. Diese Konsumerwartung, die durch erhöhte Arbeitsleistung befriedigt werden kann, verstärkt den der Existenzunsicherheit innewohnenden Anstoß zur Entfaltung der Produktivkräfte. Die Wirtschaft setzt diesen Impuls in eine unaufhörlich wachsende Produktion um.

Die Wirtschaft als Antriebskraft des zivilisatorischen Systems
Versuchen wir, das Wachstumsproblem als einen Systemzusammenhang zu begreifen, dann werden zwei Dimensionen erkennbar: die Beziehung der Gesellschaft zum »Ökosystem« (Mensch – Natur und Mensch als Teil der Natur) sowie die Beziehungen der Menschen untereinander. Im *Wirtschaftsbereich* (erwerbswirtschaftliches System) agiert der einzelne als Arbeiter oder Unternehmer, in der Regel als kleines Rad in einem unüberblickbaren Gefüge, im *politischen Bereich* (politisch-administratives System/Staat) als überforderter Staatsbürger; im *familiären Bereich* (soziokulturelles System) als Mitglied der Kleinfamilie und des Bekanntschaftskreises. Dieser Systemzusammenhang wird von innern Widersprüchen geprägt. Denn die Wirtschaft wird vom Prinzip der Effizienz beherrscht, in der demokratischen Gesellschaft wird eine soziale Gleichwertigkeit angestrebt, und in der Familiengemeinschaft sucht der einzelne mitmenschliche Wärme, Geborgenheit und Selbstverwirklichung. Die Undurchschaubarkeit der Welt weckt Ohnmachtsgefühle, die in der Kleinfamilie kein genügendes Gegengewicht haben (vgl. Figur 2).

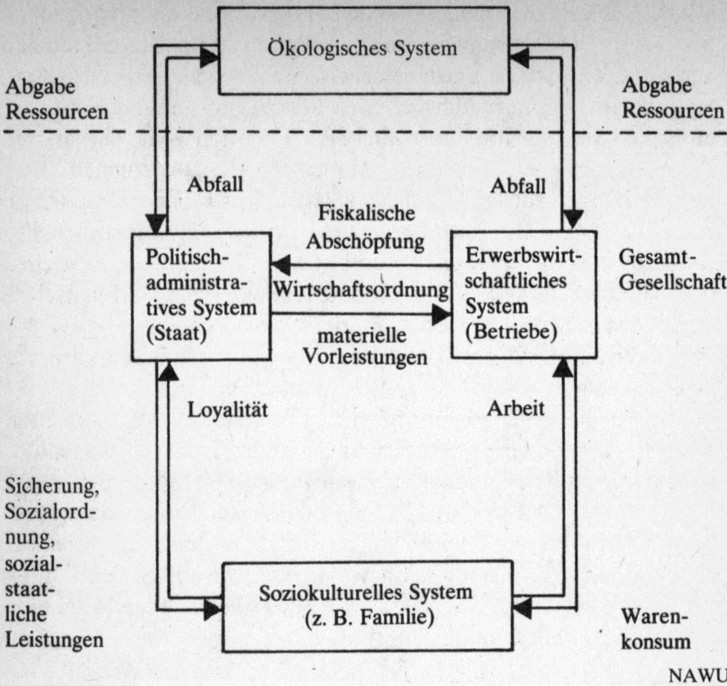

Figur 2: Das zivilisatorische System: Die Zusammenhänge zwischen den drei selbständig ausdifferenzierten Teilbereichen innerhalb des zivilisatorischen Systems: Wirtschaft – Staat– Familienbereich.

Im zivilisatorischen Systemzusammenhang dominiert der erwerbswirtschaftliche Bereich immer stärker. Denn der zentrale Punkt der Wachstumsproblematik besteht gerade darin, daß in der Erwerbswirtschaft die Erzielung monetären Mehrwerts auch dann noch sinnvoll scheint, wenn die sozialen Kosten überproportional ansteigen und die ökologischen Ressourcen aufgezehrt werden. Produktion um der Produktion willen bedarf gleichzeitig immer mehr öffentlicher Güter (Verkehrsanlagen, Kommunikationssysteme, Erschließung und Versorgung, Ausbildung der Arbeitskräfte), die nur kollektiv bereitgestellt werden können und ein optimales Wachstum der privaten Produktion erst ermöglichen. Der Ausbruch aus diesem Teufelskreis des Wachstums scheint undenkbar: Um den wachsenden Bedarf an öffentlichen Gütern und Diensten zu decken, ist das politisch-administrative System auf das Wachstum der privaten Warenproduktion angewiesen. Demnach unterliegt nicht nur die Wirtschaft, sondern auch der Staatsapparat den Wachstumszwängen, das soziokulturelle System hingegen, der private Bereich der Familiengemeinschaft wird immer mehr eingeengt. Ökonomie und Bürokratie zeichnen der Gesellschaft den Weg vor, den sie zu gehen hat.

In einer *Gesamtbetrachtung* erkennen wir den inneren Zusammenhang zwischen Unternehmungswachstum, Rohstoffverzehr, Umweltzerstörung und sozialem Zerfall. Die zunehmende Belastung der Ökosphäre durch die sich ausweitende industrielle Produktion bedroht die natürlichen Kontrollfunktionen und gefährdet die ökologischen Kreisläufe. Wirtschaftsunternehmungen aber, seien sie nun verstaatlicht oder in Privatbesitz, tendieren zu einem Eigenleben, dessen Merkmal die wirtschaftliche Expansion ist. Denn die Unternehmung ist im Rahmen des bestehenden Wirtschaftssystems gezwungen, ihre Umsätze zu erhöhen, um weitere Investitionen vornehmen zu können. Die Bevölkerung erwartet, daß der Staat diese Wirtschaftspolitik unterstütze, weil bei der üblichen Gleichsetzung von Wohlstand mit Verbrauch ihr eigener Lebensstandard von einem hohen Bruttosozialprodukt direkt abhängig ist. Ein Rückgang der wirtschaftlichen Aktivitäten würde eine Kettenreaktion auslösen und – so scheint es – den Zusammenbruch des Sozialsystems herbeiführen.

2. Das Verstummen der Natur

Das Leben des Menschen glich zu allen Zeiten einer Gratwanderung. Der Kampf um das tägliche Brot, die Auseinandersetzung mit den Kräften der Natur fordert seine Kräfte heraus. Hungersnöte und Seuchen bedrohen seine Existenz. Unheimliche Himmelserscheinungen wurden als Vorboten einer Endzeit gedeutet. Seher und Propheten trachteten die Zeichen an der Wand zu enträtseln. Was birgt die Zukunft?

Von den Zahlenspielen und der geheimen Bildersprache der Mythen und Offenbarungen spannt sich ein weiter Bogen zu den heute verfügbaren, mit wissenschaftlichen Methoden gewonnenen Informationen. Nach einer vom Fortschrittsglauben geprägten Epoche ist das Bewußtsein der Bedrohung wieder spürbarer geworden. Doch nicht mehr aus der Ohnmacht des Menschengeschlechtes, seinem Ausgeliefertsein an undurchschaubare Gewalten, wächst die Gefahr, sondern aus seiner scheinbaren Übermacht, aus seiner Fähigkeit zur grenzenlosen Ausbeutung der Natur.

Ein Blick auf unsere Erde: Zunehmende Verschmutzung von Gewässern und der Luft; der Abfall häuft sich; Naturlandschaften werden durch neue Stadtteile, Touristenzentren, Straßen und Flugplätze beeinträchtigt, landwirtschaftliche Böden durch Düngemittel und Pflanzenschutzmittel belastet; die Reserven an Energiequellen wie Öl, Gas, Uran oder an anderen Rohstoffen, wie Blei, Kupfer, Zinn, Quecksilber, sinken, und gleichzeitig steigt die Zahl der ausgerotteten Tierarten und Pflanzen.

Diese Beispiele stellen die vier äußeren *Hauptsymptome* der Umweltproblematik dar: 1) Verschmutzung von Wasser, Luft, Boden; 2) Erschöpfung der natürlichen Ressourcen, 3) Zerstörung der Landschaft und 4) Gefährdung von Tier und Pflanze.

Der alte Planet

Die Ökosphäre unseres Planeten hat sich in mehr als vier Milliarden Jahren in einer Art Kapitalisierungsprozeß aufgebaut, an dessen

Ende der sogenannte *ökologische Kreislauf* steht. Dieses ökologische Kapital ist unsere Welt oder – theologisch formuliert – die *Schöpfung:* die Sonne, welche die Urenergie liefert, das Wasser, die Erde, die Luft, die Mineralien und schließlich die fossilen Brennstoffe, die bereits Produkte der Photosynthese (Aufbau chemischer Stoffe unter Mitwirkung des Lichtes) sind. Heute ist die Entwicklung des Ökosystems zwar nicht vollständig, aber doch nahezu abgeschlossen: die Welt ist »alt« geworden. Das bedeutet, daß sich im natürlichen Regelkreis Zuwachs und Abgang von Weltmaterie und Lebenssubstanz nahezu die Waage halten. Das System befindet sich im *Gleichgewicht.* Das Bild eines solchen Prozesses ist der *Kreislauf,* weil das Ende wieder an den Anfang anschließt, gleichbleibend in endloser Folge.

Als Lebewesen blieb der Mensch, der sich seine Nahrung ausschließlich als Sammler, Jäger und Fischer verschaffte, während Jahrtausenden in den ökologischen Kreislauf einbezogen, eingebettet in den gelassenen, gleichmäßig dahinfließenden Strom des Werdens und Vergehens. Doch auch als die wirtschaftlichen Prozesse durch »Erfindung« der Landwirtschaft vor ca. 10 000 Jahren auf einer primitiven Stufe einsetzten, wurde dieser Regelkreis kaum gesprengt. Die landwirtschaftlichen Abfälle verwandelten sich wieder in Humus, Rohstoff für eine neue Produktion; die Ernte lieferte Saatkörner für die nächste Aussaat. Allmählich entwickelten sich neben den sich selbst versorgenden Bauernbetrieben neue Produktionsstätten (Gewerbebetriebe) und Konsumstätten (Haushalte als Konsumeinheiten). Dabei zeigte sich, daß die Ökosphäre sehr elastisch ist: sie erträgt eine relativ starke Vermehrung der Zahl und der Aktivitäten des »Homo faber«, des die Natur ausbeutenden Menschen, ohne aus den Fugen zu geraten. Der definitive Verzehr der natürlichen Ressourcen und die Ablagerung des nicht verwertbaren Abfalles waren zu Beginn der Industrialisierung immer noch so gering, daß beide Störfaktoren angesichts der Fülle der Natur praktisch bedeutungslos blieben. In diesem einfachen Wirtschaftsprozeß (Landwirtschaft, Gewerbe und industrielle Kleinbetriebe) kann die Natur als nach menschlichem Ermessen unendliche Produktionsquelle und Ablagerungsstätte betrachtet werden.

Heute jedoch hat die wirtschaftliche Entwicklung eine Dimension erreicht, welche mit der zerstörerischen Gewalt einer Naturkatastrophe das ökologische System bedroht. Die Menschheit beansprucht einen immer größeren Platz auf der Erde und bedrängt damit die übrigen Lebewesen, denen sie Nahrung und Lebensraum wegnimmt.

Gewiß ist der Mensch auf die ausbeutbaren Güter angewiesen. Aber er überfordert in einer industrialisierten Welt die natürlichen Kreisläufe und verbraucht mehr, als für die Sicherung seiner Existenz notwendig wäre. In diesem Sinne ist er weitgehend ein Parasit, der allerdings dank seiner Parasitentätigkeit der Welt etwas Neues hinzufügen kann: die *geistige Tätigkeit.* Und in seiner Fähigkeit, zu neuen Erkenntnissen vorzustoßen, liegt nicht nur eine Gefahr, sondern auch eine Hoffnung.

Mit der *technologischen Entwicklung* wächst der Einsatz der Maschinen, die Investitionen nehmen zu. Je größer jedoch der *ökonomische* Kapitalstock wird, um so stärker wird der *ökologische* Kapitalstock reduziert. Im gleichen Ausmaß, wie beispielsweise Straßen und Häuser gebaut werden, gehen Wiesen und Waldflächen verloren. Immer mehr teilt sich die Welt auch geographisch in zwei Sphären: in die wachsende »Stadtsphäre«, welcher primär die Wirtschaft und die industrialisierte Landwirtschaft zuzurechnen sind, und in die »Landsphäre«, jene immer kleiner werdenden Zonen der primitiven Landwirtschaft, der nomadisierenden Viehzüchter und der unberührten, unausgebeuteten Landstriche. Mit der unaufhaltsamen Zunahme der Stadtsphäre auf Kosten der Landsphäre wird das ökologische durch das ökonomische Kapital verdrängt.

Unter diesem Gesichtswinkel ist das meiste von dem, was wir als Produktion bezeichnen, im Grunde genommen ökologischer Konsum. Diese Erkenntnis wird in der üblichen Ökonomie außer acht gelassen. Doch die Ausdehnung der Stadtsphäre beweist, daß wirtschaftliches Wachstum durch Zuschüsse aus der ökologischen Sphäre alimentiert werden muß.

Das bedrohte System: Natur/Zivilisationsmaschine

Wir können den ganzen technisch-wirtschaftlichen Vorgang in einer Industrie- und Konsumgesellschaft bildlich im Systemzusammenhang Natur/Zivilisationsmaschine darstellen (siehe Figur 3). Energie und Rohstoffe fließen auf der einen Seite als Produktionsfaktoren der Natur hinein, und auf der anderen Seite fließt gleich viel Materie und Energie wieder als Abfall heraus. Diese Maschine, die laufend Rohstoffe in Abfall verwandelt, läuft mit anhaltendem materiellem Wachstum immer schneller. Die Durchlaufströme (Rohstoff – Energie – Abfall) sind bedeutend größer als die internen Ströme der Rezirkulation. Die Abfallströme nehmen zum Teil immer wieder neue und für die Natur giftigere Formen an. Diese *Durchlauf*maschine unterscheidet sich grundsätzlich vom *natürlichen Regelkreis,* dem

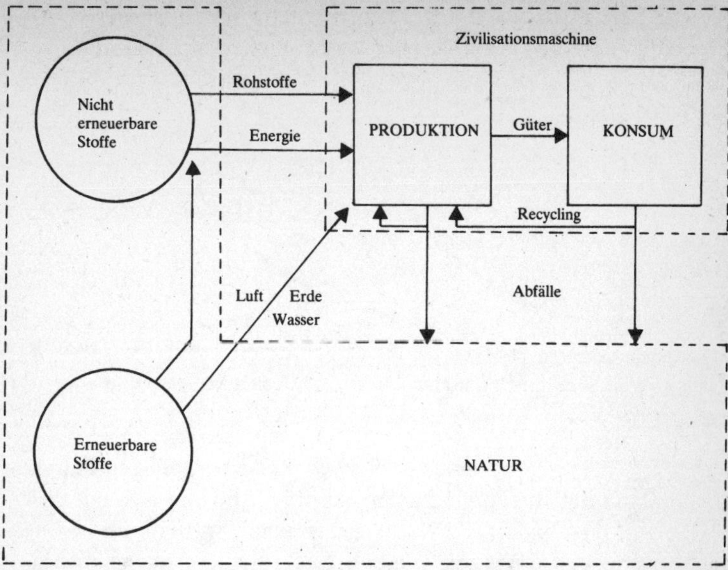

Figur 3: Systemzusammenhang – Natur/Zivilisationsmaschine. NAWU

die Agrarwirtschaft noch ganz angepaßt war. Denn im natürlichen Kreislauf werden weder nicht-erneuerbare Rohstoffe ausgebeutet noch für die Natur oder Teile davon giftige Abfälle produziert. Während dieser Kreislauf sich immer wieder aus eigener Kraft erneuert, muß die Durchlaufmaschine gefüttert werden. Sie kann jedoch nicht beliebig schnell und nicht beliebig lange laufen, weil die Natur nicht unendlich große Lager von nicht-erneuerbaren Rohstoffen besitzt und auch keine beliebig große Kapazität, um Abfallstoffe aufzunehmen und trotzdem noch brauchbare Rohstoffe – Luft und Wasser – und nahrungsproduzierenden Boden ständig zu regenerieren.

Wie lange noch ist Expansion möglich?

Die Erfahrung zeigt, daß langfristig dem exponentiellen Wirtschaftswachstum und dem überexponentiell zunehmenden Verzehr an Umwelt kein wirksamer Bremsfaktor entgegensteht. Wenn dem so ist, muß es zu einem Zusammenprall des ökologischen und des ökonomischen Systems kommen, das heißt, das exponentielle Wachstum stößt an die durch die nicht mehr weiter wachsende Ökosphäre gegebene Grenze (vgl. Figur 4).

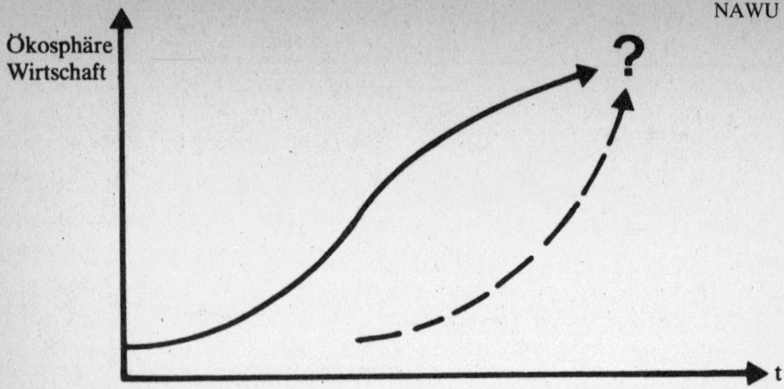

Figur 4: Wann erfolgt der Zusammenprall von ökonomischer und ökologischer Entwicklung?

Diese Erscheinungen sind in der letzten Zeit in unzähligen Publikationen, bald mit wissenschaftlicher Akribie, bald als packendes Szenario eines geplünderten Planeten, dargestellt worden. Die Fakten sind erschreckend. Wir zeigen diesen Sachverhalt an einem anschaulichen Beispiel:

Im Vergleich zum geologischen Zeitraum, während dem unsere fossilen Brennstoffe abgelagert wurden, erscheint die Rate, mit welcher unsere Generation das Erdöl verbrennt, wie eine sehr kurze auflodernde Stichflamme (vgl. Figur 5). In kürzester Zeit wird der Rohstoff Erdöl – und Erdgas – verbrannt, obwohl er noch für viel wichtigere Bedürfnisse wertvoll und notwendig wäre (Herstellung von Kunststoffen, Kleidern, Chemikalien).

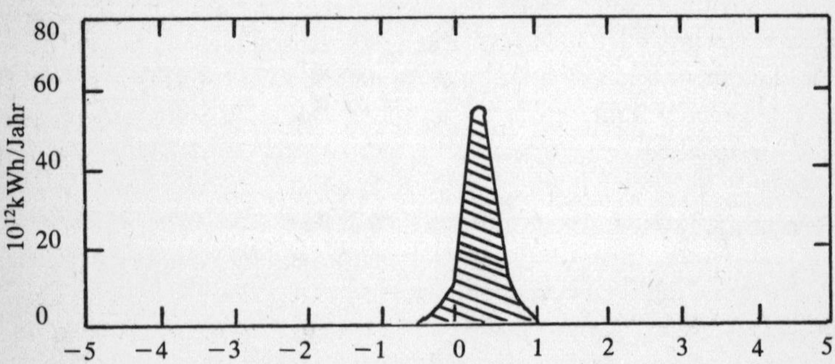

Figur 5: Das Zeitalter der Ausbeutung fossiler Brennstoffe in historischer Perspektive von jeweils 5000 Jahren vor und nach der Gegenwart.[1]

[1] Cloud, P. (Hrsg.); Wovon können wir morgen leben, München 1971, S. 212.

Damit stellt sich die Frage, *wie lange* dieses exponentielle Wachstum in einer begrenzten Welt, auf dem Raumschiff Erde, andauern könne. Werden nicht die Verschmutzung von Luft, Gewässern und Boden, die Zerstörung der Landschaft, der Verzehr der Ressourcen und die Ausrottung von Tieren und Pflanzen auch exponentiell zunehmen bis zu jenem Punkt, wo die eigentliche Lebensgrundlage des Menschen und die natürlichen Produktionsfaktoren Natur, Energie und Ressourcen zerstört sind?

Die Meadows-Studie über die »Grenzen des Wachstums« hat diese dynamischen Zusammenhänge zwischen wachsender Bevölkerung, Industrieproduktion, Nahrungsproduktion, Umweltverschmutzung, Ressourcen in komplexen Weltmodellen auf dem Computer simuliert. Mit einem Blick auf die ausgewählten Daten können seine Resultate nicht überraschen: Der Wachstumsprozeß wird nach einer gewissen Zeit durch eine der äußeren *Wachstumsgrenzen* zerstört; entweder durch vernichtend hohe Umweltverschmutzung, durch erschöpfte Ressourcen oder aber durch mangelnde Nahrungsproduktion. Jedesmal, wenn eine der Wachstumsgrenzen durch technische Maßnahmen hinausgeschoben werden kann, wird eine gewisse Zeit später eine andere Grenze um so härter spürbar. Wird zum Beispiel die Umweltverschmutzung durch Kläranlagen und Luftfilter herabgemindert, so ist die Gefahr nicht gebannt: ein oder zwei Jahrzehnte später werden entweder wichtige natürliche Ressourcen erschöpft sein oder auf der schwindenden Agrarfläche kann nicht mehr genug Nahrung produziert werden.

Doch Meadows Beweisführung blieb nicht unwidersprochen. Seine Kritiker bemängeln, daß er in seinen Modellen jeweils nur eine einzige technologische Veränderung berücksichtigt. Sicherlich müsse bei anhaltendem Wachstum der Bevölkerung und der Güterproduktion die Umweltverschmutzung steigen. Warum aber sollte es nicht möglich sein, gleichzeitig den Wirkungsgrad der Umweltschutzmaßnahmen in immer kürzeren Abständen zu verbessern? Ist es nicht denkbar, daß die Umweltschutz-Technologie dieses Wettrennen zwischen »Igel und Hase« gewinnt? Im folgenden wollen wir daher die Thesen der »Optimisten« darstellen, die dem »Hasen« des technischen Fortschritts die größten Chancen geben.

3.
Optimismus auf schwankendem Boden – Die drei Durchbrecherstrategien

Wirtschaftspolitischer Zwang und individuelle Wertvorstellungen lassen voraussehen, daß die Entscheidungsträger der Industrienationen das Vabanquespiel der wirtschaftlichen Expansion fortsetzen wollen. Nicht bloß das Bruttosozialprodukt der eigenen Volkswirtschaft gilt es zu mehren. Wachsende Konsumgüterproduktion und Intensivierung des Welthandels, so wird argumentiert, seien vor allem für die Entwicklungsländer gerechtfertigt, ja lebenswichtig, um die materielle Not zu bannen. Gleichzeitig müßten vermehrte ökonomische Mittel für den Einsatz der Umweltschutztechnologie bereitgestellt werden. Denn die *Durchbrecherthese* besagt:

- Anhaltendes Wirtschaftswachstum ist notwendig, um die Menge der jährlich produzierten Güter und Dienstleistungen und damit den Wohlstand und die Lebensqualität der Bevölkerung weiter zu mehren.
- Das Ausmaß der negativen ökologischen Auswirkungen kann so weit reduziert werden, daß die natürlichen Kreisläufe als Produktionsbasis nicht von nachhaltigen Störungen betroffen sind, sofern spezielle Umweltschutztechnologien entwickelt und eingesetzt werden. Dieses Ausmaß kann konstant gehalten werden.
- Voraussetzung für wirksame Umweltschutztechnologien ist allerdings die Verfügbarkeit über praktisch unbegrenzte Energiequellen.
- Die finanziellen Mittel für die erforderlichen Umweltschutztechnologien sind nur bei anhaltendem Wirtschaftswachstum zu beschaffen.

Durchbruchstrategie 1: Rettung durch Umwelttechnologie?

Der unaufhaltsame technische Fortschritt scheint jenen recht zu geben, die von der *Machbarkeit* einer befriedeten Welt überzeugt sind. Wie könnte eine von dieser Geisteshaltung geprägte Gesellschaft ihre Lebensbedingungen verbessern? Welche Lebensbereiche fassen die »Durchbrecher« ins Auge, wenn sie in wohldokumentier-

ten Analysen Wohlstandssteigerung und bessere Lebensqualität prognostizieren? Mit welchen konkreten Maßnahmen wollen sie ein Anwachsen der Umweltbelastung vermeiden?
Ein Dokument ihrer Denkweise, die sich lediglich an technischen Maßnahmen orientiert, stellt eine Untersuchung der US-»Commission on Population Growth and the American Future«[1] (Ridker Report) dar, dessen Zeithorizont auf 30–50 Jahre begrenzt ist, wobei alle Überlegungen in erster Linie auf die Situation in den USA ausgerichtet sind, in ihren Aussagen jedoch auch Gültigkeit für andere hochindustrialisierte Staaten beanspruchen können.
R. C. Ridker und sein Forschungsteam berechneten, daß eine allmähliche Erhöhung des Einsatzes für technische Umweltschutzmaßnahmen auf 2 Prozent des Sozialprodukts im Jahre 2000 genügt, um den Zustand von Wasser und Luft nicht nur auf dem gegenwärtigen Stand zu halten, sondern sogar wesentlich zu verbessern. Dieser Aufwand für den Schutz der Umwelt würde für die Periode 1972–2000 das Wachstum des Bruttosozialproduktes von schätzungsweise 4 Prozent jährlich nur wenig reduzieren.
Für die nächsten 50 Jahre wird nicht mit Schwierigkeiten in der Energieversorgung gerechnet; auch das Ressourcenproblem werde in diesem Zeitpunkt noch nicht aktuell. Die Schlußfolgerung aus dem Ridker-Report lautet demnach einfach: Das vordergründige Umweltbelastungs- und das Ressourcenproblem können am besten gelöst werden, wenn das Wirtschaftswachstum wie bisher weitergeht und die auftretenden Schäden durch technische Maßnahmen reduziert werden. Es wurde generell angenommen, daß das reale Wirtschaftswachstum andauert (Zeithorizonte 2000, 2020) und daß die in diesem Zeitraum wahrscheinlich realisierbaren technischen Entwicklungen zum Schutze der Umwelt (zum Beispiel Ersatz des internen Verbrennungsmotors, Verbesserung der Filteranlagen) nach Maßgabe der Umweltschutzgesetzgebung verwirklicht und eingesetzt werden können. Dabei beschränken sich die quantitativen Aussagen auf Emissionen von bekannten Schadstoffen in der Luft und im Wasser und auf den Abbau nicht erneuerbarer Ressourcen. Mögliche neue Schadstoffe und die Probleme der Raumbeanspruchung bleiben unberücksichtigt.
Ähnliche Schlüsse wie in den technologisch geprägten Überlegungen des Ridker-Reports werden in den Modellrechnungen des Ökonomen *Leontief*[2] gezogen. Zwar wird hier festgehalten, daß sich der Ausstoß von Schadstoffen zwischen 1970 und 2000 weltweit vervierfachen wird. In Lateinamerika sei mit einer Verachtfachung, in

Afrika und Asien sogar mit einer Verzehnfachung gegenüber 1970 zu rechnen. Dennoch werden auch im Jahr 2000 noch die entwickelten Länder die stärkste Umweltbelastung verursachen. Dank einer heute bereits realisierbaren Verbesserung der »Antipollutions-Technologie« könnte jedoch errechnet werden, daß der Ausstoß von Schadstoffen im Jahr 2000 niedriger wäre als der heutige. Die Kosten dafür werden auf jährlich 150 Milliarden Dollar veranschlagt, was etwa 1,2 Prozent der weltweit zu erwartenden Produktion entspricht. Wenn allerdings durchgreifende Maßnahmen zur Bekämpfung der Umweltverschmutzung nicht schnell ergriffen würden, so wäre das wirtschaftliche Wachstum bedroht. Auch müßten sich die Kosten für die Beseitigung von Schäden erheblich vergrößern, wenn nicht sofort gehandelt werde.
Doch mit der Bedrohung wachse die Bereitschaft, technologische Durchbrüche vorzubereiten, neue Erfindungen auszuwerten. *G. Mensch*[3] hat in seiner Theorie den Zusammenhang zwischen Krisensituation und Beschleunigung des Innovationstempos nachgewiesen. In wirtschaftlichen Krisenperioden – beispielsweise 1825, 1886 und 1935 – sei die Innovationshäufigkeit am größten gewesen. Neue Technologien, Innovationsschübe und technologische Durchbrüche hätten dabei nicht nur die Grundlage für neue Produktivitätssteigerungen gelegt, sondern auch zu langfristig anhaltenden Konjunkturaufschwüngen beigetragen. Dabei müsse allerdings festgehalten werden, daß bei fortschreitender Technologie der Einsatz an Geld und Geist für neue Durchbrüche immer größer werde.

Durchbruchstrategie 2: Energie im Überfluß?

Der Philosoph des Kernenergie-Zeitalters, *Alvin M. Weinberg*[4] geht in seinen Prognosen von der Voraussetzung aus, daß in naher Zukunft – das heißt spätestens in rund hundert Jahren – der Industriegesellschaft eine *unerschöpfliche Energiequelle* zur Verfügung steht. Denn Weinberg rechnet mit einem Ersatz für die in wenigen Generationen verbrauchten fossilen Brennstoffe (Ausnahme: Kohle) durch Brüter- und Fusionsenergie sowie, was neu ist, Sonnenenergie. Gleichzeitig untersucht er die Möglichkeit des Austausches von Rohstoffen (Age of Substitutability). Er kommt zum Schluß, daß nur Phosphor und Kohlenwasserstoffe (fossile Brennstoffe) sich nicht austauschen lassen und nicht in unbeschränkten Mengen vorhanden sind. Alle übrigen Ressourcen würden erst in 1–100 Millionen Jahren aufgebraucht sein, wären also praktisch unbegrenzt verfügbar. Das gilt im besonderen für diejenigen Stoffe,

auf denen unsere heutige Zivilisation weitgehend aufbaut: Glas, Plastik, Holz, Zement, Eisen, Aluminium und Magnesium. Es wird auch gezeigt, daß für eine Reihe von Metallen (Aluminium, Rohstahl, Titan, Kupfer) die Extraktionsenergie beim Übergang von stark auf schwach konzentrierte Erze entweder überhaupt nicht oder unwesentlich, maximal auf das Doppelte, steigen würde. Hingegen beansprucht die Entsalzung von Wasser, das der Landwirtschaft zur Verfügung zu stellen wäre, relativ viel Energie. Weiter wird auf mögliche Engpässe wie den Kohlebedarf für die Stahlproduktion beim Fehlen fossiler Brennstoffe hingewiesen.
Basis der Energiebilanz Weinbergs bildet der heutige Lebensstandard der Nordamerikaner. In einer Welt, die ihre fossilen Brennstoffe aufgezehrt hat, ihren steigenden Wasserbedarf nur noch durch die Entsalzung des Meerwassers zu decken vermag, wird die *Energie zum eigentlichen Lebensnerv*. Weinberg schätzt, daß für die Meerwasserentsalzung pro Kopf zusätzliche zwei Kilowatt aufgewendet werden müssen. Die weniger ergiebigen Lagerstätten für die Metallgewinnung, der Ersatz der Kohle (als Reduktionsmittel) und andere aufwendigere technologische Prozesse benötigen zusätzliche zwei Kilowatt pro Kopf. Nach seinen Berechnungen würde sich der Pro-Kopf-Verbrauch in den Industrieländern auf 15 Kilowattstunden, in den Entwicklungsländern auf 7,5 Kilowatt einpendeln. Weinberg rechnet mit einer Zunahme der Weltbevölkerung auf 15 Milliarden Menschen, von denen ein Drittel in hochindustrialisierten Ländern leben. Dies ergäbe eine globale Energieleistung von 150 Terawatt (elektrische Energie und Wärmeenergie) gegenüber 7 Terawatt heute. Dies bedeutet: *eine Zunahme des Energieverbrauches um das Zwanzigfache.*
Nach den Ideen Weinbergs wird die Energieproduktion im nachfossilen Zeitalter gänzlich auf die Brütertechnologie abgestützt. Bei Atomkraftwerk-Einheiten von 5000 Megawatt (was etwa 1500 Megawatt Elektrizität entspricht, da gleichzeitig Abwärme produziert wird) werden im stabilisierten Zustand (Sättigung) rund 30 000 Einheiten benötigt, um die Energieversorgung sicherzustellen.
Annahme: volle Auslastung von 8760 Stunden pro Jahr bei einer Lebensdauer des Reaktors von 30 Jahren. Folge: Jahr für Jahr müßten *1000 neue Reaktoren* in Dienst gestellt und ebenso viele wieder abgebaut werden.

Durchbrecherstrategie 3: Durchbruch an allen Fronten?

Herman Kahn, Physiker und Mathematiker, Mitbegründer und Leiter des Hudson-Institutes, hat in seinen Szenarien eine Zukunft gezeichnet, in der fünfzehn oder gar zwanzig Milliarden Menschen mit dem mittleren materiellen Lebensstandard des heutigen Nordamerikaners in friedlichen, sozusagen paradiesischen Verhältnissen die Erde bevölkern. Er geht von der Beobachtung aus, daß es vor zweihundert Jahren vergleichsweise wenig Menschen gegeben habe, die Menschheit arm und den Naturgewalten ausgeliefert gewesen sei. In den nächsten zweihundert Jahren aber wachse nicht nur die Zahl der Menschen rapid an, sondern auch ihr Wohlstand. (Tab. 2 u. 3).

Der Zeitplan des großen Übergangs vom Beginn der industriellen Revolution bis zur Erreichung dieses vorläufigen Endzustandes des quartären Zeitalters sieht Kahn schematisch in einer sich abflachenden (logistischen) Kurve, welche vierhundert Jahre dramatischer Entwicklung der Menschheit umfaßt. Auf halbem Wege dieser entscheidenden Periode von vier Jahrhunderten stellt Herman Kahn das Auftauchen superindustrieller Wirtschaftsformen mit außergewöhnlich großen Unternehmen fest, »die alles durchdringende Kräfte sowohl in der physischen wie in der sozialen Umwelt darstellen«. Doch diese Struktur könnte von postindustriellen Wirtschaftsformen abgelöst werden, »in denen die Produktion der lebenswichtigen Güter aufgrund der technologischen und wirtschaftlichen Entwicklung zu einer trivial leichten Aufgabe geworden ist«[5]. Dabei erwarten die »Durchbrecher«, daß sich auf der ganzen Welt im Laufe der Zeit ähnliche Wirtschaftssysteme und Verhaltensnormen durchsetzen werden, wobei alle Länder die Charakteristika von superindustriellen und postindustriellen Gesellschaften annehmen werden.

In dieser Periode wird die Oberfläche unserer Erde komplett umgestaltet: von der Biosphäre der vorindustriellen Zeit, wo der Mensch sich als Teil der Natur betrachtete, zu der Technosphäre des postin-

Tabelle 2: Markierungen auf dem Weg zum quartären Zeitalter nach Kahn

Jahr	Weltbevölkerung (in Millionen)	Globales Bruttosozialprodukt pro Jahr (Milliarden $ 1976)	Bruttosozialprodukt pro Kopf ($ 1976)
1776	750	150	200
1976	4 100	5 500	1 300
2176	15 000	300 000	20 000

Herman Kahn, Vor uns die guten Jahre, S. 20

Tabelle 3: Die historischen Prozesse im Zeitraum der entscheidenden 400 Jahre (1776–2176)

Epoche	Industriestaaten	Entwicklungsländer
Vor 1776	Vorindustrielle Gesellschaften	
1776–1925	Übergang zur Industrialisierung	Vorindustrielle Gesellschaften
1925–1950	Übergang zur Massenkonsumgesellschaft	Beginn der Industrialisierung
1950–1980	Großes Wirtschaftswachstum Umweltkrise, superindustrielle Wirtschaft	Großes Bevölkerungswachstum Entkolonialisierung Industrialisierung
1980–2025	Übergang zur postindustriellen Wirtschaft, Ausbau der superindustriellen Gesellschaft und Kultur	Ausbau der industriellen Wirtschaft
2025–2176	Ausbau der postindustriellen Wirtschaft, Übergang zur postindustriellen Gesellschaft und Kultur	Übergang zur postindustriellen Wirtschaft, Gesellschaft und Kultur
nach 2176	weltweit volle Entwicklung des quartären Zeitalters	

Herman Kahn, Vor uns die guten Jahre, S. 24

dustriellen Zeitalters, wo die künstlich geschaffene Welt des Menschen alle anderen Lebewesen dominiert.
Im strahlenden Lichte seiner Zukunftsprognosen zeichnet Kahn immer wieder die zauberhaften Gefilde, die wir dank den technologischen Durchbrüchen mühelos erreichen werden. Reichtum und Freizeit schaffen ein neues Reich der Freiheit, in dem eine spielerische, kreative Gesellschaft ihren aristokratischen Lebensstil pflegt: Nicht nur Weltreisen, Jagden, die reich gedeckte Tafel des Gourmets als Merkmale einer lustbetonten Wohlstandsgesellschaft zeichnen das quartäre Zeitalter aus – dem gebildeten Individuum bleibt die Muße für geistreiche Konversation, für die eigene Selbstentfaltung und die faszinierende Entdeckungsreise in die Landschaft der Seele.

Die Grenzsituation

Die Verfechter der Durchbrecherthese halten ein anhaltendes Produktionswachstum für unerläßlich, um die Lebensbedingungen der Menschheit zu verbessern. Die Ängste über die schwindenden Rohstoffreserven und die wachsende Umweltbelastung seien unbegründet. Denn der Erfindergeist des Menschen, seine Fähigkeit, sich neuen Umweltbedingungen anzupassen, vermöchten letzten Endes die Ressourcen einer stetig expandierenden Wirtschaft zu sichern. Notfalls wäre der menschliche Pioniergeist beflügelt genug, den Weltraum zu erobern und auszubeuten.

Wer würde daran zweifeln, daß auf technologischen Teilgebieten – bei der Energieproduktion beispielsweise – verblüffende Durchbrüche möglich sind? Die innern Widersprüche aber treten scharf zutage, wenn wir die grundlegenden Annahmen der Durchbrecherthese durchleuchten.

Wir haben in unserer Analyse auf den Prozeß der »Ökonomisierung« aller Lebensbereiche hingewiesen. Dadurch gelang es, die Güterproduktion anzukurbeln und den extrem arbeitsteiligen Volkswirtschaften der Industrienationen ein stetes Anwachsen des in Geldeinheiten gemessenen Sozialproduktes zu sichern. Die Kehrseite der Medaille aber wird als materieller Raubbau an der Natur einerseits, als seelische Belastung des Menschen andererseits wahrgenommen: Umweltverschmutzung, Entfremdung, Zerstörung der Kommunikationsfähigkeit, politische Unrast und wirtschaftspolitische Störungen signalisieren eine gefährliche Grenzzone, der sich die menschliche Gesellschaft immer schneller nähert. Sollen wir mit erhöhter Produktivkraft auf diesen Eisberg zusteuern, von dem wir nur die Spitze erkennen können? Oder gilt es nicht doch, das gefährliche Gelände auszuloten, um die sicherste Fahrrinne finden zu können?

Anmerkungen

[1] Vgl. Ritker, R. C. (Hrsg.), Population, Resources and the Environment, The Commission on Population, Growth and the American Future, U. S. Government Printing Office, 1972.

[2] Vgl. Leontief, W., Die Zukunft der Weltwirtschaft. Bericht der Vereinten Nationen, Stuttgart 1977.

[3] Vgl. Mensch, G., Das technologische Patt – Innovationen überwinden die Depression, Frankfurt 1975.

[4] Vgl. Weinberg, A. M./Goeller, H. E., The Age of Substitutability, or What We Do when the Mercury Runs Out, Fifth International Symposium: A Strategy for Resources, Eindhoven (Holland), 1975.

[5] Herman Kahn, Vor uns die guten Jahre, S. 13.

4.
Die natürlichen Grenzen des Wachstums

a) Gibt es eine Rohstoffbegrenzung?

Wann werden die Rohstoffreserven der Erde erschöpft sein? Müssen wir uns mit einer dauernden Mangellage abfinden? Oder wird es dank umwälzend neuer Technologien und der Erschließung unerschöpflicher Energiequellen gelingen, das Rohstoffproblem trotz wachsenden Verzehrs zu lösen?

Gewiß, Wind und Wasser, das Sonnenlicht und die Fruchtbarkeit des Bodens sind nicht erschöpfbare Produktionsfaktoren, die in einem natürlichen Kreislauf dem Menschen immer wieder zur Verfügung gestellt werden, sofern er diese Kräfte mit Vernunft zu nutzen versteht. Doch in unsere Verbrauchsgüter fließen etwa zu achtzig Prozent jene Grundstoffe ein, die, einmal verbraucht, nie mehr zu ersetzen sind. Wie weit reichen die Reserven?

Im Anschluß an die ersten Studien des Club of Rome, in denen die kommende Rohstoffverknappung drastisch dargestellt wurde, hat sich ein homerisches Streitgespräch zwischen Durchbrechern und Ökologen entwickelt, wobei gegenseitig Angaben über Vorratslager und Substitutionsmöglichkeiten bezweifelt wurden. Wir möchten in unserer gerafften Analyse nicht in diesen Streit eingreifen, sondern kurz das grundlegende Problem darstellen, das nach unserer Auffassung zu eindeutigen Folgerungen führt.

Um das Verhältnis zwischen der ökologischen und der ökonomischen Knappheit zu erkennen, müssen wir deutlich zwischen den *regenerierbaren* und den *nicht-regenerierbaren Ressourcen* unterscheiden.

Die *Landwirtschaft,* die nicht nur Nahrungsmittel, sondern auch Textilrohstoffe und Baumaterial (Holz) produziert, beruht auf der systematischen Bearbeitung und Nutzung der regenerierbaren Ressourcen der Erde. Demgegenüber führte die *industrielle Revolution,* die nach ersten Anfängen in der Antike und einer langen Unterbrechung im Mittelalter vor ungefähr 200 Jahren begonnen hat, zur sich immer mehr vertiefenden Ausbeutung der nicht-regenerierbaren

Ressourcen. Die Unterscheidung zwischen den beiden Ressourcen-Arten ist deshalb so wichtig, weil bei den regenerierbaren Ressourcen die ökologische, mengenmäßige Knappheit sich auch in der ökonomischen Knappheit widerspiegelt, die im Preis zum Ausdruck kommt. Das gleiche gilt *nicht* für die nicht-regenerierbaren Ressourcen.

Die regenerierbaren Ressourcen unterstehen dem Gesetz vom abnehmenden Grenzertrag

Die regenerierbaren Ressourcen der Erde sind: die Humusschicht mit ihren Nährstoffen, die Luft, das Wasser, das Tier- und Pflanzenreich; die den regenerierbaren Rohstoffen zugeordnete Energie ist das Sonnenlicht, das praktisch unerschöpflich ist. Die Sonne erhält mit Hilfe der Photosynthese den ökologischen Kreislauf aufrecht, in dem das »Endprodukt« dieses Kreislaufs – das Resultat des Stoffwechselprozesses und des Absterbens – wieder zum Ausgangsstoff neuen Lebens wird.

Das Wesen der Landwirtschaft besteht vor allem in der besseren Ausnützung dieses *ökologischen Prozesses*. Durch Rodung, Bewässerung, Entwässerung und Terrassierung wird die Bodenfläche, auf der die speziell für die menschliche und tierische Ernährung geeigneten Pflanzen gedeihen, vergrößert, und diese Humusschicht so bearbeitet, daß die Sonnenenergie möglichst intensiv in den Wachstumsprozeß der Pflanzen »eingreifen« kann. Dabei wird der Nährstoffgehalt des Bodens durch Düngung mit tierischen und menschlichen Ausscheidungsstoffen und durch die geeignete Art der Fruchtwechsel immer wieder »regeneriert«. Die Steigerung des Ertrags auf einer bestimmten Bodenfläche ist aber schließlich beschränkt durch die begrenzte Kapazität der Humusschicht zur Aufnahme von Nährstoffen und durch den Platz, den die Pflanzen zur Entfaltung der Blätter und damit zur Aufnahme des Sonnenlichts, das heißt zur Photosynthese, beanspruchen. Nur bis zu einem gewissen Optimum kann der Ertrag überproportional zum Aufwand zunehmen, von da an läßt sich der Ertrag nur noch unterproportional und schließlich überhaupt nicht mehr steigern. Diese Tatsache ist zu einem der Grundpfeiler der nationalökonomischen Erkenntnis geworden; es handelt sich um das *Gesetz des abnehmenden Bodenertrags,* das später schlechthin als das *Ertragsgesetz* bezeichnet wurde. Präzis formuliert lautet es: Haben wir zwei Produktionsfaktoren, Arbeit und Boden (Erde), so wird ein Mehraufwand an Arbeit auf dem gleichen Stück Boden zuerst zu einem zunehmenden und dann zu einem abnehmen-

den Grenzertrag (Grenzertrag = Ertrag der *zusätzlichen* Arbeitseinheit) führen.
Aus dem Ertragsgesetz ergibt sich, daß – sehen wir vom Einsatz von Mitteln und Stoffen außerhalb des ökologischen Kreislaufs (Maschinen, Düngemitteln) ab – die Ertragssteigerung und damit das »Wachstum« der Wirtschaft, die auf der Nutzung regenerierbarer Ressourcen beruht, beschränkt ist. Dies gilt vor allem für die Bestellung des Bodens im Sinne der Landwirtschaft. Eine gewisse Steigerung, die stufenweise aufgrund einzelner Verbesserungen der Anbaumethode erfolgt, ist möglich; aber die Produktionssteigerung ist kein kontinuierlicher Prozeß und stößt bald an eine obere Grenze. Der Vorteil einer solchen Wirtschaftsform ist aber die praktisch *unendliche Wiederholbarkeit.* Das heißt, es gibt in einer solchen Wirtschaft keinen Zeithorizont für das Überleben der Menschheit. Wir können diese Feststellung durch eine Graphik verdeutlichen, indem wir auf der y-Achse den Ertrag und auf der x-Achse die historische Zeit abtragen: von einer gewissen Stufe an bleibt der Ertrag konstant, aber die Ernte erneuert sich von Jahr zu Jahr (vgl. Figur 6).

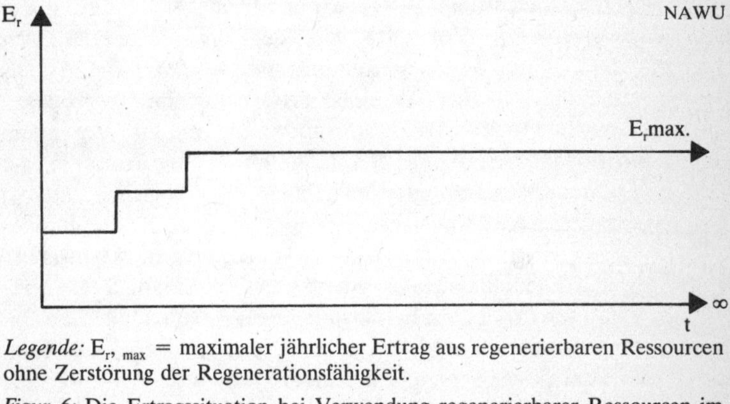

Legende: $E_{r, max}$ = maximaler jährlicher Ertrag aus regenerierbaren Ressourcen ohne Zerstörung der Regenerationsfähigkeit.

Figur 6: Die Ertragssituation bei Verwendung regenerierbarer Ressourcen im Zeitverlauf: der Ertrag, aufsummiert über die Zeit, ist unendlich.

Wächst nun die Nachfrage über das normale Angebot hinaus, so steigen die Preise, weil eine Ausdehnung der Produktion über das Produktionsoptimum mit einer überproportionalen Kostensteigerung verbunden ist. Die hohen Preise zwingen von selbst zur Einschränkung der Nachfrage und zur Sparsamkeit. Besonderer Vorkehrungen zur Verwirklichung des ökonomisch-ökologischen Gleichgewichts bedarf es nicht – wenigstens so lange nicht, als der

Boden bzw. die Natur nicht durch den Input von nicht-regenerierbaren Ressourcen übernutzt und ihre Regenerationsfähigkeit beeinträchtigt wird.

Der Abbau nicht-regenerierbarer Ressourcen als »Entkapitalisierung« der Natur

Die nicht-regenerierbaren Ressourcen sind von der Natur im Sinne eines Kapitalisierungsprozesses über Milliarden von Jahren bei der Entstehung und der weiteren Umwandlung der Erde bereitgestellt worden. Es handelt sich um die *Metalle* und *chemischen Basisstoffe.* Während das Wirtschaften aus den Stoffen des ökologischen Kreislaufs als bloßer Zinsverzehr betrachtet werden kann, stellt ein Wirtschaften aufgrund der nicht-regenerierbaren Ressourcen einen Kapitalabbau dar. Dieser ökologische »Entkapitalisierungsprozeß« wird noch dadurch akzentuiert, daß die hauptsächlichen den nicht-regenerierbaren Rohstoffen zugeordneten *Energiequellen,* nämlich die fossilen Brennstoffe Kohle, Erdöl, Erdgas, sowie das Uran ebenfalls nicht-regenerierbar sind und durch den Gebrauch endgültig verlorengehen, also im eigentlichen Sinne *ver*braucht werden. Grundlage der industriellen Produktion ist eine Kombination der nicht-regenerierbaren Rohstoffe mit der nicht-regenerierbaren Energie. Das Mittel dieser Verbindung ist die *Maschine,* die als »selbstarbeitendes Werkzeug« einen großen und immer größeren Teil des mechanischen Arbeitsaufwandes übernimmt. Vor allem aber ermöglicht die Maschine die Herstellung neuer Produkte, mit denen bisher nicht befriedigte Bedürfnisse der Menschen gedeckt werden können. Die daraus resultierende gewaltige Steigerung des Produktsortiments – alle industriellen Produkte sind in gewissem Sinne als neue Produkte zu bezeichnen! – und der ständige Mehrverbrauch an diesen Produkten hat dazu geführt, daß nicht die *Substitution* von menschlicher Arbeit durch die Maschinen im Vordergrund steht, sondern die *Erweiterung* der menschlichen Arbeit durch die Maschine. Das heißt: aus dem Einsatz der Maschinen ergibt sich weniger eine Erhöhung der Freizeit als die Erhöhung des Sozialprodukts, d. h. Wirtschaftswachstum. Dabei wird immer mehr Arbeit bei der Herstellung der Maschinen, d. h. in der Investitionsgüterindustrie selbst verwendet. Während das ökologische Kapital abnimmt, erhöht sich das wirtschaftliche Kapital. Der Einsatz der Maschinen zur Herstellung von Maschinen führt im Sinne eines kumulativen Prozesses zu einer weiteren *Expansion der Güterproduktion* und damit – von allfälligen Krisen abgesehen – zu einer ständigen Beschleunigung der Expansion und zu einem steten Mehrverbrauch an Energie und Rohstoffen.

Dieser Mehrverbrauch wird nun aber nicht automatisch durch entsprechende Kosten- und Preissteigerungen auf das ökologisch zuträgliche Maß reduziert. *Ökonomische und ökologische Knappheit decken sich nicht.* Das heißt: auch wenn die Gesamtmenge einer Ressource, die in der Erdkruste eingelagert ist, abnimmt, kann die jährliche Fördermenge steigen – so lange wenigstens, als überhaupt noch etwas zu fördern ist. Bildlich ausgedrückt: auch wenn der Kuchen mit jedem abgeschnittenen Stück kleiner wird, so kann man trotzdem die Kuchenschnitten von Mal zu Mal vergrößern – bis der ganze Kuchen gegessen ist. Nur die jährliche Fördermenge des Rohstoffs (die Größe der Kuchenteile) entscheidet über den Marktpreis, nicht der noch nicht geförderte Rest (die Größe des restlichen Kuchens). Wird daher die Fördermenge und damit das Angebot ausgedehnt, dann fällt tendenziell der Preis. Das heißt: im ökonomischen Sinn kann der entsprechende Rohstoff immer billiger und damit reichlicher erscheinen, auch wenn der Rest-Vorrat immer kleiner und damit die ökologische Knappheit immer akuter wird.

Entscheidend ist daher nur die Frage, ob die ökonomischen Kriterien tatsächlich zu einer Erhöhung der Ausbeutung und damit des Angebots drängen. Mehrere – expansive und restriktive – Faktoren stehen sich hier gegenüber. Im ganzen aber herrschen, wie die Erfahrung zeigt, die expansiven Faktoren vor. Im Gegensatz zu den regenerierbaren befinden wir uns nämlich bei den nicht-regenerierbaren Ressourcen *im Bereich des zunehmenden Grenzertrags.* Das heißt: der jährliche Ertrag oder die jährliche Fördermenge kann bis zur Erschöpfung des Vorrats im Zusammenhang mit technischem Fortschritt und erhöhtem Maschineneinsatz gesteigert werden, ohne daß die Kosten entsprechend zunehmen; im Gegenteil: die Kosten sinken sogar.

Wir können dieses an sich paradoxe Phänomen durch das *Gesetz der Massenproduktion* erklären. Danach gelingt es trotz einer Erhöhung der Gesamtkosten durch den Einsatz von Maschinen, die Produkte *pro Einheit* billiger herzustellen, sofern die Menge der produzierten Güter genügend gesteigert wird.

Seit dem Ölschock ist allerdings der Trend zum steten relativen Sinken der Rohstoffpreise zum Stillstand gekommen. Die Preisentwicklung ist uneinheitlich geworden. Auf- und Abwärtsbewegungen wechseln recht abrupt miteinander ab; im Ganzen ist aber – mindestens bei den Energiepreisen – eher ein *Aufwärtstrend* zu beobachten. Offensichtlich gibt es somit auch Faktoren, die entgegen der Wirkung des Gesetzes der Massenproduktion auf eine Preissteigerung tendieren.

Im Hinblick auf die mögliche Erschöpfung der billigen, d. h. leicht abbaubaren Vorräte ist es notwendig geworden, auch schwerer zugängliche Lagerstätten abzubauen, obwohl sich dadurch die Kosten erhöhen. Denken wir etwa an die kostspielige Ausbeutung des Nordsee-Erdöls. Der Übergang auf die teurere Produktion wird dabei oft durch politische Motive – Reduktion der Abhängigkeit vom Ausland – forciert.

Die andere Ursache beruht in der Erkenntnis, daß bei einer allzu schnellen Ausbeutung der vorhandenen Lager die Gesamtsumme der möglichen Gewinne niedriger ist als bei einer Streckung der Abbauraten. Wer einen möglichst hohen Gesamtgewinn aus der Rohstoffproduktion einer bestimmten Lagerstätte über die gesamte Lebensdauer des Lagers erzielen will, muß bedenken, daß angesichts der absehbaren Erschöpfung des Lagers jede Einheit, die heute gefördert wird, den Verzicht auf die Förderung in der Zukunft bedeutet und damit auch den Verzicht auf einen künftigen Gewinn. Er wird daher die laufende Produktion nur so weit ausdehnen, als der Gewinn auf der letzten produzierten Einheit nicht tiefer liegt als der Gewinn dieser Einheit in einer späteren Periode. In dieser Rechnung ist der Zinsgewinn mitzuberücksichtigen, den man durch das schnellere Einheimsen der Erträge erzielen würde.[1] Dies hat zur Folge, daß die Abbaurate in dem Maße geringer, das Abbauprogramm folglich um so mehr gestreckt wird, je höhere Preise in der Zukunft zu erwarten sind und je niedriger der Zinssatz während der Zeitspanne bis zum Abbau der Rohstoffe ist.

Steigende Förderungskosten durch Übergang zu weniger günstigen Lagerstätten und die Streckung des Abbauprogramms im Hinblick auf die Maximierung des Gesamtgewinns über die gesamte Lebensdauer des Rohstofflagers könnten somit von selbst für eine schonende Ausbeutung dieser Rohstoffe und damit für eine automatische Verlangsamung des Wachstumsprozesses sorgen. Dem ist aber entgegenzuhalten, daß vorläufig die Lager an den günstigen Standorten noch sehr groß sind. Das gilt zum Beispiel gerade für das Erdöl! Zum anderen aber wird man das Abbauprogramm nur dort strecken, wo der Anbieter nicht kurzfristig – etwa nach dem Motto »Nach uns die Sintflut« – im Zeitraum seiner eigenen Lebenserwartung die Gewinne einheimsen will. Um Rohstoffe im Hinblick auf kommende

Geschlechter sparsam abzubauen, bedarf es einer über ein Lebensalter hinausgehenden *Zukunftsvision.* Dies bedeutet praktisch, daß man sich Vorstellungen über die Höhe des Gesamtgewinns nur dort machen wird, wo die *Lagerstätten in Staatsbesitz* sind. Eine weitere Voraussetzung ist, daß sich die verschiedenen Anbieter kartellartig zusammenschließen und nicht immer wieder zu Preiskämpfen antreten, die zur Forcierung des Angebots zwingen.

Diese Voraussetzungen sind aber nur unter besonderen Umständen gegeben und können nicht allgemein – nicht einmal durchweg im Bereich des Erdöls – vorausgesetzt werden. Der Konkurrenzdruck wird daher im Zusammenhang mit dem Gesetz der Massenproduktion und den neuen Erfindungen im Bereich der Förderungstechnik auch in Zukunft dafür sorgen, daß die Förderungsraten weiterhin zunehmen – wenn auch vielleicht nicht mit den früheren Wachstumsraten. Es wird jedes Jahre mehr gefördert werden, aber vielleicht nur 2–4% mehr statt wie früher 5–7% mehr. Somit zeigt sich, daß die Mengen, die jährlich auf dem Markt angeboten werden, de facto zwar nicht völlig unabhängig sind vom Grad der Erschöpfung der Lagerstätten, daß dieser Zusammenhang aber recht lose ist. Weitere Preissteigerungen sind zu erwarten, aber sie werden nicht so stark sein, daß die Nachfrage wirklich schrumpft. Vielmehr werden Preis- und Mengensteigerungen nebeneinandergehen, wobei die Preissteigerungen vor allem zu einer weiteren Anheizung der Inflation führen.

Diese Erkenntnis können wir graphisch verdeutlichen (Figur 7): der Ertrag an nicht-regenerierbaren Ressourcen nimmt – ganz im Gegensatz zu den regenerierbaren Ressourcen – im historischen Zeitablauf im Sinne eines kumulativen Prozesses zu, wobei sich die Ertragseinbrüche gegen das Ende des »Entkapitalisierungsprozesses« häufen, bis schließlich bei Erschöpfung der Ressourcen der Ertrag auf Null sinkt.

Wir kommen damit zum Ergebnis, daß das ökonomische System normalerweise – das heißt: ohne das Abgleiten in die inflationäre Perversion – nicht oder nur in sehr abgeschwächter Weise der ökologischen Knappheit Rechnung trägt. Die ökonomischen Indikatoren rufen den Verbrauchern nicht rechtzeitig zu: »Halt! Aufgepaßt! Wenn ihr so weiterfahrt, steht ihr bald vor dem Nichts!«, sondern laden vielmehr zu weiterem Raubbau ein. Das ökonomisch-ökologische Gleichgewicht wird daher bei den nicht-regenerierbaren Ressourcen nicht von selber zustande kommen, sondern muß durch entsprechende Maßnahmen hergestellt werden.

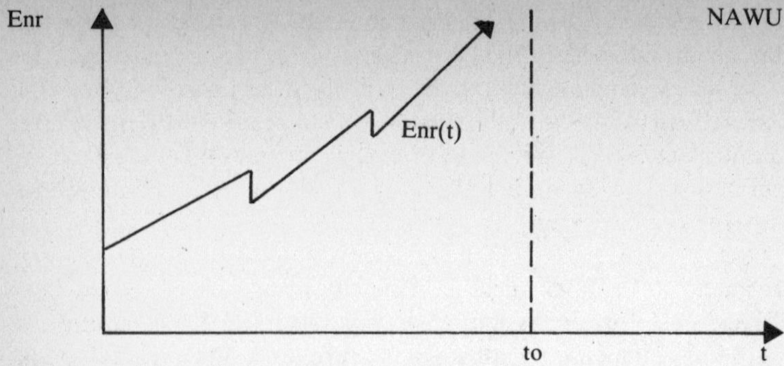

Legende: Enr = jährlicher Ertrag aus nicht-regenierbaren Ressourcen.

Figur 7: Die Ertragssituation bei Verwendung nicht-regenerierbarer Ressourcen: Der Ertrag kann jedes Jahr gesteigert werden, ist aber aufsummiert über die Zeit endlich.

Wie lange reichen die Rohstoffvorräte?

Wenn die Preise nicht von selbst für eine rechtzeitige Bremsung sorgen, stellt sich für die Wirtschaft und die Wirtschaftspolitik die Frage: Wie lange reichen die Rohstoffvorräte? Die Antwort ist nicht leicht zu geben, da es nicht eindeutig ist, was man unter den »Vorräten« verstehen will: Sind es die Lager, über die wir durch Bohrungen bzw. intensive Nachforschungen sichere Auskünfte haben und die gleichzeitig zu heutigen Preisen abbauwürdig sind? Oder diejenigen, die zwar bekannt, aber nach heutigen Maßstäben auf jeden Fall zu teuer sind? Oder sind es schließlich diejenigen, deren Vorkommen man bloß aufgrund geologischer Hypothesen vermutet? Es hat sich seit jüngstem eingebürgert, zwischen den sogenannten *Ressourcen* – den *vermuteten* Vorräten – und den *Reserven,* den *sichergestellten* Vorräten, zu unterscheiden. Die Reserven sind sicher zu klein für eine Schätzung der wirklichen Vorräte. Die Bohrungs- oder Feststellungskosten sind enorm hoch; man wird daher nur soviel Rohstoffvorräte definitiv sicherstellen als für die Produktion der nächsten 20–40 Jahre notwendig ist. Umgekehrt sind die geologisch vermuteten Ressourcen viel größer als der je wirklich greifbare Vorrat, denn sie umfassen Lagerstätten, die zum großen Teil in völlig unzugänglichen Gebieten der Erde liegen. Vernünftigerweise muß man daher für die Schätzung der wirklichen Vorräte von demjenigen Teil der Ressourcen ausgehen, der heute schon einigermaßen sichergestellt ist, ohne die Bedingung daran zu knüpfen, daß er zu den heutigen Preisen bereits abbauwürdig sein soll. Das wären die »wahrscheinlichen und möglichen Ressourcen«.

Kennt man die Ressourcen, so kann man aufgrund einer einfachen Rechnung den *»statischen Vorratsindex«* ermitteln, indem man die Vorräte durch den Jahresverbrauch dividiert und auf diese Weise die Anzahl der Jahre bei gleichbleibendem Verbrauch ermittelt. Bedenkt man jedoch die Dynamik der Wachstumsgesellschaft, dann muß man einen exponentiellen oder dynamischen Vorratsindex berechnen, da die Verbrauchsrate jährlich um einen bestimmten Prozentsatz zunimmt.

Unter allen in der Erde und im Meer abgelagerten, in endlichen Mengen vorhandenen Ressourcen sind die Energie-Ressourcen die wichtigsten, da für sie ein voller Ersatz noch nicht in Sichtweite ist oder aber mit besonderen Gefahren (Plutonium) verbunden ist. Bei den Energie-Ressourcen läßt sich aber auch, wenigstens theoretisch, am eindeutigsten definieren, welche Lagerstätten als »Vorräte« zu bezeichnen sind: diejenigen, bei denen die Ausbeutung nicht mehr Energie erfordert, als dabei zu gewinnen ist.

Wir behandeln zuerst die *fossilen Energieträger*. Grundsätzlich kann man davon ausgehen, daß zwar vom Vorkommen her die Kohlenwasserstoffe in der Erdkruste als fast unbegrenzt angesehen werden dürfen, daß jedoch der größte Teil davon als »nicht gewinnbar« gelten muß.

In Tabelle 4 findet sich eine Übersicht über die Weltvorräte an fossilen Energieträgern. Die Frage, ob von der Ressourcenseite her der zukünftigen Entwicklung der Energieverbrauchzunahme eine Grenze gesetzt sei, muß von diesen Zahlen her gesehen bejaht werden. Die These, daß die fossilen Energieträger – insbesondere das herkömmliche Erdöl und das Erdgas – neben Zinn und Quecksilber zu den knappsten Ressourcen gehören, wird damit klar bestätigt. Und es bleibt auch weiterhin sehr bedenklich, daß die heute erbohrten und erschlossenen und bei heutigen wirtschaftlichen und technischen Bedingungen abbaubaren Vorräte an Erdöl und Erdgas, inklusive Ölschiefer und Teersand, in rund 30 Jahren erschöpft sein werden, wenn wir mit einer jährlichen globalen Verbrauchzunahme von 4 Prozent weiterhin rechnen.

Wenn auch von der Vorratseite her mit Sicherheit weitere Möglichkeiten offenstehen werden, so stellen doch mindestens die wirtschaftlichen Konditionen, zu denen Größenordnungen von Energieträgern verfügbar gemacht werden können, ein nicht zu unterschätzendes Risiko dar, zumal die dann erreichten Verbrauchswerte pro Jahr neu erbohrte Lagerstätten in kürzester Frist erschöpfen würden. Schon jetzt, in den siebziger Jahren, zeigt sich, wie gewaltig der

Tabelle 4: Übersicht über die Weltvorräte an fossilen Energieträgern in Milliarden Tonnen Erdöl-Äquivalent[1]

	sichere Reserven	wahrscheinliche und mögliche Ressourcen	Total	Weltverbrauch 1974	Lebensdauer der Vorräte (Jahre): statischer Index – Reserven	statischer Index – Gesamtvorrat	bei Zuwachsrate von 4% p. a. – Reserven	bei Zuwachsrate von 4% p. a. – Gesamtvorrat
Kohle[2]	380[3]	6600[3]	7000	2,0	190	3500	30	183
Erdöl	97,3[4]	170[5]	270	2,6[4]	35	95	20	41
Ölschiefer	30[6]	750[7]	800		} 25[9]	380[9]	15[9]	90[9]
Teersand	40[8]	225[8]	265					
Erdgas	61[4]	200[8]	260	1,2[4]	54	220	28	56
Total fossile Energieträger ohne Kohle	230	1350	1580	3,8	60	420	30	(70)
Total mit Kohle	600	8000	8600	5,8	105	1480	40	100

NAWU

[1] 10^9 t Erdöleinheiten entsprechen 10 Mio Tcal oder 10^{16} kcal.
[2] Umfaßt hochwertige und geringwertige feste Brennstoffe. Bei der Umrechnung wurde mit 7000 kcal/kg resp. 5000 kcal/kg gerechnet.
[3] »Survey of energy resources 1974, 9. Weltenergiekonferenz, Detroit 1974.« Zitiert nach Dolinski U., et. al.: Ziele für eine bayerische Energiepolitik; Deutsches Institut für Wirtschaftsforschung, Berlin 1975, S. 39.
[4] Öldorado 74; Herausgegeben von ESSO A.G., Hamburg 1975.
[5] Die vorhandenen Angaben schwanken zwischen 130 und etwa 400 Mrd t. Wir folgen einer Angabe der »Bundesanstalt für Geowissenschaften und Rohstoffe«, zit. nach Dolinski U., a. a. O., S. 21.
[6] Die weltweit in Form von Ölschiefer vorhandenen Kohlenwasserstoffe (Kerogen) sind äußerst umfangreich. Ihr Ölgehalt ist jedoch sehr unterschiedlich, und unter Berücksichtigung der heute und in absehbarer Zeit wirtschaftlich gewinnbaren Vorräte reduzieren sich die oftmals angeführten Phantasiezahlen auf die oben erwähnten Beträge. Wir stützen uns auf: Rühl W., Schwerstöle und Ölschiefer, in: ÖL-Zeitschrift für Mineralölwirtschaft, August 1974, S. 217 ff.
[7] Genannt werden Werte zwischen 500 und 1000 Mrd t Öläquivalent.
[8] Vgl. 5.
[9] Entspricht der Lebensdauer der Ölschiefer- und Teersandvorräte zusammen, bezogen auf den Ölverbrauch 1974.

Aufwand ist, der z. B. in den USA um die Erschließung der Erdöllager in Alaska getrieben wird. Die dort vorhandene Ölmenge entspricht jedoch lediglich etwa dem gegenwärtigen doppelten Jahresverbrauch der Vereinigten Staaten.

Wenn man – wie gewisse Zukunftsszenarios das tun – unterstellt, daß in den nächsten 50 bis 60 Jahren die Welt eine Einwohnerzahl von 11 Milliarden Menschen erreichen wird und daß sich in dieser Zeit der Energieverbrauch versiebenfachen wird, so kommt man nicht darum herum festzustellen, daß bereits in diesem Zeitraum, der z. T. in den Planungshorizont unserer Generation hineinreicht, das Knappheitsproblem bezüglich fossiler Energieträger ins Gewicht fallen wird.

Bis vor kurzem wurde der *Kernenergie* die Rolle einer Ersatzenergie zugedacht. Allerdings lassen die jüngsten politischen und wirtschaftlichen Entwicklungen daran zweifeln, wieweit dieser Energieträger diese Rolle der Zukunft zu spielen vermag. Verstärkte Zweifel werden auch von der Ressoucenseite her angemeldet.

Kernbrennstoffe, vor allem Uran, sind zwar in der Erdkruste in einem Ausmaß vorhanden, daß man es als nahezu unbegrenzt bezeichnen darf; trotzdem ist Uran als Ressource begrenzt. Der eine Grund ist der gleiche wie bei Kohle und Öl; energetisch sinnvoll und wirtschaftlich kann der Energieträger nur abgebaut werden, wenn er in einer minimalen notwendigen Konzentration im Ausgangsmaterial vorkommt. Dazu kommt jedoch bei Uran, daß mit den Leichtwasser-Reaktoren der heutigen Generation nur ein Isotop gespalten und damit zur Energieproduktion herbeigezogen werden kann. Dieses Isotop – Uran 235 – macht nur rund 0,7 Prozent der gesamten Uranvorräte aus. Der Rest besteht aus dem heute im wesentlichen

Tabelle 5: Die Uranvorräte der nichtkommunistischen Welt (1975) in 1000 t

Produktionskostenklasse	Sichere Vorkommen	Wahrscheinliche Vorkommen	Total	Energiegehalt in 10^6 Tcal
Produktionskosten bis 32 $/kg	1 080	1 000	2 100	1 260
Produktionskosten von 32–65 $/kg	740	680	1 400	840
Total bis 65 $/kg	1 820	1 680	3 500	2 100

Quelle: ›AEA‹ Uranium, Resources, Production and Demand, Dec. 1975

noch nicht spaltbaren Isotop U 238. Die Uranvorräte der westlichen Welt sind in der Tabelle 5 angegeben.
Die genannten Kostenkategorien sind zwar in den Jahren 1975/76 schon illusorisch geworden. Bereits Ende 1975 wurden Kaufabschlüsse per 1980 mit Preisen von 86 $/kg notiert und weitere Preissteigerung auf 130–150 $/kg als nicht ausgeschlossen betrachtet[2]. Diese Verteuerungen sind jedoch mehr auf Anreicherungs- und Aufbereitungsengpässe und andere ökonomische Einflußgrößen zurückzuführen, als auf ressourcenbedingte Verknappungen. Trotzdem ist bis zur Jahrtausendwende eine Verknappung von der Ressourcenseite her gesehen nicht ausgeschlossen. Ausgehend von den Schätzungen über die Entwicklung der weltweiten Elektrizitätsnachfrage und der Kerntechnologie läßt sich der Uranbedarf für die folgenden Jahrzehnte etwa abschätzen (Tab. 6).

Tabelle 6: Kumulierter Uranbedarf der westlichen Welt bis zum Jahr 2000 in 1000 t

	Kumulierter Bedarf	Sichere und wahrscheinliche Ressourcen zu mittleren Preisen
Bis 1985	650– 920	4000
bis 2000	3650–5550	

NAWU

Bei dieser Gegenüberstellung zeigt sich, daß – immer vorausgesetzt, die Geschwindigkeit der nuklearen Entwicklung entspricht den prognostizierten Werten – in den neunziger Jahren dieses Jahrhunderts eine Verknappung des Kernbrennstoffes eintreten müßte. Die mengenmäßige Versorgung der Leichtwasserreaktoren aus kostengünstigen Uranvorkommen könnte somit bei den in den siebziger und achtziger Jahren erwarteten Konsumraten nicht einmal solange gesichert werden, wie deren Lebensdauer veranschlagt wird. Somit ist auch im nuklearen Bereich die Ressourcengrenze in Sicht, ja sie liegt vorläufig noch viel näher als jene im fossilen Sektor.
Es sind jedoch technologische Entwicklungen in Sicht, die diese Rohstoffgrenze weit hinausschieben könnten. Der sogenannte Brüter, ein Kernreaktor, der nicht spaltbares Uran 238 in spaltbares Plutonium 239 umwandelt, würde gestatten, das vorhandene Spaltmaterial vierzig- bis siebzigfach besser auszunutzen. Damit würden die Uranreserven zu den bedeutendsten Energievorräten der Erde zu zählen sein. Allerdings ist die Brütertechnologie heute immer noch im Versuchstadium. Erste Demonstrationsanlagen sind zwar im

Bau oder im Betrieb, es gilt jedoch als unsicher, ob überhaupt und bis wann die anstehenden großen Sicherheitsprobleme gelöst werden können. Das Gefährdungspotential dieser Reaktorengeneration wird um Größenordnungen höher zu veranschlagen sein, als bei den herkömmlichen Kraftwerktypen, da Plutonium, das als Spaltstoff dient, in bezug auf seine radioaktiven und chemischen Eigenschaften als besonders gefährliches Element einzustufen ist. Auch unter der Annahme, daß die Brüterentwicklung bis zur Jahrtausendwende gemeistert werden kann, besteht weiterhin das Problem, daß bis dann die relativ günstigen Reserven aufgebraucht sein werden und daß die kommerziellen Brüter – je nach Reaktortyp – 10 bis 40 Jahre benötigen, um die Menge des eingesetzten Spaltstoffs zu verdoppeln.

b) Die Welt als Abfalleimer

Neben der »Rohstoffgrenze« gibt es auch die begrenzte Absorptionsfähigkeit der Welt für den Abfall. Doch wäre es nicht möglich, durch die Entwicklung der *Umwelttechnologie* die ökologischen Grenzen entscheidend hinauszuschieben? Kann die Technologie nicht doch die von ihr verursachten Probleme mit ihren eigenen Methoden lösen?

Das Problem der Zeitverzögerung (time-lag) im Umweltschutz

Das Problem des time-lag wird in der Regel bei der Berechnung der Umweltbelastung nicht berücksichtigt: Die *Zeitverzögerung* zwischen der Feststellung der Umweltbelastung und dem Versuch ihrer Behebung. Die Kenntnisse über die entsprechende Umweltschutz-Technologie allein genügen nicht. Es gilt, durch einen in der Regel *langfristigen politischen Prozeß* die notwendigen Gesetze und Verordnungen zu schaffen und die finanziellen Mittel bereitzustellen, um die Durchsetzung geeigneter Maßnahmen zu erzwingen.

Längst war beispielsweise die Gefährlichkeit des Insektenvertilgungsmittels DDT und anderer hochgiftiger Chemikalien (Chlorkohlenwasserstoffe, Pestizide), die bei der Schädlingsbekämpfung verwendet werden, festgestellt worden. Doch noch 1968 wurden Biologen, die auf diese Tatsache hinwiesen, in Propagandaartikeln der chemischen Industrie als »professionelle Aufwiegler« kritisiert. Zögernd nur verfügten einzelne Gesundheitsministerien eine Einschränkung des übertriebenen Gebrauchs von DDT. Und auch heute, da die Vergiftungserscheinungen durch starke Pestizide auf der ganzen Erde vom Äquator bis zu den Polen nachgewiesen werden können, ist ein weltweites Verbot dieser Schadstoffe nicht in Sicht. Vielleicht ist es ohnehin zu spät dazu.

Die schweizerische Demokratie bietet einen besonders deutlichen Anschauungsunterricht dieses *Verzögerungseffektes.* Schon in den sechziger Jahren zeugten verschiedene parlamentarische Vorstöße von einer wachsenden Beunruhigung über die allgemeine Beeinträchtigung der natürlichen Umwelt. Die spezifische Frage der Wasserverschmutzung wurde zwar bald angegangen; aber erst im Jahre 1971 wurde einem allgemeinen Umweltschutzartikel in der Verfassung zugestimmt, der den Bund ermächtigt, »Vorschriften zu erlassen über den Schutz des Menschen und seiner natürlichen Umwelt gegen lästige Einwirkungen«. Doch trotz der einmütigen Absichtserklärung des Volkes blieb die Ausführungsgesetzgebung im Meinungsstreit der parlamentarischen Kommissionen, im kritischen Sperrfeuer des Vernehmlassungsverfahrens liegen. Ein erster Entwurf wurde 1974 diskret schubladisiert. Zur Zeit formulieren die Spezialisten der Verwaltung eine stark gemilderte und verwässerte Neufassung. Die Hürde der parlamentarischen Beratung ist noch immer nicht überwunden, eventuell wird das Referendum ergriffen. Und erst nach diesem langwierigen »Hürdenlauf« können die Vollzugsbestimmungen erlassen werden: bei diesem Vorgehen verstreichen zwanzig Jahre bis eine Bewußtseinsänderung, die im Bereich des Umweltschutzes neue Prioritäten in der Politik setzte, zu gesetzlich verankerten Schutzmaßnahmen führt. Und erst dann wird sich erweisen, ob der eingeschlagene Weg des Umweltschutzrechtes sich in der Praxis bewährt.

Umweltschutz als Sisyphusarbeit

Selbst wenn die gesetzlichen Grundlagen für die technologischen Verbesserungen der Abfallbeseitigung oder -reduktion geschaffen werden, ist die Problematik nicht gelöst. Nehmen wir an, es gelänge Automotoren herzustellen, die weniger Abgase erzeugen, oder Gewässerreinigungsanlagen und Reinigungsfilter mit höherem Wirkungsgrad. Unter diesen Voraussetzungen würde bei gleichem Konsum tatsächlich die Umweltbelastung abnehmen. Die Analyse der Wachstumsmechanismen hat uns jedoch belehrt, daß der Konsum unter den gegebenen Verhältnissen ansteigt – und zwar *im wesentlichen exponentiell.* Auch ein jedes Jahr bescheidener prozentualer Zuwachs bedeutet absolut einen immer größeren Zuwachs: Bei 2 Prozent jährlichem Wachstum Verdoppelung in 35 Jahren (das ist die jetzige Wachstumsrate der Erdbevölkerung), bei 5 Prozent

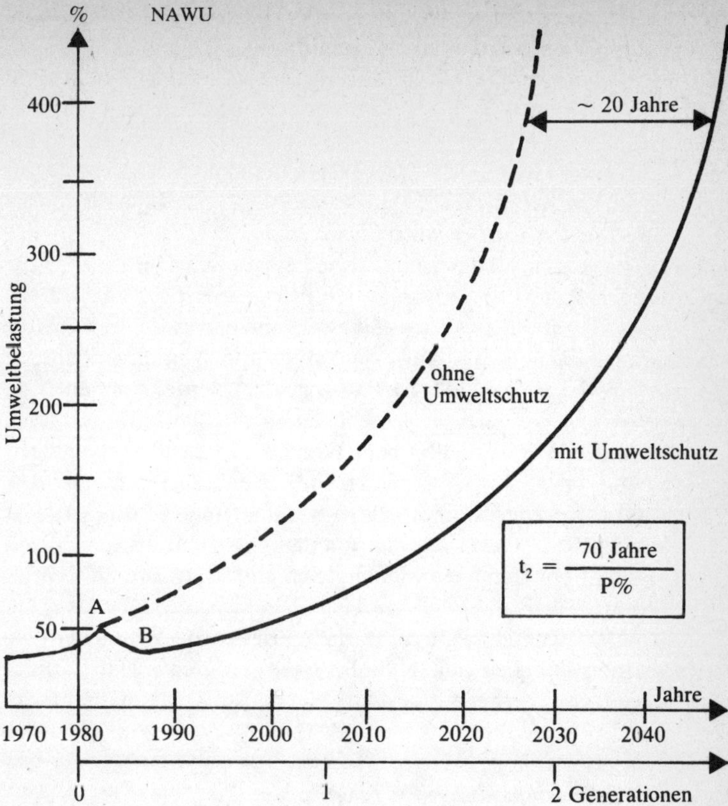

Figur 8: Der technologische Umweltschutz allein löst das Problem nicht – er schiebt es nur hinaus: in der Figur wird der Effekt einer 75%igen Säuberung zwischen 1980 und 1990 bei 7% Wachstum dargestellt.

Wachstum Verdoppelung in 14 Jahren oder eine Verzehnfachung in 50 Jahren. Eine Erhöhung des Krisenplafonds um einen Faktor 2 kann die Kollision nicht verhindern, sondern lediglich um 10 bis 20 Jahre verzögern.

In der Figur 8 ist die Lebensraumbelastung durch Autoabgase als Funktion der Zeit dargestellt, und zwar in Prozenten einer gewissen kritischen tolerierbaren Grenze. Wir nehmen an, daß man 1970 festgestellt hatte, daß ohne Abgassäuberung beim vorhandenen Wachstum der jährlich gefahrenen Autokilometer von 6 Prozent diese Toleranzgrenze bereits 1990 erreicht würde. Diese Entwicklung ist durch die gestrichelte Kurve dargestellt. Als Folge wird ein abgasfreier Motor entwickelt, der die Abgase zu 80 Prozent eliminiert. Dieses umweltfreundliche Auto wird ab 1980 eingeführt – und bis 1990 sind alle Autos damit ausgerüstet. Der Erfolg ist offensichtlich, wird man 1990 sagen. Die Luftverseuchung ist viel kleiner als vor zehn Jahren. Wenn man aber die Kurve weiterverfolgt, so erkennt man, daß ab 1990 sich der Zustand wieder verschlechtert und die Kollision mit der Toleranzgrenze mit einer Verzögerung von etwa 20 Jahren gleichwohl eintritt, weil das *Grundproblem,* das Wachstum, nicht beseitigt wurde.

Dieser Sachverhalt wird beispielsweise bei den Sisyphusarbeiten zur Klärung verschmutzter Gewässer deutlich demonstriert. Durch bedeutende Investitionen werden seit zwei Jahrzehnten in der Schweiz in zunehmendem Maße Abwässer in Kläranlagen gesäubert. In einem Jahrzehnt sollten alle Abwässer geklärt werden können. Tatsächlich stellen wir jetzt in verschiedenen Flüssen und Seen eine Besserung der Wasserqualität fest. Wenn aber gemäß dem jetzigen Trend jedes Jahr 3 bis 6 Prozent mehr – wenn auch »gesäuberte« – Abwässer produziert werden (Restverschmutzung bleibt!), so ist zu erwarten, daß die Gewässerverschmutzung in zehn Jahren mit all den Gewässerschutzanlagen wieder gleich groß ist wie vor 20 Jahren ohne diese.

Der technologische Umweltschutz allein löst also das Problem nicht, er schiebt es lediglich auf. Hier liegt ein *Trugschluß* vor. Durch vorübergehende Verbesserung wird eine Lösung vorgetäuscht, die keine ist.

Die Umweltbelastung durch Energieprozesse

Der allergrößte Teil der Umweltbelastung überhaupt läßt sich auf den von Menschen verursachten Energieumsatz zurückführen. Auf allen Stufen dieser Energiekreisläufe – bei der Gewinnung, der Veredelung und Umwandlung, beim Transport bei der Lagerung und vor allem bei »Endverbrauch« – wird die Umwelt auf verschiedene Art und Weise belastet. Die Belastungen lassen sich wie folgt einteilen:

– Emissionen von Schadstoffen jeder Art in Luft, Wasser, Boden: In diese Kategorie gehören sowohl die festen, flüssigen wie die gasförmigen Schadstoffe. Diese Belastungen resultieren zur Hauptsache aus Gewinnung, Transport und Verbrennung der fossilen Energieträger Kohle, Erdöl, Erdgas.

– Radioaktive Belastungen: Diese Belastungsart beschränkt sich im wesentlichen auf die Kernenergiewirtschaft und ist dort in allen Phasen des Brennstoffkreislaufes bis inklusive der Ablagerung der

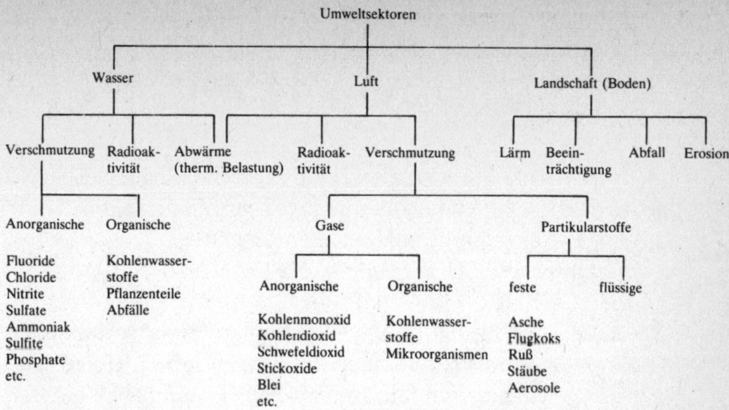

Figur 9: Übersicht über die Umweltbelastungen durch Energieträger, nach Sektoren und Belastungsarten*

* Umweltgutachten der deutschen Bundesregierung, Bonn 1974, S. 354 – Die Umweltbelastung im Energiebereich; Studien zur Schweizerischen Gesamtenergiekonzeption, Bern/Zürich 1976, S. 46.

radioaktiven Abfälle anzutreffen. Allerdings sind auch bei Kohlekraftwerken radioaktive Emissionen festzustellen, da die Kohle natürlicherweise geringe Mengen radioaktiver Stoffe enthält, die beim Verbrennungsprozeß freigesetzt werden.

– Thermische Belastungen: Jeder Energieträger erhöht die thermische Belastung der Umwelt, denn in welcher Form auch Energie konsumiert wird, am Ende des Verbrauchszyklus wird sie in Form von Wärme an die Luft oder ins Wasser abgegeben.

– Optische und akustische Beeinträchtigungen: Auch diese Belastungen können von jedem Energieträger und praktisch auf jeder Stufe des Energieumwandlungsprozesses auftreten.

Figur 9 gibt eine detaillierte Übersicht der verschiedenen Belastungen. Die Frage, die an dieser Stelle in erster Linie interessiert, lautet, ob und bei welchen Energieumsätzen durch diese Belastungen dem weltweiten, aber auch nationalen Energieverbrauch Grenzen erwachsen. Angesicht der prekären Lage, in der sich praktisch alle industrialisierten Länder bezüglich Luft- und Wasserverschmutzung befinden, vor allem in den Verdichtungsgebieten und Agglomerationen, ist man geneigt, die Existenz von Grenzen zu bejahen. Man kann sich nicht vorstellen, wie eine Verdoppelung oder Verdreifachung des Verkehrs, der Raumheizung und des industriellen Ausstoßes und der damit verbundenen Verdoppelung und Verdreifachung der Luft-, Wasser- und Lärmbelastung noch ertragen werden könnte.

Das Wissen über die Schadenfunktionen der einzelnen Schadstoffe ist klein, vor allem, was die zusammenfallenden Auswirkungen (Synergismen) betrifft. Zwar weiß man über die gesundheitsschädigenden Auswirkungen der Schwefel- und der Stickoxide ziemlich gut Bescheid. Es zeigt sich jedoch für die meisten Gesundheitsschäden, daß sich durch neue Forschungen die Grenzen als näher erwiesen haben, als man angenommen hatte. Die beunruhigenden Auswirkungen einiger Schadstoffe beginnt man erst heute zu realisieren, z. B. die Gefahren der Schwebestoffe, die kleiner als 1 Mikron sind und die heute technisch nicht kontrolliert werden können; oder die Schwermetalle, die in den fossilen Energieträgern vorkommen. Auch über die Stickstoffoxide sind in den letzten Jahren einige neue Erkenntnisse gewonnen worden. Immer mehr Daten haben gezeigt, daß schon bei viel tieferen Stickoxid-Konzentrationen als angenommen akute und chronische Atemwegerkrankungen gefördert werden. Dieser Umstand bewog die Weltgesundheitsorganisation, im September 1976 einen Richtwert für die Stickstoffdioxydkonzentration in der Außenluft aufzustellen; in der Schweiz wird dieser Richtwert schon an verschiedenen Stellen erreicht bzw. überschritten (vgl. dazu Tabelle 7).
Ähnliches gilt für den sogenannten oxidierenden Smog, der schon vor mehr als 20 Jahren in Los Angeles beobachtet wurde. Bis vor kurzem hat man geglaubt, daß die Sonneneinstrahlung in unseren Breitengraden zu gering sei, um ähnliche photochemische Reaktionen auszulösen. Man weiß jedoch, daß die Gefahren, die der Gesundheit, aber auch den ökologischen Systemen drohen, relativ groß sind, und vor allem, daß sie größer sind, als man gemeinhin angenommen hatte.
Wegen der time-lags und der sich kumulierenden Restverschmutzung ist es unwahrscheinlich, daß bei weiterem Wachstum die Bedingung »mindestens keine Verschlechterung der Umweltqualität« eingehalten werden kann. Außerdem bleiben aber weiterhin einige Belastungen, die technisch nicht unter Kontrolle gebracht werden können und die demzufolge bei einer weiteren Steigerung des Energieverbrauchs notwendigerweise ebenfalls weiterwachsen. Es sind dies:

- die Abwärmeproduktion
- die CO_2-Produktion
- die Feinstäube im Submikron-Bereich
- die radioaktiven Abfälle
- die radioaktiven Risiken.

Tabelle 7: Die gesundheitlichen Auswirkungen der wichtigsten Schadstoffe in der Luft.[1]

Schadstoffe	Immissionsursachen	Wirkungen der Immissionen auf die menschliche Gesundheit
Schwebestaub (einatembar!), Schwefeldioxid (SO_2)	Kohle und Mineralölverbrennung (Hausbrand, Industrie, thermische Kraftwerke)	Bronchitis, Ätzung (Reizung) der Schleimhäute des Atemsystems
Kohlenmonoxid (CO)	Verbrennungsmotoren und Hausfeuerungsanlagen, thermische Kraftwerke (witterungsabhängig)	Atembeschwerden, im Extremfall Blutvergiftung
Kohlenwasserstoffe (H_xC_x)	Mineralölraffinerien, Verbrennungsmotoren, Energie- und Heizungsanlagen	Lungenkrebs
Ozon (O_3)	Wechselwirkung zwischen ultravioletten Strahlen und Verbrennungsprodukten in Gegenwart eines Katalysators (sog. weißer Smog)	Bronchitis, Reizung der Atemwege und der Augen, Zunahme von Asthmaanfällen, Atmungsstörungen etc.
Fluoride	Emaillier-, Stahl-, Kunstdünger-, Phosphat-, Aluminiumherstellung	Reizungen der Haut und der Schleimhäute
Bleiverbindungen	Verbrennungsmotoren, Kehrichtverbrennungsanlagen, Bleiindustrie	Blutvergiftungen
Aldehyde	Verbrennungsmotoren	Reizstoff für Augen und Nase
Stickoxide NO_x	Verbrennungsmotoren, thermische Kraftwerke, Hausfeuerungsanlagen	Reizstoff für die Lunge

[1] Umweltbelastungen und Umweltschutz in der Schweiz 1970–1985, Studie im Auftrag der Philips AG, durchgeführt von Prognos Basel 1974, S. 47.

Die Abwärmeproduktion: Die Diskussion um die Abwärmeproduktion ist erst im Zusammenhang mit der Kernenergie in breiteren Kreisen aufgenommen worden. Dabei ist von Bedeutung, daß die Elektrizitätswirtschaft zum großen Sprung in die Zukunft ansetzte mit einer Technologie, mit der lediglich rund 30 Prozent der anfallenden Wärme in Elektrizität umgewandelt werden kann, während der ganze Rest in Form von Abwärme an die Umwelt abgegeben wird. Dies hängt jedoch nicht nur mit dem schlechten Wirkungsgrad dieser Anlagen zusammen, sondern ebensostark mit der Kapazitätsgröße, die bei den neuen Kernkraftwerken um ein Vielfaches größer ist als bei den herkömmlichen konventionell-thermischen Kraftwerken.

Die Konzentration so gewaltiger Wärmemengen auf einen Ort kann zu lokalen und regionalen Störungen des Wärmehaushaltes und der klimatischen Bedingungen führen. Das Abwärmeproblem ist jedoch nicht nur auf die Kernenergie beschränkt. Jeder Energieträger, ob er nun mit einem guten oder einem schlechten Wirkungsgrad genutzt wird, wird seine Energie schließlich in Form von Wärme an die Umwelt abgeben. Dies gilt sowohl für Wärme und Kraft aus Kernkraftwerken wie aus fossilen Brennstoffen. Nur die regenerierbaren natürlichen Energieträger Sonne, Wasserkraft und Umgebungswärme – die ja alle eine Erscheinungsform von Sonnenenergie darstellen – führen nicht zu einer zusätzlichen thermischen Belastung der Umwelt. Das heißt: Jeder Zunahme des Verbrauchs fossiler, nuklearer und auch geothermischer Energie führt zu einer Vergrößerung der Abwärmelast. Die Wärmeaufnahmekapazität der Atmosphäre ist jedoch beschränkt, vorausgesetzt, daß die klimatischen Verhältnisse nicht schwerwiegend gestört werden sollen. Wo aber die Unverträglichkeitsgrenze der anthropogenen Energiezufuhr an Atmosphäre und Ozeane liegt, darüber gehen die Fachmeinungen noch weit auseinander.

Weinberg meint über die Tragbarkeit zukünftiger Wärmebelastungen: »Gegenwärtig produziert die Menschheit 7 Terawatt (TW) oder rund 0,005% der Sonneneinstrahlung. Mit einem Budget von 20 kWth/Person und 20 Mrd Menschen betrüge die vom Menschen erzeugte Energie 400 TW. Das wären immer noch erst 0,3% der natürlichen Wärmeabstrahlung ins Weltall. Dadurch würde die mittlere Temperatur der Erde um 0,2° C ansteigen, was angesichts der natürlichen Wärmeschwankungen von 2° C in der geologischen Vergangenheit tolerierbar erscheint.«[3]

Andere Autoren sind wesentlich zurückhaltender: »Auf Stufen der

Energieumwandlung, die zwischen 10- und 100mal der heutigen liegen, würde die Erwärmung sicherlich einen Einfluß auf das globale Klima ausüben, z. B., indem sie das empfindsam reagierende arktische Packeis schmelzen und so das Klima mindestens der nördlichen Hemisphäre grundsätzlich ändern würde.«[4]
Wieder andere Autoren nennen als Grenze der anthropogenen Energieeintragungen den Wert von 300 TWth, das sind 0,5% des Sonnenenergieeintrags auf die Erdoberfläche resp. 0,25% der Sonneneinstrahlung in die Atmosphäre.[5] Wie rasch zudem solche auch global betrachteten thermischen Grenzen bei anhaltendem exponentiellem Wachstum erreicht werden, zeigt Tabelle 8.

Tabelle 8: Die Abwärmegrenzen bei unterschiedlichen Wachstumsraten des globalen Energieverbrauchs.

Jährliche Zuwachsrate der Energieproduktion	Wann werden 1% (1 200 TWth) der solaren Einstrahlung erreicht im Jahr	10% (12 000 TWth) im Jahr	100% (120 000 TWth) im Jahr
4%	2100	2164	2223
5%	2078	2126	2173
6%	2061	2090	2140

NAWU

Unter der Voraussetzung, daß die Weltbevölkerung sich in den nächsten hundert Jahren auf die von Weinberg oben erwähnten 15–20 Mrd. vermehrte und daß der gleiche Energieverbrauch pro Kopf der ganzen Weltbevölkerung zustehen sollte und daß dieser Energieverbrauch zur Hauptsache nuklear und elektrisch gedeckt würde, ergäbe sich die Tatsache, daß die westlichen industrialisierten Länder bereits heute ihren Anteil an der Wärmebelastung ausschöpfen, daß die USA diese Schwelle sogar bereits überschritten hätten. Unter diesem Blickwinkel wird das Abwärmeproblem somit bereits innerhalb unseres Planungshorizonts aktuell.
Diese Sicht wird durch zwei weitere Faktoren wesentlich verschärft: Das Weltklima ist ein höchst komplexes System, das heute noch in wesentlichen Teilen nicht verstanden und nicht modelliert werden kann. Soviel ist aber klar, daß Angaben in Form von globalen Mittelwerten der Temperaturzunahme nicht geeignet sind, das Maß der zukünftigen Gefährdung abzuschätzen. Es ist durchaus möglich, daß lokale Wärme – »Spots« über Industriegebieten und entlang der

Meeresküsten zu einschneidenden regionalen Klimaveränderungen führen, die im Zuge der weiteren Industrialisierung zusammenwachsen und globale Auswirkungen haben können. Beunruhigend ist auch, daß eine atmosphärische Drift die anthropogene Abwärme ausgerechnet gegen die Pole verfrachtet, wo die klimatischen Gleichgewichte als besonders labil gelten und wo einmal einsetzende Prozesse – man denke nur an das immer wieder zitierte Abschmelzen der Polkappen – sich selbst verschärfen, für den Menschen irreversibel sind und zu katastrophalen Folgen führen würden.

Als zweiter Punkt kommt dazu, daß Abwärme nicht die einzige Emission darstellt, die schicksalhaft mit der menschlichen Energieproduktion verbunden ist und die zu globalen Klimaveränderungen führt. Man weiß noch wenig über das Zusammenwirken der globalen Erwärmung mit der Staubproduktion und mit der Erhöhung des CO_2-Gehaltes in der Atmosphäre. Trotzdem besteht die Tatsache, daß wir bereits mitten in einem geophysikalischen Experiment stehen, dessen Auswirkungen katastrophal sein und die Menschheit dezimieren könnten. Das Unwissen und die Sprachlosigkeit der Wissenschaft ändern daran nichts.

Die CO_2-Produktion: Bei jeder Verbrennung von fossilen Brennstoffen wird CO_2 freigesetzt. Ein Kilo Kohle oder Erdöl setzt ungefähr soviel CO_2 frei, wie natürlicherweise in 6000 m^3 Luft vorkommen. Die seit Beginn der Industrialisierung freigesetzte CO_2-Menge erreicht bereits 19 Prozent der natürlicherweise in der Atmosphäre vorhandenen CO_2-Menge. Würde man alle heute bekannten Reserven an fossilen Brennstoffen verbrennen, so würde 13mal soviel CO_2 an die Atmosphäre abgegeben, wie diese natürlicherweise enthält. Die Ozeane und die Biosphäre würden zwar einen Teil davon wieder absorbieren – ca. 40 Prozent; aber der CO_2-Gehalt würde trotzdem den 6–8fachen Wert im Vergleich zu heute erreichen. Was dies bedeuten würde, weiß niemand genau. Komplexe Modellrechnungen haben ergeben, daß der Treibhauseffekt schon bei einer Verdoppelung der CO_2-Menge zu einem Temperaturanstieg von 2–3° C in mittleren und äquatorialen Breiten und in den bodennahen Schichten an den Erdpolen sogar bis zu 10° führen würde.

Mit der CO_2-Belastung verhält es sich wie mit der Abwärmelast; man weiß über das Zusammenwirken mit andern Faktoren wie z. B. mit der Staubbelastung wenig Bescheid. Man kann jedoch – nicht im Sinne einer Grenze, dafür scheint der Wert zu hoch, sondern im Sinn einer Regel – davon ausgehen, daß eine Verdoppelung des CO_2-Gehaltes in der Atmosphäre ernsthafte klimatische Veränderungen bewirken würde. Bei einem weiteren Anwachsen des fossilen Energieverbrauchs von 3–5 Prozent jährlich wird diese Schwelle innerhalb von 30–50 Jahren erreicht sein; also noch lange bevor die Ressourcengrenze oder die Abwärmegrenze aktuell wird.

»Es herrscht weithin die Übereinstimmung, daß globale klimatische Auswirkungen bei historischen Wachstumsraten ziemlich früh im nächsten Jahrhundert erwartet werden können. Die klimatischen Auswirkungen von CO_2-Emissionen allein haben zur Folge, daß wir nicht unbeschadet einen großen Anteil der Kohle, die im Boden ruht, verbrennen können. Demgemäß wäre es außerordentlich unklug anzunehmen, daß unsere Unwissenheit über klimatische Veränderungen es uns erlaubte, uns auf eine großangelegte Kohlewirtschaft festzulegen. Bisher hat die Vertiefung der Forschung nur dazu geführt, die klimatischen Probleme als immer gravierender erscheinen zu lassen.«[6]

Die Feinstäube im Submikron-Bereich: Grobstaub, der von selbst ausfällt und als Staubablagerung lästig ist und einige volkswirtschaftliche Kosten verursacht, ist als relevante Grenze des Energieverbrauchs nicht in Betracht zu ziehen. Er kann sowohl technisch einfach aus der Abluft entfernt werden und vermag auch die Atmungswege des Menschen nicht sonderlich zu gefährden, da er in den oberen Partien der Atmungsorgane (Nase, Rachen, Luftröhre) abgefangen und zum größten Teil wieder ausgeschieden wird. Dies gilt für Partikel bis zu einer Größe – resp. Kleinheit – von ca. 5 Mikron. Wesentlich gefährlicher sind die Partikel zwischen 0,5 und 5 Mikron. Diese haben deshalb so große Bedeutung, weil an den Teilchenoberflächen andere chemische Substanzen der Außenluft absorbiert sind und diese entweder unverändert oder nach katalytischer Umwandlung in die feinsten Verästelungen der Lunge und von dort ins Blut transportiert werden. Von diesen Feinstäuben droht die größte Gefahr für die Gesundheit. Sie verbinden sich nicht nur mit Schwefel und dem karzenogenen Benzpyren, sondern auch mit einer Reihe von anderen Schadstoffen, die oft in Verbindung mit den feinen Rußteilchen besonders schädlich sind. Sie erscheinen nicht mehr als Rauch, sondern nur noch als blauer Dunst, sind jedoch technisch nicht kontrollierbar. Eine amerikanische Studie nennt denn auch dieses Problem »den bedeutendsten Sachzwang von seiten der Umwelt, die Steigerung des Ölverbrauchs in den nächsten 20 Jahren einzuschränken«.[7]

Radioaktive Abfälle und Risiken: Von der Atomenergie wird gesagt,

daß mit ihr die Probleme der CO_2-Produktion, der Ressourcenknappheit und der fossilen Umweltbelastungen umgangen werden können. Der Ausbau der Kernenergiewirtschaft wäre somit der Pfad, auf dem die Energiepolitik zwischen Skylla und Charybdis hindurch schreiten könnte. Wir haben weiter oben schon darauf hingewiesen, daß die Ressourcengrenze gerade für die Kerntechnologie bereits greifbar nahe erscheint und daß eine Lösung nur in Sicht sei, wenn der technische und wirtschaftliche Durchbruch der Brütertechnologie realisiert werden kann. Vorläufig basieren jedoch noch alle Rechnungen mit dieser Brüter-Technologie auf einem blinden technischen Optimismus, der davon ausgeht, daß alle Sicherheitsprobleme schließlich irgendwie gemeistert werden können.
Selbst unter der Voraussetzung, daß diese Hoffnungen gerechtfertigt sind, lassen sich die nuklearen Belastungen bei wachsender Energiewirtschaft nicht konstant halten. Zwei Bereiche stehen im Vordergrund:

– die anschwellenden radioaktiven Materialkreisläufe und Abfallvolumina;
– die Zunahme von Einrichtungen mit »pathologischer« Risikokurve.

Die weltweiten Ausbauprogramme für die Nuklearenergie rechnen mit einem Bestand von rund 2000 Kraftwerken im Jahr 2000 mit einer durchschnittlichen Leistung von 1000–1300 MW. Diese Programme sind zwar in den letzten Jahren aus verschiedenen Gründen stark in Verzug geraten. Der Brennstoffkreislauf, der den ganzen Erdball umspannen soll, dürfte bezüglich radioaktiver Umweltgefährdung und Sicherheit das größte Problem darstellen. An allen Stationen des nuklearen Brennstoffkreislaufes wird mit radioaktivem Material manipuliert. Bei »Normalbetrieb« werden kleine Mengen an Aktivität an die Umwelt abgegeben. Teilweise ist dies beabsichtigt, dort, wo z. B. der Abfall aus den Bergwerken auf Halden abgelagert wird, oder dort, wo aus der Uranerzaufbereitung große Mengen leicht aktivierten Wassers an Oberflächengewässer, vor allem aber ins Meer abgegeben werden. Teilweise ist diese Diffusion aber auch nicht vermeidbar. Denn kein technischer Prozeß kann so perfekt sein, daß er einen derart weit verbreiteten und intensiv gehandelten Stoff vollständig zusammenhalten kann. Es gibt überall kleine Lecks, kleine Unfälle, menschliches Versagen, oder gar kriegerische Ereignisse. All diese kleinen Aktivitätsverluste werden jedoch zur großen Gefahr, wenn der Kreislauf genügend angeschwollen ist. Dies ist vor allem der Fall, wenn das transportierte und umgesetzte Material eine große Langlebigkeit aufweist. Bei der Brütertechnologie wird dies der Fall sein. Daraus entsteht die sogenannte »schleichende Vergiftung«. Sie ist, wenn sie in der Plutoniumswirtschaft auftritt, irreversibel und kann durch keine technischen Einrichtungen und Vorsichtsmaßnahmen gänzlich vermieden werden.

Die zweite unvermeidliche Gefahr liegt in der Zunahme von Anlagen mit »pathologischer« Risikosituation. Was ist damit gemeint? Man kann heute davon ausgehen, daß ein Kernkraftwerk bei Normalbetrieb und unter Nichtbeachtung der Brennstoffkreisläufe und Aufbereitungsanlagen kein Sicherheitsproblem darstellt. Die Wahrscheinlichkeit einer sehr schweren Havarie ist sozusagen astronomisch klein. Rasmussen, unter dessen Leitung die bisher aufwendigste Studie über die Sicherheit von Atomkraftwerken stand, kommt zum Schluß, daß die Wahrscheinlichkeit eines schweren Unfalls unter hundert im Betrieb stehenden Werken etwa 1 zu 1 Million beträgt. Als schwerer Unfall wird dabei ein Ereignis definiert, das zu 1000 oder mehr Toten führt. Der schlimmste mögliche Unfall – immer nach Rasmussen – hätte 3300 Tote und 45 000 Strahlenkranke zur Folge und würde einen Schaden von rund 35 Mrd. Mark verursachen. Dazu kommen die Langzeiteffekte: 1500 latente Krebsfälle pro Jahr, 8000 Fälle mit Schilddrüsenkrebs pro Jahr und 170 genetische Schäden pro Jahr. Bei hundert im Betrieb stehenden Reaktoren wird die Wahrscheinlichkeit, daß ein derartiges Schadenereignis eintritt, auf einen Fall in 10 Millionen Jahren geschätzt, wobei eine Fehlerquote von 10 als möglich bezeichnet wird.

Diese Risikoanalyse ist nicht unbestritten. Man hat eingewendet, die Methode für die Risikoanalyse sei bei Raumfahrtsystemen und militärischen Projekten entwickelt worden und für die Risikoanalyse bei Kernkraftwerken ungeeignet; oder der denkbar größte nukleare Unfall hätte sehr viel schlimmere Folgen als angenommen, usw. Unabhängig vom genauen Ausgang dieser Diskussion steht doch fest, daß die Wahrscheinlichkeit eines großen Schadens bei einzelnen Kraftwerken extrem klein ist und von der Todes- und Unfallhäufigkeit von vielen alltäglichen Aktivitäten weitaus übertroffen wird. Es ist aber die Frage aufgeworfen worden, warum denn, wenn die nuklearen Risiken im Vergleich zu anderen Risiken so klein sind, gerade die Haftpflicht der Kernkraftwerkbetreiber beschränkt werde? In der Schweiz ist z. B. die Haftpflicht und die Versicherungssumme der Aktiengesellschaften, welche Atomkraftwerke betreiben, vorläufig auf 200 Mio. Fr. beschränkt.

Offensichtlich liegt hier ein ganz spezielles Risiko vor, das sich aus der Multiplikation einer extrem großen mit einer extrem kleinen Zahl ergibt. Außerordentlich hohe Schäden sind gemäß Risikoanalyse mit einer außerordentlich kleinen Wahrscheinlichkeit zu erwarten. Es stellt sich hier die Frage, ob nicht dieser Tatbestand die herkömmliche Risikobetrachtung sprengt. Die Kernenergie-Industrie und die Versicherungsgesellschaften können gerade deswegen nicht das gesamte Schadenrisiko tragen, weil es nicht ausgeschlossen ist, daß ein »sehr unwahrscheinliches Ereignis« morgen oder nächstes Jahr eintritt und daß dann die ganze Schadensumme fällig wird und nicht bezahlt werden kann. Die statistische Risikobetrachtung wird unter diesen Verhältnissen irrelevant. Das mit der Nuklearenergie verbundene Risiko stellt eine ganz neue Form der Gefährdung dar.

Das Grundproblem: der zweite Hauptsatz der Thermodynamik (Entropie)

Mit einer unvorstellbaren Dynamik hat sich in den vergangenen 200 Jahren das technische System in der Ökosphäre breitgemacht. Die Zivilisationsmaschine – durch die aus fossilen (und neuerdings auch aus nuklearen) Brennstoffen frei gemachten Energieflüsse immer stärker beschleunigt – konsumiert ungeheure Mengen an Rohstoffen, um einen ständig anwachsenden Güterstrom zu erzeugen, der schließlich in ein Meer von Abfall ausmündet. Drei Probleme werden somit simultan durch den ökonomischen Prozeß verursacht: der zunehmende Energieverbrauch, die Ausbeutung der natürlichen Ressourcen und die Belastung unserer Umwelt durch Abfälle und Gifte, welche die Natur nicht mehr zu verkraften vermag.

Die Meinung ist weit verbreitet, daß mit unbeschränkten Mengen von Energie (die uns die Durchbrecher mit den Atomkraftwerken verheißen) sowohl das Abfall- als auch das Ressourcenproblem aus der Welt geschafft werden könnte. Das Zauberwort lautet »Recycling« oder »Wiederverwertung«. Die Naturgesetze der Thermodynamik zeigen jedoch die Grenzen dieses Wundermittels auf.

Mit jedem Energie- und Materialfluß ist eine Degradation der Natur verbunden. Wohl kann gemäß dem ersten Hauptsatz der Thermodynamik weder Energie noch Materie geschaffen oder vernichtet werden: die *Quantität* aller physikalischen Größen bleibt somit erhalten; aber der zweite Hauptsatz, der sich mit der *Qualität* befaßt, setzt die entscheidenden Gewichte. Dieses fundamentale Naturgesetz sagt aus, daß bei jedem physikalischen Prozeß in einem abgeschlossenen

System die Wertigkeit von Energie und Materie ständig abnehmen muß. »Jedes System macht unumkehrbare (irreversible) Veränderungen durch, wobei geordnete Strukturen (kleine Entropie) in weniger geordnete (große Entropie) übergehen. Dabei wird hochwertige ›freie‹ Energie, die sich in Arbeit umwandeln läßt, in ›gebundene‹ niederwertige Wärme übergeführt, die nicht mehr in nützliche Energie umgeformt werden kann. Entropie ist ein Maß für die Wahrscheinlichkeit des Zustandes eines Systems, das auch als Maß der Unordnung, des zufälligen Chaos und der räumlichen Verteilung verstanden werden kann. Zustände tiefer Entropie sind charakterisiert durch große Ordnung, kleine Wahrscheinlichkeit, großen Informationsgehalt. Um die Entropie eines geschlossenen Systems herabzusetzen, muß Energie von außen zugeführt werden. *Umweltverunreinigung ist die Konsequenz des zweiten Hauptsatzes.*«[8]

Der Nationalökonom Nicholas Georgescu-Roegen hat erstmals auf den entropischen Charakter des ökonomischen Prozesses hingewiesen[9], der von den Wirtschaftswissenschaften allerdings bisher noch nicht zur Kenntnis genommen worden ist. Diese Unfähigkeit zur Integration naturgesetzlicher Erkenntnisse in das wirtschaftstheoretische Denken macht Georgescu-Roegen dafür verantwortlich, daß das Problem der Umweltbedrohung nicht rechtzeitig erkannt wurde. Einen überzeugenden Beweis für die Ignoranz der Fachleute sieht er in den »Ideen, die die verschiedenen Autoritäten in Sachen Verschmutzung uns zu verkaufen suchen: einerseits Maschinen und Verfahren, die keinen Abfall produzieren und anderseits Erlösung durch unaufhörliches Recycling des Abfalls. Es sei nicht geleugnet«, so führt er weiter aus, »daß wir, wenigstens im Prinzip , sogar das im Sand der Meere zerstreute Gold rezirkulieren könnten. Doch müssen wir dabei auf eine zusätzliche Menge niedriger Entropie (z. B. Energie in Form fossiler Brennstoffe) zurückgreifen, die viel größer ist als jene, die im rezirkulierten Material vorhanden sein wird. *Kostenloses Recycling gibt es ebensowenig wie Industrie ohne Abfall.*«

Unser Planet als Ganzes ist nur hinsichtlich der Materialflüsse als abgeschlossenes System zu betrachten. Durch die Sonnenstrahlung wird er mit einem ständigen Energiestrom von außen versorgt. Dieser stete Energiefluß wirkt der naturgesetzlich bedingten Entropiezunahme laufend entgegen, indem er die geochemischen Kreisläufe in Gang hält und die Struktur der Biosphäre aufrechterhält. So strebt jeder belebte Körper danach, seine eigene Entropie konstant zu halten, indem er niedrige Entropie aus der Umgebung aufsaugt.

Über Jahrmillionen hinweg wurden aus dem belebten System sukzessive Vorräte an niedriger Entropie auf die Seite geschafft und in Form fossiler Brennstoffe gespeichert. Unser ökonomisches System hat bisher dieses einmalige *Kapital* mit einer Sorglosigkeit verschwendet, die wenig Verständnis für den entropischen Charakter unserer Umwelt verrät. Eine Katastrophe scheint unausweichlich, wenn der Mensch nicht lernt, seine Wirtschaft mit den regenerierbaren Energiequellen, d. h. mit dem laufend verfügbaren Energie*einkommen* von der Sonne zu betreiben. Hier liegt die langfristige Herausforderung an Wissenschaft und Technik, der sie sich nicht entziehen dürfen, wenn das Überleben unserer technischen Zivilisation gewährleistet werden soll.

c) Der knappe Raum

Der für die Landwirtschaft nutzbare Grund und Boden der Erde ist auf schätzungsweise 3 Milliarden Hektar beschränkt. Da der Mensch etwa einen viertel Hektar guten Landes für seine Ernährung braucht, könnte heute bei gerechter Verteilung der Güter der Hunger aller gestillt werden.

Doch die Wüste wächst: Bevölkerungsvermehrung, fortschreitende Industrialisierung, Übernutzung und Versteppung des Bodens beschränken die landwirtschaftliche Nutzfläche. Mechanisierung, Einsatz von Düngemitteln und Anpflanzung hochgezüchteter Getreidearten verschleiern diese Entwicklung und lassen die Erträge vorübergehend ansteigen. Doch heute wissen wir: Die »Grüne Revolution« ist weitgehend gescheitert, die Natur läßt sich nicht überlisten.

Die *Raumgrenzen* liegen nicht in erster Linie in einem äußeren Bereich der wachsenden Siedlungsexpansion als vielmehr in den entscheidenden inneren Bereichen der Raumorganisation: Verdichtung, Aktivitätskonzentration und Entmischung. Zwei Erscheinungen (neben den Entleerungsproblemen in den sozioökonomischen Randgebieten) charakterisieren die Entwicklung der Landnutzung im Industriestaat der letzten 30 Jahre:

- eine *äußere Expansion*, das heißt fortschreitende Umwandlung von Offenfläche in Siedlungsgebiet durch den Überbauungsprozeß;
- eine *innere Expansion*, in Form einer fortschreitenden funktionellen Verdichtung der Siedlungsgebiete. Sie äußert sich nicht nur im Steigen der reinen Einwohnerdichte, sondern auch darin, daß sich das wachsende Aktivitätsniveau der Industriegesellschaft sowohl in baulicher Form (zum Beispiel Verkehrsanlagen, Neubauten),

als auch in erhöhtem Verbrauch und Durchfluß von Materie und Energie im Siedlungskörper manifestiert.

Beide Prozesse bewirken Veränderungen in den Agrarzonen und Naturräumen, einmal durch Flächenverluste, Einschnürung von Restgebieten, Zerschneiden von Großräumen sowie durch steigende Belastung und Beeinträchtigung durch die wachsenden Emissionen der Siedlungsgebiete. Dazu sind nicht nur die traditionellen Kategorien Lärm, Luft- und Gewässerverschmutzung zu rechnen, sondern etwa auch die aufgezwungene gesteigerte Mobilität des Industriesystems und die durch den Streß verstärkten Erholungszwänge.

Die äußere Expansion führt zu direkt sichtbaren Nutzungskonflikten zwischen verschiedenen Flächenansprüchen; die Konflikte, welche durch die innere Expansion, das heißt die zunehmende Belastung der Umwelt, aber auch die Qualitätsverluste der Siedlungskörper selbst, entstehen, sind weniger offensichtlich, und damit auch weniger gut feststellbar.

Zur Erfassung der *äußeren Expansion* dient eine ökologisch begründete Gliederung der Landnutzungskategorien in drei Gruppen:

– protektive Flächen (hoher Reifegrad, geringe Nettoproduktion, hohe Stabilität, artenreich)	umfassend:	Wald, Weideland, Biotope
– produktive Flächen (tiefer Reifegrad, große Nettoproduktion, geringe Stabilität, artenarm)	umfassend:	intensive Landwirtschaft
– sterile Flächen	umfassend:	Siedlungs-/ Industrie-/ Verkehrsflächen

Die historische Entwicklung ist gekennzeichnet durch eine Verlagerung zuerst in Richtung »produktive Flächen« (Agrargesellschaften, Urbarmachung, Meliorationen), dann in Richtung »sterile Flächen« (Industriegesellschaft). Eine Sättigung des »Landhungers« ist auch für die Zukunft selbst bei gleichbleibender Bevölkerungszahl nicht zu erwarten. Denn eine weitere Steigerung wirtschaftlicher Aktivitäten, Großtechnologie, zunehmende Motorisierung und höhere Wohnansprüche mit all ihrem infrastrukturellen Folgebedarf werden die Bauflächenexpansion unaufhaltsam vorantreiben und die Aktivitäten verdichten.

Das *Stadtsystem* beansprucht immer größere Räume. Bei gleichbleibendem Trend würden im Jahre 2000 beinahe 80 Prozent aller Erdbewohner im Häuserdickicht verstädterter Agglomerationen wohnen. Das Häuserchaos quillt überbordend aus dem städtischen Becken. Im gleichen Rhythmus wie der Stadtkern unbewohnbar wird, wächst der Agglomerationsring im Dunstkreis der Stadt.

Diese in allen Ballungsgebieten feststellbare Entwicklung läßt sich am Beispiel der Schweiz exemplarisch nachweisen. Hier sind pro Kopf der Bevölkerung 300 Quadratmeter zubetoniert worden, die Hälfte davon allein für die Straßen! Seit 1940 geht Tag für Tag die Landfläche eines Bauernbetriebes in der Größenordnung von 10 Hektar verloren. In 25 Jahren hat sich die überbaute Fläche mehr als verdoppelt und ist auf 200 000 Hektar gestiegen. Im gleichen Zeitraum ging beinahe ein Zehntel des Kulturlandes verloren.

Der Zusammenhang zwischen wachsender Raumbeanspruchung und steigendem Bruttosozialprodukt ließ sich in der Periode der Hochkonjunktur nach 1950 eindeutig nachweisen. In der Schweiz stieg der Bodenbedarf pro Person jährlich um 5 Quadratmeter oder um insgesamt 30 Quadratkilometer im Jahr. Jede Sekunde mußte in dem kleinen Land ein Quadratmeter landwirtschaftlicher Nutzfläche aufgegeben werden. Bezeichnenderweise werden in den europäischen Siedlungsgebieten für Verkehrsflächen (150 m^2) weit mehr Grund und Boden pro Kopf benötigt als für Wohnen (50 m^2) und Arbeiten (30 m^2). Weitere 60 m^2 werden für die Bauten der Infrastruktur – Schulen, Spitäler – gebraucht. Im verschwenderischen Nordamerika liegen die Vergleichszahlen dreimal höher.

Die *Grenzen der Siedlungsausdehnung* ergeben sich aus politisch akzeptierten Leitbildern der *Landwirtschaft* (Versorgungsgrad) sowie aus den Vorstellungen über die Qualität der Erholungs- und Regenerationsflächen. Eine Verknüpfung der beiden Bereiche vollzieht sich in einer ökologischen Dimension: die zunehmende Intensivierung der Landwirtschaft bewirkt eine fortschreitende Veränderung der Landschaftsökologie. In einem durch industrielle Anbaumethoden und Monokulturen geprägten *Agrarökosystem* mindert sich der erholungspsychologische Wert der Landschaft, während gleichzeitig die ökologische Belastung wächst.

Die Standortentmischung führt zu immer ausgedehnteren Flächen gleicher Nutzung. Um dieser Monotonie entgehen zu können (Flucht aus langweiligen Wohngebieten), müssen große Distanzen überwun-

den werden, was eine Überlastung des Verkehrssystems zur Folge hat. 1953 wurden auf den Straßen der Schweiz 15 Milliarden Personenkilometer zurückgelegt, 1973 waren es 75 Milliarden.
Die Zerstörung der Stadtlandschaft gefährdet gleichzeitig den Erholungsraum der Alpen. In der Schweiz hinterließen mehr als 130 000 Zweitwohnungen ihre Folgen in der Landschaft. Führende Winterkurorte haben ihr Bettenangebot in dreißig Jahren verfünffacht. In europäischen Alpengebieten werden pro Jahr 200 Millionen Übernachtungen von »Erholungsuchenden« bezahlt, wobei Bevölkerungsdichten bis zu 1800 Menschen pro Quadratkilometer registriert werden, fünfmal mehr als im Ruhrgebiet. Die Weekendflüchtlinge, verstärkt durch die Ferienhäuschen-Besitzer, machen es möglich: »In spätestens 50 Jahren wird auch die letzte Baulücke zwischen Lindau und Berchtesgaden geschlossen sein«, so lautet die Voraussage von Walter Danz, Direktor des Deutschen Alpeninstitutes in München.
Damit aber wird die Möglichkeit einer Ernährung der Bevölkerung eines Industrielandes aus den auf eigenem Grund und Boden gewachsenen Nahrungsmitteln geschmälert. Beim heutigen Kalorienverbrauch pro Einwohner (3120 kal pro Tag) beträgt der Nutzflächenbedarf pro Kopf ungefähr 3250 Quadratmeter. Würde die Nutzung durch intensiveren Landbau erhöht, die Ernährung hingegen auf das Lebensnotwendige eingeschränkt, so könnten 1500 Quadratmeter pro Person ausreichen, um die Bevölkerung vor Hunger zu bewahren. Dies bedeutet: Auf der gegenwärtig verfügbaren landwirtschaftlichen Nutzfläche kann in der Schweiz und in ähnlichen Siedlungsräumen – unter Berücksichtigung der maximal möglichen offenen Ackerfläche – auch bei einfachem Speisezettel nur etwa die gegenwärtige Bevölkerungszahl ernährt werden. Doch auch in diesem Falle müßten Treibstoff und Dünger eingeführt werden. Die ökologische Belastung würde durch die Mechanisierung und den Einsatz von Chemikalien weiter zunehmen.
Aus ökologischen und psychologischen Gründen ist es begreiflicherweise ausgeschlossen, sämtlichen Grund und Boden eines Landes, welcher die dazu notwendigen topographischen Voraussetzungen besitzt, als Siedlungsgebiet oder Landwirtschaftszone zu nutzen. Die *Grenzen der Aktivitätsverdichtung* zeigen sich etwa an folgenden Symptomen, die schon heute als lokale oder regionale Konflikte in Erscheinung treten:
- Biotope und damit umfassendere Ökosysteme sind durch Übernutzung und durch Immissionen in ihrem Bestand gefährdet.

- In städtischen Gebieten ist die menschliche Gesundheit durch hohe Lärm- und Abgaswerte bedroht.
- Die Entmischung von Funktionsstandorten und Gruppenterritorien schreitet fort und bedingt aus ökonomischen und sozialen Gründen einen hochtechnisierten Transportapparat.
- Die derart erzwungene Mobilität wirkt sich negativ aus als Umweltbelastung, Zeit- und Ressourcenverschwendung, sozialer und psychologischer Streß. Denn diese räumlichen Veränderungen beeinflussen auch das Verhalten der Menschen:
  Es bestehen Anzeichen dafür, daß verschiedene Bevölkerungsgruppen in ihrer Anpassungsfähigkeit überfordert sind und ihnen die Integration in die Gesellschaft nicht mehr gelingt. Sie vermögen sich kaum mit ihrer Umgebung zu identifizieren. Diese Überforderung manifestiert sich in individuellen und gesellschaftlichen Krisen. Die Aggressivität wird spürbar.
- Randgruppen (wie Kinder, Hausfrauen, Betagte, Behinderte), die aus verschiedensten Gründen nicht in der Lage sind, sich den Transportapparat in ausreichendem Maße zunutze zu machen, werden dadurch in eine soziale und psychologische Isolation gedrängt. Ihre Handlungsspielräume und Kontaktmöglichkeiten werden durch solche Barrieren in ungerechter Weise verschlechtert.

Anmerkungen

1 Vgl. dazu H. Hotelling, The Economics of Exhaustible Resources, Journal of Political Economy, Vol. 39. 1931, S. 137 ff. und Walter Schulz, Die optimale Nutzung erschöpfbarer Energieressourcen, Wirtschaftswissenschaftliche Studien, Februar 1977, S. 60 ff.

2 Goodman M., Krymm R., The prospects of Nuclear Power for the next 25 years (1975–2000), ECE-Symposium Delphi und Athen, 19.–23. Mai 1975; EP/SEM. 3/R.77, S. 11.

3 Weinberg A. U., Hammond R. P., Limits to the use of Energy, American Scientist, Vol. 58, Juli–August 1970, S. 416 (Übersetzung der Herausgeber).

4 Lovins A. B., Some Limits to Energy Conversion, Paper presented to ›Limits to Growth 75‹, Texas 1975, S. 3.

5 Flohn H., Globale Energiebilanz und Klimaschwankungen; Schriftenwerke Rhein. Westf. Ak. d. Wiss., N 234, Bonn 1973. Vgl. auch Meyer-Abich K. U., Bedingungen der mittel- und langfristigen Energieversorgung, in: Fornallaz P. (Hrsg.), Technik für und gegen den Menschen, Basel 1975, S. 189.

6 Manabe S., Wetherald R. T., The effects of Doubling the CO_2 Concentration on the Climate of a General Circulation Model, Journal of Atmospheric Sciences 32 (1975), S. 3 (Übersetzung der Herausgeber).

[7] Exploring Energy Choices: A preliminary report of the Ford Foundation's Energy Policy Project. Washington D. C. 1974, S. 25.

[8] Stumm W. und Davis J: Kann Recycling die Umweltbeeinträchtigung vermeiden (Die Kreisläufe können nicht geschlossen werden); Brennpunkte 1974/2, Rüschlikon/Schweiz.

[9] Georgescu-Roegen Nicholas: Was geschieht mit der Materie im Wirtschaftsprozeß? Brennpunkte, Publikation des Gottlieb-Duttweiler-Instituts; 1974/2.

5. Wirtschaftliche, politische und soziale Grenzen des Wachstums

Zu den natürlichen Grenzen des Wachstums treten andere Grenzen hinzu, die weniger greifbar sind, aber sich wahrscheinlich früher, vielleicht jetzt schon, bemerkbar machen, ohne daß wir sie deutlich sehen. Diese Grenzen liegen im wirtschaftlichen, politischen und sozialen Bereich. Sie sind elastischer, weniger »hart« und führen nicht zu einer abrupten Katastrophe, sondern viel eher zu einer schleichenden Krise, die noch längere Zeit mit weiteren Wachstumsschüben einhergehen kann.
Soll man es dieser Krise überlassen, den Wachstumsprozeß allmählich zum Erliegen zu bringen und so der weiteren Umweltzerstörung Halt zu gebieten, bevor die letzten harten Grenzen erreicht sind? Zweifellos nicht. Eine Strategie zum Übergang von einem exponentiellen Wachstum in ein ökonomisch-ökologisches Gleichgewicht soll helfen, nicht nur die ökologischen, sondern auch die ökonomischen, politischen und sozialen Krisen zu vermeiden.

a) Die Gefahr der Inflation
Es ist unbestritten, daß die Erwerbswirtschaft der Bevölkerung der Industrieländer einen bisher ungeahnten Wohlstand beschert hat. Aber: Erfolge in der Vergangenheit unter damaligen Bedingungen garantieren nicht, daß die entsprechende Wirtschaftsverfassung auch jene ist, mit welcher wir die Probleme der Gegenwart und Zukunft meistern können. Der Marktpreis als der zentrale Lenkungsmechanismus der Marktwirtschaft versagt insbesondere dann, wenn die Preise in erster Linie durch den Inflationsprozeß und nicht mehr durch die warenspezifische Angebots- und Nachfragekonstellation bestimmt werden.
Ein ungehemmter Inflationsprozeß heizt infolge erhöhter Gewinnchancen zuerst das Wachstum an, führt aber früher oder später mit Sicherheit zu einem Zusammenbruch der Wirtschaft. Warum? Wenn sich die Preissteigerung über längere Zeit fortsetzt, muß sie in einen kumulativen Prozeß münden. Dieser Prozeß erklärt sich einmal

durch immer stärkere Inflationsstöße von der Kostenseite her; der Produzent muß bei der Kalkulation seiner Warenpreise schon dem künftigen höheren Wiederbeschaffungswert der Produktionsmittel Rechnung tragen und nimmt so in den heutigen Preisen die künftigen Preissteigerungen schon vorweg, was zu noch weiteren Preissteigerungen führt. Auf der Nachfrageseite werden die Kaufakte beschleunigt, um den drohenden Preissteigerungen zuvorzukommen. Da bei einer solchen Entwicklung der Preis seine Rolle als ökonomischer Knappheitsmesser immer mehr verliert, kann auch der Marktmechanismus seine ordnende Funktion nicht mehr erfüllen. Hohe »ungerechtfertigte« Gewinne auf der einen Seite, Bankrotte seriöser Firmen, die in die Preis-Kosten-Schere geraten, auf der andern Seite sind das Ergebnis.
Die durch eine derartige Entwicklung hervorgerufene *Wirtschaftsunordnung* muß auf die Dauer zu immer größeren politischen und wirtschaftlichen Unsicherheiten und damit zu einer Senkung der Investitionsrate führen. Vor allem aber wird das Wachstum gebremst, wenn die Inflation statt zu einer Erhöhung, schließlich zu einer abrupten Minderung des Rohstoff-Angebots führt. Die Gefahr einer solchen Angebotsreduktion läßt sich aufgrund eines historischen Rückblicks verdeutlichen, indem wir verschiedene Phasen des wirtschaftlichen Wachstums unterscheiden, wobei die inflationäre Tendenz von Phase zu Phase stärker wird.
Zu Beginn der Industrialisierung stand eine Masse unbeschäftigter Arbeitskräfte bereit; der Kapitalbedarf war daher vergleichsweise noch gering, denn die Expansion konnte vor allem über die Anstellung zusätzlicher Arbeitskräfte erfolgen. Es bestand damals kaum die Tendenz zur Inflation, da die Arbeiterschaft sehr niedrige Löhne bezog und die Zeitspanne zwischen Lohnzahlung und Angebotsvermehrung aufgrund der einfachen Produktionsstruktur gering war.
Als freilich die überschüssigen Arbeitskräfte aus der Landwirtschaft aufgesogen waren und die Löhne anstiegen, konnte die Expansion nur noch durch Investition in energieverzehrende Maschinen bewerkstelligt werden. Mit dieser Entwicklung einher ging eine Vergrößerung der Zeitspanne zwischen Lohnzahlung und Angebotsvergrößerung, so daß sich der Hang zur Inflation verstärkte. Die schleichende Inflation bildete das Fundament zur Nachkriegsexpansion. Ähnlich der ersten industriellen Expansionsphase, die wesentlich vom Vorhandensein einer »industriellen Reservearmee« und damit von niedrigen Löhnen profitierte, beruhte die jüngste Expansion auf niedrigen Rohstoffpreisen und tiefen Energiekosten. In den letzten

drei Jahrzehnten mußten die Rohstoffländer daher immer mehr von ihrem natürlichen Reichtum hingeben, um dasselbe Quantum an Industriegütern zu erhalten, die Austauschverhältnisse sanken zu ihren Ungunsten. Mit dem »Erdölschock« dürfte diese Expansionsphase ihr Ende gefunden haben.

Eine dritte Wachstumsphase kündigte sich an, die auf einer weiter beschleunigten Geldschöpfung beruhte. Es ging jetzt darum, nicht nur Investitionen für die Bearbeitungsindustrie zu finanzieren, sondern Investitionen für die *Ausbeutung neuer Energie- und Rohstoffquellen,* und zwar in immer stärkerem Ausmaß, da bisherige Quellen zu versiegen drohen und da der weltweite Konsum zunimmt. Bei der Erschließung neuer Ressourcen handelte es sich aber meist um Projekte gigantischen Ausmaßes; man denke nur an die Größe der Investitionen für Kernkraftwerke, mit deren Hilfe die Erdölabhängigkeit überwunden werden soll. Die daraus resultierende Kreditausweitung und Geldvermehrung mußte im Zusammenhang mit den steigenden Rohstoff- und Energiepreisen und der vergrößerten Zeitspanne zwischen der Verknappung der alten und der Erschließung neuer Ressourcen relativ rasch zu einer galoppierenden Inflation führen.

Die Ursache der Verknappungserscheinungen im Bereich der Energie und der Rohstoffe liegt allerdings weniger in der baldigen Erschöpfung der natürlichen Ressourcen, über welche die Erde verfügt und die im Moment noch groß sind. Diese Verknappungen sind das direkte Ergebnis der schleichenden Inflation. Die ständige Geldentwertung führt bekanntlich zur Flucht in die Sachwerte, das heißt zur überproportional erhöhten Nachfrage nach den sogenannten nicht vermehrbaren Ressourcen. Dieses Phänomen zeigte sich zuerst bei der Bodenspekulation. Sie bewirkt, daß sich die »Rohstoffpreise« über die durchschnittliche Preissteigerung erhöhen, und zwar nicht nur von der Nachfrage-, sondern auch von der Angebotsseite her; die potentiellen Anbieter wollen nur noch soviel verkaufen, als sie an Einnahmen unmittelbar verwerten können, da sie sonst auf dem immer wertloser werdenden Geld sitzenbleiben. Bekannt ist die Anekdote, wonach ein Bauer, der seinen Boden verkauft hatte, zum Anlageberater ging und ihn fragte, was er mit dem Geld anfangen solle, und der Anlageberater ihm riet, Boden zu kaufen . . .

Dieses »Sachwertdenken« hatte im Zusammenhang mit dem Ölschock in gewissem Ausmaß auch die Energie- und Rohstoffproduzenten erfaßt. Wenn die beste Anlage des Geldes die Anlage in den eigenen Ressourcen ist, kann sich im Endergebnis eine Umkehr in der Angebotskurve ergeben. Man vermehrt bei steigenden Preisen das Angebot nicht, es wird im Gegenteil verkürzt. Eine entsprechende Erscheinung stellen wir schon längst auf dem Arbeitsmarkt fest, wo Reallohnsteigerung und Arbeitszeitverkürzung miteinander einhergehen. Was im Arbeitssektor das »Freizeitdenken« ist, das ist im Energie- und Rohstoffsektor (gleich wie im Bodensektor) das »Sachwertdenken«! Die Inflation würde unter diesen Umständen in immer wichtigeren Sektoren zu einer eigentlichen Angebotsverknappung führen. Der ganze Wachstumsprozeß könnte dann nicht etwa deswegen zusammenbrechen, weil keine Ressourcen mehr da wären, von denen er zehrt, sondern weil niemand mehr das Geld annehmen will, das er für die Hingabe der Ressourcen erhält.

Angesichts dieser Perspektiven durften allerdings die Währungsbehörden nicht untätig dem kumulativen Inflationsprozeß zuschauen. Sie müssen immer wieder zu einer einschränkenden Geld- und Kreditpolitik greifen, um die zu rasch wachsende Nachfrage einzudämmen. Das kann allerdings nicht geschehen, ohne die Investitionen zu beschneiden, was wiederum zu einem Rückgang der Bestellungen, zur Entlassung von Arbeitskräften und zu ungenügender Kapazitätsauslastung vorhandener Produktionskapazitäten, kurz: zu einer Schrumpfung der Wirtschaft führt. Obwohl also auf diesem Weg das Wachstum gebremst wird, werden die Währungsbehörden doch immer wieder zur Antiinflationspolitik greifen. Allerdings kann diese Einschränkungspolitik nicht langfristiger Natur sein. Nach einer kurzen Zeit der Bremsung müssen die Zügel wieder gelockert werden. Das Wachstum kann in diesem Falle sogar eine Zeitlang, solange noch freie Kapazitäten zur Verfügung stehen, ohne wesentliche Preiserhöhungen vorangetrieben werden. Dabei ist zu berücksichtigen, daß die Abkehr vom Bretton-Woods-System, also die Weigerung der Nicht-Dollar-Länder, einströmende Dollars in beliebiger Menge zu einem fixen Wechselkurs zu übernehmen, eine eigentliche Antiinflationspolitik erst ermöglicht hat. Die Grundlage dieser Politik bildet die Kontrolle der Geldbasis, das heißt der inländischen Zentralbankgeldmenge, die mehr oder weniger durch die nationalen Währungsbehörden gesteuert werden kann.

Immerhin läßt sich das Dilemma zwischen kurzfristiger Ankurbelung des Wachstums, aber langfristiger Zerrüttung der Währung durch andauernde Inflation auf der einen Seite und kurzfristige Bremsung durch eine Antiinflationspolitik nicht übersehen. Entweder kommt es zu einem Kollaps der Wirtschaft, der nicht nur den Wachstumsprozeß zum Stillstand bringt, sondern die Wirtschaft unter das heutige Niveau zusammenschrumpfen läßt, oder es kommt, wenn man am Prinzip des quantitativen Wachstums festhält, zu einer Stop-and-go-Politik, die akute Krisen in großen Teilen der Wirtschaft zur Folge hat.

Das Dilemma der Währungsbehörden wird noch akzentuiert, wenn das Phänomen der sogenannten *Stagflation* eintritt, wie es sich heute schon in einigen Ländern bemerkbar macht. Unter Stagflation versteht man eine Situation, bei der trotz Minderung der Wachstumsrate und der dadurch verursachten Unterbeschäftigung weitere Preissteigerungen hingenommen werden müssen. Dieses Phänomen tritt dann auf, wenn die Preise einzelner Produktionsfaktoren und insbesondere die Löhne trotz Minderbeschäftigung nicht sinken. Gründe für dieses Phänomen: Die Wirtschaftsführer rechnen mit einem baldigen Wiederaufschwung der Wirtschaft oder die Gewerkschaften treiben die Löhne weiter hinauf. An die Stelle einer allgemeinen Arbeitslosigkeit tritt eine Strukturkrise in einzelnen von Lohnerhöhungen besonders betroffenen Sektoren der Wirtschaft. Nur ein extremes Wachstum mit hoher Inflation könnte unter diesen Voraussetzungen die Arbeitslosigkeit beseitigen, nur eine extreme, anhaltende Antiinflationspolitik mit starker Schrumpfung der Wirtschaft weitere Preissteigerungen verhindern. Die Wahl der »richtigen« Währungspolitik wird dann beinahe so schwierig wie die Quadratur des Kreises.

b) Belastungsgrenze des Staatsapparates

In der unmittelbaren Nachkriegszeit zauberte die Marktwirtschaft in den westlichen Industrieländern das »Wirtschaftswunder« herbei. Mit ihren flexiblen Methoden forcierte sie den Wiederaufbau zerstörter Städte und sicherte der Bevölkerung ein Dach über dem Kopf und einen gedeckten Tisch. Durch einen optimalen Einsatz der ökonomischen Mittel gelang es, die lebenswichtigen materiellen Grundbedürfnisse der Bevölkerung zu befriedigen. Unternehmer und Lohnempfänger profitierten vom wachsenden Güterausstoß; gleich siamesischen Zwillingen wuchsen Kapitalerträge und Reallöhne. Die Protagonisten einer expandierenden Wirtschaft wähnten, mit den erarbeiteten Mehrerträgen nicht nur die sozialen Gegensätze mildern, sondern auch Projekte der staatlichen Reformpolitik und des Umweltschutzes angemessen finanzieren zu können. Die Verfechter einer sozialen Marktwirtschaft behaupteten mit Überzeugung in ihren politischen Werbetexten: »Was wir verkaufen, ist ein besseres Leben!«

Doch mit den Produkten der Wohlstandsgesellschaft »verkaufte« die Wachstumspolitik der Industrie ungewollt auch die Kehrseite der Medaille: die Dunstglocke über dem Ballungsgebiet, die Abfallhalde, den verschmutzten Fluß, den Streß und die psychischen Störungen. Auch das wird bezahlt, aber nicht mit Geld, sondern mit einer zunehmenden Zerstörung der Lebensgrundlagen.
Im Spätsommer 1976, nachdem die einer Fabrikationsanlage entströmte Giftwolke einen fruchtbaren, dichtbesiedelten Landstrich vor den Toren Mailands verseucht hatte, Tiere tötete, Kinder infizierte, mehr als tausend Menschen aus ihren Heimstätten vertrieb, erkannte die »Neue Zürcher Zeitung«: »Wir leben im Grunde alle in Seveso.« Diese Ortsbezeichnung in der Lombardei wurde zum Flammenzeichen an der Wand: Durch ein technisches Versagen in einer kleinen Fabrik, die im Rahmen eines Großkonzerns einen für die Entlaubung der Wälder wie für Schönheitssprays gleichermaßen verwendbaren Giftstoff produziert hatte, ist der Zusammenhang zwischen problematischen Produktionsprozessen und menschlicher Existenzgefährdung auch dem Uneingeweihten jäh sichtbar geworden.
Wo blieb die staatliche Kontrolle? Könnte eine strengere Umweltschutzgesetzgebung derartige Katastrophen verhindern?
Hinter dieser Fragestellung verbirgt sich eine *grundlegende Auseinandersetzung:* Ist der Staat wirklich fähig, jenen Schutzwall zu errichten, der dem Individuum Sicherheit und Geborgenheit gibt? Was geschieht in der bevorstehenden kritischen Phase, in der ein überfordertes Gemeinwesen der Plünderung unseres Planeten und seiner Vergiftung Einhalt gebieten, gleichzeitig aber den materiellen Wohlstand fördern sollte? Oder – in die politische Alltagssprache übersetzt – was tut die Regierung, wo und mit welchen Mitteln greift sie ein, wenn wachsende Umweltbelastung und wirtschaftliche Störungen die Konsummöglichkeiten einschränken? Was fordert das beunruhigte Volk der Wähler? Welche Schichten, welche Interessengruppen vermögen in einer Krisensituation ihre Ansprüche durchzusetzen? Wer befiehlt, wer protestiert, wer resigniert?
Diese Grundfrage landläufiger Politik allein schon beleuchtet die Projektion gesellschaftlicher Ansprüche und Erwartungen auf den Staat. Ihm wird zugemutet, ein Wirtschaftssystem in Gang zu halten, welches das Bruttosozialprodukt zu steigern vermag, ohne die Umwelt der Vernichtung preiszugeben. Der Staat als daseinsgestaltende Macht sollte die ökologischen Schäden mildern und die Kostenexplosion des Sozialsystems verkraften können. Denn in der Meinung

des »unbekannten Staatsbürgers« trägt der Staatsapparat die Verantwortung für sichere Arbeitsplätze, stabile Preise, höhere Sozialleistung, bessere Umweltbedingungen, kurz: für die Lebensqualität.

Und in dieser Ansicht werden die Völker durch die Erklärungen ihrer um Wählergunst buhlenden Regierungschefs bestärkt. Beim Londoner Gipfeltreffen der sieben wichtigsten Industrieländer des Westens, das Anfang Mai 1977 stattfand, wurde in einem optimistischen Schlußkommuniqué festgehalten, es gelte »*neue Arbeitsplätze* zu schaffen und gleichzeitig die *Inflation einzudämmen*«. Und die politischen Macher verbreiteten Optimismus: »Wir werden es schaffen!«

Diese Absichtserklärung blendet jedoch die entscheidende Frage aus, ob der politische Apparat fähig sei, einen derart bestimmenden Einfluß auf das Wirtschaftssystem auszuüben. Ist der Staat in seiner heutigen Form nicht doch eher Diener des ökonomischen Prozesses als sein Beherrscher?

Die Ökonomie schafft Probleme, die von einflußreichen Gruppen als politische Aufgabe dem Staate zur Lösung zugewiesen werden. Wirtschaftspolitische Störungen verlagern sich in den politischen und in den gesellschaftlichen Bereich. Die Kapazität des Staates zur Überwindung einer Krisensituation hängt jedoch weitgehend von der Loyalität seiner Bürger und den zur Verfügung stehenden finanziellen Ressourcen ab. Will das Gemeinwesen seine Aufgaben erfüllen, muß es sich auf die Steuergelder gut verdienender Arbeitskräfte und Unternehmungen abstützen. Doch nur eine blühende Wirtschaft mit respektablen Wachstumsraten vermag diese Leistung zu erbringen. Treten Störungen auf, ist der Staat zum Eingreifen gezwungen. Der Ring schließt sich.

Wie intensiv der *soziale Wandel* die Beziehung des einzelnen zur staatlichen Gemeinschaft verändert hat, läßt sich im hochentwickelten Industriestaat Schweiz beispielhaft nachweisen. Noch um die Jahrhundertwende war der Spielraum des »freien Unternehmers« durch keine staatlichen Schranken eingeengt. Die Staatsverfassung garantierte ausdrücklich die absolute Handels- und Gewerbefreiheit. Wirtschaftlicher Erfolg galt als untrügliches Zeichen persönlicher Tüchtigkeit, ein Fiasko aber wurde dem Bauern, dem Handwerker, dem Händler als Unvermögen angelastet. Bei einem finanziellen Zusammenbruch des Betriebes oder bei Arbeitslosigkeit bildete die Heimatgemeinde die einzig denkbare, doch unwirtliche Zufluchtstätte. Dem Wohlfahrtsempfänger wurde die öffentliche Verachtung

durch Arbeitszuweisung deutlich vor Augen geführt. Der frühkapitalistische, harte Existenzkampf prägte den Pionier der Gründerzeit, dem jede Zusammenarbeit mit staatlichen Organen fremd war.
Doch die wirtschaftspolitischen Erschütterungen der dreißiger Jahre, die schleichende Inflation der Nachkriegszeit und der massive Verlust an Arbeitsplätzen in der Rezession von 1975 veränderten Schritt um Schritt die Stellung des Staates. Das Volk sah ein, daß ein krisenanfälliges Wirtschaftssystem, zwischen Rezession und Boom schwankend, seine schwächsten Glieder nicht aus eigener Kraft zu schützen vermag. Die bei Alter, Krankheit, Invalidität und Arbeitslosigkeit zu tragende Last war dem einzelnen zu schwer geworden. Politische Konsequenz: Forderung nach vermehrter sozialer Sicherheit durch *staatliche Hilfe.*
Betrachten wir die aufschlußreiche Zahlenreihe der *Aufwendungen des Staates für Sozialleistungen,* wie sie sich aus den Staatsrechnungen der Schweizerischen Eidgenossenschaft ergibt. Zu den *Versicherungen* (Alter, Invalidität, Krankheit, Arbeitslosigkeit) gesellt sich die eigentliche Fürsorge für *verarmte Randgruppen* und die Sicherung des *Wohnraums* für Minderbemittelte. Diese Ausgaben für die soziale Wohlfahrt bewegen sich in folgenden Größenordnungen:

Jahr	Franken	Prozent der Gesamtausgaben
1850	50 000	1%
1900	300 000	0,5%
1938	65 000 000	9%
1952	215 000 000	11%
1968	1 000 000 000	15%
1970	1 500 000 000	19%
1975	3 000 000 000	22%
1976	3 500 000 000	24%

Die gesamten Bundesausgaben stiegen in zwei Jahrzehnten von 2 Milliarden Franken im Jahre 1957 auf über 16 Milliarden im Jahre 1977. Und während Bund, Kantone und Gemeinden noch 1960 Einnahmenüberschüsse von insgesamt beinahe einer Milliarde erzielt hatten, rechnen sie 1977 mit einem Defizit von 2 Milliarden. Finanzpolitisch bedenklich stimmen auch die Vorausberechnungen der Versicherungsmathematiker, schätzt doch das »Institut für Versicherungswirtschaft« an der Hochschule St. Gallen – unter Berücksichtigung des politisch durchsetzbaren Forderungskataloges –, daß

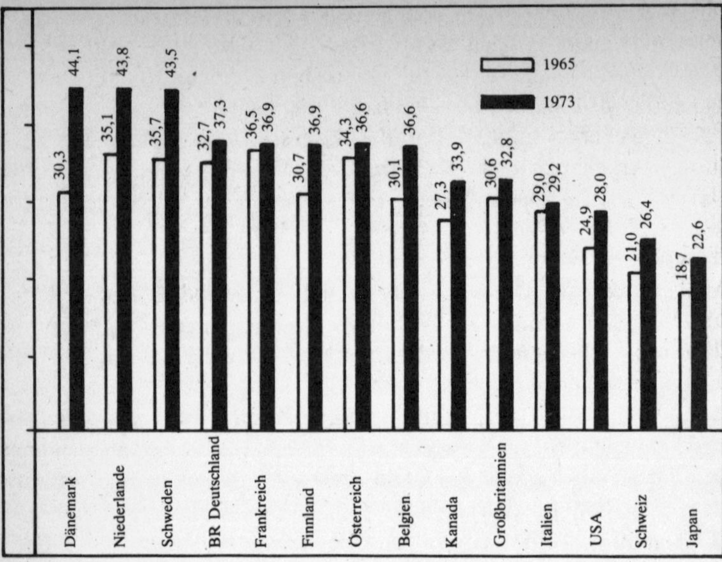

Figur 10: Abgabenquote im internationalen Vergleich 1965 und 1973

NAWU

für die »soziale Sicherheit« im Jahre 1980 zwischen 28 und 35 Prozent des Erwerbseinkommens ausgegeben werden müßten. 1990 stiege nach dieser Voraussage die Belastung auf 39 Prozent des Sozialproduktes.[1]

Die in diesem kleinen und vergleichsweise wohlhabenden Land beobachtete Entwicklung läßt sich in allen andern Industrieländern feststellen, wobei die Ausgabenlast in der Regel schwerer wiegt als in der prosperierenden Schweiz (Figur 10).

Auffallend ist dabei der überproportionale Anstieg der Kosten für das *Gesundheitswesen.* In der Schweiz erhöhten sich die Gesundheitsausgaben im Zeitraum des letzten Jahrzehnts von 3,8% des Bruttosozialproduktes auf 10%. Die Betriebskosten pro Spitaltag gar haben sich in zwanzig Jahren verzehnfacht. Die Entwicklung in der Bundesrepublik Deutschland verläuft ähnlich, wo sich beispielsweise der Gesamtaufwand der gesetzlichen Krankenkassen von 2,5 Milliarden DM im Jahre 1950 auf 69,2 Milliarden DM im Jahre 1976 erhöhte. Die Sozialleistung der Bevölkerung stieg pro Kopf von 1920 DM im Jahre 1965 auf über 4600 DM im Jahre 1977.

Obschon die öffentliche *Schuldenlast* in den Industriestaaten ununterbrochen wächst – 6000 Franken je Kopf der Bevölkerung in der Schweiz, 4050 Mark je Kopf der Bevölkerung in der Bundesrepublik –, ist mit einer weiteren Ausgabensteigerung zu rechnen. Sachverständige aus verschiedenen politischen Lagern prognostizieren eine weitere Zunahme der Staatstätigkeit in den kommenden Jahrzehnten. Nach Berechnungen, die bei der Ausarbeitung langfristiger Programme durch die deutsche Bundesregierung angestellt worden sind, wird die Staatsquote bis 1985 nochmals um 6–8 Prozent steigen. Der Staatsapparat wächst ins Gigantische. Die Personalausgaben etwa für Beamte im gesamten öffentlichen Dienst stiegen in der Bundesrepublik von 42 Milliarden Mark im Jahre 1973 auf 52 Milliarden 1975. Bei den Angestellten und Arbeitern im öffentlichen Dienst ist die gleiche Steigerungsrate ermittelt worden. Für die derzeit 3,6 Millionen öffentlich Bediensteten mußten 1975 mehr als 110 Milliarden Mark aufgewendet werden, bei einem Gesamtvolumen der öffentlichen Haushalte von 528 Milliarden. Hier ergäbe eine anschauliche (wenn auch unsinnige) Trendextrapolation, daß bei gleichbleibender Entwicklung im Jahre 2046 jeder Erwerbstätige im öffentlichen Dienste beschäftigt sein würde.

Im Verhalten der »Großorganisation Staat« scheint sich demnach die Anpassungsschwierigkeit des »uneinsichtigen« Sauriers zu bestätigen, der, zu riesig geworden, sich den schnellen Veränderungen einer unstabilen Umwelt nicht anzupassen vermochte und versteinerte. Im Banne des ökonomischen Wachstums und der technologischen Anforderungen haben wir Institutionen aufgebaut und politische Verhaltensweisen festgelegt, die den echten Bedürfnissen einer von der ökologischen Katastrophe bedrohten Menschheit nicht mehr genügen.

Jener Teil unserer Bedürfnisse und Ansprüche, die der Markt nicht befriedigen kann, wächst unaufhaltsam. Aufgrund der Konsumausgaben und der öffentlichen Aufwendungen läßt sich diese Entwicklung abschätzen (Tab. 9).

Der überforderte Staat aber gerät in eine kritische Situation. Seine politische Durchbrecherstrategie sieht sich in der längerfristigen Perspektive vor folgende Probleme gestellt:

- Verlangt das Wachstum der Wirtschaft einen immer stärkeren Ausbau der Infrastruktur, was nur mit einer *Vergrößerung des Staatsanteils* möglich ist, so fehlt es zunehmend an Kapital für produktive Investitionen im ökonomischen Bereich. Das Wachstum flacht ab. Ein Durchbruch im Sinne einer Fortführung des Wachstums wird vereitelt.
- Wird jedoch der Ausbau der Infrastruktur vernachlässigt, um die Staatslastquote klein zu halten, so entstehen Versorgungsdefizite,

Tabelle 9: Verhältnis zwischen privatem und kollektivem Konsum in Prozenten, bezogen auf schweizerische Verhältnisse

	1955		1975	
	kollektiv	privat	kollektiv	privat
Elementare Bedürfnisse: (Nahrung, Kleidung)	1	99	3	97
Behausung und Schutz: (Wohnung, Verkehr, Sicherheit)	9	91	15	85
Gesundheit und Kultur: (Krankenpflege, Bildung)	50	50	70	30
Insgesamt (gewichtet)	10	90	22	78

NAWU

die im ökonomischen Bereich als *Funktionsstörungen* (Investitionshemmungen, sinkende Konkurrenzfähigkeit, Arbeitslosigkeit) in Erscheinung treten.

– Die ökonomische Krise verlagert sich in das politisch-administrative System, da zwischen den Steuerungsanforderungen an den Staat und seinen geistigen und materiellen Ressourcen eine immer größere Lücke klafft.

Wir stellen somit fest, daß der quantitativen Wachstumsstrategie Grenzen gesetzt sind durch die beschränkten Möglichkeiten des Staates, mit allen Folgeproblemen des Wachstums fertig zu werden.

c) Der bedrohte Mensch

Die Wachstumseuphorie hat eine eindimensionale Betrachtungsweise gefördert. Der Teilerfolg in einem bestimmten Sektor – Erhöhung der Autoproduktion beispielsweise – zählt mehr als die dadurch heraufbeschworene Belastung des Gesamtsystems. Da wirtschaftliche und sachliche Effizienz die entscheidenden Kriterien bilden, ist es nicht möglich, die Folgekosten eines Autos umfassend und demokratisch zu untersuchen, zu bewerten und zu verteilen. Man ist weder in der Theorie noch in der Praxis gerüstet, diese negativen Folgen zu beseitigen. Dadurch wird es immer schwieriger, diese Behinderungen und Schäden zu überwinden, so daß es meistens bei einer Bekämpfung der Symptome und nicht der Ursachen bleibt. Der Wirtschaftsprozeß beginnt kontraproduktiv zu werden, obwohl er eigentlich rational-produktiv sein sollte.

Der »Human Factor«, das menschliche Verhalten, wird in betriebswirtschaftlichen oder ökonomischen Lehrbüchern zwar zur Kenntnis genommen, meist jedoch als Störfaktor betrachtet und aus den weiteren Überlegungen entweder eliminiert oder aber zu einem den industriellen Bedürfnissen anpaßbaren Bestandteil der Maschinerie degradiert. Das Bedauern über die schlechte Prognostizierbarkeit menschlicher Handlungsweise äußert sich im Verlangen nach »Social Engineering«. Diese Anpassung an vorgeformte Verhältnisse aber läuft letztlich immer auf die *Einschränkung menschlicher Freiheiten* hinaus, denn es sind ja gerade diese Freiheiten, welche ein ökonomisch einwandfreies Kalkül verhindern. Sobald aber der Mensch zur physikalischen Rechengröße am Schnittpunkt mehrerer Kraftlinien geschrumpft ist, hat er seine Menschlichkeit verloren.

So kommt es zu einer Verengung der Möglichkeiten des Menschen und seiner Art, die Welt zu erleben, zu sehen, zu gestalten. Informationen, Erfahrungen, ob individuell oder kollektiv, die nicht dem Raster eines technisch-rationalen Denkens entsprechen, bleiben in der Öffentlichkeit irrelevant oder werden bekämpft. Obwohl die Anzahl von Informationen, Daten geradezu exponentiell zunimmt, wird das Wissen über gesamtmenschliche Zusammenhänge nicht größer. Im Gegenteil, die Beschleunigung des technisch-zivilisatorischen Prozesses macht die Lebensverhältnisse unüberschaubarer. Kommunikation als zwischenmenschliche Begegnung und Verständigung wird immer mehr erschwert, auch wenn die »Kommunikationsgeräte« technisch besser werden. Wissen erschöpft sich in einem von Pflichtschulen vermittelten Fachwissen, man informiert sich über den Steppenbrand im entferntesten Kontinent, ist aber nicht fähig, im eigenen unmittelbaren Lebensbereich zu kommunizieren. Die Dimension einer grundsätzlichen, autonomen Wertentscheidung, die letzten Endes auf einer ganzheitlichen Lebensweisheit und Lebensklugheit von Generationen beruht, verschwindet in einer »Weltzivilisation« aus Beton, Stahl und Kunststoff.

Schon ertönt der Ruf nach einem exponentiellen Wachstum in der Informations- und Kommunikationsbranche, da es sich um ein Wachstum handle, das zugleich »sauber« sei und Arbeitsplätze sichere. Dies stimmt nur insofern als Kabelfernsehen, Computer-Terminals, elektronische Handrechner und Meßgeräte, roboterartige Mikroprozessoren und Audio- wie Video-Kassetten die physische Umwelt nicht belasten. Hingegen kommt es zu einer psychischen Überflutung und Überreizung des einzelnen, besonders bei Kindern, was früher oder später zu Störungen im Gefühlsbereich und im gedanklichen Kombinationsvermögen führt. Auch hier zeigt sich also eine Dilemma-Situation zwischen wirtschaftlichem Wachstum und dessen schädlichen Folgen: Auf der einen Seite wird das wirtschaftliche und soziale Steuerungspotential vergrößert, auf der anderen Seite kommt es zu einer Zerstörung individueller Informations- und Kommunikations-Strukturen.

Das Kabelfernsehen, das seiner Struktur nach soziale Kommunikation in Kleinsträumen vermitteln kann, dient als Infrastruktur für eine gigantische Informations-, Bewußtseins- und Psychoindustrie, die ganze Gesellschaften »verkabelt« und so die Autonomie des Gefühls, des rationalen Zweifels und der zwischenmenschlichen Kommunikation radikal in Frage stellt, wenn nicht gar zerstört. Der wirtschaftliche Wachstumsdruck auf die Medien, die Buch- und Zeitungsverlage sowie die Massenkommunikationsmittel öffnet der nächsten »Umweltverschmutzung« Tür und Tor – der Verschmutzung, Gefährdung und Zerstörung des menschlichen Aufnahmevermögens überhaupt. Individuelles Erleben und Denken wird vorgerastert und vorfabriziert, als handle es sich um Bauelemente für ein Mietshaus. Gefühls- und Bewußtseinsinhalte werden zur Manipuliermasse anonymer öffentlicher und privater Kommunikationskonzentrate, die dem Gesetz der quantitativen Expansion ausgeliefert sind. Vergröbernde Schlagzeilenmentalität, der Appell an Ressentiments und die Projektion von realitätsfernen Scheinwelten erweisen sich dabei als geeignete Mittel, ein Massenpublikum durch ein modernes »panem et circenses« kurzfristig zu unterhalten und immer von neuem an der Stange zu halten.

Es wird immer offensichtlicher, daß die Bedingungen rein ökonomischer Vernunft, in Form einer ständigen Optimierung der Kosten/Nutzen-Relation, nicht eingehalten werden kann. Technische Teilrationalität beginnt sich sozusagen selber zu verdauen. Der Sachverstand der Experten bringt sich selber in die Sackgasse, da er sich beharrlich weigert, die sozialen Folgen seiner Prämissen und Schlüsse ins Kalkül miteinzubeziehen. Der moderne Mensch, der »wertfrei«, »emotionslos«, »objektiv« und »rational« sein soll, ist überall dort dem Kraftfeld der Irrationalität ausgesetzt, wo es ihm nicht gelingt, einen Lebensbereich technisch-rational und mit Hilfe von Apparaten zu steuern. Denn was nicht mechanistisch und quantitativ erklärbar ist, läßt sich nicht im vorneherein als nicht-wirksam, als nicht-existent erklären. Das ist die Entdeckung der neuzeitlichen Psychologie.

Die Wertproblematik, die Frage nach der Art zu leben, zusammenzuleben, läßt sich nicht »wissenschaftlich« wegreduzieren. Spontaneität, Gefühl, Unmittelbarkeit und Erfahrung sind Aspekte, die

wesensgemäß zum Verhalten von Menschen gehören. Diese Lebensweisen begründen und tragen Wertentscheidungen von Menschen. Und wenn der technisch-zivilisatorische Prozeß diese Wertelemente nicht miteinbeziehen kann, weil Fortschritt nur quantitativ begriffen wird, so liegt ein gewaltiges Wertdefizit vor. Psychische und soziale Unerfülltheit, wie sie sich zum Beispiel in den Mietshäusern der Vorstädte zeigt, schafft ein emotionales Vakuum, das von größter sozialer Brisanz ist. Totalitäre Strömungen und Tendenzen, der Ruf nach dem »starken Mann«, der »allwissenden und allmächtigen Partei« können nur allzuleicht bei diesen verkümmerten und verstümmelten Wertstrukturen ansetzen und neue, antihumanistische Wertvorstellungen schaffen. Der Zivilisationsprozeß droht so seine Motivation, seinen Daseinsgrund, nämlich die Aufklärung und Emanzipation, zu verlieren, weil er in einer manischen quantitativen Anhäufung von Fortschritt jede individuelle Autonomie und soziale Bereitschaft unter sich begräbt.
Es wäre ein Trugschluß zu meinen, diese gefährliche Entwicklung ließe sich durch eine technokratische Zukunftsplanung steuern. Denn das hieße, die negativen Folgen der Technologie durch eben diese Technologie zu beseitigen. Je mehr sich die sozialen Mutationen durch die Expansion von Wirtschaft und Technik beschleunigen, desto schwieriger wird es werden, diesen sozialen Wandel zu steuern. Die Regelgröße, die für eine Planung anzustrebende Zielsetzung, läßt sich nicht mehr klar und eindeutig umschreiben, weil – kybernetisch gesprochen – der Systemzustand sich zu schnell verändert und so unstabil wird. Überspitzt formuliert: Wer eine soziale Prognose erstellen will, riskiert, daß während seiner Arbeit die Voraussetzung seiner Planungstätigkeit sich grundlegend verändert und ihm so jede Möglichkeit für eine prospektive Aussage entzieht. Auf diese Weise stumpft sich jedes Regler-Instrumentarium ab, weil es in den Sog der sozialen Veränderung geraten ist. Dies muß aber früher oder später zu einer »Regler-Katastrophe« führen; denn wenn der Kompaß nicht mehr stimmt, läßt sich Entwicklung nicht mehr steuern, Wachstum wird zur krebsartigen Wucherung.

Anmerkung

[1] Vgl.: Institut für Versicherungswirtschaft, Hochschule St. Gallen, Sozialversicherung in der Schweiz: Finanzielle Perspektiven, in: Beiträge zur Sicherheitsökonomik, Heft 1, St. Gallen 1977.

6.
Sozialprodukt – der falsche Maßstab

Hochentwickelte Industriestaaten haben sich in eine Grenzsituation hineinmanövriert, wo weiteres Wirtschaftswachstum die Lebensqualität zu mindern droht. Beim Überschreiten bestimmter Grenzen übersteigen die *»sozialen Kosten«* den privaten Nutzen zusätzlicher Produktion. Das Werkzeug, zur Verbesserung der Lebensbedingungen erdacht, erreicht jene ungeheuerliche Dimension, da Vernunft zum Unsinn, Wohltat zur Plage wird: Das Überschallflugzeug, das wenigen Bevorzugten einen Zeitgewinn verschafft, verstärkt den Lärm, unter dem Tausende zu leiden haben, der aufgeblähte Gesundheitsdienst verschlingt immer bedeutendere Mittel, ohne den Gesundheitszustand des Volkes grundlegend zu verbessern, der nur mit dem Auto erreichbare Supermarkt vernichtet den Krämerladen in Fußgängerdistanz. Unser Wirtschaftssystem und seine Institutionen sind in Teilbereichen in einen *kontraproduktiven Zustand* hineingeraten. Das Instrument, das wir zur Erreichung eines bestimmten Zieles verwenden wollten, kann uns unter Umständen von diesem Ziel entfernen. Was nützt der Besitz des schnellen Autos, wenn das Vehikel im Verkehrschaos immer langsamer vorwärts kommt?
Materielle Schäden (Umweltzerstörung) und immaterielle Verluste (Entfremdung, Zerstörung mitmenschlicher Beziehungen und Einengung des Freiheitsraumes) aber werden bei der üblichen Berechnung des Wohlstandes nicht mitberücksichtigt. Noch immer gilt das *Bruttosozialprodukt,* Chiffre für wirtschaftliche Aktivitäten, als Aushängeschild der Prosperität eines Landes und nicht die weit schwerer zu ermittelnde, doch wesentlichere Lebensqualität der Gemeinschaft.
Die politische Bedeutung dieser fragwürdigen Größe zeigt sich vor allem auch darin, daß dem Sozialproduktmaßstab im Wettstreit der Weltmächte um die Leistungsfähigkeit der unterschiedlichen Wirtschaftssysteme, und damit um den Primat der Weltherrschaft, eine eigentliche Schiedsrichterfunktion zuerkannt wird. Dementspre-

chend ist es kein Wunder, daß noch immer eine starke Mehrheit der Bevölkerung überzeugt ist, der beste Beitrag, den die Wirtschaft an das menschliche Wohlergehen leisten könne, bestehe in einem möglichst hohen Sozialprodukt. Bezeichnend ist die Erklärung zur Wirtschaftskrise, welche die Regierungschefs Frankreichs, der Bundesrepublik Deutschland, Italiens, Japans, Großbritanniens und der Vereinigten Staaten Ende 1975 in Rambouillet (Frankreich) abgaben:

> »Jeder von uns ist verantwortlich, daß der Wohlstand einer großen Industriewirtschaft gewährleistet bleibt. Wachstum und Stabilität unserer Volkswirtschaft werden der gesamten Industriewelt und den Entwicklungsländern zur Prosperität verhelfen. ... Das Ziel muß heißen: stetiges und dauerhaftes Wachstum. ... Wir werden es nicht zulassen, daß der Erholungsprozeß ins Stocken gerät. ... wir sind entschlossen, unsern Volkswirtschaften die für ihr Wachstum benötigten Energiequellen zu sichern.«

Dabei wird als selbstverständlich vorausgesetzt, daß das Sozialprodukt derjenige Indikator sei, nach welchem sich die Wachstumsraten der Vollbeschäftigungspolitik zu richten haben. In den nationalen Buchhaltungen wird dieses »soziale Produkt« als umfassendes Maß für die in einem Jahr erzeugten Güter und Dienstleistungen, bewertet zu Marktpreisen, ausgewiesen.

1975 stand die Schweiz mit einem Bruttosozialprodukt pro Kopf der Bevölkerung von 8470 $ an zweiter Stelle hinter Kuwait (11 365 $), jedoch knapp vor Schweden, Norwegen, Dänemark, den USA, der Bundesrepublik und Frankreich. Von 1938 bis 1975 ist das Sozialprodukt im Jahresdurchschnitt um 7½% gestiegen; 4% sind jedoch reine Preissteigerungen, und über 1% machte die Bevölkerungszunahme aus. Das reale Bruttosozialprodukt je Einwohner hat sich um 2 bis 2½% pro Jahr erhöht. Demnach hat sich in den letzten 30 Jahren der Lebensstandard in der Schweiz verdoppelt.

Konzentrieren wir uns auf die wichtigsten *Kritikpunkte,* um die rechnerischen Zahlenspiele jener zu enttarnen, die Bruttosozialprodukt mit Lebensqualität verwechseln:

- Wachstum des Sozialproduktes auf Kosten des Volksvermögens
- Wachstum des Sozialproduktes auf Kosten von naturalwirtschaftlichen Leistungen
- Wachstum des Sozialproduktes als Folgekosten der Umweltzerstörung
- Wachstum des Sozialprodukts ohne Berücksichtigung des effektiven Nutzens.

Das Sozialprodukt mißt, abgesehen von wenigen Ausnahmen, nur den Output des erwerbswirtschaftlichen Systems, der in käuflichen Gütern und Leistungen besteht. Dabei wird übersehen, daß zur Steigerung des Bruttosozialproduktes in wachsendem Maße *Raubbau am ökologischen Kapital* (Volksvermögen) betrieben werden muß:

- *nicht-regenerierbare Ressourcen,* wie Bodenschätze, werden immer schneller abgebaut,
- die *regenerierbaren Ressourcen,* wie Wasser und Luft, werden verschmutzt, der Reichtum der Pflanzen- und Tierwelt wird geschmälert, das Zusammenspiel von Flora und Fauna als gesamtes Ökosystem wird bedroht,
- der *nicht überbaute Raum* wird zusehends eingeengt.

Eine andere wichtige Kritik, die sich gegen das Sozialprodukt als Meßgröße vorbringen läßt, betrifft den dem herrschenden Sozialprodukt-Konzept zugrunde liegenden Produktionsbegriff, der sich im wesentlichen auf die erwerbswirtschaftliche Produktion (Produktion gegen Entgelt für den Markt) beschränkt und den größten Teil der im nicht-erwerbswirtschaftlichen Bereich unentgeltlich erbrachten Arbeitsleistungen nicht erfaßt. Beispiele für solche Arbeitsleistungen sind:

- Arbeit der Hausfrauen und Hausmänner,
- weitere Bereiche der häuslichen Produktion (Do-it-your-self),
- unentgeltlich erbrachte Leistungen im nachbarschaftlichen und sozialen Bereich,
- ehrenamtliche Leistungen in politischen und gesellschaftlichen Institutionen.

Schon rein quantitativ hätte die Berücksichtigung der nicht-erwerbswirtschaftlichen Produktion zur Konsequenz, daß das entsprechend korrigierte Sozialprodukt heute noch um mehr als die Hälfte höher zu bewerten wäre. Für eine richtige Bewertung der Sozialprodukte früherer Zeiten oder der Sozialprodukte der Entwicklungsländer wären sogar Korrekturen um das Mehrfache angebracht.

Da viele Leistungen sowohl auf naturalwirtschaftlicher Basis als auch erwerbswirtschaftlich erbracht werden können, stehen die Naturalwirtschaft und die Erwerbswirtschaft in einem Konkurrenzverhältnis zueinander. Dabei stellt sich heraus, daß das erwerbswirtschaftliche System, aufgrund der in unserer Zivilisation geltenden Prioritäten, im Laufe der wirtschaftlichen Entwicklung zunehmende Bedeutung erhalten hat.

Es werden nämlich laufend Funktionen aus dem naturalwirtschaftli-

chen Bereich ausgelagert und dem erwerbswirtschaftlichen Produktionsprozeß unterstellt: selbsthergestellte Produkte und selbsterbrachte Leistungen werden durch käufliche Güter und Dienstleistungen ersetzt; im Naturaltausch erbrachte Leistungen wie nachbarliche Hilfe oder Selbstversorgung sind kommerzialisiert worden.
Diese Produktionsverschiebungen von der Naturalwirtschaft in die Erwerbswirtschaft haben im Laufe des wirtschaftlichen Wachstums solche Dimensionen angenommen, daß ausreichend Grund für die Vermutung besteht, die Prosperität des marktwirtschaftlichen Bereichs und das davon getragene wirtschaftliche Wachstum lebten weitgehend von diesem Substitutionsprozeß. Das heißt: je stärker alle Lebensbereiche »ökonomisiert« werden, desto höher steigt der durch die Sozialprodukt-Ziffer ausgedrückte »Wohlstand«. Ob ich nun pflegebedürftige Familienangehörige in ein Heim einliefere, ob ich mein Gemüse nicht mehr selber pflanze und es beim Händler einkaufen muß, in all jenen Fällen, in denen mir die arbeitsteilige Wirtschaft Dienstleistungen und Güter verkauft, die bisher von der Familiengemeinschaft selbst erbracht worden sind, stellt die Statistik eine fiktive Zunahme des »Wohlstandes« fest.
Ein weiterer Punkt: Folgekosten verwandeln sich im Sozialprodukt in ein scheinbares Plus. Müssen die Arbeiter der Ballungsgebiete einen längeren Weg zu ihren Arbeitsplätzen in Kauf nehmen, dann wächst mit den Verkehrsausgaben das Sozialprodukt, obschon die Lebensbedingungen härter geworden sind. In das Sozialprodukt gehen die Kosten der Schadenbehebung und der künstliche Ersatz für die zurückgegangenen Leistungen als positive Größen ein, so daß paradoxerweise das Sozialprodukt um so größer erscheint, je mehr die Schäden wachsen, die durch wirtschaftliche Leistungen wiedergutzumachen sind. Nachdem die Gewässer verschmutzt worden sind, müssen Milliardenbeträge für Kläranlagen – mit unter Umständen sogar nur kurzfristigem Säuberungseffekt – aufgewendet werden.
In der Bundesrepublik Deutschland wurden für das Jahr 1970 rund 6 Milliarden DM Umweltschäden ermittelt, wovon 2,5 Milliarden auf die Folgen der Gewässerverschmutzung und schätzungsweise 3,5 Milliarden DM auf die Luftverunreinigung entfallen. Diese Ziffer macht bei einem Sozialprodukt von 685,6 Milliarden DM allerdings weniger als 1% des Sozialproduktes aus. Dies ist aber keineswegs überraschend, wenn man berücksichtigt, welch kleiner Teil der gesamten Umweltschäden dabei in Rechnung gestellt worden ist. Sämtliche immateriellen Schäden wurden außer acht gelassen, wie zum Beispiel die Zerstörung ästhetischer Werte im Fall der Ver-

schandelung des Landschaftsbildes, die Entfremdung des Menschen von der Natur durch Verstädterung, die Ausrottung von Pflanzen- und Tierarten. Auch die Kosten für die normale Abfallbeseitigung blieben bei dieser Rechnung, die mehr verschleiert als enthüllt, unberücksichtigt. Nicht erfaßt werden die Folgen der industrialisierten und »durchchemisierten« Landwirtschaft (Bodenerosion, Gesundheitsschäden etc.), sämtliche Lärmschäden, auch nicht die durch Umweltschäden bedingten zusätzlichen Aufwendungen im Gesundheitssektor. Diese Liste läßt sich beliebig verlängern.

Die im Sozialprodukt einbezogenen Güter und Leistungen werden in Geldgrößen gemessen. Um den Wohlfahrtsgehalt dieser Güter feststellen zu können, sollte jedoch der *Nutzen* ermittelt werden, den diese Produkte stiften. Dieser wird – das ist entscheidend – nicht nur durch die Ware selbst, sondern auch durch ihren Gebrauch mitbestimmt. Die Lebensdauer der Produkte, die Intensität ihrer Verwendung werden im Preismechanismus nicht gebührend berücksichtigt. Es liegt auf der Hand, daß Gebrauchsgegenstände und Werkzeuge – Waschmaschinen und Staubsauger im Mehrfamilienhaus, Mähdrescher in der Landwirtschaft beispielsweise – vom gesellschaftlichen Standpunkt aus einen weit höheren Nutzen erzielen können, wenn sie von einer Mietergruppe oder einer landwirtschaftlichen Genossenschaft über eine längere Zeitspanne gebraucht werden und sich nicht jedes Individuum auf die Anschaffung von Gütern kapriziert, die es selten verwendet. Hohe Produktion und ein hohes Sozialprodukt können also durchaus einen tieferen Grad der Bedürfnisbefriedigung und damit ein tieferes effektives Wohlstandsniveau bedeuten. Um das Wohlbefinden einer Gesellschaft exakter ermitteln zu können, sollten wir wenigstens versuchen, die durch das wirtschaftliche Wachstum bedingten Folgekosten vom üblichen Sozialprodukt abzuziehen. Nach amerikanischen Schätzungen ist von 1929 bis 1947 ein Viertel der Wachstumsrate durch zusätzliche soziale Kosten aufgezehrt worden, von 1948 bis 1958 war es die Hälfte, heute »verpuffen« gute zwei Drittel der Zuwachsraten. Der Grenzertrag des Wachstums ist abnehmend, er könnte in den Ballungsräumen überindustrialisierter Länder auch negativ werden: Dies würde aber bedeuten: Steigende Produktion mit immer geringeren Nutzen.

7.
Der Leerlauf der Zivilisationsmaschine

Ein Systemleerlauf infolge Wirtschaftswachstums ist dann gegeben, wenn die Folgekosten größer werden als der Produktionszuwachs. Beispielsweise ist es ein Leerlauf, eine Energiequelle zu entwickeln, bei der die ganze gewonnene Energie durch den Energiegewinnungsprozeß selbst aufgebraucht wird. Leerlauf ist es aber auch, das Sozialprodukt über jenen Grenzpunkt hinaus zu steigern, wo durch eine vermehrte Produktion mehr Schaden als Nutzen entsteht, oder wo, um den Schaden konstant zu halten, schließlich ein so großer Teil der zusätzlichen Produktion für die Folgekosten abgezweigt werden muß, daß nichts mehr für den Konsum übrigbleibt, der Nettonutzen also Null oder sogar negativ wird. Es läßt sich zeigen, daß es tatsächlich früher oder später zu einem solchen Punkt kommen muß, wenn wir wie bisher im Wachstumsprozeß weiterfahren und diesen nicht in entscheidender Weise so »qualifizieren«, daß die materielle Produktion stabilisiert wird.
Wir gehen von der Tatsache aus, daß die Wirtschaft nicht nur Güter, sondern auch Ungüter oder Schäden produziert, die wieder Zusatzleistungen erfordern, um diese Ungüter oder Schäden zu »beseitigen« oder zu korrigieren. In dem von uns behandelten Zusammenhang stehen die Kosten des Umweltschutzes im Vordergrund.
Wir können das Sozialprodukt als Ergebnis einer Summe von Aktivitäten auffassen, die entweder für die zivilisatorischen Aktivitäten aufgewendet werden, die einen Nettonutzen abwerfen oder aber im Zusammenhang mit der Beseitigung der Umweltschäden entstehen und daher keinen Nettonutzen erzeugen. Der Leerlauf ist dann erreicht, wenn alle zusätzlichen Aktivitäten für den Ausbau des Umweltschutzes reserviert werden müssen und nichts mehr für den Zuwachs der zivilisatorischen Aktivitäten übrigbleibt. Daß es entgegen der Durchbrecherthese zu einem solchen Leerlauf kommen muß, wenn der Umweltschaden konstant gehalten werden soll, läßt sich aufgrund folgender Überlegungen zeigen:
Wir gehen von einer Situation aus, in der durch eine Reihe von

technischen Umweltschutzmaßnahmen die Gesamtverschmutzung auf einen Stand reduziert wurde, der als erträglich bezeichnet werden kann und in Zukunft nicht mehr überschritten werden soll. Diese maximal noch zulässige und konstant zu haltende Umweltbelastung ist erstens das Resultat *aller* Aktivitäten (auch die Aktivitäten für den Umweltschutz erzeugen wieder Umweltverschmutzung), zweitens der ursprünglichen Umweltverschmutzung pro Aktivitätseinheit und drittens des Reinheitsgrades, den die Umweltschutzmaßnahmen bewirken. Der Reinheitsgrad kann nie hundertprozentig sein; es bleibt immer eine Restverschmutzung übrig. Denken wir an die Maßnahmen zur Reinigung der Gewässer! Mit Hilfe einer Reinigungsanlage werden in einer Ausgangssituation z. B. 80% der Schmutzstoffe aus dem Wasser entfernt, so daß 20% der Schmutzstoffe im Wasser bleiben; sie bilden die sog. Restverschmutzung.
Rein arithmetisch ergibt sich nun, daß bei einem Wachstum des Sozialprodukts und damit des Umfanges der wirtschaftlichen Aktivitäten die gesamte Umweltverschmutzung nur konstant gehalten werden kann, wenn entsprechend die Reinigungsmaßnahmen verstärkt werden und somit der Reinheitsgrad erhöht wird. Verdoppelt sich das Sozialprodukt, so muß die Restverschmutzung halbiert werden. In unserem Beispiel der Wasserreinigung müßte bei einer Verdoppelung des Sozialprodukts und damit der Abwässer der Reinheitsgrad auf 90% erhöht und damit die Restverschmutzung auf 10% gesenkt werden.
Um nun die Auswirkung einer Erhöhung des Sozialprodukts beurteilen zu können, kommt es darauf an, zu wissen, in welcher Weise die Erhöhung des Reinheitsgrades von der Steigerung der Umweltschutzaktivitäten abhängt. Verhielte sich die Restverschmutzung umgekehrt proportional zum Umfang der Umweltschutzaktivitäten, so wäre kein weiteres Problem gegeben: es würde genügen, immer einen konstanten Anteil des Sozialprodukts für die Beseitigung der Folgekosten des Wachstums abzuzweigen. Die Proportionalität darf aber nicht unterstellt werden. Vielmehr nimmt in der Regel der Aufwand für den Umweltschutz *überproportional* zum erforderlichen Reinheitsgrad zu.
Eine grobe Reinigung verschmutzter Gewässer läßt sich beispielsweise einfach und billig bewerkstelligen. Zwingt aber der Verschmutzungsgrad zur Ausschaltung jeglicher zusätzlicher Belastung, um den Wasserhaushalt vor dem Zusammenbruch zu bewahren, dann sind nach einer mechanischen, einer chemischen und einer biologischen Klärstufe noch kompliziertere Reinigungsverfahren nö-

tig. Die Wirkungsgrade müssen ununterbrochen erhöht werden. Je näher wir dem angestrebten Ziel eines vollkommenen Reinigungseffektes kommen wollen, desto mühsamer ist der Fortschritt und desto höher sind die Kosten. Zudem müssen auch die eliminierten Schadstoffe als Klärschlämme ihrerseits wieder behandelt werden.
Außerdem gibt es eine Art Schwelle, unterhalb deren die verursachten Schäden noch nicht ins Gewicht fallen. Wird diese Schwelle überschritten, explodieren die Schäden. So ist beispielsweise die Belastung eines Sees nicht von Bedeutung, solange sie die Selbstreinigungskapazität des Sees nicht übersteigt. Oder das Beispiel mit dem Lärm: Der Mensch braucht sogar eine gewisse Geräuschkulisse um sich. Wird aber der Lärm zu intensiv, sind körperliche und seelische Störungen unvermeidlich. Bei einer andauernden Ausdehnung der wirtschaftlichen Aktivitäten werden an immer mehr Orten diese Schwellen überschritten.
Die notwendige Mehrstufigkeit der Umweltschutzmaßnahmen und das Anschwellen des Umweltschutzaufwandes beim Überschreiten von Schwellenwerten der Verschmutzung bewirken, daß der Reinheitsgrad insgesamt langsamer zunimmt als der Aufwand (Figur 11).

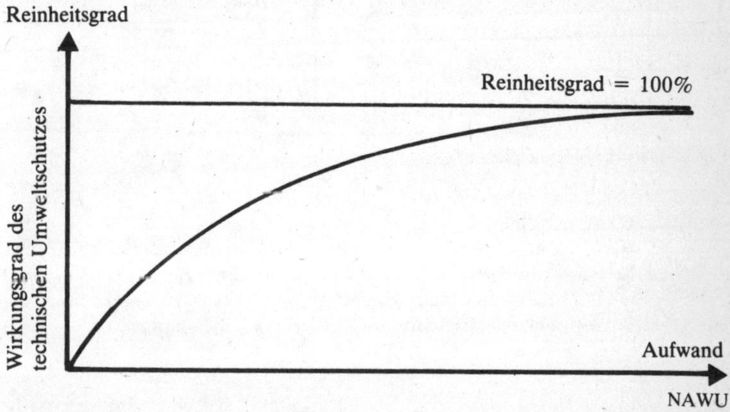

Figur 11: Typische Abhängigkeit des Reinheitsgrades vom Aufwand für den Umweltschutz. Der Reinheitsgrad steigt unterproportional zum Aufwand.

Selbstverständlich kann durch technischen Fortschritt der »Ertrag« des Reinigungsaufwandes verbessert, d. h. also die Kurve des Reinheitsgrades nach oben verschoben werden. Die Grenzen dieses Fortschritts ergeben sich aber aus dem oben geschilderten Phänomen der Entropie (vgl. S. 78), das der technische Fortschritt nicht aufheben, sondern nur in seinen Folgen mildern kann.

Aus diesen verschiedenen Überlegungen folgert, daß bei anhaltendem Wachstum des Sozialprodukts ein immer größerer Teil des Zuwachses für den Umweltschutz aufgewendet werden muß, wenn die Gesamtbelastung – entsprechend der Durchbrecherthese – konstant gehalten werden soll. Wohl wird am Anfang noch ein Teil des Mehrprodukts auch dem Konsum zugute kommen und noch einen Nettonutzen aufweisen; dieser wird aber immer kleiner und schließlich Null werden. Wenn der Nullpunkt überschritten wird, kann er sogar in einen Nettoschaden umschlagen (Figur 12). Dies würde das gleiche bedeuten, wie wenn alle Lohnerhöhungen laufend von der Inflation oder den wachsenden Steuern weggefressen werden oder wenn die Geldentwertung sogar rascher vor sich geht, als das Einkommen steigt.

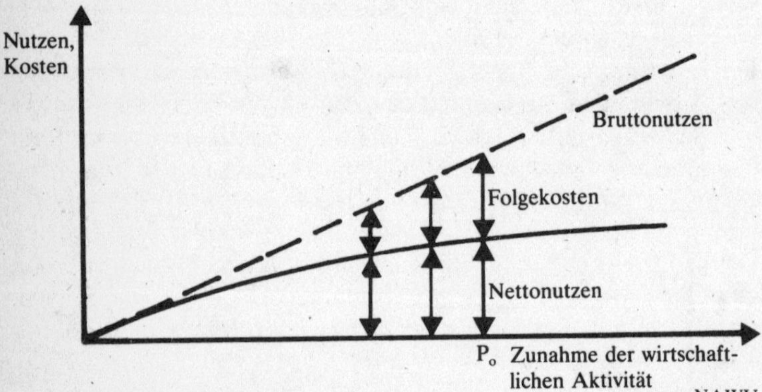

Figur 12: Das Leerlaufmodell
Von den wirtschaftlichen Aktivitäten muß ein ständig größerer Anteil für den Umweltschutz abgezweigt und den zivilisatorischen Aktivitäten entzogen werden, oder – anders ausgedrückt – die Folgekosten steigen überproportional, während der Nettonutzen unterproportional zunimmt. Bei Punkt P_o ist der Leerlauf erreicht: der Nettonutzen der wirtschaftlichen Aktivität nimmt von diesem Punkt an nicht mehr zu.

Dieser Beweisführung könnte entgegengestellt werden, daß der Aufwand für den technischen Umweltschutz heute nicht mehr als 1–2% ausmacht und es noch lange ginge, bis der ganze Produktionszuwachs für den Umweltschutz in Anspruch genommen werden müßte. Leider ist jedoch dieser Einwand aus drei Gründen nicht stichhaltig.

Erstens muß die Geschwindigkeit des exponentiellen Wachstums in Rechnung gestellt werden. Sobald eine Entwicklung zum Leerlauf hin stattfindet, wird er bei Wachstumsraten des Sozialprodukts von 4–7%, die offiziell immer wieder propagiert werden, sehr schnell erreicht, auch wenn der Anteil der Umweltschutzaktivitäten heute noch sehr klein ist.

Zweitens beinhalten die Berechnungen nur diejenigen Umweltschutzmaßnahmen, die in den sogenannten Umweltschutzgesetzen (Gewässerschutz, Luftreinigung, Beseitigung fester Abfälle, usw.) erfaßt sind, sie lassen wesentliche Teile des Umweltschutzes außer acht. Würde man zum Beispiel die ästhetische Umweltverschmutzung mitberücksichtigen, müßte wohl die Hälfte aller neuen Gebäude abgerissen und in besserem Stil neu gebaut werden!

Drittens sind die Umweltschutzkosten keineswegs die einzigen Folgekosten des wirtschaftlichen Wachstums. Ein großer Teil des Verkehrs, des Gesundheitswesens, des Polizeiwesens und der Sozialleistungen ergibt sich aus der Notwendigkeit, Folgen des Wachstums zu korrigieren, und vermittelt keinen zusätzlichen Nutzen. Diese Folgekosten sind wesentlich größer als die Folgekosten des Umweltschutzes (vgl. oben S. 103). Der Freiraum für einen Zuwachs des Nettonutzens der Produktion wird immer geringer und dürfte an manchen Orten schon aufgebraucht sein.

Das Leerlaufmodell widerlegt somit die Durchbrecherthese.[1] Wer für ständig weiteres Wachstum eintritt, kann nicht gleichzeitig behaupten, er wolle die Umweltverschmutzung wirklich konstant halten. Eine bessere Umweltqualität kann nicht dadurch erreicht werden, daß immer mehr produziert und dann der Abfall bzw. die Schäden mit immer höheren Kosten »beseitigt« werden, sondern nur dadurch, daß von heute an immer weniger Abfälle und Umweltschäden verursacht werden.

Anmerkung

[1] Zu einem ähnlichen Resultat gelangt R. Kümmel durch Ausweitung des in der Ökonomie geläufigen Begriffs des abnehmenden Grenzertrags (Energie und Wirtschaftswachstum, in: Konjunkturpolitik – Zeitschrift für angewandte Konjunkturforschung, Drittes Heft 1977, S. 155.)

8.
Das Dilemma

Wachstum oder Schrumpfung – ist das die Frage?
Aus der Analyse des Wirtschaftsprozesses ergibt sich ein deutlicher Trend zum Wachstum in der Erwerbswirtschaft, denn wesentliche Verhaltensmotive sowohl der Produzenten wie der Verbraucher lassen sich nur durch Expansion befriedigen;

- die *Rohstoffbasis* kann durch die Einbeziehung nicht-regenerierbarer Ressourcen in hohem Ausmaß erweitert werden, wodurch das Gesetz vom abnehmenden Grenzertrag in seiner Bedeutung stark zurückgedrängt wird;
- der *Konkurrenzkampf* der Marktwirtschaft (und die *Planziele* der sozialistischen Wirtschaft) zwingt die Unternehmer zur Ausweitung der Produktion und zur Durchrationalisierung der Betriebe mit dem Ziel, den Güterausstoß zu erhöhen und die Herstellungskosten zu senken.

Die Folge davon ist der Zwang zu ständigem exponentiellem Wachstum. Dieser Tendenz stehen allerdings gewisse *Hemmungen* gegenüber, die sich in hochentwickelten Industriegesellschaften immer stärker bemerkbar machen werden:

- Der Grenznutzen der wirtschaftlichen Güter nimmt mit der zunehmenden Menge derselben immer stärker ab, der Grenznutzen der Umwelt wird jedoch mit zunehmender Verknappung oder gar Zerstörung der natürlichen Güter größer;
- der technische Fortschritt hält mit der Geschwindigkeit des Ressourcenverbrauchs nicht Schritt; der letztere ist schneller;
- die Strukturveränderungen in der Investition im Sinne einer Vergrößerung der Arbeitsteilung und die Ansprüche von Kapital und Arbeit auf steigendes Einkommen führen zu überhöhter Geldschöpfung und damit zu einer sich selber beschleunigenden Inflation.

Zu diesen Hemmungen gesellen sich andere verzögernde Momente, die sich aus der Überbeanspruchung des Staatsapparates und der internationalen Währungsunordnung ergeben. Zudem sind Kostensteigerungen bei immer schmälerer Rohstoffbasis wahrscheinlich, und die Umweltsanierung absorbiert einen zunehmenden Anteil der Produktion. Die Folgekosten wirtschaftlicher Aktivitäten steigen überproportional an, das Gesamtsystem nähert sich jenem Leerlauf, bei dem zusätzliche Produktion zur Deckung der Schäden verwendet werden muß.

Wir haben nachgewiesen, daß bei den heute gegebenen sozioökonomischen Rahmenbedingungen und politischen Zielvorstellungen die Wachstumskräfte der Erwerbswirtschaft zu stark sind, um eine einfache Überleitung des Wachstumstrends in einen Sättigungszustand zu erlauben. Werden jedoch durch die übersteigerte Produktion mit all ihren Folgeerscheinungen die Grundlagen der menschlichen Gesellschaft erschüttert, die Rohstoffreserven aufgezehrt oder die ökologischen Kreisläufe zerstört, so droht ein jäher Zusammenbruch des Wirtschaftssystems mit all seinen verheerenden Folgen: Arbeitslosigkeit, Verelendung, Hunger, verstärkter Kampf um die schwindenden Güter der Erde.

Aus diesen Überlegungen müssen wir die Folgerung ziehen, daß eine weitere Forcierung des Wachstums in der Hoffnung auf eine spätere Sättigungsphase unser Dilemma nicht lösen kann. Sofern wir die Rahmenbedingungen nicht zu ändern vermögen, gibt es nur zwei mögliche Veränderungen: Wachstum oder Schrumpfung.

Das Einpendeln in eine *»Gleichgewichtslage«,* in der die Bedürfnisse der Gesellschaft gedeckt werden können, ohne den Raubbau an den Ressourcen weiterzutreiben, ist unter diesen Voraussetzungen undenkbar. Die ökologisch-ökonomischen Aufgaben sind im Rahmen der existierenden Wirtschaftsordnungen, die auf Produktionserweiterung ausgerichtet sind, nicht zu lösen. Ein ständiges Anwachsen des Bruttosozialproduktes ist jedoch für das Funktionieren der kapitalistischen Marktwirtschaft wie auch der sozialistischen Planwirtschaft zwingend notwendig. Wird der Wachstumsmechanismus gestört, ist eine Wirtschaftskrise und in ihrem Gefolge Kapitalvernichtung und soziale Unrast unvermeidlich. Da die Verantwortung für diesen Zusammenbruch letztlich der Regierung in die Schuhe geschoben wird, weitet sich jede andauernde Wirtschaftskrise zu einer Staatskrise.

Welche Lösungsstrategien bieten sich in dieser Situation an? Von konservativer Seite wird nach einer Begrenzung der Staatsaufgaben, nach einem Zurückbinden der Ansprüche an den Staat gerufen. So bedenklich das Überborden der Staatsausgaben auch ist, so muß doch festgehalten werden, daß durch eine Begrenzung der Staatsauf-

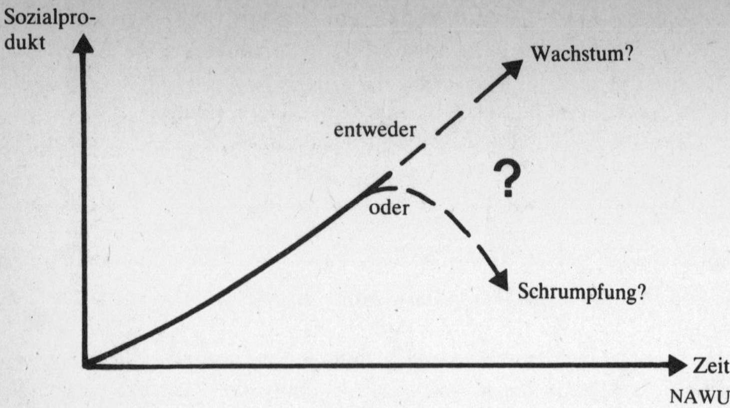

Figur 13: Das Dilemma der heutigen Situation folgt aus der Annahme, es gäbe nur die Alternative Wachstum oder Schrumpfung.

gaben die bestehenden gesellschaftlichen Probleme nicht aus der Welt geschafft werden. Es besteht vielmehr die Gefahr, daß nur die ökonomisch schwächsten Gruppen darunter leiden. Einen längerfristigeren Charakter haben jedoch jene beiden Lösungsstrategien, welche im Mittelpunkt der gegenwärtigen Diskussion stehen: die »Durchbrecherstrategie« und die »Strategie des Null-Wachstums«.
Die *»Durchbrecherstrategie«,* die bewußt oder unbewußt von den meisten Regierungen und Parteien vertreten wird, will die Folgeprobleme des Wirtschaftswachstums mit neuem Wachstum lösen. Denn Wachstum schafft erhöhte Fiskaleinnahmen und vermindert gleichzeitig gesellschaftliche Konflikte. Der Staat scheint fähig, die ständig neu anfallenden Aufgaben zu bewältigen. Obwohl diese Durchbrecherstrategie kurzfristig durchaus erfolgreich sein kann, stößt sie – wie unsere Analyse beweist – langfristig auf Grenzen, welche nicht zu überwinden sein werden.
Vor allem aus Umweltschutzkreisen wird deshalb nach einer Strategie der Wachstumsbegrenzung oder des Wachstumsstopps gerufen, um damit die Voraussetzungen für eine Gleichgewichtsgesellschaft zu schaffen. Allerdings ist auch eine solche Politik mit rasch anwachsenden Problemen verbunden, wobei gleichzeitig die Problemlösungskapazität des Staates eingeschränkt wird. Die Realisierung einer Gleichgewichtsgesellschaft ist nur bei wesentlichen Veränderungen der heutigen strukturellen Gegebenheiten möglich.
Fazit: Die Durchbrecherstrategie ist kurzfristig erfolgreich – und wird deshalb überall praktiziert –, führt aber langfristig zu schwer-

wiegenden und unabsehbaren Schäden. Eine Politik des Null-Wachstums hingegen ist zwar langfristig möglich und notwendig, führt kurzfristig aber zu einer Minderung des Wohlstandes und ist daher politisch kaum realisierbar.
Der Streit um den Nutzen der Kernenergie bringt dieses Dilemma auf einen einfachen Nenner und vermag gerade darum die Gemüter derart stark zu erregen. Die »Durchbrecher«, welche das Energieproblem durch den Bau von Tausenden von Brutreaktoren für lösbar halten, prophezeien Massenarbeitslosigkeit und soziale Unruhen, wenn ihr Programm nicht schnell verwirklicht werde. Ihre Gegner, die mit einem Blick auf den geplünderten Planeten vor einer unbedachten Wachstumswirtschaft warnen und Zweifel hegen, ob die Strahlengifte der »Plutoniumgesellschaft« über Jahrtausende sicher gelagert und bewacht werden können, plädieren für ein Ende der Verschwendung in den Industriestaaten und für die Erschließung alternativer Energiequellen. Steigendes Bruttosozialprodukt und wachsende Umweltbelastung durch rücksichtslose Ausbeutung der Naturschätze einerseits, sinkender Wohlstand und harte sozialpolitische Auseinandersetzungen anderseits, Wachstum oder Schrumpfung, in beiden Fällen droht letzten Endes der Verlust der Freiheit. In dieser *Dilemma-Situation* ist die *entscheidende Frage* zu beantworten, ob unser Gesellschaftssystem den Zwängen der Wachstumswirtschaft unerbittlich ausgeliefert sei. Gibt es nicht doch *Alternativen,* welche eine hohe Qualität des Lebens garantieren und die Bewohnbarkeit der Erde für künftige Generationen sichern? Welche ersten Schritte in Richtung auf eine *Gleichgewichtsgesellschaft* hin sind heute realisierbar?

II. Teil:
Schritte in der richtigen Richtung

1.
Auf dem Weg zu einer ökologisch angepaßten Wirtschaft

Ist unsere Gesellschaft wirklich dem Wachstumsprozeß ausgeliefert, der unser Leben mit der Unerbittlichkeit eines Naturgesetzes zu beherrschen scheint? Müssen wir die Formel »Wirtschaftswachstum oder Arbeitslosigkeit« als ehernes Gesetz der Ökonomie hinnehmen?

Im Grunde genommen kennen wir ein fortgesetztes exponentielles Wachstum erst seit der industriellen Revolution. In dieser relativ kurzen Zeit von etwa zweihundert Jahren jedoch hat sich die Industriegesellschaft so sehr an die steten Wachstumsimpulse gewöhnt, daß wir meinen, dieses Wachstum sei lebensnotwendig und daher unabänderlich.

Der schnelle Sprung in die Wohlstandsfalle läßt zehntausend Jahre menschlichen Wirtschaftens vergessen. Die neolithische Revolution war durch die Entdeckung der Landwirtschaft geprägt. Weitere bahnbrechende Erfindungen folgten Schritt um Schritt: Das Rad, die Metallgewinnung, das Geld – eine gemächliche Entwicklung durch Jahrtausende, der Hektik und naturvernichtende Kräfte gleichermaßen fehlten.

Was aber nur 200 von 10 000 Jahren Gültigkeit hatte, kann nicht aus der menschlichen Natur heraus erklärt werden. Das Wirtschaftswachstum des 19. und 20. Jahrhunderts ist vielmehr aus einer bestimmten technologisch-ökonomischen und geistigen Situation heraus entstanden. Ändern sich diese Voraussetzungen, besteht auch die *Möglichkeit einer neuen Wirtschaftsweise*. Die kommende Zeit ist durchaus offen, und die Menschheit steht vor der Frage, auf welche Zukunft sie sich ausrichten will. Diese Wahlfreiheit ist sicherlich nicht absolut, denn einzelne Entwicklungen werden sich zwangsläufig aus der gegenwärtigen Situation heraus ergeben. Aber mehr und mehr erkennen wir, daß Beeinflussungsmöglichkeiten vorhanden sind. Doch welche Strömungen sind zu stärken, welche abzuschwächen, wenn wir die Qualität unseres Lebens verbessern, die Überlebenschancen kommender Geschlechter bewahren wollen?

Unbestritten ist in jedem Fall: Wir haben der Erhaltung der Lebensgrundlagen im weitesten Sinne einen weit höheren Tribut als bisher zu zollen und müssen also den Umweltschutz ernst nehmen. Ungelöst aber bleibt das Problem, in welcher Weise und aufgrund welcher Entwicklungstrends der Wirtschaft dies geschehen sollte. Wir stehen heute vor drei Entwicklungstypen der Wirtschaft, die wir in Figur 14 darstellen. Diesen Entwicklungspfaden entsprechen drei alternative Möglichkeiten von Strategien, um die Ansprüche der Wirtschaft mit den ökologischen Erfordernissen in Einklang zu bringen. Welchem Experiment winkt eine Erfolgschance?

a) Quantitatives Wirtschaftswachstum: Maximale Ausnützung und ungehemmter Verbrauch der nicht-regenerierbaren Ressourcen der Erde und technologischer Umweltschutz.

Wie bereits in unserer Analyse dargelegt, geht dieser Entwicklungstyp davon aus, daß die bisherigen Wachstumszwänge und Wachstumsantriebe weiterwirken und sich auch gegen ökologische, wirtschaftliche und gesellschaftliche Hemmungen noch für eine längere Zeitdauer durchsetzen lassen. Das führt zu einer exponentiellen Zunahme des Güterdurchflusses.

Die dem quantitativen Wachstum zugeordnete Umweltpolitik zielt in erster Linie auf *technologischen Umweltschutz* ab. Umweltschutz bedeutet in diesem Fall vor allem den Versuch, die Abfälle durch entsprechende Konzentration (zum Beispiel Ablagerung und/oder Verbrennung) oder Diffusion (etwa Verdünnung im Wasser oder in der Luft) so zu erfassen, daß sie weniger schädlich wirken. Umweltschutz wird also vor allem im Sinne der bisher üblichen Konzentrations- und Diffusionsstrategie verstanden. Die Abfälle können aber – da in der materiellen Welt nichts zu nichts wird – nie wirklich beseitigt werden.

Wir sind der Auffassung, daß das quantitative Wachstum *Konflikte* erzeugt, die sich durch weiteres Wachstum nicht mehr beheben lassen. Der »Durchbruch« kann logischerweise nicht gelingen, und eine mögliche Sättigung tritt, wenn überhaupt, viel zu spät ein.

Insgesamt stellt sich die Frage nach dem Sinn weiteren Wachstums, wenn offensichtlich ein immer größerer Teil der wirtschaftlichen Leistungen zur Verhinderung oder Beseitigung der Folgekosten des Wachstums eingesetzt werden muß. Der ganze Wachstumsprozeß mündet schließlich in einen Leerlauf, in dem der konsumierbare Gewinn der Sozialprodukterhöhung verschwindet oder in einen Ver-

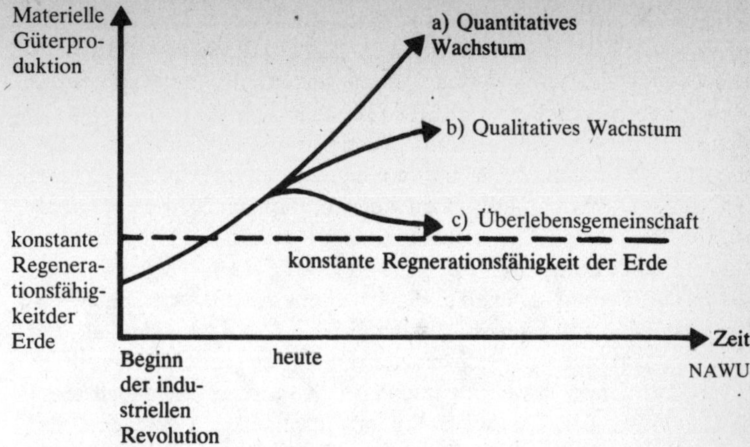

Figur 14: Entwicklungstypen der Wirtschaft

lust umschlägt. Und während die Statistiken mit einem steigenden Bruttosozialprodukt prunken, sinken Lebensqualität und Rohstoffreserve. Die Wohlstandsfalle klappt zu!
Wenn somit die Variante »quantitatives Wachstum« auf die Dauer einem technischen Umweltschutz keine echte Chance bietet, so werden wir doch auf einige Elemente dieser Strategie zurückgreifen müssen. Wir benötigen in einer *technologischen Welt* auch *technologischen Umweltschutz.* Es wäre daher unsinnig, im Vertrauen auf eine Abbremsung des Wachstumstrends auf Umweltschutzmaßnahmen, wie sie heute in den verschiedenen Umweltschutz- und Immissionsgesetzen vieler Länder vorgesehen sind, gänzlich verzichten zu wollen. Aber es gilt, den Umweltschutz nicht einfach an den Wirtschaftsprozeß traditioneller Prägung »anzuhängen«, was auf jeden Fall zu einer Verteuerung führt, sondern möglichst schon am Beginn des Wirtschaftsprozesses einzusetzen. Dies kann zur Kostensenkung beitragen und ist mit einem verlangsamten Wachstum vereinbar. Das »technological assessment« neuer Erfindungen und die Kosten-Nutzen-Analyse von Groß-Investitionen können dabei eine wesentliche Hilfe darstellen.

b) Die Überlebensgemeinschaft – Rückkehr zu einer ausschließlichen Nutzung regenerierbarer Ressourcen

Im extremen Gegensatz zu diesem Wachstumsszenario können wir uns eine Gesellschaft vorstellen, welche versucht, im Einklang mit den Kräften der Natur zu leben. Ihr Lebensstil, ihr Wirtschaften und

Verbrauchen würde durch die Rücksicht auf ökologische Kreisläufe bestimmt. Diese Gemeinschaft wird deshalb die materielle Güterproduktion auf jenes Niveau einschränken, das der natürlichen Regenerationsfähigkeit aller Ökosysteme entspricht. Rohstoffe werden also nur insoweit verzehrt, als sie in der Natur wieder selbst gebildet werden, und Schadstoffe nur soweit an die Umwelt abgegeben, als sie von den natürlichen Regenerationskreisläufen verarbeitet werden können. Es würde ein totaler Umweltschutz verwirklicht, obwohl von »Umweltschutz« gar keine Rede mehr wäre.

Es läßt sich voraussehen, daß der Übergang zu einer solchen »Öko-Gesellschaft« mit einer drastischen Senkung des individuellen und gesellschaftlichen Anspruchsniveaus an materiellen Gütern verbunden wäre. Ohne drastische und harte Kontrollen ließe sich diese Veränderung des Lebensstils kaum erzwingen. Es sei denn, der geplünderte Planet selber schaffe diese Zwangssituation, der sich die Gesellschaft notgedrungenermaßen anzupassen hätte. Wie aber könnte eine solche Gesellschaft aussehen? Die Kennzeichen der Produktion wären eine sehr hohe Dezentralisation, die Aufhebung komplexer Arbeitsteilung sowie die Formierung kleiner, örtlicher Gemeinschaften, die sich auf allen möglichen Lebensgebieten selbst versorgen. Die Erwerbsproduktion würde zurückgedrängt, der Übergang zur Bedarfsproduktion wäre unerläßlich. Die Geldwirtschaft hätte einer weitgehenden Naturalwirtschaft zu weichen. Der Ausfall der Technologie, Verzicht auf technischen Fortschritt, Verzicht auch auf gesellschaftliche Möglichkeiten der Nutzung von Kapital, der Organisation von Arbeitskraft ließe die Auseinandersetzung mit der äußeren Natur wieder vordringlich werden. Einer solchen Gesellschaft bliebe wenig Zeit, ihre soziale, innere Welt zu kultivieren und zu differenzieren – auf jeden Fall nicht in der uns geläufigen Weise.

Der Wegfall jener Dynamik, der die Gesellschaft bei Wachstum und technologischem Fortschritt ausgesetzt war, könnte möglicherweise bedingen, daß das *Sozialverhalten* des Menschen ähnlich wie in früheren Gesellschaften über verbindliche, traditionelle Normen und Sinngebung bestimmt würde. Dies hieße letztlich die Ersetzung ökonomischer Herrschaft durch soziale Herrschaft, die den Freiheitsraum des Menschen wesentlich einschränkt.

Wenn wir Ausschau halten nach dem Vorbild einer derart stabilisierten Gesellschaftsordnung, die eindeutig auf eine »Erhaltungswirtschaft« ohne Wachstumsimpulse ausgerichtet ist, können wir auf ein Szenario zurückgreifen, das schon vor mehr als zweitausend Jahren geschrieben wurde. Es handelt sich um die Idee eines »gerechten Staates«, die Plato in seinem Alterswerk »Die Gesetze« entwickelt hat. Eine gleichbleibende Bevölkerungszahl bildet die Grundlage seines Gleichgewichtsmodells, das mit einem gezielten Maßnahmenbündel Schranken gegen die Bereicherung einzelner und die Ausbeutung der Natur fordert. Im Rahmen der Darstellung unserer grundsätzlichen Strategien werden wir die anregende platonische Utopie einer »natürlichen Ordnung« näher beschreiben, denn dieses Denkmuster einer »Ökonomie des Maßes« hat in der gegenwärtigen Situation an Aktualität gewonnen. Eine Wirtschaft im Sinne Platos würde die Umweltproblematik im wesentlichen nicht durch spezifische Maßnahmen lösen, sondern durch die globale Änderung der gesamten Wirtschaftsweise. Eine derart radikale Strategie, wie sie die Hinwendung zur Überlebensgemeinschaft erforderte, müßte jedoch zwangsläufig alle gesellschaftlichen und individuellen Mittel diesem Ziel unterordnen. Mit Rücksicht auf Ressourcenverzehr und Umweltbelastung wäre ein Verzicht auf industrielle Großproduktion unerläßlich. Dadurch blieben die heute noch vorhandenen Schätze unseres Planeten zwar unangetastet, doch die Ausrichtung aller Kräfte auf den »totalen Naturschutz« müßte die Gefahr eines jähen Zusammenbruchs unserer Produktionsbasis und damit der Versorgungsgrundlage unserer Gesellschaft heraufbeschwören. Trotzdem werden zweifellos einzelne Elemente einer solchen Überlebensgemeinschaft in einer künftigen Ordnung eine große Rolle spielen, vor allem im Sinne einer Dezentralisierung und Autonomisierung lokaler Gemeinschaften, die ein Gegengewicht gegen die zunehmende internationale Arbeitsteilung und Verflechtung darstellen.

c) Qualitatives Wachstum als Ausweg aus dem Dilemma: allmähliche Stabilisierung des Verbrauchs nicht-regenerierbarer Ressourcen

Wir dürfen unsere Gesellschaft weder weiterhin den zerstörerischen Wachstumszwängen ausliefern, noch den Rückzug in die materielle Enge einer vorindustriellen Epoche antreten. Ein einziger Ausweg bleibt: Das qualitative Wachstum. Diese Strategie mindert den steten Druck zur Ausweitung der Produktion, ohne uns jedoch einen Verzicht auf einzelne Errungenschaften der industriellen Güterproduktion aufzuzwingen. Die durch den technologischen Fortschritt ermöglichten Arbeitserleichterungen sollten auch in Zukunft sinnvoll genutzt werden. Wir fordern keine radikale Änderung des heutigen Bedarfs aber eine *radikale Änderung im Hinblick auf die Zukunft,* auf die wir uns zubewegen.

Was aber steckt in unserm Begriff *»qualitatives Wachstum«?*

Erstens: Qualitatives Wachstum ist ein Wachstum nach *Maß*. Auch wenn wir in einer Übergangsphase noch mit bescheidenen Wachstumsraten zu rechnen haben, so wird doch durch die Dämpfung der Auftriebskräfte der Anstieg der quantitativen Produktion *verlangsamt* und damit Zeit und Raum für qualitative Entwicklungsprozesse geschaffen.

Die Auswirkung dieser Reduktion der Wachstumsraten wird deutlich, wenn wir uns die *Wachstumsformel* vergegenwärtigen. Sie besagt, daß sich eine Größe in einem bestimmten Zeitraum verdoppelt, der dem Quotienten aus 70 und der jeweiligen Wachstumsrate entspricht Bei einem regelmäßigen Zuwachs von sieben Prozent pro Jahr würde sich also ein gegebener Produktionsausstoß alle zehn Jahre verdoppeln (70:7 (jährliche Wachstumsrate)). Die Zahl 7% unseres Beispiels ist nicht aus der Luft gegriffen. Sie entspricht beispielsweise den Vorstellungen der deutschen Elektrizitätswirtschaft über die Steigerung der Elektrizitätsproduktion.

Was aber wären die Folgen, wenn wir diese Zahlenspiele in wirtschaftspolitische Praxis umsetzen würden? Wie groß wäre bei dem geforderten Zuwachs die Produktion in zwanzig Jahren? Sie wäre logischerweise wieder das Doppelte des vor zehn Jahren erreichten Niveaus, das Doppelte vom Doppelten also, demnach das Vierfache des heute erreichten Standes. Wenn wir auf diese Weise weiterrechnen, sehen wir, daß dadurch selbst die Visionen eines Herman Kahn in den Schatten gestellt werden, der für die nächsten zweihundert Jahre eine Steigerung der Energieproduktion um das Zwanzigfache, des Bruttosozialprodukts um das Sechzigfache jährlich verheißt.

Doch rechnen wir präzise, führen wir uns die geforderte Produktionssteigerung Schritt um Schritt vor Auge, um die *Unheimlichkeit des quantitativen Wachstums* zu begreifen. Angenommen die Produktionsziffer steigt gegenüber der Ausgangsbasis wie folgt:

in 10 Jahren um das	2fache
in 20 Jahren um das	4fache
in 30 Jahren um das	8fache
in 40 Jahren um das	16fache
in 50 Jahren um das	32fache
in 60 Jahren um das	64fache
in 70 Jahren um das	128fache
in 80 Jahren um das	256fache
in 90 Jahren um das	512fache
in 100 Jahren um das	1 024fache . . .

Das heißt: nach bloß hundert Jahren würden wir in *jedem Jahr* tausendmal soviel produzieren, tausendmal soviel verbrauchen wie heute. Und mag die These, diese Zuwachsraten seien unerläßlich, um die Arbeitslosigkeit zu bannen, auch noch so oft wiederholt werden, diese Flucht nach vorn müßte unausweichlich in einer Sackgasse enden. Zudem: Die einmal im Übermut der Wachstumseuphorie verbrauchten Rohstoffe sind für immer verloren.

Demgegenüber würde eine dem qualitativen Wachstum gemäße Wachstumsrate von vielleicht einem Prozent pro Jahr den heutigen Verbrauch in einem Jahrhundert bloß um das Zweieinhalbfache ansteigen lassen. Bis zur Jahrtausendwende wäre demnach eine Produktionssteigerung von knapp 50 Prozent zu erwarten, gegenüber einer durch das quantitative Wachstum provozierten Steigerung von 500 Prozent.

Selbstverständlich kann aber auch das qualitative Wachstum nicht unbeschränkt weitergeführt werden, da selbst ein jährlich gleichbleibender Abbau nicht-regenerierbarer Ressourcen im Laufe der Zeit zu einer Erschöpfung der Rohstoffquellen durch kumulativen Verbrauch führt. Entscheidend aber ist der *Zeitgewinn,* der einer herausgeforderten Gesellschaft ermöglicht, neue Formen des Wirtschaftens, der Güterproduktion und des Zusammenlebens vorzubereiten und anzuwenden, die kommenden Geschlechtern Sicherheit und das Überleben gewährleistet.

Zweitens: Qualitatives Wachstum bedeutet eine *Entkoppelung zwischen dem Wachstum des Sozialproduktes und dem Wachstum des Energie- und Rohstoffverbrauches.* In der Vergangenheit galt in den Industrieländern die Faustregel, daß für je ein Prozent Wachstum des realen Sozialproduktes ungefähr ein Prozent Wachstum des Primärenergieeinsatzes erforderlich sei. Doch schon beim heutigen Stand der Technologie läßt sich diese Relation verändern und der Energiezuwachs gegenüber der Steigerung des Sozialproduktes erheblich drosseln. Bei einer durchdachten strukturellen Änderung unserer Wirtschaft und unserer Gesellschaft ist ein qualitatives Wachstum bei einem nur leicht steigenden oder sogar gleichbleibenden Energieverbrauch realisierbar. Im Rahmen unseres Strategiekonzeptes werden wir die einzelnen Schritte auf dieses in unserer Zeit erreichbare Ziel hin darstellen und die Grundzüge einer verantwortungsbewußten Energiepolitik skizzieren.

Drittens: Qualitatives Wachstum heißt *Verbesserung der Lebensqualität.* Es soll nicht mehr die angebotene Gütermenge, die in der Bruttosozialprodukt-Rechnung ihren Niederschlag findet, unbese-

hen als Gradmesser für die Effizienz einer Volkswirtschaft bewertet werden. Denn diese Art des Wachstums sagt je länger desto weniger über das Wohlbefinden aus. Qualitatives Wachstum meint ein verstärktes Angebot jener Güter, die das Leben lebenswerter, humaner machen und die in der Gesundheit eines Volkes, in seinem Gemeinschaftssinn und in seinem Bildungsstand ihren Ausdruck finden. Kennziffern des qualitativen Wachstums sind jene *sozialen Indikatoren,* welche als Meßgrößen der Lebensqualität Wesentlicheres über den Erfolg einer Volkswirtschaft aussagen.
Die Dynamik dieser Zukunftsgesellschaft verlagert sich vom ökonomischen auf den sozialen Bereich. Dabei geht die Strategie des qualitativen Wachstums von den heutigen politischen und wirtschaftlichen Entscheidungsmustern aus und versucht, die Entscheidungen so zu beeinflussen, daß nicht mehr die Steigerung des Sozialprodukts, sondern das Gemeinwohl als Ziel erscheint. Bei diesem Vorgehen können und müssen die tagespolitischen Themen der *Preisstabilisierung* und der *Vollbeschäftigung* durchaus im Zusammenhang mit der Ausrichtung der Wirtschaft auf eine *Langzeitökonomie* gesehen werden.

Strategien des qualitativen Wachstums
Wir werden wesentliche Strategien des qualitativen Wachstums in den folgenden Kapiteln ausführlich erläutern. Ausgangspunkt zu dieser Strategie des qualitativen Wachstums bildet die Neuformulierung des »magischen Dreiecks«, das im allgemeinen als das Zielfeld der staatlichen Wirtschaftspolitik dargestellt wird. Anstelle des vergeblichen Versuchs, im Rahmen des »magischen Dreiecks« Inflation und Arbeitslosigkeit bei fixen Wechselkursen durch Forcierung der Investitionen und des Wachstums zu beheben, ist die Harmonisierung der Umweltpolitik mit der Preisstabilisierungspolitik und der Beschäftigungspolitik anzustreben. Aus ihr ergibt sich die Forderung nach einer Erweiterung des wirtschaftspolitischen Instrumentariums. Geld- und Fiskalpolitik müssen vor allem durch die Energiepolitik, die auf die gesamtwirtschaftliche Zielsetzung hin ausgerichtet ist, ergänzt werden; statt einer Wegrationalisierung der Arbeitsplätze durch vermehrten Energie-Input soll der sparsame Umgang mit Energie durch ein verlangsamtes Wachstum des Energieangebots gefördert werden.
Vollbeschäftigung bei vermindertem Wachstum verlangt außerdem größere Flexibilität in der Lohn- und Einkommenspolitik: Arbeitszeitverkürzung ohne vollen Lohnausgleich in den mittleren und

oberen Einkommensklassen, aber Beteiligung am wirtschaftlichen Erfolg des Unternehmens würden nicht nur einen gewissen ökonomischen Spielraum schaffen, sondern auch unserer Forderung nach vermehrter »sozialer Gleichwertigkeit« in der Demokratie entsprechen. Unter diesen Bedingungen führt die Arbeitszeitverkürzung nicht zu einer entsprechenden Kostensteigerung für das Unternehmen und bietet daher nicht mehr wie bisher Anlaß zu weiteren Rationalisierungsinvestitionen, durch welche wiederum Arbeitskräfte freigesetzt werden.

Durch die *wirtschaftspolitischen Strategien*, die sich aus der Neuformulierung des »magischen Dreiecks« ableiten lassen, versuchen wir das Dilemma zwischen Wirtschaftswachstum und zunehmender Umweltbelastung einerseits, Rezession und Arbeitslosigkeit andererseits zu entschärfen und langfristig zu überwinden. Grundsätzliche Lösungen heutiger Wachstumsprobleme bedingen Veränderungen in der herrschenden Produktionsweise und in den Wertsystemen der Gesellschaft. Solche Veränderungen bedürfen einer längeren Zeitspanne. Wenn wir Sparmaßnahmen und Einschränkung des Verbrauches fordern, wenn wir die Unternehmen veranlassen möchten, nicht nur eine Finanzbuchhaltung, sondern auch eine gleichwertige *»ökologische Buchhaltung«* zu führen, und wenn wir schließlich das im Bruttosozialprodukt ausgedrückte Gelddenken durch eine subtilere Ermittlung des sozialen Wohlbefindens zu ersetzen versuchen, so sind wir uns bewußt, daß wir in erster Linie Symptome kurieren. Doch diese *Übergangsstrategien* helfen mit, gesellschaftliche Erschütterungen und unwiderrufliche Schäden in der entscheidenden Epoche zu vermeiden, die uns für *durchgreifende Strategien* noch zur Verfügung steht. Sollten jedoch Wachstumsprobleme, wie wir sie analysiert haben, nicht bloß aufgeschoben, sondern in ihren Widersprüchen aufgehoben werden, so sind Strategien erforderlich, die die ursächlichen Zusammenhänge überwinden.

Über den Ansatzpunkt des qualitativen Wachstums hinaus gilt es darum, dem *Wachstumszwang* des bisherigen Systems *entgegenzuwirken.* Folgende weitere Elemente unseres Strategieansatzes zielen in dieser Richtung: Eine neue Dynamik der Wirtschaft muß auf eine zunehmende *Dezentralisierung* der Produktion im Sinne der »Kleinen Netze« und auf eine gewisse *Renaturalisierung* im Sinne des Sozialdienstes hin tendieren. Die Strategie soll durch eine neue *Eigentumspolitik* unterstützt werden, die sich der Konzentration in der Wirtschaft und der Ausbeutung der Erde und der Umweltgüter entgegenstellt. Besondere Beachtung muß dabei der Agrarpolitik

geschenkt werden, die dazu beitragen soll, daß nicht eine zunehmende Industrialisierung der Landwirtschaft die Berücksichtigung der ökologischen Kreisläufe erschwert.
Diese ökologisch-ökonomischen Aufgaben sind im Rahmen existierender Wirtschaftssysteme nicht zu bewältigen und werden zu immer intensiveren Interessenkonflikten führen. Die *Krisensituation* aber zwingt zu einem Überdenken unserer Situation und zu einer Veränderung der sozialen Entscheidungsprozesse auf der Grundlage neuer Prioritäten und Verhaltensweisen.

2.
Das neue magische Dreieck: Umweltstabilisierung – Geldwerterhaltung – Vollbeschäftigung

Der »Rat der Weisen«, eine Gruppe von acht internationalen Wirtschaftssachverständigen, die von der Organisation für wirtschaftliche Zusammenarbeit und Entwicklung (OECD) mit der Ausarbeitung von Vorschlägen für eine Überwindung der Krisensituation beauftragt worden war, hat im Juni 1977 seine Empfehlungen publiziert. Fazit: Eine Wachstumsrate von durchschnittlich 5,5 Prozent in den kommenden fünf bis zehn Jahren wird für die Industrieländer als erwünscht und realisierbar angenommen. Durch »vernünftige Expansion« und »konzertierte Aktionen« im Rahmen einer »Verbesserung des globalen Nachfragemanagementes« sei es möglich, die Arbeitslosigkeit zu beseitigen, ohne einen neuerlichen Inflationsschub auszulösen.

Kann aber ein Ratschlag der Weisen, welcher Fragen der Umweltbelastung und der gesellschaftlichen Strukturen beharrlich ausklammert, wahrlich weise sein? Eine bloße Ankurbelung der Wirtschaft kann weder die Wunden des geplünderten Planeten heilen, noch die Diskrepanz zwischen der Verschwendung der Industrieländer einerseits, der Not und des Hungers der Dritten Welt anderseits überwinden. Vollbeschäftigung hat im wirtschaftspolitischen Leitfaden der OECD Priorität und ist mit den herkömmlichen Methoden der Bruttosozialprodukt-Steigerung zu erzielen. Fragen nach dem sozialen Verhalten, nach Gründen und Hintergründen der Umweltkrise bleiben unberücksichtigt; um die Arbeitslosigkeit zu beseitigen, wird umweltzerstörende Expansion in Kauf genommen. Verbirgt sich in diesen Gedankengängen nicht letzten Endes eine wirtschaftspolitische Bankrotterklärung? Ist nicht eine Langzeit-Ökonomie denkbar, welche Vollbeschäftigung garantiert und gleichzeitig die Umweltkrise mildert? Ja, ist nicht vielleicht sogar Vollbeschäftigung auf die Dauer *nur* mit einer Wirtschaft zu erreichen, die auf immer stärkere Umweltvernichtung verzichtet?

Notwendige Ergänzung der bisherigen Zielsetzung: Umweltstabilisierung

Die Wirtschaftspolitik aller westlichen Länder war bis vor kurzem auf das »magische Dreieck« ausgerichtet, dessen Ecken mit den Zielen *»Geldwerterhaltung«, »Vollbeschäftigung«* und *»Zahlungsbilanzgleichgewicht«* besetzt waren. Unter Umständen wurde als viertes Ziel auch eine *gerechte (gleichmäßigere) Einkommensverteilung* genannt, und so das »Dreieck« zum »Viereck« ausgeweitet. Alle diese Ziele waren dabei dem Gesamtziel des an der Erhöhung des Sozialproduktes orientierten *quantitativen Wirtschaftswachstums* unterstellt, das auch als vierter bzw. fünfter Eckpunkt des Ziel-Vielecks genannt wurde.

Heute ist *eine* Ecke aus dem »magischen Dreieck« bzw. »Vieleck« herausgebrochen; der Zahlungsbilanzausgleich ergibt sich weitgehend automatisch auf dem Devisenmarkt durch die *Schwankung der Wechselkurse.* Zahlungsbilanzausgleich als unmittelbare Zielsetzung der Wirtschaftspolitik hat nur im Rahmen einer Währungsordnung mit fixen Wechselkursen einen Sinn. Diese Forderung spielt beim heute geltenden System der flexiblen Wechselkurse, das die westlichen Staaten seit 1973 praktizieren, keine selbständige Rolle mehr. Zwar intervenieren die Zentralbanken weiterhin nach freiem Ermessen im Devisenmarkt, sie tun dies aber nicht mehr so sehr aus zahlungsbilanzpolitischen, sondern aus preispolitischen oder beschäftigungspolitischen Gründen. Somit ist der dritte Eckpunkt des »magischen Dreiecks« wenigstens potentiell frei.

Soll nun diese Position unbesetzt bleiben und das wirtschaftspolitische Problem auf den bloßen Ausgleich zwischen den Zielen eines möglichst konstanten Preisniveaus und der Bekämpfung der Arbeitslosigkeit bei weitergehendem quantitativem Wirtschaftswachstum reduziert werden?

Wie neuere wirtschaftstheoretische Studien, Expertenberichte und Regierungsanweisungen beweisen, sind sich sowohl die wirtschaftspolitischen wie auch die wirtschaftswissenschaftlichen Instanzen – Praxis und Theorie – im allgemeinen in der Bejahung dieser Frage einig. Das Gesichtsfeld bleibt eingeengt. Das Einverständnis ist sogar derart, daß diese Grundlage überhaupt nicht diskutiert, sondern stillschweigend als selbstverständlich vorausgesetzt wird. Die Entscheidungsträger können sich so auf die an sich schon schwierige Aufgabe konzentrieren, sowohl Inflation wie Arbeitslosigkeit zu vermeiden.

Phasen der Inflationsbekämpfung wechseln mit Phasen der Beschäftigungspolitik. Je nachdem beherrscht dann entweder die ökonomische Schule der »Monetaristen«, welche die Preisstabilisierung zum wichtigeren Ziel erklärt, oder die Schule der »Keynesianer«, die vor allem die Sicherung der Arbeitsplätze postuliert, die Szene.

Die langfristige Sicherung der Lebensgrundlagen wird jedoch bisher von keiner ökonomischen Theorie und keiner Regierung als Zielsetzung der Wirtschaftspolitik begriffen; alle sehen den wirtschaftspolitischen Ausgleich in einer bloßen Verzögerung oder Beschleunigung des quantitativen Wachstums – unbekümmert um die langfristigen Folgen, die daraus für die Umwelt und spätere Generationen resultieren. Die Bewältigung dieser Folgen wird einer sektoralen »Umweltpolitik« überlassen und damit zur Seite gedrängt. Aufgrund der Analyse des Wirtschaftsprozesses und der ihm eigenen Dynamik einerseits, der inneren und äußeren Grenzen des Wachstums andererseits postulieren wir demgegenüber die *»Umweltstabilisierung«* als notwendige Ergänzung der wirtschaftspolitischen Zielsetzung. Der durch die Aufgabe des Zahlungsbilanzziels frei werdende Eckpunkt des »magischen Dreiecks« bzw. Vierecks ist durch dieses Ziel zu besetzen. Dies hat unmittelbar zur Folge, daß das *Wirtschaftswachstum »qualifiziert«* werden muß. Das weitere Wachstum des Sozialprodukts ist nur unter der Bedingung sinnvoll, daß der Verbrauch nichtregenerierbarer und nicht-regenerierter Ressourcen eingeschränkt, die Abfallerzeugung vermindert und die weitere »Sterilisierung« des Bodens durch zusätzliche Überbauungen reduziert wird.

Dabei vertreten wir die These, die Einführung der Umweltstabilisierung in das Zielsystem mache die Erfüllung der konjunkturpolitischen Aufgaben nicht schwieriger, sondern im Gegenteil leichter, ja überhaupt erst möglich. Das heißt: ein ständiger Geldwertverlust und die Zunahme der Arbeitslosigkeit kann auf die Dauer nur vermieden werden, wenn man eine Wirtschaftspolitik betreibt, die gleichzeitig die Umweltzerstörung verhindert.

»Stop and Go« der Konjunkturpolitik als Unsicherheitsfaktor

Wir gehen von der Inflationsproblematik aus. Meist findet im Wachstumsprozeß sowohl eine Mengenvermehrung wie eine Preissteigerung statt. Ausschlaggebend ist jedoch das Beziehungsverhältnis dieser beiden Faktoren. Die Preissteigerung ist mit der Abwärme bei der Energieerzeugung zu vergleichen, die nutzlos und sogar in umweltschädlicher Weise verpufft. In gleicher Art wird ein Teil der Geldschöpfung nutzlos oder wegen der sozialen Folgen sogar in schädlicher Weise in den Preiserhöhungen verschleudert.

Die Tendenz zur Preissteigerung ist aber dem Wachstumsprozeß eingeimpft. Sie folgt – wie im Kapitel über die Inflationstendenzen der modernen Wirtschaft erörtert (vgl. S. 86 ff.) – aus der Tatsache, daß das wirtschaftliche Wachstum in der industriellen Welt immer weniger auf einer bloßen »Hereinnahme« noch nicht ausgeschöpfter Ressourcen und noch nicht im industriellen Arbeitsprozeß eingesetzter Arbeitskräfte in die Industrialisierungsprozesse beruht, sondern auf kapitalintensiven Investitionen und den damit verbundenen »Produktionsumwegen«. Bei diesen ist ein deutlicher »time-lag« zwischen der Nachfragewirkung und dem Angebotseffekt zu verzeichnen. Zusätzliche Investitionen führen sofort zu Mehreinkommen und damit zu zusätzlicher Nachfrage auf dem Gütermarkt. Die mit den Investitionen geschaffenen vergrößerten Kapazitäten reifen demgegenüber langsam aus, da die Herstellung der Investitionsgüter und ihre Inbetriebnahme längere Zeit beansprucht; ein zusätzliches Angebot wird daher erst mit einer gewissen Zeitverzögerung bereitgestellt. Somit trifft die erhöhte Nachfrage vorerst auf ein gleichbleibendes Angebot mit der Folge, daß die Preise steigen. Bis schließlich die Investitionen ausreifen und zur Steigerung auch des Angebotes führen, sind schon wieder neue Investitionen mit neuen Nachfragestößen erfolgt, und die Preissteigerung geht weiter.
Die traditionelle Inflationsbekämpfung unterbricht daher, wenn sie wirksam sein soll, den Wachstumsprozeß – wie es auch 1973 der Fall war, als die Politik zur Preisstabilisierung im Zusammenhang mit der Aufhebung der fixen Wechselkurse zum wirtschaftspolitischen Hauptziel erklärt wurde. Krisenhafte Entwicklungen im Produktionssektor waren die Folge. Eine ganze Reihe von Unternehmen mußte Verluste hinnehmen, ihre Produktion einschränken oder sogar stillegen; entsprechend stieg die Arbeitslosigkeit an. In der Schweiz, wo die Eindämmung der Inflation gut gelang, – die Inflationsrate sank 1976 auf 1 Prozent –, mußte im Zeitraum von 1973 bis 1975 ein Verlust von 340 000 Arbeitsplätzen in Kauf genommen werden, was einem Abbau von mehr als zehn Prozent entspricht.
Arbeitgeber wie Arbeitnehmer wehren sich mit Recht gegen eine solche Entwicklung. Wo aber ist die Lösung? Wenn man die Problematik auf den Ausgleich zwischen der Anforderung der Preisstabilität und der Anforderung der Vollbeschäftigung beschränkt, kann man vordergründig das Rezept nur in einem ständigen Wechsel von »Stop-and-Go«-Phasen sehen. Einer solchen Politik lassen sich folgende Überlegungen zugrunde legen: Die »Stop«-Politik ist wegen des Übergangs zu den flexiblen Wechselkursen jederzeit mit Hilfe

der Zentralbankpolitik möglich. Durch restriktive Offenmarktpolitik (Regulierung des inländischen Geldvolumens durch Verkauf von Staatspapieren durch die Notenbank) und Mindestreservenpolitik (Einschränkung der Liquidität der Banken) wird das Kreditvolumen und damit der Geldschöpfungsspielraum der Banken reduziert und damit die Nachfrage nach Investitionsgütern und in der Folge auch nach Konsumgütern vermindert. Wenn die Nachfrage so weit zurückgeht, daß die bestehenden Produktionskapazitäten nicht mehr ausgelastet sind, stabilisieren sich die Preise.

Nun muß aber unter dem Druck der öffentlichen Meinung und der Wirtschaft der negative Beschäftigungseffekt dieser Politik korrigiert werden. Dies geschieht durch den Wechsel von der Stop- zu einer Ankurbelungspolitik, die in dem Moment einsetzt, da die Arbeitslosigkeit ein bedrohliches Ausmaß annimmt. Die neu einsetzende Expansion wird eine Weile bei stabilen Preisen erfolgen, solange nämlich die Kapazitätsgrenzen noch nicht wieder erreicht sind, solange also keine Engpässe im Produktionsprozeß entstehen und auch die Lohnforderungen zurückgebunden werden können. Das Resultat wäre dann vorübergehend »Vollbeschäftigung ohne Inflation« – das ersehnte Ziel aller Regierungen und Zentralbanken.

Diese Politik ist aber auf die Dauer nicht erfolgversprechend. Dafür sind insbesondere drei Gründe zu nennen:

Erstens: Der Wechsel von Stop und Go führt im Extremfall zu einer erhöhten *Unsicherheit im Wirtschaftsleben* und mit der Zeit zu einer Lähmung der privaten Wirtschaftstätigkeit. Dies hat zur Folge, daß die Expansionsimpulse immer stärker dosiert werden müssen, um doch noch einen Erfolg erzielen zu können. Die Entwicklung wird deswegen immer weniger kontrollierbar. Vor allem aber kann das Beschäftigungsziel nicht mehr in vollem Umfange erreicht werden; selbst bei einer starken Ankurbelung ist in Zukunft mit einer größeren Zahl von Arbeitslosen zu rechnen. Außerdem werden – worauf schon hingewiesen wurde – die Preise wichtiger Güter trotz restriktiver Maßnahmen weiter steigen. Dies betrifft insbesondere die Energiepreise, welche zunehmend oligopolistisch reguliert werden; zum Teil trifft dies auch auf die Preise der übrigen Rohstoffe zu. Im Hintergrund dieser Entwicklung steht die Tatsache, daß die Industrieländer die Kontrolle über die Ausbeutung eines großen Teils der natürlichen Ressourcen verloren haben und sich daher immer weitergehenden Forderungen der Besitzerländer ausgesetzt sehen. Eine restriktive Geldpolitik in den Industrieländern kann nicht mehr zu einer grundsätzlichen Revision dieser Entwicklung führen.

Zweitens: Die Arbeitsbeschaffungsmaßnahmen führen zu einer zunehmenden Verzerrung der Wirtschaft, da diese nicht mehr in der Lage ist, aus sich heraus das Problem zu bewältigen. Die Unternehmer investieren nur dann, wenn die erwarteten Gewinne die Zinsen übersteigen; wenn dieses Verhältnis infolge der Stop-and-Go-Politik nicht mehr gesichert ist, halten die Unternehmer mit Investitionen zurück, und der Staat muß mit Arbeitsbeschaffungsmaßnahmen einspringen. Diese Maßnahmen veranlassen Investitionen, wo sie ursprünglich nicht vorgesehen waren; sie werden nun dort getätigt, wo sie gerade für die Regierung durchführbar sind. Überdies führt diese Politik zu einer weiteren Vergrößerung der Staatsausgaben, die schon im Wachstumsprozeß überproportional zum Sozialprodukt gestiegen sind. Auch wenn die öffentlichen Investitionen vorübergehend durch Beanspruchung von Bankkrediten finanziert werden können, müßten schon wegen der steigenden Zinslasten die Steuern mit der Zeit erhöht werden. Dies bewirkt jedoch den in allen westlichen Staaten heute spürbar verstärkten *Steuerwiderstand*, dem die Regierungen nur mit deutlichen Spardemonstrationen begegnen können, denn Steuererhöhungen – hier spricht beispielsweise die klare Ablehnung der Mehrwertsteuer durch die schweizerischen Stimmbürger im Jahr 1977 eine deutliche Sprache – beschwören Proteste herauf. Den unvermeidlichen *Sparmaßnahmen* fallen dann unter Umständen sogar die gleichen Projekte zum Opfer, die vorher als Arbeitsbeschaffungsmaßnahmen propagiert worden waren. Eine eigentliche Schizophrenie in der Staatsausgabenpolitik ist die Folge, ein »Hin und Her«, bei dem oft sinnvolle Staatsausgaben auf der Strecke bleiben, während die zufällig bereitliegenden Projekte die Parlamente passieren, auch wenn sie nicht einmal wesentlich zur Erhöhung der Beschäftigung beitragen.

Drittens: Die traditionelle *Wiederankurbelungspolitik* – etwa im Sinne der Gewährung von Investitionsbeihilfen oder der Zulassung höherer Abschreibungsquoten – ist im Hinblick auf das Beschäftigungsziel weitgehend *kontraproduktiv.* Wenn aufgrund der Billig-Geld-Politik der Zentralbank und den Investitions-Stößen der öffentlichen Hand die privaten Investitionen wieder anziehen, so handelt es sich doch in der Regel nicht um Investitionen mit dem gewünschten Erfolg. Daher müssen wir festhalten, daß es im Prinzip zwei Arten von Investitionen gibt: *Rationalisierungsinvestitionen*, mit denen Arbeitskräfte freigesetzt werden und *Erweiterungsinvestitionen*, mit denen neue Arbeitsplätze geschaffen werden. Solange die Produktionskapazitäten noch nicht ausgeschöpft sind, werden die

Unternehmer durch Investitionsbeihilfen veranlaßt, vor allem Rationalisierungsinvestitionen vorzunehmen; eine Erweiterung der Kapazitäten wäre ja sinnlos. Die Folge ist, daß zwar im Investitionsgütersektor selbst mehr Arbeiter gebraucht werden, im Konsumgütersektor aber weitere Arbeitskräfte entlassen werden. Werden schließlich die Kapazitätsgrenzen in der Wirtschaft überschritten und Erweiterungsinvestitionen wirtschaftlich sinnvoll, so wird in der Regel auch in relevanten Teilsektoren der Wirtschaft schon Vollbeschäftigung herrschen; die Erweiterungsinvestitionen führen dann rasch zu Lohnsteigerungen und Inflation. Die Spirale dreht sich von neuem.
Aus all diesen Gründen muß die bisherige Politik des »Stop and Go«, die auf weiteres langfristiges Wachstum ausgerichtet ist, ebenso versagen, wie die bisherige Politik des einfachen »Go«. Sie führt mitten in die *Stagflation* hinein, bei der die Übel der Inflation, der Arbeitslosigkeit und der weiteren Umweltzerstörung kombiniert sind – eine Entwicklung wie sie heute durch Großbritannien nach einer längeren Phase akzentuierter Stop-and-Go-Politik vorgezeichnet ist. In einer solchen Situation besteht dann nur noch die Wahl zwischen der geringeren oder stärkeren Betonung des einen oder des anderen Übels. Ein »Separatfrieden« zwischen Antiinflationspolitik und Bekämpfung der Arbeitslosigkeit, die die *Qualifizierung des Wachstums* und die *Umweltstabilisierung* mißachtet, wird immer weniger Erfolg versprechen und eine immer kürzere Dauer haben. Der mangelnde Wille der Regierungen, die nötige Erweiterung der wirtschaftspolitischen Zielsetzung vorzunehmen, zeugt daher nicht nur von Unwillen, den ökologischen Anforderungen Genüge zu leisten, sondern von Blindheit gegenüber den ökonomischen Anforderungen selbst.
Auf die Frage »Wohin soll schließlich die Wirtschaft steuern?« darf daher nicht mehr die Antwort gegeben werden: »Auf ein stetiges und gleichmäßiges Wachstum des Sozialproduktes um jährlich 4 bis 5 Prozent«, wie dies heute noch als selbstverständlich angesehen wird; die Antwort muß vielmehr lauten:
»Auf eine Verbesserung der Lebensqualität unter Aufrechterhaltung eines stabilen Wirtschaftsgefüges.«
Um zu einer echten Gesamtlösung des Problems zu kommen, muß allerdings zuerst die Schwierigkeit einer Lösung mit aller Schärfe herausgestellt werden. Ein Appell an den guten Willen genügt nicht. Es geht darum, den richtigen Weg durch ein unwegsames Gelände zu finden. In unserer Analyse haben wir gezeigt, daß die industrielle Wirtschaft in gewissem Sinne zum Wachstum »verurteilt« ist. Denn

das quantitative Wachstum beruht auf der Kombination von Erweiterungs- und Rationalisierungsinvestitionen. Je mehr Arbeitskräfte durch Rationalisierungsinvestitionen freigesetzt werden, um so mehr müssen die Erweiterungsinvestitionen zunehmen, um Arbeitslosigkeit zu vermeiden.

Wird zum Beispiel durch Rationalisierungsinvestitionen pro Mengeneinheit des Produkts der Arbeitseinsatz auf 50 Prozent herabgesetzt, muß die Produktionskapazität um 100 Prozent erhöht werden, damit alle Arbeitskräfte Beschäftigung finden. Wegen der Produktionszunahmen und wegen des Hinzutretens der Kapitalkosten führen Rationalisierungsinvestitionen und Erweiterungen der Betriebe selbst dann zu einer Erhöhung der Gesamtkosten, wenn die Kosten pro Produktionseinheit sinken. Steigende Gesamtkosten können aber nur durch einen höheren Erlös gedeckt werden, was eine entsprechende Nachfragesteigerung voraussetzt. Zusätzliche Nachfrage wird aber nur durch Einkommenszuwachs geschaffen. Dieser hängt vom Ausmaß der Geldschöpfung ab. Zur Geldschöpfung kommt es aber vor allem im Zusammenhang mit Neuinvestitionen. Ohne die Neuinvestitionen können daher die alten Investitionen gar nicht bezahlt werden. Eine *ständige Zunahme der Investitionen* ist daher die Voraussetzung für das Funktionieren eines auf dem Geld aufbauenden Wirtschaftssystems.

Wenn es nun darum geht, trotz dieser Schwierigkeit eine Lösung im neuen »magischen Dreieck« zu finden, ist nochmals darauf hinzuweisen, daß das Ziel des Zahlungsbilanzausgleichs, beziehungsweise die Fixierung der Wechselkurse heute nicht mehr die gleiche Aktualität besitzt wie früher. Diese Tatsache ist von großer Bedeutung. Die Suche nach dem Zahlungsbilanzausgleich hatte nämlich im System des Gold-Dollar-Standards mit fixen Wechselkursen immer weniger zur monetären Disziplin der Schuldnerländer und immer mehr zur monetären Expansion der Gläubigerländer geführt. Der Gold-Dollar-Standard wurde allmählich zu einem reinen Dollar-Standard mit unbeschränkter und unkontrollierbarer Dollargeldschöpfung. Diese Expansion übertrug sich wegen der Pflicht der Zentralbanken, die Dollars zu einem festen Kurs in nationale Währungen einzutauschen, auf die gesamte Geldmenge der westlichen Welt und wurde somit zur Grundlage des unmäßigen quantitativen wirtschaftlichen Wachstums während der sechziger und Anfang der siebziger Jahre.

Nicht dieses überdimensionierte Wachstum an sich, aber die damit verbundene Inflation hat die westeuropäischen Länder veranlaßt, sich von der Einlösungspflicht des Dollars in die jeweilige nationale Währung zu befreien, die Kontrolle der Geldmenge wieder in die Hand zu nehmen und die Wechselkursbildung dem freien Markt zu überlassen. Die Rücknahme der Geldmengenpolitik in die nationale Verantwortung ermöglicht es aber nun auch, das wirtschaftliche Wachstum in nationalem Rahmen zu beeinflussen. Die Herstellung des Gleichgewichtes in den Außenbeziehungen wird einem besonderen Faktor – eben dem Wechselkurs – überlassen.

Für ein neues Leitbild der Investitionen

Geht es um die Stabilisierung von Preisen, Beschäftigung und Umwelt, so muß als erstes der verhängnisvolle, sich selbst verstärkende Zyklus von Rationalisierungs- und Erweiterungsinvestitionen durchbrochen werden. Er ist die Basis des quantitativen Wirtschaftswachstums. Auf ihm beruht der Inflationsprozeß der heutigen Wirtschaft, die Tendenz zur strukturellen Arbeitslosigkeit und vor allem die Ausbeutung und die Zerstörung der Umwelt.

Wie kann der Durchbruch zustande kommen? Das Wachstum muß ab sofort so qualifiziert werden, daß die Investitionen nicht mehr dem *Ver*brauch und der Zerstörung der Ressourcen, sondern ihrem sparsamen *Ge*brauch und ihrer Wiederverwertung dienen. Wir haben bisher neben den Erweiterungsinvestitionen nur *eine* Art von Rationalisierungsinvestitionen genannt. Es handelt sich um Investitionen zur Erhöhung der Arbeitsproduktivität oder, anders ausgedrückt, zur Substitution von Arbeit durch Energie. Wir können sie als die *Rationalisierungsinvestitionen I* bezeichnen. Daneben gibt es aber Rationalisierungsinvestitionen, mit denen nicht der Einsatz von Arbeit, sondern von Energie und Rohstoffen reduziert wird. Wir wollen sie die *Rationalisierungsinvestitionen II* nennen (vgl. dazu die Kapitel über Umweltschutz und Energiestabilisierung S. 153 ff., 186 ff.).

Aufgrund der arbeitsparenden Investitionen ist es dem Menschen in den letzten Jahrhunderten gelungen, die körperliche Arbeit weitgehend durch den Einsatz mechanischer Energie zu ersetzen, ohne daß der Mensch deswegen seinen Konsum einschränken mußte. Im Gegenteil: die Menge der konsumierbaren Dinge ist wesentlich angestiegen. Allmählich ist aber der Grenznutzen der Bequemlichkeit und der Gütervermehrung gesunken; eine weitere Vermehrung hat nicht mehr die gleiche Bedeutung wie noch vor zwanzig, fünfzig oder gar hundert Jahren. Dafür aber ist der Grenznutzen jener Güter gestiegen, die sich nicht vermehren, sondern im Gegenteil im

Wachstumsprozeß ständig verbraucht werden: wir meinen den Grenznutzen der Umweltgüter. Die Änderung der Grenznutzen schlägt aber nicht auf die Änderung der relativen Preise durch, denn die Umweltgüter stehen weitgehend außerhalb des Preismechanismus. Man kann sie zum großen Teil gratis konsumieren *und* zerstören. Es erfolgt im Marktprozeß keine automatische Anpassung an das neue Nutzenverhältnis. Diese Anpassung muß vielmehr die Wirtschaftspolitik übernehmen, indem sie die Rationalisierungsinvestitionen II, die zur Einsparung von Energie und Rohstoffen führen, fördert. Diese Politik ermöglicht, die Ziele des neuen magischen Dreiecks – Vollbeschäftigung, Preisstabilisierung und Umweltstabilisierung – zu verwirklichen:

Vollbeschäftigung: Es darf angenommen werden, daß die Produktion der Investitionsgüter in jedem Fall – ob nun Rationalisierungsinvestitionen I oder II vorgenommen werden – gleich viel Arbeitskräfte benötigt. Es werden also beim Übergang zum qualitativen Wachstum im Investitionsgütersektor keine Arbeitskräfte freigesetzt, wie dies bei einem Wachstum Null, das heißt bei einer starken Reduktion der Investitionen der Fall wäre. Entscheidend ist nun aber, daß im Konsumgütersektor keine Arbeitskräfte entlassen werden, die durch quantitatives Wachstum wieder beschäftigt werden müßten. Mit andern Worten: es werden sowohl die Krisen eines »Wachstums Null« wie die Krisen des quantitativen Wachstums vermieden. Ja, durch Maßnahmen und Arbeitsabläufe, die den Verschleiß eindämmen, können sogar neue Tätigkeitsfelder erschlossen werden, die nicht wieder vermehrte Mühsal und Last bedeuten, sondern durch Abbau einer allzuweit getriebenen geisttötenden und entfremdenden Arbeitsteilung wieder zurückgewonnen werden und so zur Erhöhung der Arbeitsfreude beitragen.

Preisstabilisierung: Die Inflationsgefahr wird vermindert, indem die staatlichen und privaten, durch Verschuldung und Geldschöpfung finanzierten Erweiterungsinvestitionen nicht mehr im gleichen Ausmaß vorangetrieben werden müssen, um die freigesetzten Arbeitskräfte zu beschäftigen. Angesichts der begrenzten Ressourcen und der heutigen Situation des Arbeitsmarktes, bei dem Arbeitslosigkeit in einem Sektor neben Überbeschäftigung in einem anderen einhergeht, tragen vor allem die Erweiterungsinvestitionen den Inflationsbazillus in sich. Dabei muß an die Zeitspanne zwischen der Nachfragewirkung und der Angebotswirkung erinnert werden. Eine ständige Beschleunigung des Investitionsprozesses im Sinne des quantitativen Wachstums muß in einen inflationären Prozeß münden.

Demgegenüber ist das qualitative, auf Rationalisierungsinvestitionen II aufbauende Wachstum, diesem Beschleunigungszwang nicht oder in viel geringerem Maße unterworfen. Eine Ergänzung durch Erweiterungsinvestitionen zum Zwecke der Arbeitsbeschaffung ist nicht nötig. Die Verschuldung der Wirtschaft und des Staates sowie die Geldschöpfung – die eigentlichen Inflationsursachen – bleiben in Grenzen.

Umweltstabilisierung: Der Umweltverbrauch – im Sinne der Landschaftszerstörung und der Entnahme von Rohstoffen aller Art aus der Erde, der Ablagerung von Abfall auf dem Land, im Wasser und in der Luft – wird reduziert. Dies steht im Gegensatz zum quantitativen Wachstumsprozeß, durch den sich der Umweltverbrauch überproportional zum Wachstum erhöht: zum einen verbrauchen wir Umwelt bei der Herstellung der Investitionsgüter, zum anderen bei der Produktion und schließlich beim Konsum der Konsumgüter. Wenn durch Rationalisierungsinvestitionen I Arbeit freigesetzt wird, ist dieser Substitution von Arbeit durch Maschinen bereits ein erster Umweltverbrauch vorausgegangen. Wenn dann Erweiterungsinvestitionen vorgenommen werden, um die Arbeitskräfte wieder zu beschäftigen, werden für diese Investitionen Rohstoffe nochmals verzehrt und ein zweites Mal Umwelt verbraucht. Mit diesen Erweiterungsinvestitionen werden die Produktionskapazitäten vergrößert und der Output von Konsumgütern erhöht. Es kommt ein drittes Mal zum Umweltverbrauch. Schließlich sind die Konsumgüter – insbesondere die sogenannten langlebigen Konsumgüter – häufig so gestaltet, daß bei ihrer Anwendung bedeutende Energiemengen eingesetzt werden müssen. Es handelt sich dann um einen vierten Umweltverbrauch.

Demgegenüber ist der Investitionsprozeß des qualitativen Wachstums schon deshalb umweltschonend, weil der Umweltverbrauch unterproportional zum Wachstum ansteigt. Rohstoff und Energie benötigt man nur zur Herstellung der Investitionsgüter, denn Erweiterungsinvestitionen nur um der Beschäftigung willen sind nicht nötig. Vor allem aber sind die Rationalisierungsinvestitionen im Zeichen des qualitativen Wachstums darauf ausgerichtet, Rohstoffe und Energie sowohl bei der Herstellung als insbesondere auch beim Gebrauch der Konsumgüter zu sparen. Abnehmendem Rohstoffverbrauch und geringerem Energieinput entspricht eine Verminderung des Outputs von Abfall. Dabei kann die Verringerung des Umweltverbrauchs sowohl im sparsameren Materialverbrauch als auch in einem vermehrten Recycling bestehen. Der Ansatzpunkt einer solchen Umstellung von Rationalisierungsinvestitionen I auf Rationalisierungsinvestitionen II bildet eine auf diese Zielsetzung ausgerichtete Umweltpolitik als Ergänzung zur traditionellen Wirtschaftspolitik, wobei der Energiepolitik eine zentrale Bedeutung beizumessen ist.

Die längerfristige Perspektive

Die Verschiebung der Gewichte zwischen Umweltstabilisierung und Wirtschaftswachstum wird zweifellos zu wirtschaftlichen Strukturänderungen führen. Der Prozeß der Strukturveränderungen hat jetzt schon begonnen und ist unaufhaltsam; quantitative Veränderungen in einzelnen Sektoren (Abnahme der Arbeitsplätze in der Industrie, Zunahme der Dienstleistungen) werden zu einer qualitativen Veränderung des gesamten Systems hinführen. Von 1960–1970 hat die Zahl der Beschäftigten in der Schweiz um 12 Prozent zugenommen, die Dienstleistungen jedoch verzeichneten Zuwachsraten von 30 Prozent, der öffentliche Sektor gar von 36 Prozent. In der Rezessionsphase von 1970–1975 nahm die Zahl der Beschäftigten um 8,2 Prozent ab. Dieser Aderlaß betraf ausschließlich das Baugewerbe und die Industrie, während im öffentlichen Sektor nochmals eine Vermehrung der Beschäftigten um beinahe 8 Prozent registriert wurde.

Der Investitionsgütersektor, der sich in der Zeit extremer Wirtschaftsexpansion überproportional ausgedehnt hat, muß selbst dann wieder schrumpfen, wenn die Wirtschaft mit mäßigen Zuwachsraten weiterexpandiert. Der Grund liegt darin, daß die Ersatzinvestitionen nur einen kleinen Teil der Investitionen ausmachen und der größte Teil sogenannte Nettoinvestitionen sind, die einen Erweiterungseffekt haben. Von Jahr zu Jahr gleichbleibende Nettoinvestitionen führen daher zu Jahr für Jahr steigenden Produktionskapazitäten in der Konsumgüterindustrie. Umgekehrt führt ein gleichbleibendes Niveau der Konsumgüterindustrie zu einer Schrumpfung der Investitionsgüterindustrie, ja selbst eine bloß relative Verringerung der Wachstumsrate der Konsumgüterindustrie hat schon einen absoluten Rückgang der Investitionsgüterindustrie zur Folge.

Da die Wirtschaft nicht mehr im gleichen Ausmaß wie früher expandiert, können allerdings nicht einfach alle im Investitionsgüterbereich freigesetzten Arbeitskräfte in den anderen Bereichen wieder Arbeit finden. Vielmehr drängt sich eine Lösung durch die *Reduktion der Arbeitszeit* auf, die für unbeschäftigte oder unterbeschäftigte Arbeitskräfte Platz schafft. Dabei ist allerdings zu beachten, daß eine Kürzung der Arbeitszeit bei vollem Lohnausgleich den Stundenlohn

erhöht und wieder die Tendenz auslöst, Arbeitsplätze wegzurationalisieren. Andererseits ist eine Einkommensreduktion bei niedrigen Einkommen nicht zumutbar. Es ist daher an eine Arbeitszeitverkürzung mit gestaffeltem Lohnausgleich zu denken, bei dem nur die unteren Einkommen festgehalten, die Einkommensempfänger der oberen Einkommenskategorien aber durch eine Beteiligung am wirtschaftlichen Erfolg des Unternehmens entschädigt werden.
Sollten aufgrund einer günstigen Entwicklung im privaten Sektor der Wirtschaft im Durchschnitt Erfolgsauszahlungen möglich sein, so wäre im öffentlichen Sektor ebenfalls eine entsprechende Anpassung vorzunehmen. Die Arbeitszeitverkürzung ermöglicht es, wie später ausgeführt wird, im Sinne eines Sozialdienstes und der Arbeit in »Kleinen Netzen« Dienstleistungen anzubieten, die sonst nicht mehr geleistet, beziehungsweise nicht mehr bezahlt werden können. Dies betrifft einmal die Landwirtschaft, die an der Arbeitszeitverkürzung in üblicher Art nicht teilnehmen kann, und andererseits den öffentlichen Sektor, der durch den steigenden Steuerwiderstand zurückgebunden wird. Beiden Bereichen ist durch die Entlastung von einer gewissen Arbeitslast durch die Gemeinschaft helfend beizustehen.

Neuformulierung der Wirtschaftspolitik

Die Qualifizierung des Wachstums verlangt über strukturelle Maßnahmen hinaus – wie sie schon angedeutet wurden und in den folgenden Kapiteln weiter ausgeführt werden – eine Umformulierung der bisherigen Wirtschaftspolitik. Dabei bleiben die Instrumente der makroökonomischen Wirtschaftspolitik im wesentlichen die gleichen (Geld- und Währungspolitik, die Budget- und Finanzpolitik sowie die Einkommenspolitik). Eine Ergänzung ist allerdings notwendig durch das Instrument der Energiepolitik. Vor allem aber – das ist das Entscheidende – muß eine stärkere Koordination zwischen diesen Bereichen und damit auch zwischen den Verantwortlichen für diese Politiken gefordert werden. Ohne eine solche Gesamtkonzeption, die nicht nur Symptome einer Krise bekämpfen, sondern die Krise selber beheben will, wird die Ratlosigkeit der Wirtschaftspolitik immer mehr zunehmen. Dabei kann die Wirtschaftspolitik durchaus eine gewisse Flexibilität aufweisen, weil in der jeweiligen konkreten Situation das eine oder das andere Ziel der Wirtschaftspolitik stärker im Vordergrund stehen wird. Es muß aber endlich begriffen werden, daß die völlige Vernachlässigung *eines* dieser Ziele schließlich auch das Erreichen der andern verunmöglicht. Im einzelnen ergeben sich aus der geforderten Neuorientierung folgende Konsequenzen für die verschiedenen Bereiche der Wirtschaftspolitik:

Geld- und Währungspolitik: Es liegt auf der Hand, daß eine Umweltstabilisierung unter den heutigen Umständen – darauf wurde in diesem Kapitel bereits ausführlich hingewiesen – bei fixen Wechselkursen nicht möglich ist, solange das Leitwährungsland an seiner währungspolitischen Autonomie festhält. Darum muß die Weiterführung des Systems flexibler Wechselkurse postuliert werden. Dieses hat den einzelnen Ländern die Möglichkeit gegeben, die geld- und kreditpolitischen Maßnahmen stärker auf die innenpolitischen Zielsetzungen auszurichten, zu denen neu auch die Umweltstabilisierung zu zählen ist. Zweifellos wird aber das Hauptgewicht der Geld- und Kreditpolitik weiterhin auf ihrem eigentlichen Stammgebiet liegen müssen, nämlich auf der Inflationsbekämpfung. Dazu gehört eine Zurückdrängung der Geld- und Kreditexpansion, die immer wieder auszuwuchern droht – wobei es entweder um die Kontrolle der Geldbasis, das heißt des Zentralbankgeldes, oder um die Kontrolle des Liquiditätssaldos und damit der Kreditschöpfungsfähigkeit der Geschäftsbanken geht, sowie um Zurückhaltung gegenüber den Forderungen des Staats auf direkte und indirekte Defizitfinanzierung.

Soweit es der Zentralbank gelingt, eine solche restriktive klassisch-liberale oder – wie man heute sagt – »monetaristische« Politik durchzuhalten, kann sie auch die Verteilung der Kredite auf die einzelnen Sektoren der Wirtschaft dem freien Ermessen der Geschäftsbanken überlassen, die allein nach bankpolitischen Gesichtspunkten entscheiden. In dem Ausmaß jedoch als die Zentralbanken die Zügel der Geld- und Kreditpolitik zur Finanzierung von Wachstumsinvestitionen oder Staatsdefiziten lockern, kann eine unkontrollierte Kreditexpansion verheerende Folgen haben, wie es in der Vergangenheit der Fall war. Es besteht dann nicht nur die Gefahr der Inflation und der Überbeanspruchung der Umwelt, sondern auch der Destabilisierung der Wirtschaft, die in die Überbeschäftigung hineingetrieben und bei jeder kleinen Konjunkturunterbrechung wieder der Unterbeschäftigung ausgeliefert wird. Mit einer solchen Expansion werden die Selbstregulierungskräfte der Wirtschaft gestört. Die Zentralbank und die Geschäftsbanken oder der Staat – je nachdem von wem der expansive Impuls ausgeht – müssen die Verantwortung für die Folgen dieser Expansion übernehmen.

Im Sinne dieser Verantwortung muß die Zentralbank *Richtlinien* für die Kreditverteilung ausgeben. Diese müssen – damit keine Fehlentwicklung erfolgt – in erster Linie eine Förderung der Rationalisierungsinvestitionen II gegenüber den Rationalisierungsinvestitionen I zum Ziel haben, wobei *die Refinanzierungsmöglichkeiten der Geschäftsbanken* im ersten Fall erleichtert, im zweiten Fall erschwert werden. Nur eine internationale Koordination der Zentralbankpolitik kann allerdings dieser Politik den nötigen Rückhalt geben.

Eine so geartete Investitionsregulierung wird in Zukunft die notwendige Ergänzung jeder stärkeren Geldmengen- und Kreditausweitung sein. Sorgsames Haushalten mit den beschränkten Gütern der Erde bedeutet keineswegs Stillstand der technologischen und organisatorischen Entwicklung oder gar ein »Einfrieren« bestehender Produktionskapazitäten und Fixierung des Produktionsniveaus durch Null-Wachstum. Im Gegenteil, Forschung und Planung sollen offenbleiben für neues Denken und neue Methoden. Der Erfolg ist aber nicht mehr nur an steigenden Güterproduktionsziffern abzulesen, sondern an der Steigerung der Lebensqualität.

Fiskalpolitik: Die Entwicklung der letzten Jahrzehnte hat sowohl unter dem Aspekt steigender Staatsaufgaben wie unter dem Aspekt erhöhter Anforderungen an das Sozialleistungssystem zu einer ständig steigenden Belastung des Produktionsfaktors »Arbeit« geführt. Das betrifft einmal die Mehrwertsteuer, welche wohl die Wertschöpfung durch die Arbeit, aber nicht die Investitionen besteuert (für die Herstellung der Maschinen wird wohl eine Mehrwertsteuer bezahlt, sie bezieht sich aber nicht auf das Kapital, das in den Maschinen investiert wird), zum andern betrifft es die Arbeitgeberbeiträge, durch welche die steigenden Löhne nochmals künstlich überhöht werden. Außer genereller Zurückhaltung in bezug auf die Erhöhung all dieser Belastungen drängt sich speziell die Reduktion der Besteuerung der Arbeit durch eine kompensierende Energiebesteuerung auf.

Die Staatsausgaben haben das Ziel der Umweltstabilisierung mitzuberücksichtigen. Das gilt besonders in dem Ausmaß, als bewußt Budgetdefizite in Kauf genommen, das heißt die Ausgaben durch Kredite und damit durch Geldschöpfung finanziert werden. Arbeitsbeschaffungsmaßnahmen können nicht beliebige staatliche Investitionen rechtfertigen, sofern sie zur weiteren Umweltvernichtung, zur Inflation und langfristig sogar wegen ihres Rationalisierungseffektes zu weiterer Arbeitslosigkeit führen. Dies muß besonders betont werden, weil die Regierungen in ihrem Investitionsfanatismus einen besonders hohen Grad von Blindheit gerade gegenüber der selbstverständlichen Forderung einer Gesamtkonzeption der Finanzpolitik

(Einnahmen- *und* Ausgabenseite) im Hinblick auf *alle* wirtschaftspolitischen Ziele entwickelt haben. Nirgends ist eine solche Gesamtkonzeption so dringend wie gerade hier.

Energiepolitik: Die Energiepolitik wird heute noch rein sektoral verstanden und vom makroökonomischen Zusammenhang isoliert. Diese Isolierung gilt es zu sprengen. Konkret bedeutet dies, daß die Theorie der Energielücke, die heute allgemein die Basis der Energiepolitik bildet, aufgegeben werden muß. Sie sieht den Energiebedarf bloß als passives Resultat des wirtschaftlichen Geschehens und läßt die ursächliche – aktive – Wirkung der Energieexpansion auf den Wachstumsprozeß außer acht. Die Theorie der Energielücke beruht einerseits auf einer Prognose über den künftigen Energiebedarf, der als Energienachfrage gedeutet wird, und andererseits auf einer Prognose des künftigen Energieangebots der konventionellen Energieträger (bei verlangsamter Steigerung der Öleinfuhren). Die Differenz zwischen der so prognostizierten Energienachfrage und des so prognostizierten Energieangebotes wird als »Energielücke« bezeichnet. Sie dient als Begründung für die Notwendigkeit der Erweiterung des Energieangebots (abgesehen vom Erdöl), mit der die Überschußnachfrage gedeckt werden soll.

Bei dieser Theorie wird angenommen, daß nur die Nachfrage nach Energie vom Sozialprodukt abhängig sei, das Sozialprodukt selber sich aber gänzlich unabhängig vom Energieangebot entwickle, und zwar sowohl in bezug auf seine absolute Höhe als auch in bezug auf seine Zusammensetzung. Diese Hypothese ist zweifellos nicht zulässig. Der Zustrom reichlicher und billiger Energie, die fast kostenlos aus den Bohrlöchern sprudelte oder vom Himmel herabregnete und in den Flüssen mit Hilfe von Staumauern mit ebenfalls geringen Kosten aufgefangen werden konnte, hat in der Vergangenheit das Ausmaß und die Art der Investitionen in der Gesamtwirtschaft und damit das Ausmaß und die Art des Wirtschaftswachstums entscheidend mitbestimmt.

Kann man allenfalls noch annehmen, daß die Nachfrage nach einem einzelnen Produkt – sagen wir: die Nachfrage nach Büchern – nur vom Wachstum des BSP abhängt und man die Rückwirkung der Produktion von Büchern auf das Sozialprodukt vernachlässigen darf, so ist dies bei der Energie sicher nicht erlaubt. Das Ausmaß der zur Verfügung stehenden Energie ist für die Produktion *aller* Produkte und Leistungen von solcher Bedeutung, daß die Rückkoppelung des Energieangebots auf das Sozialprodukt berücksichtigt werden muß. Die Energie ist es, die die Räder der Maschinen antreibt, *sie* schafft zur Hauptsache das Sozialprodukt. Das bedeutet: je höher man das Sozialprodukt und damit auch die Energienachfrage in Zukunft einschätzt, je stärker man also auch das Energie*angebot* – sei es über Produktion oder über Import – forciert, um so höher wird auch ceteris paribus das quantitative Wachstum und die Energie*nachfrage* sein. Mit anderen Worten: die sogenannte Prognose trägt selber – wenn sie entsprechende Handlungen auslöst – zu ihrer Erfüllung bei, sie stellt also in Wirklichkeit eine Zielvorgabe dar.

Dies bedeutet gleichzeitig, daß heute schon unter dem Deckmantel einer sektoralen, nur auf »Anpassung« an eine prognostizierte Bedarfsentwicklung ausgerichtete Energiepolitik in Tat und Wahrheit eine makroökonomische, das Gesamtgeschehen der Wirtschaft bestimmende Globalsteuerung der Wirtschaft betrieben wird. Die Forderung nach einer Ergänzung des traditionellen wirtschaftspolitischen Instrumentariums durch die Energiepolitik bedeutet daher nicht, daß ein völlig neues Instrument geschaffen werden soll, sondern nur, daß es seiner Bedeutung gemäß gewürdigt und in die Gesamtkonzeption der Wirtschaftspolitik einbezogen wird.

Wie sehr die sogenannte Prognose des Energiebedarfs in Wirklichkeit ein politisches Konzept ist, geht auch aus der vollständigen Vernachlässigung der Preise in der Theorie der Energielücke hervor. Nehmen wir an, Angebot und Nachfrage nach Energie könnten sich tatsächlich unabhängig voneinander entwickeln, indem der Bedarf stärker steigt als die Produktion bzw. der Import. Würde dann tatsächlich, wie es dem Konzept der Energielücke entspricht, eine Bedarfslücke klaffen? In einer Marktwirtschaft würde nichts anderes geschehen als daß der Preis der betreffenden Ware, in diesem Fall der Energie, steigt. Der Preis ist dazu da – das ist das Gesetz der Marktwirtschaft –, Angebot und Nachfrage jederzeit ins Gleichgewicht zu bringen. Hält man aber am Konzept der Bedarfslücke fest und begründet damit den Ausbau bestimmter Energieträger, so sagt man damit gleichzeitig, daß man hier nicht auf den Preismechanismus abstellen möchte, daß man also den Marktmechanismus ausschaltet und im Hinblick auf die mittel- und längerfristige Entwicklung den Markt durch Politik ersetzt.

Diese Ausweitung der Politik läßt sich angesichts der Verantwortung, die dem Staat in bezug auf das Bewilligungsverfahren für neue Kraftwerke, die Außenhandelspolitik und die Steuerpolitik heute schon zukommt, nicht vermeiden. Wohl aber muß die Strategie der billigen Energie, die zur Forcierung des wirtschaftlichen Wachstums mit all seinen Folgeproblemen führte, aufgegeben und durch eine

Politik des langsamen Anhebens der Energiepreise ersetzt werden, die sowohl abrupte Versorgungsstörungen und Preissteigerungen als auch die fortgesetzte Substitution von Arbeit durch Energie mit dem damit verbundenen Wachstumszwang vermeidet. (Diese Politik wird im Kapitel über »Energiestabilisierung und Arbeitsplätze« näher erörtert, S. 201 ff.).

Einkommenspolitik: Nicht nur der Staat und die Zentralbank, sondern auch die Sozialpartner – Arbeitgeber- und Arbeitnehmerverbände – treiben Wirtschaftspolitik. Dabei ging es bisher in erster Linie um die Festlegung der Tariflöhne. Der Streit um den Anteil am Sozialprodukt stand bisher im Vordergrund, wobei dieser Streit wegen des Inflationseffektes steigender Löhne oft nur fiktiv war. Heute geht es jedoch immer mehr um die richtige Verteilung der Lebensqualität, die in zunehmendem Maße von einem ökonomisch-ökologischen Gleichgewicht abhängt. Eine Einkommensverteilungspolitik, die sich nur an der Lohn-Preis-Spirale orientiert und jede Umweltzerstörung unbesehen in Kauf nimmt, muß schließlich zur Vernichtung unserer Lebensgrundlagen führen. Anstelle des Sozialproduktes als Orientierungsgröße müssen Indikatoren der Lebensqualität mitberücksichtigt, und anstelle der Lohnverteilung auch gerechtere Arbeitsverteilung unter Berücksichtigung des Sozialdienstes erörtert werden. Die im forcierten Wachstums- und Inflationsprozeß sich vergrößernden Einkommensdisparitäten werden so durch die Qualifizierung des Wachstums wieder vermindert, wodurch die Verhandlungen zwischen den Tarifpartnern erleichtert werden.

3.
Bessere Meßgrößen für Wirtschaft und Lebensqualität

Als Maßstab des Volkswohlstandes wird in den internationalen Statistiken noch immer das reale Sozialprodukt gewertet (beziehungsweise das Einkommen je Einwohner), unterteilt nach den Hauptverwendungsarten: privater Konsum, Staatsverbrauch, Investitionen, Außenbeitrag (Export von Gütern und Diensten, vermindert um die Importe). Wir haben in unserer Analyse nachgewiesen, daß sich mit diesen Meßgrößen je länger je weniger etwas in bezug auf die *Qualität des Lebens* aussagen läßt.

Begreiflicherweise ist eine auf diesen falschen Maßstab ausgerichtete Wirtschaftspolitik nicht in der Lage, das soziale Wohlbefinden optimal zu fördern. Wohl vermag sie den Ausstoß der materiellen Produktion zu maximieren, die negativen Posten der Bilanz aber werden nicht zur Kenntnis genommen. Die Sozialprodukt-Rechnung verfestigt letzten Endes ein System, das die Umleitung der Nachfrage von privaten auf soziale Güter hemmt und selbst in einer Periode rapid wachsenden individuellen Verbrauchs die Bereitstellung sozialer Güter vernachlässigt. Damit aber wird die ökonomische Ethik mißachtet, die fordert, alle Erträge und Kosten seien in eine Bilanz einzubeziehen, gleichgültig ob diese Datenerfassung bequem sei oder unbequem.

Eine erste Reihe von Korrekturmaßnahmen am Sozialprodukt besteht darin, die Verzerrungen des Sozialproduktes als Wohlstandsgröße auszuschalten. Dabei sind im wesentlichen sieben Aspekte zu berücksichtigen:

Erstens müssen die *geldmäßigen Verzerrungen* in der Sozialprodukt-Rechnung sorgfältiger als bisher berücksichtigt werden. Geldwertschwankungen und Wechselkursänderungen sind zu eliminieren, um die reale Kaufkraft ermitteln und internationale Wohlstandsvergleiche anstellen zu können. Zu diesem Zwecke sind solche Vergleiche anhand von Realpreisen durchzuführen, bei welchen die Preise der Güter zu den durchschnittlichen Stundenlöhnen ins Verhältnis gesetzt werden. Mit dieser Methode lassen sich die Preise der Güter in

Arbeitsstunden umrechnen. Eine solche Rechnung für Konsumgüter wurde von der amerikanischen Zeitschrift »U.S. News and World Report« veröffentlicht.[1] Aus dieser Studie kann man das interessante Ergebnis herauslesen, daß die Schweiz zwar 1975, gemessen am Bruttosozialprodukt pro Kopf, das reichste Land der Erde ist – abgesehen vom Ölscheichtum Kuweit –, daß man aber in der Schweiz für den Lohn einer Stunde Arbeit von einigen wichtigen Produkten weniger bekommt als in fast allen Vergleichsländern, obwohl hier die direkte und indirekte Besteuerung im Durchschnitt niedriger ist. Die Tabelle 10 zeigt, wie lange man in verschiedenen Ländern arbeiten muß, um einzelne Produkte kaufen zu können.

Für die Messung des Wohlstandes muß zweitens der ganze Bereich der *nicht-erwerbswirtschaftlichen Produktion erfaßt* und ins Sozialprodukt einbezogen werden. Bewertet man die entsprechenden Leistungen, etwa die Arbeit der Hausfrau mit dem entgangenen Verdienst bei möglicher Erwerbstätigkeit, so ergibt sich theoretisch ein Sozialprodukt, das um mehr als die Hälfte größer ist als das heutige![2] Gleichwohl bedeutet diese Ziffer immer noch eine sehr große Unterschätzung der effektiven Leistungen. Die Frauenarbeit ist nicht nur im Vergleich zur Arbeit der Männer schlechter bezahlt. Naturalwirtschaftliche Leistungen, Do-it-yourself etc., sind infolge der geringeren Produktionsumwege, in bezug auf den Arbeitseinsatz, in der Regel effizienter. Wer eine gute Mahlzeit auf den Tisch stellt, kombiniert die Arbeit des Einkäufers, des Chauffeurs, des Kochs, des Kellners, des Chef de Service, der Kassiererin, des Tellerwäschers, der Putzfrau und des Managers eines Restaurationsbetriebes. (Zudem wird in der eigenen Küche in der Regel ein besseres und gesünderes Essen zubereitet, als der übliche Restaurationsbetrieb anzubieten vermag.)

Stellt man bei der Bewertung der Leistung auf das Produkt ab, nicht auf den Aufwand, der mit der Herstellung verbunden ist, so müßte man allein die Kocharbeit auf Grund der durchschnittlichen Restaurationspreise (abzüglich der Nahrungsmittelkosten) bewerten. Der Reallohn, den die Hausfrau (oder der Hausmann) der betreffenden Familie einbringt, ist also wesentlich höher als der auf der Basis des durchschnittlichen Frauenlohns berechnete Zeitaufwand für das Kochen. Dasselbe gilt für alle andern Tätigkeiten, die in der Hausgemeinschaft verrichtet werden, beispielsweise auch, wenn sich eine Frau innerhalb von vier Stunden ein Kleid näht, das im Modegeschäft 180 Franken kosten würde. Zieht man dabei die Materialkosten von 60 Franken ab, so resultiert ein effektiv verdienter Stunden-

Tabelle 10: Internationaler Wohlstandsvergleich anhand der Arbeitszeit

	Schweiz	USA	Schweden	England	Frankreich	BRD	Japan
Billiges Eigenheim	12–14 Jahre	3–4 Jahre	5–6 Jahre	4–5 Jahre	8–9 Jahre	9–10 Jahre	10–11 Jahre
Kleinwagen	26 Wochen	19 Wochen	31 Wochen	29 Wochen	35 Wochen	22 Wochen	19 Wochen
Waschmaschine	141 Stunden	58 Stunden	109 Stunden	100 Stunden	173 Stunden	95 Stunden	54 Stunden
Fernseher (schwarz-weiß)	88 Stunden	29 Stunden	63 Stunden	72 Stunden	122 Stunden	60 Stunden	39 Stunden
Männeranzug	33,5 Stunden	18,5 Stunden	27,5 Stunden	32 Stunden	52 Stunden	30 Stunden	49,5 Stunden
Männerschuhe	8,75 Stunden	6 Stunden	8 Stunden	8 Stunden	12 Stunden	8 Stunden	10 Stunden
Unterrock	2,5 Stunden	55 Minuten	1,75 Stunden	1,5 Stunden	3 Stunden	1,5 Stunden	2 Stunden
Kleiderreinigung	1,3 Stunden	28 Minuten	1,3 Stunden	50 Minuten	1,3 Stunden	58 Minuten	47 Minuten
Whisky (0,75 l)	2,5 Stunden	1 Stunde	3,5 Stunden	3 Stunden	3 Stunden	1,5 Stunden	3,5 Stunden
Bier (6 Flaschen)	30 Minuten	20 Minuten	36 Minuten	32 Minuten	30 Minuten	28 Minuten	46 Minuten
Zigaretten (Paket	10 Minuten	7 Minuten	21 Minuten	18 Minuten	11 Minuten	14 Minuten	6 Minuten
Hackfleisch (Kilo)	70 Minuten	27 Minuten	62 Minuten	50 Minuten	94 Minuten	53 Minuten	145 Minuten
Orangen (Kilo)	10 Minuten	6 Minuten	11 Minuten	14 Minuten	14 Minuten	12 Minuten	80 Minuten
Butter (Kilo)	70 Minuten	27 Minuten	40 Minuten	35 Minuten	85 Minuten	53 Minuten	75 Minuten
Brot (Pfund)	7 Minuten	6 Minuten	9 Minuten	9 Minuten	7 Minuten	8 Minuten	9 Minuten
Eier (Dutzend)	17 Minuten	9 Minuten	16 Minuten	19 Minuten	26 Minuten	18 Minuten	18 Minuten
Kartoffeln (5 Kilo)	20 Minuten	28 Minuten	33 Minuten	40 Minuten	28 Minuten	18 Minuten	44 Minuten
Milch (Liter past.)	7 Minuten	5 Minuten	4 Minuten	7 Minuten	8 Minuten	6 Minuten	12 Minuten
Industriearbeiter-stundenlohn (sFr.)	11,40	13,–	11,90	7,–	7,10	10,30	6,80
Verfügbarer Verdienst (minus Steuer, Sozialversicherungen usw.)							
Lediger Mann	82,3%	76%	61%	74%	86%	71%	86%
Ehepaar 2 Kinder	85,4%	85%	74%	85,5%	106,2%	78,6%	91,4%
Bruttosozialprodukt pro Kopf in sFr.	22 000	18 500	20 000	10 000	16 300	17 200	11 600

Preise und Wechselkurse von Mitte 1975

US News and World Report

lohn von 30 Franken. Würde dieselbe Frau hingegen ihr Talent als Näherin einer Boutique zur Verfügung stellen, hätte sie zum Beispiel in der Schweiz einen Stundenlohn von etwa 9 Franken, als gute Sekretärin hingegen würde sie mit 14 Franken in der Stunde entlohnt. Sie müßte also etwa doppelt so lange arbeiten, um zu ihrem Kleid zu kommen. Diese Überlegungen lassen erkennen, daß die Bewertung der häuslichen Produktion mit den durchschnittlichen Stundenlohnsätzen in der Regel zu tief angesetzt ist. Für unverzerrte Rechnungen müßten alle diese Leistungen gleich bewertet werden wie die vergleichbaren Leistungen, die auf dem Markt angeboten werden. Die einfachen Berechnungen beweisen, in welch starkem Maße das Sozialprodukt durch die Durchökonomisierung aller Lebensbereiche in der arbeitsteiligen Wirtschaft gesteigert wurde, ohne daß durch diese Produktionsverlagerung vom naturalwirtschaftlichen in den marktwirtschaftlichen Bereich eine dieser Steigerung des Sozialproduktes entsprechende Verbesserung der Lebensqualität erzielt worden wäre.

Würde demnach in einer korrekten Rechnung das Sozialprodukt durch die Addition der Naturalleistungen erheblich erhöht, so müßten hingegen – dritte Korrektur – sämtliche Aufwendungen, die auf reine Funktionsbedürfnisse des Wirtschaftssystems zurückzuführen sind, ausgeklammert werden. Zu diesen *Vorleistungen* sind jene *öffentlichen Ausgaben* zu zählen, die dem Ausbau und der Aufrechterhaltung der gesellschaftlichen Rahmenbedingungen dienen oder elementare Produktionsvoraussetzungen schaffen, ohne die sich die privatwirtschaftliche Aktivität nicht entfalten könnte, die aber unter andern sozioökonomischen Bedingungen überflüssig wären. Diese öffentlichen Leistungen werden in der neueren ökonomischen Theorie aufgeteilt in Zwischenprodukte (»intermediate goods and services«) und Sicherungs- und Prestigeausgaben (»regrettables«). Zu den eigentlichen Vorleistungen werden nach dieser Auffassung die allgemeinen Verwaltungsaufgaben und die Aufwendungen für innere Sicherheit gezählt, während die für Verteidigung, Weltraumforschung und Diplomatie ausgegebenen Summen zu den »regrettables« gerechnet werden.

Schätzungen ermittelten, daß der Anteil der intermediären und Sicherungsausgaben an den gesamten Staatsausgaben der USA von ca. 30% in der Zeit vor dem Zweiten Weltkrieg auf ca. 55% bis 60% in der Nachkriegsperiode gestiegen ist. Dies machte im Jahre 1965 etwa 16% des preisbereinigten Sozialproduktes aus.[3] Eine weitere Untersuchung kommt zum überraschenden Schluß, daß die Kosten zur Sicherung des Fortbestehens und der weiteren Entwicklung der Gesellschaft im Jahre 1966 etwa 75% der Staatsausgaben der USA betrugen.[4] Dieser Anteil ist in den letzten Jahrzehnten ständig gestiegen, was bedeutet, daß die vom Staat getragenen Kosten der Expansionsbedingungen schneller gewachsen sind als das Sozialprodukt.

Viertens müßten alle Ausgaben, die als Folgen des Wirtschaftsprozesses zu bezahlen sind, erfaßt und vom Sozialprodukt abgezogen werden. Dazu gehören beispielsweise die Folgekosten von Unfällen, Kosten für die Behebung von gesellschaftlichen Fehlleistungen, wie Suchtprobleme durch Alkohol und Drogen, Kriminalität, physische und psychische Zivilisationskrankheiten.

Fünftens wäre die *Verwendung von menschlicher Arbeit und von Material,* die durch unnötige Komplizierung des Wirtschaftsprozesses verursacht wird, als irrelevant für die Lebensqualität vom Sozialprodukt abzuziehen. Dazu zählen insbesondere die Auslagen für Reklame, Verpackung, Transport, Verwaltung, Versicherung und Kredit. Die Güter, die wir kaufen, sind nämlich nicht deswegen besser, weil die Werbeaufwendungen für sie immer größer, die Produkte immer aufwendiger verpackt und über immer größere Distanzen transportiert werden müssen. Schon heute wendet eine Durchschnittsfamilie in der Schweiz mit einem Jahreseinkommen von 33 000 Franken allein 1350 Franken auf, um die Werbung zu bezahlen, die für die von ihr gekauften Produkte veranstaltet wird[5]. Diese Zwangsausgaben sind in der Sicht des einzelnen unerwünscht, denn ein Geldausgeben nach persönlichen Bedürfnissen wird zweifellos bevorzugt. Dasselbe gilt für die Gehälter von Tausenden von Sekretärinnen, die nur deswegen beschäftigt sind, weil Geschäftsbriefe mit Tippfehlern noch einmal geschrieben werden müssen. Gerade dieses Beispiel zeigt, wie fragwürdig der soziale Nutzen solcher Beschäftigungen ist. Die Erzeugung eines hohen Sozialproduktes, bloß um der Vollbeschäftigung willen, ist, wenn nichts Sinnvolles produziert wird, schlechter als ein geringeres Sozialprodukt bei mehr Freizeit, aber höherer Lebensqualität.

Bei der Erfassung und Darstellung des Sozialproduktes sind – das ist ein weiterer Punkt – immer auch Angaben über die persönliche *Einkommensverteilung* zu veröffentlichen. Dazu sind nicht nur die Streuungswerte um den Mittelwert zu erfassen, sondern auch die Differenz zwischen den höchsten und den niedrigsten Einkommen auszuweisen. Ein hohes Sozialprodukt besagt wenig über den effektiven Wohlstand breiter Volksschichten. Denn aus der globalen

Ziffer läßt sich nicht herauslesen, ob sich die Güter im Besitz von wenigen ansammeln oder ob eine gewisse »soziale Gleichwertigkeit« im Lande herrscht.

Siebtens ist bei der Wohlstandsmessung der Zusammenhang zwischen der Produktion und dem Volksvermögen im weitesten Sinn zu berücksichtigen. Dabei ist zu fordern, daß *jährliche Bestandsaufnahmen* in realen Kategorien veröffentlicht werden, in denen die Vermögensminderung durch den Verbrauch an natürlichen Ressourcen und die durch Produktion und Konsum verursachten Schäden ausgewiesen werden. Würde das Sozialprodukt weiterhin als Wohlstandsindikator verwendet, so müßten alle diese Vermögensminderungen und Umweltbelastungen, soweit sie einer geldmäßigen Bewertung überhaupt zugänglich sind, vom Bruttosozialprodukt abgezogen werden. Es wäre nicht nur der Verbrauch an Realkapital (Geräte, Maschinen, Fabriken etc.) wie bisher vom Bruttosozialprodukt abzuziehen, sondern auch der Verschleiß an langfristigen Konsumgütern wie Autos, Waschmaschinen, Kühlschränken. Denn alle diese Güter werden als Vermögensbestandteile betrachtet, da sie eine Nutzungsdauer haben, die sich über mehrere Perioden erstreckt. Nur so könnte man in der Wohlstandsrechnung der ärgerlichen Tatsache Rechnung tragen, daß immer mehr Güter weggeworfen werden, bevor man sie richtig gebraucht hat, weil in ihnen der »künstliche Verschleiß« eingebaut ist.

Die hier dargestellten Verbesserungsvorschläge bei der Bemessung des Sozialproduktes helfen uns jedoch nicht über die Feststellung hinweg, daß der Rahmen dieses Konzepts zu beschränkt ist, um das effektive Wohlergehen einer Gemeinschaft messen zu können. Dies gilt nicht nur in bezug auf die Erfassung der Zusammenhänge der zivilisatorischen Tätigkeit mit *immateriellen Werten,* sondern auch in bezug auf die Berücksichtigung der *qualitativen Aspekte* im Bereich des Materiellen. Um einen entscheidenden Schritt weiterzukommen, müßte der dem Sozialproduktkonzept zugrunde liegende *Nutzenbegriff aufgegeben* werden, nach welchem generell der Nutzen der Güter und Leistungen mit ihren geldmäßigen Kosten gleichgesetzt wird. Dies kann beispielsweise anhand von *Nutzenprofilen* geschehen, die Auskunft über die Einhaltung von Qualitätsanforderungen geben, die an die Güter gestellt werden: Nutzungsdauer von Investitionsgütern und langfristigen Konsumgütern, Reparaturfreundlichkeit dieser Güter, so daß sie nicht bei jedem kleinen Defekt völlig ersetzt werden müssen. Des weiteren ist der Auslastungsgrad der Güter, das heißt der tatsächliche Gebrauch, der von ihnen gemacht

wird, mit in die Rechnung einzubeziehen. In diesem Zusammenhang stellen sich allerdings schwierige Bewertungsprobleme, die letztlich nur politisch gelöst werden können. Wie hoch ist etwa der tatsächliche Wert der Neuinvestitionen in der Schweiz im Jahre 1975 zu veranschlagen, wenn damals schon die Industriekapazität nur zu 75% ausgelastet war? Wie hoch ist der Wert der Hotels in den Touristenorten der USA und bestimmter Mittelmeerländer zu veranschlagen, bei deren Aufbau eine Amortisationszeit von nur zehn bis fünfzehn Jahren einkalkuliert wird, weil man damit rechnet, daß sich der Tourismus in diesen Gebieten innerhalb dieser Frist selber zerstört haben wird? Oder wie hoch ist der Wert der vielen Ferienhäuser in der volkswirtschaftlichen Bilanz der Schweiz zu verbuchen, wenn man die Wochen, die diese Häuser das Jahr hindurch belegt sind, an einer Hand abzählen kann? Beim Bau dieser weitgehend leerstehenden Häuser wächst zwar das Sozialprodukt; mindern wir jedoch den bescheidenen Nutzen um das »Belastungs- und Verschandelungs-Potential«, dann stehen wir in einer korrekten Lebensqualitätsrechnung vor einem Non-Valeur.
Infolgedessen hat eine auf die *Lebensqualität* ausgerichtete Politik sämtliche Tatbestände zu berücksichtigen, die das Wohlbefinden erhöhen, gleichgültig ob sie quantifizierbar, monetär bewertbar sind oder nicht. Ein entscheidendes *informatorisches Hilfsmittel,* mit dem der Bereich des Quantifizierbaren wesentlich erweitert und das Lebensqualitätsziel konkretisiert und operationalisiert werden kann, stellen die *»Sozialen Indikatoren«* dar. Dies sind *nicht-monetäre gesellschaftliche Kennziffern,* die Auskunft über die verschiedensten Lebensbereiche geben:

- Qualität der Umwelt
- Gesundheit
- Zufriedenheit am Arbeitsplatz
- Mitbestimmungsmöglichkeiten
- Erziehung
- öffentliche Ordnung und Sicherheit etc.

So werden etwa die Qualität der Umwelt mit Meßergebnissen über die chemische Zusammensetzung der Luft an den verschiedensten Orten, über den Sauerstoffgehalt des Wassers und weiteren Umweltdaten, der Gesundheitszustand der Bevölkerung mit Zahlenangaben über das Auftreten der verschiedensten Krankheiten, über die gesundheitliche Versorgung mit der Anzahl Ärzte, Krankenschwestern, Spitalbetten pro 10 000 Einwohner, und über die Qualität der Hauspflege erfaßt. Diese Kennziffern geben den zur Diskussion

stehenden Tatbestand bedeutend genauer wieder als zum Beispiel die globale Ausgabensumme im Gesundheitssektor, die sowohl eine sehr gute medizinische Versorgung wie auch einen sehr schlechten Gesundheitszustand der Bevölkerung bedeuten kann.
Der größte *Vorteil* der sozialen Indikatoren ist der, daß man einen bestimmten Tatbestand genauer und detaillierter erfassen kann als bei einer einfachen Addition von Zahlen. Allerdings stellt sich das Problem, daß man bei der Ermittlung eines Indikators für einen ganzen Lebensbereich, wie beispielsweise für die Umweltqualität, die einzelnen Indikatoren wieder zusammenfassen muß. Es ist fragwürdig, welcher Stellenwert den einzelnen Indikatoren im Rahmen des Gesamtindikators zukommen soll. Für dieses *Gewichtungsproblem* gibt es keine wissenschaftlich einwandfreie Lösung. Auch gehen bei der Zusammenfassung der einzelnen Indikatoren zu einem Gesamtindikator immer wichtige Informationen verloren. So weiß man zum Beispiel im Falle der Zunahme einer globalen Indikatorziffer nicht, ob diese Zunahme durch gleichmäßiges Ansteigen sämtlicher Komponenten oder durch unverhältnismäßige Steigerung einiger Indikatoren entstanden ist oder ob sogar eine Verbesserung in einem Sektor zu einer Mehrbelastung in einem anderen Bereich führte. Ein Globalindikator »Lebensqualität« muß daher transparent bleiben und die einzelnen Elemente getrennt ausweisen, aus denen er zusammengesetzt ist. Nur so ist es möglich, wirtschaftspolitische Prioritäten aufgrund solcher Indizes festzulegen.

Anmerkungen

[1] Vgl. Reyhl, E., Sind die Schweizer die »Reichsten«?, in: National-Zeitung Basel, Nr. 388, 13. 12. 1976.
[2] Vgl. Nordhaus, W. D. / Tobin, J., Is growth obsolete?, in: Economic Research: Retrospect and Prospect, Economic Growth, Fiftieth Anniversary Coloquium V, NBER 1972, S. 55.
[3] Vgl. Nordhaus, W. D. / Tobin, J., a. a. O., S. 27.
[4] Vgl. Sametz, A. W., Production of Goods and Services, in: Sheldon, E. B. Moore, W. E. (Eds.), Indicators of Social Change, New York 1968, S. 68.
[5] Laut einer Untersuchung des Bundesamtes für Industrie, Gewerbe und Arbeit, zitiert nach: B. Kappeler, Wieviel Arbeit braucht der Mensch?, in: National-Zeitung Basel, 11. September 1976.

4.
Welche Bedeutung kommt der Umweltpolitik zu?

Umweltschutz im Sinne des qualitativen Wachstums
Die Wachstumszwänge unseres Wirtschaftssystems, welche sich in den vergangenen Jahren laufend verstärkt und verfestigt haben, lassen sich nicht über Nacht wegzaubern. Konventioneller Umweltschutz hilft, die Symptome einer krisenhaften Entwicklung kurzfristig zu bekämpfen und Zeit zu gewinnen. Dieses Vorgehen kann jedoch nur dann eine positive und nachhaltige Wirkung erzielen, wenn es wohldosiert eingesetzt wird und in die richtige Richtung weist. Wohldosiert bedeutet in diesem Zusammenhang: keine allzu raschen Veränderungen provozieren, die zu wirtschaftlichen Krisenerscheinungen führen müßten; aber auch keine oberflächlichen und wirkungslosen Korrekturen, welche die Probleme lediglich in die Zukunft verschieben und später verschärfte Krisen zur Folge haben. Um in der *richtigen Richtung* zu wirken, müssen Umweltschutzstrategien derart konzipiert sein, daß sie die Ausgangsbasis bilden können für die *Ursachenbekämpfung.* Wir halten fest:

> *Umweltschutzmaßnahmen sind dann sinnvoll, wenn sie nicht nur kurzfristig die Symptome der Umweltbedrohung kurieren, sondern gleichzeitig auch – zumindest auf einem Teilgebiet – die Grundlage bilden für eine Therapie, die auf die Wachstumsmechanismen selbst einwirkt.*

Auf ökologisch-ökonomischem Gebiet werden die Anstrengungen darauf gerichtet sein müssen, die durch menschliche Aktivitäten aufgebrochenen natürlichen Kreisläufe bestmöglich wiederum zu schließen. Für den Wirtschaftssektor besteht das Fernziel somit darin, den Übergang von der heutigen verschwenderischen Durchlaufwirtschaft zu einer möglichst *umweltgerechten und sparsamen Kreislaufwirtschaft* im Sinne des qualitativen Wachstums zu finden. Die üblichen Maßnahmen zum Schutz der bedrohten Umwelt, wie sie in den Industrieländern in Ansätzen durchgeführt, in der Umweltschutz-Gesetzgebung gefördert werden, bleiben auf der Stufe der Symptombekämpfung stehen. Dieselbe Wissenschaft, Technik und Wirtschaft, welche die heutigen Umweltprobleme mitverursacht hat, wird eingesetzt, um deren Symptome zu bekämpfen; mit lufhygienischen Maßnahmen (Filter, Nachverbrenner bei Autoauspuff etc.), beim Gewässerschutz (Kanalisation und Kläranlagen), bei der Lärmbekämpfung (schallschluckende Wände längs Autobahnen, doppelverglaste Fensterscheiben in Wohnungen). Ein Thema mit vielen Variationen ... Dieser rein technologische Umweltschutz geht konform mit unserem Wirtschaftssystem, denn er schafft neue Produktionsmöglichkeiten. Er trägt so wieder zum Wirtschaftswachstum bei und erhöht das Bruttosozialprodukt, welches immer noch als Gradmesser der wirtschaftlichen Aktivität dient.

So ist es nicht verwunderlich, daß die Umweltschutzindustrie heute der Wirtschaftszweig mit einer der *größten Wachstumsraten* ist. Luftreinhaltung, Lärmbekämpfung, Abfallbeseitigung, Gewässerschutz – alle diese heute als vordringlich dargestellten Aufgaben unserer Gesellschaft steigern in unserer expandierenden Wirtschaft unentwegt die Bedürfnisse nach neuen, noch größeren Infrastruktursystemen, verursachen aber auch gleichzeitig immer wieder zusätzliche, damit verbundene Umweltbelastungen und Kosten.

Bloße Symptombekämpfung sind auch die Versuche, die Aufgaben des Agglomerationsverkehrs mit einem immer schnelleren und komfortableren – wenn auch weniger raumintensiven und umweltbelastenden – Verkehrssystem zu „lösen“. Denn damit werden einfach die Grundlagen geschaffen für ein größeres Verkehrsvolumen, welches wiederum durch noch komplexere Verkehrssysteme gesteuert werden muß.

Treffend ist die Bemerkung des schweizerischen Verkehrs- und Energieministers Bundesrat Willi Ritschard: »Die Entwicklung der Mobilität überschwemmte förmlich die Städte. In den letzten 25 Jahren gab es keinen überlegten, vielfächerigen Entwicklungsplan mehr. Die Themen Verkehr und Erschließung verdrängten alle Versuche, den Gesamtorganismus ›Stadt‹ im Auge zu behalten. Aber wenn man Jahrzehnte nichts anderes tun kann als Hochwasser bekämpfen, denkt man doch langsam darüber nach, ob man noch am richtigen Ort wohnt. Und wenn unsere Städte allmählich in den Verkehrswellen versinken, benehmen wir uns, als ob wir auch diesen Verkehr wie ein Hochwasser nehmen und die Stadt verlagern müßten ...«

Der bestimmende Maßstab für die Beurteilung eines Umweltschutzes im Sinne des qualitativen Wachstums ist die Erhaltung des gesamten wirtschaftlichen »Stammkapitals«, einschließlich des geistigen und körperlichen Zustandes des in das System einbezogenen

Menschen. Jede technische Veränderung, welche die Erhaltung eines gegebenen Bestandes bei verringertem Einsatz, das heißt einen gleichen Nutzen durch weniger Produktion und Konsum, ermöglicht, ist prinzipiell ein Schritt in der richtigen Richtung. Es ist dies das Prinzip der *Raumschiff-Ökonomie,* welche darauf ausgerichtet ist, in einem materiell abgeschlossenen System mit Energiezufuhr (Sonne) mit einem Minimum an Rohstoff- und Energieverschleiß eine optimale Lebensqualität zu erreichen. Grundsätzliche Umweltschutz-Politik im Sinne dieses Forderungskataloges würde auf folgendes Maßnahmenbündel, das selbstverständlich der jeweiligen Umweltbelastung angepaßt werden müßte, hin tendieren:

- Einsparung von Energie und Rohstoffen in der Güterproduktion und im Güterkonsum
- Längere Lebensdauer und Reparierbarkeit technischer Produkte
- Recycling wichtiger Rohstoffe und recyclinggerechte Produktion; sowie vermehrter Einsatz regenerierbarer Rohstoffe

Stop der Verschwendung

Erschöpfung der Ressourcen und ständig steigende Abfallberge sind Komplementärprodukte einer Verschwendungseuphorie, welche die Wirtschaft der Industrieländer der Nachkriegszeit gekennzeichnet und sich in der Konsumexplosion der sechziger Jahre entladen hat. Die Rezession hat zur Ernüchterung geführt: die Verschwendung, an die sich der moderne Mensch in der Zeit des Überflusses wie an eine schädliche Droge gewöhnt hat, muß heute und in Zukunft mit allen Mitteln bekampft werden.

Betrachten wir in diesem Zusammenhang den Wasserhaushalt der Industrieländer. Da werden durchschnittlich pro Person 250 Liter täglich für den persönlichen Bedarf verbraucht, und eine gleich große Menge versickert in den Produktionsprozessen. Dieser gewaltige Konsum hat dazu geführt, daß einerseits die Wasserreserven sich in einigen Teilen Europas gefährlich verknappen und andererseits die Gewässer immer stärker verschmutzt werden. Strategien gegen Verschwendung und Verschmutzung können auf den verschiedensten Stufen in die Wege geleitet werden – vom Appell an die Sparsamkeit des einzelnen bis zum Gewässerschutz, welches dem Staat die Mittel zum Schutz der Umwelt in die Hände gibt. Dazwischen liegen alle Schattierungen von Aktionen, welche den Bürgern, Umweltschutzgruppen, Gemeinden und Industriebetrieben erlauben, aktiv tätig zu werden. Einige typische Beispiele mögen dies illustrieren:

Vor einigen Jahren gelangte der »World Wildlife Fund« mit einer Aktion über umweltgerechtes Verhalten an die Öffentlichkeit, wobei er sich speziell an die junge Generation wandte. In einer anregenden Broschüre »44 Regeln zum Sparen« wurden Wege aufgezeigt, wie mit einfachen Mitteln im täglichen Leben die Umweltgüter haushälterisch genutzt werden können. Ein Beispiel von den 44 Regeln: Wasser kann gespart werden, wenn man es während des Zähneputzens nicht ständig aus dem Wasserhahn fließen läßt. Damit sollten in erster Linie Kinder und Jugendliche auf den Wert des Wassers aufmerksam gemacht werden. Motivation des einzelnen kann so durch solche Aktionen geweckt werden; er realisiert, daß Verschwendung, aber auch Umweltschutz im kleinen beginnt. Aber der Anblick des Nachbarn, welcher am Samstagmorgen sein Auto in überreichem Maße mit dem kostbaren Naß behandelt, kann auch den umweltbewußtesten Jugendlichen zu der bitteren Feststellung veranlassen, daß hier durch die gedankenlose Handlung eines Erwachsenen in einer halben Stunde soviel Wasser verschwendet wird, wie er in seinem ganzen Leben durch sinnvolles Verhalten beim Zähneputzen nicht wird einsparen können. Nicht selten beginnt mit solchen Enttäuschungen ein Frustrationsprozeß, der sich wie ein kalter Reif auf alles spätere Handeln legt. Hinzu kommt, daß der Appell an den Sparwillen des einzelnen meist lediglich die Wirkung hat, daß die bereits von der Notwendigkeit des Sparens überzeugten Bürger ihren Einsatz verstärken, während der Großteil der Bevölkerung davon überhaupt keine Notiz nimmt.

Wenn man die Sparüberlegungen in dieser Richtung noch weiterführt, stößt man zweifellos auf die Frage, wieso wir uns eigentlich den sinnlosen Luxus leisten, für das Wegschwemmen von Abfall wertvolles Trinkwasser zu vergeuden. Als ob hierfür nicht das Abwasser aus der Küche und dem Badezimmer genügen würde. In den Ländern, wo das Wasser wegen seiner beschränkten Verfügbarkeit als kostbares Gut betrachtet wird und auch entsprechend bezahlt werden muß, sind solche Ideen schon längst in die Tat umgesetzt worden. In einigen Staaten geht man bereits heute einen Schritt weiter, indem zwei verschiedene Wassersysteme unterhalten werden: das eine für sauberes Trinkwasser höchster Qualität, das andere für grob gereinigtes Nutzwasser. Natürlich würde der Ausbau eines zweiten Netzes gewaltige Investitionen erfordern, aber mit zunehmender Verknappung der Wasserreserven gewinnt ein solches Unterfangen auch wirtschaftlich an Attraktivität. Allerdings muß ein solches Werk rechtzeitig in die Wege geleitet werden, weil die Realisierung viele Jahre, wenn nicht Jahrzehnte erfordern wird.

Viele Industrie- und Handelsbetriebe haben in der Rezession die Erkenntnis gewonnen, daß die Verschwendung von Wasser und Energie nicht nur volkswirtschaftlich, sondern auch betriebswirtschaftlich unsinnig ist. Als ein Beispiel in der Schweiz sei hier Micafil, ein größerer Industriebetrieb der Maschinenbranche in Zürich, erwähnt, dem es gelungen ist, im Rahmen einer dreijährigen Energie- und Wassersparkampagne 35 Prozent der Wärmeenergie und über 70 Prozent des Frischwasserkonsums einzusparen, ohne die Produktionsentwicklung zu beeinträchtigen. Diese Rationalisierung erforderte allerdings die aktive Mitarbeit der Betriebsangehörigen, welche bei der Analyse der verschiedenen industriellen Prozesse gemeinsam mit den motivierten Vorgesetzten alle Sparmöglichkeiten zu eruieren halfen[1]. Auch andere Großbetriebe wie Ciba-Geigy und Sandoz in Basel, Hilti AG in Liechtenstein haben erstaunliche Erfolge erzielt. Im Bereich des Handels steht an vorderster Front die schweizerische Migros (Produktionsbetriebe und Ladenkette); diese Unternehmung hat dank ihrem zielbewußten Vorgehen im Jahre 1976 mehr als ein Drittel des Energie- und Wasserkonsums gespart. Im Bereich der Bürobetriebe ist die Schweizerische Bankgesellschaft zu nennen, deren St. Galler Filiale durch Umbauten 19% der Energie eingespart hat.

Überwindung der Wegwerf-Mentalität durch Produktion von Langzeit-Gütern

In unserer hochentwickelten Industriegesellschaft wird die Produktion von Massengütern oft mit wissenschaftlicher Gründlichkeit so gesteuert, daß die *Lebensdauer* des Produktes künstlich *begrenzt* wird. Der Konsument durchschaut das Spiel nur selten: wenn er einen Ventilator oder eine Glühbirne kauft, beachtet er in der Regel nur den Anschaffungspreis, nicht aber die Unterhaltskosten und die Lebensdauer. Die Erkenntnis ist ihm anscheinend noch fremd, daß ein Haushaltungsgegenstand mit doppelter Lebensdauer eigentlich einen doppelten Preis rechtfertigen würde. Und nur in den wenigsten Fällen macht er sich Gedanken darüber, daß der Anschaffungspreis lediglich einen Bruchteil dessen ausmacht, was er später als laufende Kosten während des Gebrauchs des Artikels wird ausgeben müssen. Beim Energieverbrauch und bei der Umweltbelastung liegen die Dinge ähnlich. Beide Belastungen sind nicht nur bei der Produktion, sondern auch beim Gebrauch zu berücksichtigen. Es ist somit klar, daß der Energieaufwand wie auch die Umweltverschmutzung, welche von der Produktion und dem Gütertransport herrühren, halbiert würden, wenn zum Beispiel ein Auto, ein Kühlschrank oder ein Glühbirne eine doppelt so lange Lebensdauer hätte. Technisch und wirtschaftlich wäre dies kurz- oder mindestens mittelfristig in sehr vielen Fällen realisierbar. Auf diese Weise könnte bei unverändertem Nutzen der Güter die Materialdurchflußrate durch die Zivilisationsmaschine stark herabgesetzt werden. Rohstoffe und Energie würden gespart, Luftverseuchung und Gewässerverschmutzung sowie die Menge der Abfälle reduziert (Tab. 11).

Tabelle 11: Prozentueller Anteil der Umweltbelastung und des Energieverbrauchs, welcher auf die Produktion resp. auf den Gebrauch entfällt.

	Umweltbelastung		Energieverbrauch	
	Produktion %	Gebrauch %	Produktion %	Gebrauch %
Auto	10	90	15	85
Gebäudeheizung	5	95	10	90
Möbel	98	2	100	0
Kleider	80	20	90	10
Glühbirne			50	50
Kühlschrank			20	80
Waschmaschine			10	90
Fernsehapparat			10	90

NAWU

Wenn alle Gebrauchsgüter eine doppelt so hohe Lebensdauer hätten, so könnte der Rohstoffverzehr (Metalle, etc.) fast auf die Hälfte gesenkt werden. Die Umweltbelastung könnte um ca. 20 Prozent reduziert werden, der Energieverbrauch um 10–15 Prozent; die Abfälle würden um fast die Hälfte abnehmen (Tab. 12).

Wie könnten auf diesem Sektor die ersten Schritte in der richtigen Richtung aussehen? Im Vordergrund steht sicherlich eine dauernde *Aufklärung* und *Sensibilisierung* der Bevölkerung. Für viele Produkte müßten Garantiezeiten angegeben werden; damit würde der Langlebigkeit des Produkts im Konkurrenzkampf eine zunehmende Bedeutung zufallen. Extreme Arbeitsteilung und Spezialisierung der Berufe tragen heute dazu bei, daß auch einfache Reparaturen an Gebrauchsgegenständen nicht mehr lokal ausgeführt werden können oder sich wegen ihrer hohen Preise nicht mehr lohnen.

Mit reparaturfreundlichen Produkten und mit Reparaturanweisungen für jedes Produkt könnte jeder einzelne Konsument wieder

Tabelle 12: Lebensdauer verschiedener Produkte.

	Primär nützliche Lebensdauer (Jahre)	Tatsächliche Zeit der Benützung in den USA. (Jahre)	Tatsächliche Zeit der Benützung in Entwicklungsländern (Jahre)
Fahrrad	25	2	75
Waschmaschinen u. Bügeleisen	5	5	25
Autos	11	2,2	40
Baumaschinen	14	8	100
allg. industrielle Produktionsmittel	20	12	75
Landwirtschaftl. Geräte	17	15	25
Eisenbahnen	30	30	50
Schiffe	30	15	80
Mini-Hifi-, Foto- und Filmausrüstungen	35	1,1	50

[1] Victor Papanek, Das Papanek-Konzept, München 1972, S. 93.

vermehrt dazu angehalten werden, seine Gebrauchsgüter selbst instand zu setzen, wenn nur kleinere Schäden auftreten. So ließe sich im individuellen Bereich eine wesentliche Reduktion der Zivilisationsabfälle erreichen und der immer noch zunehmenden Spezialisierung entgegenwirken. Die »Axt im eigenen Hause« könnte ebenfalls wesentlich und nachhaltig zur Reduktion der Zivilisationsabfälle beitragen. Dies zeigt einmal mehr, wie die Umweltprobleme im soziokulturellen Bereich verankert sind.

Rohstoffe aus Abfall

Die *Rezirkulation* von Rohstoffen wie Metallen, Glas, Papier, aber auch von Produkten, welche wir als Abfall betrachten, hat ähnliche Auswirkungen wie die Verlängerung der Lebensdauer von Gebrauchsgütern: sie verlangsamt, insgesamt gesehen, die Material- und Energieflüsse durch die Zivilisationsmaschine. Dabei muß jedoch immer berücksichtigt werden, daß Recycling auch wieder Energie verbraucht und zusätzlichen Verkehr schafft. Denn die Wiedergewinnung von Ressourcen muß im allgemeinen erkauft werden einerseits durch den Aufwand des Sammelns des Materials, um es dem technischen Recycling-Prozeß zuzuführen, anderseits durch den Energieaufwand bei diesem technischen Prozeß. Reklame, Sammeln, Transport sind alles mehr oder weniger energieintensive Prozesse. Sowohl das Einsammeln als auch der Aufbereitungsprozeß verunmöglichen eine totale Rückgewinnung, denn es wird niemals möglich sein, alles Material wieder restlos für den Wiederverwertungsprozeß zusammenzutragen, und technische Verfahren sind immer in ihrem Wirkungsgrad beschränkt. Immerhin ist festzuhalten, daß die wichtigsten Recyclingarten *weniger* Energie verbrauchen als die Gewinnung neuer Rohstoffe.

Das Ziel aller Rezirkulationsprozesse besteht darin, durch den Einsatz von Energie, Arbeit, Ideen und finanziellen Mitteln Energie und Ressourcen einzusparen. Da der Aufwand mit zunehmendem Rezirkulationsgrad progressiv zunimmt, ist eine beliebige Verfeinerung der Recycling-Technik unwirtschaftlich: der kritische Punkt wird dann erreicht, wenn die Grenzkosten des Energie- und Arbeitsaufwandes den durch Materialeinsparung zu erzielenden Grenznutzen überschreiten.

Recycling darf nicht nur als punktuelle Sparmaßnahme betrachtet werden, welche zum Ziel hat, einen möglichst großen Teil der Abfälle wieder in den wirtschaftlichen Kreislauf einzubringen. Recycling stellt vielmehr ein integrales Konzept dar, in welches Produktion, Verbrauch und Abfallbewirtschaftung miteinzubeziehen sind. Der vollständige Prozeß des Durchlaufs von Energie und anorganischer Materie durch die Zivilisationsmaschine muß möglichst stark in die Richtung eines industriellen Kreislaufs geführt werden, wobei die natürlichen Kreisläufe als Vorbild gelten können.

Im Produktionsprozeß selbst wäre schon beim Entwurf jedes Produkts darauf zu achten, daß sowohl bei der Herstellung als auch beim späteren Gebrauch möglichst wenig Abfälle entstehen, die dafür aufgewendete Energie minimiert wird und keine giftigen Stoffe in die Umwelt gelangen. Ganz allgemein muß gefordert werden, daß die industriellen und wirtschaftlichen Prozesse sich den Spielregeln und den Randbedingungen der Natur möglichst weitgehend anzupassen haben. Dies bedeutet, daß die Abfallprodukte wie auch die ausgebrauchten Güter noch in möglichst vielfältiger Form weiter genutzt und schließlich durch einen technischen Rezirkulationsprozeß (Recycling) zu einem möglichst großen Teil wieder in ihre Grundstoffe zerlegt werden können. Die ältere Generation weiß noch aus Erfahrung, wie in den Krisenzeiten der dreißiger und vierziger Jahre der Mangel die Menschen auf dem Gebiet der *optimalen Nutzung gebrauchter Güter* äußerst erfinderisch und sparsam hat werden lassen. Jedes Packpapier, jede Schnur wurde für die

Wiederverwendung fein säuberlich zusammengelegt und aufbewahrt: ein erster Ansatzpunkt zu einer Kreislaufwirtschaft.
In seiner Studie »Der Kreislauf als Modell des Überlebens« weist F. Vester darauf hin, daß die Menschen in der modernen Industriegesellschaft anscheinend die Kunst verlernt haben, aus Abfällen Brauchbares zu machen. Als Alternative verweist er auf das Beispiel China, das auf der Basis des von Mao Tse-tung wieder aktivierten alten chinesischen Mottos »Drei in einem Prinzip« von *Armut, Emsigkeit* und *Improvisation* heute sehr ausgeklügelte Sparmaßnahmen entwickelt, die sowohl umwelt- als auch rohstoffschonend sind. Diese »Dreieinigkeit« führte dazu, daß zum Beispiel die staatliche Brauerei in Peking aus den festen, flüssigen und gasförmigen Abfällen der Bierproduktion über ein Dutzend Nebenprodukte von Elektronikbauteilen bis zu Arzneimitteln erzeugt. Ähnliches gilt für die Stahlindustrie in Wuhan oder für die vielen hundert Haushaltgemeinschaften im Chemiekombinat Kirin, wo von der Stahlschlacke bis zu den Abwässern die Abfälle in Form mehrerer hundert neuer Produkte wieder in den Produktionskreislauf eintreten.
Für die organischen Abfallstoffe gilt es, die von der Natur zur Verfügung gestellten Mechanismen optimal zu nutzen. Hier sind theoretisch Rezirkulationsgrade von fast 100% möglich, wie die Natur täglich zeigt. Der biologische – man würde besser sagen, der *ökologische – Landbau* trägt den Prinzipien der geschlossenen Kreisläufe am weitesten Rechnung. Er tendiert dahin, möglichst viele organische, biologisch abbaubare Abfälle als Dünger und Humuslieferant dem Boden zurückzugeben. Gegenüber dem handelsüblichen Mineraldünger läßt sich organischer Dünger viel weniger stark auswaschen, so daß das Material viel länger im Boden bleibt und somit die Zufuhr fremder Nährstoffe auf ein Minimum reduziert werden kann.
Eine Analyse der heutigen Technologie führt zu dem Schluß, daß an sich wenig Stoffe, welche die Zivilisationsmaschine durchlaufen, auf wirtschaftliche Weise wiedergewonnen werden können. Entweder sind in einem Produkt so viele verschiedene Materialien miteinander verarbeitet, daß deren Separierung im Verhältnis zum Wert der Rohstoffe einen unverhältnismäßigen Aufwand erfordert, oder aber die Stoffe werden bei der Produktion oder beim Verbrauch so diffus in die Umwelt verteilt, daß sich die Rückgewinnung nicht mehr lohnt. Ein extremes Beispiel bildet das Blei, das mit den Autoabgasen aus dem Benzin in Luft, Wasser und Boden versprüht wird. Ähnlich liegen die Verhältnisse etwa bei dem nur sehr begrenzt

vorhandenen Schwermetall Cadmium, welches in Farben, Plastik, galvanischen Oberflächen etc. so stark zerstreut ist, daß nur etwa 3 Prozent rezirkuliert werden können. Aber diejenigen Produkte, bei denen sich das Recycling nicht nur von der Rohstoff-, sondern von der Energieseite her lohnt, stellen einen großen Teil des gesamten Abfallbergs dar. Im Vordergrund steht dabei steht neben Eisen, Buntmetall und Autowracks das Recycling von Papier, Aluminium und Glas.

Bei der Wiederverwertung von Altpapier lohnt sich ein Rezirkulationsprozeß immer dann, wenn das Einsammeln des Altpapiers nicht allzuviel Energie erfordert. Werden bei der Herstellung 20 Prozent Altpapier zugemischt, dann sinkt der Energiebedarf für eine Tonne Papier von 5800 kWh auf rund 5000 kWh, was immerhin einer Einsparung von 15 Prozent entspricht. Dieser Prozentsatz könnte jedoch noch weiter auf 50–60 Prozent gesteigert werden. Bei einer Vergrößerung des Altpapieranteils wird auch die Energieeinsparung ungefähr proportional ansteigen.

Als vorteilhaftestes Material für das Recycling bietet sich zweifellos das Aluminium an, da dessen Primärproduktion äußerst energieaufwendig ist (ca. 48 kWh/kg, zur Hauptsache in Form von elektrischer Energie), während für die Wiedergewinnung nur noch etwa 7 Prozent dieser Energie, und zwar hauptsächlich in Form von Wärme, benötigt werden. Die Eignung der verschiedenen Gebrauchsartikel aus Aluminium für das Recycling ist jedoch sehr verschieden. Größere Abfallprodukte aus dem Bauwesen und Fahrzeugbau lassen sich relativ gut einsammeln und verwerten. Hingegen ist beispielsweise Verpackungsfolie schwer rezirkulierbar, da die große Oberfläche besonders anfällig ist für Oxydation und Verschmutzung. In der Schweiz werden gegenwärtig bei einem totalen Jahresverbrauch von 100 000 Tonnen Aluminium jährlich rund 15 000 Tonnen der Wiederverwertung zugeführt. Doch könnte nach theoretischen Untersuchungen der Rezirkulationsgrad noch bis 40 Prozent angehoben werden, wodurch sich jährlich rund 1000 Terakalorien einsparen ließen.

Bei Glas betragen die Energie-Einsparmöglichkeiten für das rein technische Recycling (ohne Berücksichtigung der Sammelenergie) bei einem Rezirkulationsgrad von 25 Prozent lediglich 2 Prozent. Bei einer Steigerung des Rezirkulationsgrades auf 50 Prozent könnte die Einsparung wohl auf über 5 Prozent erhöht werden. Beim Glas sollte vor allem Gewicht auf lange Lebensdauer gelegt werden. Mit der normierten »Europa-Flasche«, auf welche sich die Glasindustrie in den vergangenen Jahren geeinigt hat, ist ein großer Schritt in Richtung Langlebigkeit gemacht worden.

Neue Wege der Umweltschutzpolitik
Die Grundforderung, die in diesem Zusammenhang aufgestellt werden muß, ist die Forderung nach einer Begrenzung der *Gesamtbelastung* des Landes durch Abfälle und Immissionen sowie durch die Asphaltierung und Überbauung. Maßnahmen im Sinne einer bloßen Konzentrations- und Diffusionsstrategie oder einer bloß provisorischen Begrenzung führen zu einer ständigen Zunahme der Belastung, die auf die Dauer nicht toleriert werden kann. Aus diesem Grund müssen globale Schranken aufgestellt und die Beachtung dieser Schranken entweder durch Kontingentierung des dem einzelnen zustehenden Beitrags zur Gesamtbelastung oder durch Beeinflussung einer Schlüsselgröße des Wachstums vorgesehen werden.

Anmerkungen

[1] H. Steinemann. Spartechnik in der Industrie, Seminarbericht: »Wie spare ich Energie im Betrieb?« 9./10. Januar 1976, Gottlieb Duttweiler-Institut, Rüschlikon 1976.
[2] Vgl. R. W. Peter, Ein nationaler Energiesparplan, Gottlieb Duttweiler-Institut 1977.

5.
Begrenzung und Kontingentierung

Wir haben erkannt, daß Strategien mit großer Systemkonformität – wie beispielsweise der technische Umweltschutz – langfristig nur die Symptome der Umweltbelastung bekämpfen. Sie bergen die Gefahr in sich, daß sie – obwohl sie gewisse Schäden noch längere Zeit einzudämmen vermögen – die Überentwicklung der Industriegesellschaft weiter verfestigen: Umweltschutzindustrie als *die* Wachstumsindustrie.

Kursänderungen aber sollten *jetzt* beginnen. Zu den technologischen Puffermaßnahmen des konventionellen Umweltschutzes müssen sich *restriktive Barrieren* gesellen, mit dem Ziel, das ökonomische System durch einen ökologischen Rahmen an seinem umweltzerstörerischen Überborden zu hindern. Wir sind uns jedoch bewußt, daß dadurch neue Konflikte heraufbeschworen werden. Wenn Grenzwerte für die SO_2-Konzentration in der Luft oder für die Belastung der Gewässer einzuhalten sind, wenn Bauland nur noch in beschränktem Umfange zur Verfügung steht, dann werden dadurch der Wachstumswirtschaft Lasten auferlegt, die sie unwillig abzuschütteln trachtet. Andererseits wird durch diese erzwungene Sparsamkeit im Gebrauch der Umweltgüter der Zwang zur wirtschaftlichen Expansion zwecks Behebung der Folgeschäden gemindert.

Beschränkungs-Strategien stellen in diesem Sinne nicht bloß Notmaßnahmen für den Augenblick dar, sie bilden eine Brücke zu den grundsätzlichen ordnungspolitischen Strategien, welche die Wachstumszwänge im ökonomischen und gesellschaftlichen Bereiche von innen her stufenweise abbauen und schließlich eliminieren. Gebote und Verbote, Gesetze und Verordnungen, die den »Umweltverbrauch« herabsetzen, müssen aber in unserer Zeit notgedrungen jenen provisorisch aufgebauten Sicherheitswall bilden, der unsere Gesellschaft vor der ersten Flutwelle der Umweltverschmutzung schützt.

Unsere Vorschläge sind als konsequente Ausgestaltung des Verursacherprinzips gedacht, das dem Verursacher der Umweltbelastungen die »Kosten« derselben anlastet; zu den »Kosten« gehören allerdings nicht nur die geldmäßigen Aufwendungen, die beim Rohstoffverbrauch bzw. bei der »Unschädlichmachung« der Emissionen bzw. des Abfalls entstehen, sondern auch der Verzicht auf weitere Expansion, wenn die Gesamtheit der wirtschaftlichen Aktivitäten in einem bestimmten Raum mit seinen Folgewirkungen das für die Umwelt zulässige Maß überschreitet.

a) Das Modell einer ökologischen Buchhaltung

Die Forderung nach einer *»ökologischen Buchhaltungspflicht«*[1] geht von dem einfachen Grundgedanken aus, daß wir im Zeitalter des geplünderten Planeten nicht nur über die finanzielle Situation einer Unternehmung orientiert sein sollten, sondern auch über ihre Einwirkungen auf die natürliche Umwelt. Nicht bloß das Volkseinkommen gilt es zu ermitteln, sondern auch den Verbrauch an Umweltkapital als unvermeidlicher Verlustposten einer ökonomisch-ökologischen Gesamtrechnung. Dazu aber bedürfen wir jener *Daten* über Rohstoffverbrauch und Umweltbelastung, die uns nur die ökologische Buchhaltung vermitteln kann. Dadurch wird uns ein Instrumentarium in die Hand gegeben, das uns ermöglicht, Belastungsgrenzen festzulegen und ihre Einhaltung zu überwachen. Zudem werden jene Voraussetzungen geschaffen, die für eine Lenkung des Produktionssystems im Sinne einer optimalen Auswertung der Ressourcen unerläßlich sind. Langfristig gilt es, Produktionsprozesse einzudämmen und auszuschalten, bei denen ein beschränkter Nutzen mit unverhältnismäßig hohem Umweltverzehr zu teuer bezahlt werden muß.

Übersicht

Die ökologische Buchhaltung ist zunächst ein Meß-System, das die vom einzelnen Unternehmen ausgehenden Umwelteinwirkungen in der Gesamtheit erfaßt. Bei dem von uns ausgearbeiteten Modell einer ökologischen Buchhaltung, das wir in der Praxis getestet haben, wurden die verschiedenartigen Belastungen in folgenden Kontenklassen erfaßt:

Materialverbrauch
feste Abfälle
gas- und staubförmige Abfälle
Abwasser
Abwärme
Denaturalisierung von Boden

Auf die Einbeziehung der *Radioaktivität* wurde in diesem Kontenrahmen verzichtet, obschon die Ablagerungen radioaktiver Materie geradezu ein Musterbeispiel von nachwirkender und großräumiger Umwelteinwirkung darstellen, da diese Lagerstätten bekanntlich über lange Zeitperioden dauernd ausstrahlen. Hier sollte auf der Stufe des einzelnen Objektes – Kernkraftwerk, Wiederaufbereitungs-Anlage – dafür gesorgt werden, daß keine signifikante Erhöhung der radioaktiven Strahlung in der unmittelbaren Umgebung eintritt, da jede zusätzliche Belastung die Wahrscheinlichkeit des Auftretens genetischer Schäden vergrößert. Nur wenn man zulassen würde, daß die Radioaktivität den allgemeinen Radioaktivitätspegel in der Atmosphäre allmählich anwachsen lassen dürfte, wäre eine Einbeziehung in die ökologische Buchhaltung sinnvoll, um das Überschreiten eines kritischen Pegels zu vermeiden.
Ebenso werden Einflüsse auf die Tierwelt und die Pflanzen in der ökologischen Buchhaltung nicht angeführt, weil ein Unternehmen normalerweise durch seine Abfälle, Abwässer oder Abwärme die Biotope belastet. Demzufolge genügt es, in der ökologischen Buchhaltung diese Kategorien der »primären« Einwirkungen zu erfassen.
Die ökologische Buchhaltung mißt die einzelnen Kategorien der vom buchführenden Unternehmen ausgehenden Einwirkungen (Energieverbrauch, Materialverbrauch, Abwasserabgabe, Abgabe von Abwärme gemäß Kontenplan) je separat in den entsprechenden physikalischen Maßeinheiten wie Gewicht, Volumen, Energiemenge. Innerhalb der Kategorien wird getrennt gemessen nach Art des Rohmaterials, nach Art der Gewässerbelastung oder der Luftverschmutzung. Darauf werden die einzelnen gemessenen Mengen jedoch dadurch vergleichbar und addierbar gemacht, daß die jeweilige Einheitsmenge mit einem *Gradmesser der ökologischen Knappheit* der betreffenden Einwirkungsart (Erschöpfungsgrad bei Rohstoffreserven, Beanspruchungsgrad des Aufnahmevermögens der Umwelt bei Emissionen) gewichtet wird. Dieser Gradmesser wird *Äquivalenzkoeffizient* (AeK) genannt; die zahlenmäßige Berechnung bildet ein zentrales Element des Konzepts der ökologischen Buchhaltung.
Aus der Multiplikation der gemessenen Mengen pro Einwirkungsart mit dem zugehörigen Äquivalenzkoeffizienten ergibt sich eine allgemeine *Maßzahl an Umwelteinwirkung*, ausgedrückt in Rechnungseinheiten (RE). Addiert man diese Einheiten über alle Einwirkungsarten oder Konten der ökologischen Buchhaltung, so resultiert eine Maßzahl der Gesamteinwirkung des Unternehmens auf die natürliche Umwelt während der entsprechenden Periode.

Mit Hilfe der in Rechnungseinheiten ausgedrückten Gesamteinwirkung pro Abrechnungsperiode wird es nun möglich, die gesamten Umwelteinwirkungen verschiedener Unternehmen miteinander zu vergleichen oder bei einem und demselben Unternehmen die Entwicklung der gesamten Umwelteinwirkung von Jahr zu Jahr zu verfolgen.
Vergleiche über Umwelteinwirkungen sind sinnvollerweise nur möglich, wenn die Auswahl der zu erfassenden Einwirkungsarten sowie die Erfassungsprozeduren und Berechnungsmethoden nicht der Willkür des einzelnen Unternehmens überlassen werden, sondern allgemeinverbindlich geordnet sind. Solche Normen sind Bestandteile des Konzepts der ökologischen Buchhaltung.
Wenn man nun die Gesamtheit der Einwirkungen aller Unternehmen in einem bestimmten Raum konstant halten, um einen bestimmten Wert reduzieren oder mit einer bestimmten Rate anwachsen lassen will, besteht die Möglichkeit, den einzelnen Betrieben in diesem Lebensraum Vorschriften zu machen, wonach die von ihnen ausgehende, in der ökologischen Buchhaltung zu messende Einwirkung den festgelegten Wert nicht überschreiten dürfe (Kontingentierung).
Dabei wird bei unserm Modell der ökologischen Buchhaltung die *Kontingentierung* prinzipiell nicht pro einzelnen Umweltsektor, sondern hinsichtlich der gewichtet addierten *Gesamteinwirkung* durchgespielt. Damit ist – das ist nun entscheidend – dem einzelnen Buchführungspflichtigen anheimgestellt, in jenen Sektoren zu sparen, die sich bei seinen spezifischen Verhältnissen am besten hierfür eignen. Im Ergebnis darf erwartet werden, daß dadurch bei einem bestimmten Maß an Umwelteinwirkungen die gesamtwirtschaftliche Wertschöpfung höher wird, als wenn ein Buchführungspflichtiger für jeden einzelnen Umweltsektor ein Kontingent zugewiesen erhielte. Freilich ergibt sich dabei das Problem, daß möglicherweise alle oder viele Buchführungspflichtige die Einsparungen an Umwelteinwirkung im gleichen Bereich vornehmen könnten, während bei irgendeinem anderen Umweltgut Mehrbelastungen eintreten würden, so daß schließlich die in diesem besonderen Sektor vorgeschriebene Belastungsgrenze überschritten würde. Diese Schwierigkeit ist durch die periodische Neufestlegung der Äquivalenzkoeffizienten zu überwinden.
Grundsätzlich wäre es erstrebenswert, alle Unternehmen *und* Haushalte der Buchführungspflicht zu unterstellen, um auf diese Weise die gesamte Umweltbelastung zu erfassen. Aus praktischen Erwä-

gungen heraus erscheint jedoch eine Einschränkung am Platze. Denn die Haushalte sind wohl größtenteils nicht in der Lage, eine ökologische Buchhaltung zu führen. Daher ist realistischerweise auf ihre direkte Mitwirkung zu verzichten. Diese Lücke im System erscheint indessen auch theoretisch vertretbar, weil die Umwelteinwirkungen der Haushalte wesentlich von den Unternehmen mitbeeinflußt werden, nämlich durch Art, Produktion und Anzahl der von den Produzenten den Haushalten zur Verfügung gestellten Konsumgüter. Gäbe es beispielsweise nur Autos mit dem Benzinverbrauch eines Kleinwagens, nur für die Gewässer unschädliche Waschmittel, nur hochgradig isolierte Kühlschränke, nur Verpackungen von Konsumgütern mit richtig organisierter Rückgabe und Wiederverwendung, kurz: nur Waren mit einem »Öko-Gütesiegel', so wäre offenbar die Umwelteinwirkung durch die Haushalte entscheidend zu beeinflussen, und zwar auf eine schmerzlosere Weise, als wenn man die Verbraucher veranlassen wollte, ökologisch ungeeignete Güter relativ umweltfreundlich zu handhaben . . .
Freilich muß demgegenüber gefordert werden, die aus dem üblichen Gebrauch der Konsumgüter in den Haushaltungen entstehende Umwelteinwirkung in der ökologischen Buchhaltung der Produzenten dieser Güter zu berücksichtigen. Gleichzeitig gilt es, den Umwelt-Verschleiß der Haushalte durch geeignete Informationen und Anleitungen – Emissionsvorschriften, Ausrüstungsvorschriften, Betriebsvorschriften oder gar Rationierungsmaßnahmen als Notbremse – zu stoppen und das Verhalten der Verbraucher den ökologischen Erfordernissen anzupassen.
Selbstverständlich lohnt sich die ökologische Buchhaltung nur für Umweltbelastungen und Rohstoffverbrauch, bei denen aus heutiger Sicht eine relevante Umwelteinwirkung vorliegt, der Äquivalenzkoeffizient als Maßstab dieses Verbrauchs an Umweltgütern demnach deutlich höher ist als Null.
Da die ökologische Buchhaltung im wesentlichen auf der Stufe der chemischen Elemente zu führen ist, die Unternehmen aber im Normalfall mit komplexen Produkten zu tun haben, ist als Voraussetzung für eine ordnungsgemäße Verbuchung eine »ökologische Aufschlüsselung« der Güter notwendig. Jeder Lieferant von Stoffen hat der Rechnung ein »Zusammensetzungszertifikat« beizulegen, aus dem die Analyse des gelieferten Materials hervorgeht. (Ähnlich der heute schon etwa im Gebiet der Arzneimittel und immer mehr auch bei Lebensmitteln und Textilien verwendeten Produktdeklaration).

Die Rechnungsgrößen der Umweltbelastung

Nehmen wir an, unter dem Druck einer für die Umweltproblematik sensibilisierten Bevölkerung sei es gelungen, in der Umweltschutzgesetzgebung die Liste jener Schadstoffe und Rohstoffe festzulegen, deren Umwelteinwirkung und -verbrauch durch die ökologische Buchhaltung festzuhalten ist. Nun gilt es durch die Einführung der *Äquivalenzkoeffizienten* die verschiedenen Konten der ökologischen Buchhaltung gleichnamig zu machen, damit gültige und vergleichbare Belastungsziffern ermittelt werden können.

Diese Koeffizienten (AeK) drücken die relative ökologische Knappheit eines Rohstoffes oder eines Auffangmediums für Fremdstoffe aus. Sie besagen also, wie stark etwa eine Tonne Phosphat im Abwasser ins Gewicht fällt in Relation zum Verbrauch von einer Tonne Benzin oder zur Abgabe einer Megakalorie Abwärme in die Atmosphäre. Eine derartige Gewichtung vorzunehmen ist nicht leicht; trotzdem werden solche Einschätzungen in der täglichen Wirtschaftspraxis laufend vorgenommen, wenn etwa im Interesse des Umweltschutzes die Abgasabgabe an die Atmosphäre durch ein energieverbrauchendes Abgasfilter reduziert wird oder wenn durch Verbrennung von Kehricht zwar die Abwasserbelastung aus Kehrichtdeponien reduziert, dafür aber die Belastung der Atmosphäre durch Abgas vergrößert wird. Die Ermittlung der AeK in der ökologischen Buchhaltung erleichtert den Wirtschaftsteilnehmern ein überlegtes Handeln mit dem Ziel, die Umweltgüter zu schonen. Hinsichtlich der ökologischen Knappheit sind zwei Fälle zu unterscheiden: Umweltgüter können in dem Sinne knapp sein, daß es eine Verbrauchsrate pro Zeiteinheit gibt, bei deren Unterschreitung keine relevante Verschlechterung des Zustandes der natürlichen Umwelt eintritt. Andererseits kann die Knappheit eines Umweltguts auch von der Art sein, daß jeder noch so geringe Verbrauch einen Schritt weiter in Richtung der Erschöpfung führt. Wir bezeichnen den ersten Fall als *Ratenknappheit*, den zweiten Fall als *Kumulativknappheit.* Beispiel für den ersten Fall ist etwa die Gewässerverschmutzung durch direkt oder indirekt sauerstoffverzehrende Substanzen, die bis zu einem gewissen Umfang pro Zeiteinheit vom Ökosystem »verdaut« werden kann, nachher aber zur Eutrophierung (Absterben des Gewässers) führt. Beispiel für den zweiten Fall wäre der Verbrauch von fossilen Energieträgern, bei dem infolge der quasi unendlich langsamen Neubildung der Vorräte jeder auch noch so kleine Abbau der Erschöpfung der Vorräte entgegenführt.

Die Äquivalenzkoeffizienten AeK drücken die relative ökologische

Knappheit einer Materialart (Rohstoff) oder eines Auffangmediums für Fremdstoffe (Wasser, Luft, Boden) aus. Diese Knappheit ist bei den Rohstoffen abhängig von den jährlichen Ausbeutungsmengen und dem Stand der noch nicht ausgebeuteten, bekannten Reserven (»Kumulativknappheit«), bei den Verunreinigungen von der jährlichen Eintragungsrate des Fremdstoffes in das Medium und der kritischen – zu nicht akzeptablen Veränderungen des Mediums führenden – Eintragungsrate (»Ratenknappheit«). Dabei wird vorsichtigerweise von den heutigen Raten, Techniken und Kenntnissen ausgegangen, um nicht in den Bereich des Spekulativen zu geraten.

Wem sind die Umwelteinwirkungen anzulasten?
Grundsätzlich werden jedem Buchführungspflichtigen die durch seine Aktivität verursachten Umwelteinwirkungen belastet. Es stellt sich dabei die Frage, in welcher Phase des Wirtschaftsprozesses eine solche Einwirkung vorliegt. Im Falle der *Emissionen in Wasser und Luft* ist die Frage eindeutig zu beantworten: Die Einwirkung findet dort und dann statt, wo ein Schadstoff in diesen Medien abgelagert wird.
Im Falle des *Materials* könnte man die Belastung dort lokalisieren, wo die Extraktion des Rohstoffes aus der Natur und seine Einführung in das wirtschaftliche System vollzogen wird. Es wird indessen hier vorgeschlagen, die Umweltgüter der ökologischen Buchhaltung zu belasten, wenn der Rohstoff dissipiert, das heißt so fein verteilt und gestreut wird, daß hinfort seine Wiedergewinnung entscheidend erschwert ist. Denn ökologisch gesehen ist nicht die Entnahme eines Rohstoffes aus einer Lagerstätte problematisch, sondern seine Verteilung, weil der Rohstoff erst dann wirklich verlorengeht.
Es wird in der ökologischen Buchhaltungspraxis davon ausgegangen, daß der »Verbrauch« des Materials als die eigentliche Einwirkung in die Natur, auf derjenigen Wirtschaftsstufe vorliege, wo aus den Materialien *Fertigprodukte* gemacht werden. Denn es liegt in der Natur der Sache, daß diese Fertigprodukte und damit das darin enthaltene Material nach der Produktion geographisch weit gestreut werden.
Für die Verbuchung des *Materials* ergibt sich demzufolge, daß die Rohstoffe bei allen Unternehmen mit Ausnahme des Fertigproduktherstellers quasi ein durchlaufender Posten sind: Einer Buchung auf dem Materialverbrauchskonto steht eine Buchung auf dem Material-Weiterlieferungskonto gegenüber, und die beiden Buchungsbeträge

sind gleich groß, falls sich nicht bei der Verarbeitung die Materialmenge durch das Entstehen von Abfällen vermindert hat. Erst beim Hersteller der Fertigprodukte ergibt sich eine volle Belastung durch den Materialverbrauch. Dieses Überwälzungsverfahren läßt sich mit der Überwälzung der Mehrwertsteuer vergleichen.
Im Falle des *Energieverbrauchs* ist davon auszugehen, daß Energie mit Ausnahme des Spezialfalls Elektrizität an einen materiellen Energieträger gebunden ist. Es gelten daher analoge Überlegungen wie beim Material, wobei anstelle der Dissipation des Materials der Verbrauch der Energie tritt. In der ökologischen Buchhaltung wird also derjenige belastet, welcher die Energie zerstreut, also Öl und Kohle verbrennt und in Wärme umwandelt. Der Spezialfall Elektrizität wird diesem Grundsatz dadurch angepaßt, daß Weiterlieferung von Elektrizität wie Weiterlieferung von materiellen Rohstoffen behandelt wird. Die Dissipation der elektrischen Energie findet dort statt, wo diese durch den Energie-»Verbraucher« direkt oder über Zwischenstufen in Wärme umgewandelt wird.
Im Fall der *festen Abfälle* ist davon auszugehen, daß die ökologische Definition des festen Abfalls sich mit der ökonomischen nicht deckt. Fester Abfall im ökologischen Sinne ist Abfall, der deponiert oder den öffentlichen Entsorgungsdiensten übergeben wird. Keine Abfälle sind aus ökologischer Sicht hingegen Stoffe, welche im eigenen oder in anderen Unternehmen wieder verwendet werden, auch wenn diese Stoffe ökonomisch wertlos sind. Zu belasten ist der feste Abfall in der ökologischen Buchhaltung desjenigen, welcher den Abfall ablagern läßt.

Kontingentierung der Umwelteinwirkungen als Ergänzung der ökologischen Buchhaltung

An sich ist die ökologische Buchhaltung nichts anderes als ein *Informations- und Meß-System* für die Umwelteinwirkung eines Unternehmens. Das Meß-System als solches hat auf den ersten Blick nur in beschränktem Maß Einfluß auf die Umwelteinwirkung. Allein schon das Sichtbarmachen der vom Unternehmen ausgehenden Umweltbelastung wird aber – auch aus ökonomischen Gründen – die Entscheidungsträger im Unternehmen vermutlich zu einer Stabilisierung oder Senkung der Einwirkungen veranlassen. Dieser Effekt kann noch intensiviert werden, wenn eine Publikationspflicht des Jahresabschlusses der ökologischen Buchhaltung besteht, weil dann die umweltbewußte Öffentlichkeit in einer wirtschaftlich wirksamen Art und Weise die Unternehmen unter Druck setzen kann, falls die

Zahlen und deren Entwicklungstendenz aus ökologischer Sicht als alarmierend beurteilt werden.
Entscheidend verstärkt wird die Beeinflussung der vom Unternehmen verursachten Umwelteinwirkung, wenn die Pflicht zur Führung der ökologischen Buchhaltung durch das Instrument der Kontingentierung ergänzt wird. Dabei gilt es, ein als zulässig erachtetes Gesamtmaß an Umwelteinwirkung auf die einzelnen Betriebe aufzuteilen.
Wie aber sind diese »Umwelt-Belastungs-Kontingente« zuzuteilen, wenn doch damit gerechnet werden muß, daß sich immer potentere »Umweltverzehrer« in die begrenzt vorhandenen Umweltgüter zu teilen haben? Welche Kriterien gilt es unter Rücksichtnahme auf eine von der Ökologie mitgeprägte Langzeit-Ökonomie zu beachten?
Grundsätzlich stehen drei Möglichkeiten der Verteilung offen:
- Rationierung: Das knappe Gut wird auf Grund bestimmter Bedürfnis-Kriterien den einzelnen Betrieben zugeteilt.
- Zuteilung über den Markt: Die verfügbare Menge wird auf dem Markt gehandelt, wobei modellmäßig der Preismechanismus Angebot und Nachfrage im Gleichgewicht hält.
- Zuteilung über das Los.

In unserem Modell versuchen wir, die Kräfte der Wachstumswirtschaft durch ökologische Rahmenbedingungen zu zügeln und Grenzwerte der Belastung festzulegen, die nicht überschritten werden dürfen. Bei der Bemessung der in Rechnungseinheiten (RE) ausgedrückten Kontingente, die dem einzelnen Betrieb zur Verfügung gestellt werden, gehen wir vorerst vom *Besitzstandprinzip* aus. Jedem Unternehmen soll also bei der Einführung der ökologischen Buchhaltung ein RE-Kontingent verliehen werden, welches seiner bisherigen jährlichen Umwelteinwirkung entspricht. Dadurch wird die Gesamtbelastung stabilisiert.
Es stellt sich die Frage, ob diese Kontingente frei übertragbar, das heißt an einem Markt handelbar sein sollen. Gemäß den marktwirtschaftlichen Prinzipien wäre im Hinblick auf eine Maximierung der Wertschöpfung des wirtschaftlichen Systems an sich freie Handelbarkeit der Kontingente anzustreben. Damit würde das zulässige Maß an Umwelteinwirkung möglichst dort eingesetzt, wo der wirtschaftliche Effekt am größten ist. Auf der anderen Seite ist der Handel mit Kontingenten problematisch; es sei hierzu nur auf die in der schweizerischen Öffentlichkeit immer wieder geäußerte Kritik über den Handel mit Käseexport-Kontingenten oder Getreideim-

port-Kontingenten verwiesen. Um so mehr müßte wohl ein freier Handel mit Umwelt-Kontingenten als unangebracht empfunden werden.

Allerdings wäre es auch nicht sinnvoll, wenn ein Unternehmen ein RE-Kontingent im Extremfall nur deshalb noch weiter nutzt, weil es nicht veräußerlich ist, ohne daß im Rahmen der Nutzung des Kontingents ein angemessener Beitrag zum Sozialprodukt entstünde. Als mittlere Lösung bietet sich eine beschränkte Handelbarkeit der RE-Kontingente an. Diese besteht darin, daß Umweltbelastungs-Zertifikate grundsätzlich nur vom Gemeinwesen zurückgekauft werden können. Der angebotene Preis sollte attraktiv genug sein, um die Unternehmen davon abzuhalten, RE-Kontingente zu wirtschaftlich marginalen Bedingungen noch weiter einzusetzen.

Es ist jedoch darauf zu achten, daß diese Art der Kontingentierung nicht zu einer Zementierung der wirtschaftlichen Strukturen eines Landes führt: Neue Unternehmen sollen entstehen können, und kleineren Unternehmen dürfen die Wachstumsmöglichkeiten nicht über Gebühr eingeengt werden. Doch ist es wichtig, daß nie mehr eine unzulässige Erhöhung des Gesamtniveaus der Umwelteinwirkungen eintreten kann.

Falls der Umfang der an das Gemeinwesen zurückgegebenen Kontingente nicht genügen sollte, um eine Neubildung von Unternehmen in genügendem Maß zu gewährleisten, ist die Möglichkeit vorzusehen, daß die schon verliehenen Belastungs-Kontingente prozentual gekürzt werden. Dabei sind im Zweifelsfalle die kleineren Unternehmungen bevorzugt zu behandeln, um der Tendenz der Konzentration entgegenzuwirken. Die Vorzugsbehandlung der Kleinen gegenüber den Großen rechtfertigt sich auch deshalb, weil die Möglichkeit, Einsparungen beim »Umwelt-Verbrauch« vorzunehmen, bei großen Kontingenten zwangsläufig umfassender ist als bei kleinen Einheiten.

Es ist auch der Fall denkbar, daß das quantitative Wachstum einer einzelnen Branche im *öffentlichen Interesse* liegt. Hier ist vor allem an gewisse Bereiche der Dienstleistungen zu denken, wie Krankenversorgung, öffentlicher Verkehr oder Umweltsanierungen. Um dieses erwünschte Wachstum der Lebensqualität zu fördern, ist eine bevorzugte Abgabe freier Kontingente an die entsprechenden Unternehmen in Betracht zu ziehen. Besser wäre freilich, wenn das Gemeinwesen Forschungsanstrengungen mit dem Ziele förderte, die Umwelteinwirkung pro produzierte Einheit auf denjenigen Wirtschaftsbereichen zu senken, wo mengenmäßiges Wirtschaftswachs-

tum gesellschaftlich erwünscht ist. Denn es ist zu vermuten, daß der Umfang der jährlich neu verleihbaren RE-Kontingente nicht so groß sein wird, daß alle Wünsche neuer und im Wachstum zu fördernder Unternehmen befriedigt werden könnten.
Fraglos entstehen hier heikle Zuteilungsprobleme, und es wird einer politischen Entscheidung und Wertung bedürfen, um das für die Gemeinschaft Notwendige vom Wünschbaren, das Wünschbare vom Überflüssigen, das Überflüssige vom Unzumutbaren und Schädlichen zu unterscheiden. Natur als Politik: Wenn ein geplünderter Planet die Grenzen seiner Belastbarkeit erkennen läßt, dann gilt es bei der Nutzung der Naturschätze eindeutige Prioritäten festzulegen. Dies ist aber nur zu bewerkstelligen, wenn durch die ökologische Buchhaltung korrekte Daten der Umwelt-Belastung ermittelt worden sind, erste Bedingung, um die beschränkt vorhandenen »Umwelt-Güter« sorgsam auszuwerten und im Sinne einer sozialen Gleichwertigkeit gerechter verteilen zu können.

»Umwelt-Sünden« sind keine Gentleman-Delikte

Dieses Kontingentierungssystem bedarf zur wirkungsvollen Durchsetzung gewisser Sanktionsmöglichkeiten des Gemeinwesens. Dabei sind zwei strafwürdige Tatbestände zu unterscheiden:
- Kontingentsüberschreitungen
- Unkorrekte Führung der ökologischen Buchhaltung.

Kontingentsüberschreitungen können in einem Unternehmen trotz Planung der Umwelteinwirkungen der Produktionsprozesse vorkommen, wenn die Betriebe nicht im vorhinein gezwungen werden sollen, einen großen Sicherheitsabstand zwischen dem geplanten RE-Verbrauch und dem RE-Kontingent vorzusehen. Aus diesem Grunde erscheint es denkbar, daß ein Umwelt-Mehrverbrauch im folgenden Jahre durch Minderverbrauch kompensiert werden kann. Wenn gegen eine Kontingentsüberschreitung jedoch Sanktionen ergriffen werden, so sollten diese abschreckend wirken. Es ist daher zu fordern, daß eine Strafzahlung größer ist, als der durch die zusätzliche Aktivität des Unternehmens herausgewirtschaftete Gewinn. Unter diesen Umständen wird es für ein Unternehmen wirtschaftlich uninteressant, Kontingente zu überschreiten.
Es ist zudem erforderlich, daß die ökologische Buchhaltung eines Unternehmens regelmäßig von Organen des Gemeinwesens auf richtige Führung geprüft wird, wie dies bei der Finanzbuchhaltung im Rahmen der Steuerrevision geschieht. Das Sanktionsinstrumentarium zur Ahndung unkorrekter Führung der ökologischen Buch-

haltung muß wie im analogen Fall der Steuer-Straftatbestände breit sein. Es kann von der einfachen Anrechnung auf das laufende Jahr bis zu Freiheitsstrafen im Falle von Urkundenfälschungen gehen. Die Erfahrungen mit den hohen Bußen, welche im Falle von Verstößen gegen das EG-Kartellrecht ausgesprochen werden, zeigen, daß bei genügend harten Strafen die Vorschriften von den Unternehmen auch dann eingehalten werden, wenn die Wahrscheinlichkeit der Überführung gering ist.
Ein konsequentes Durchsetzen dieser Ordnung durch wirksame Sanktionen ist notwendig, um denjenigen Unternehmen, die im Interesse der Erhaltung der natürlichen Umwelt wirtschaftliche Beschränkungen auf sich nehmen, die Sicherheit zu geben, daß ihre Konkurrenten sich nicht durch Durchbrechen dieser Vorschriften wirtschaftliche Zusatzvorteile erwerben können, welche die Zukunft der korrekt handelnden Unternehmen gefährden würden.

b) Sicherung des Lebensraums

Wieviel Erde braucht der Mensch?
Der Dichter Leo Tolstoi erzählt eine Geschichte, die uns einen Fingerzeig geben kann: Einem Bauern wird alles Land versprochen, das er im Laufe eines Tages umschreiten kann. Raffgierig rennt er hinter seinem Gute her. Erschöpft, doch im Besitz riesiger Ländereien, kehrt er abends zum Ausgangspunkt zurück. Das Herz steht still. Wieviel Erde braucht er nun?
Die bedeutendste Veränderung in der Raumnutzung der letzten dreißig Jahre läßt sich unter dem Begriff *Verstädterung* vereinfachend zusammenfassen. Damit weist das vom Menschen beeinflußte Ökosystem in seiner Dynamik grundsätzlich neue Kennzeichen auf: *Intensität, Verdichtung* und *Dauer* der Eingriffe.
Die Ansprüche an den Boden wachsen unaufhaltsam. Die Folgen sind absehbar: Die Dunstglocke, die über dem Ruhrgebiet liegt, absorbiert dreißig Prozent der Globaleinstrahlung, wodurch sich das Mikroklima verändert. Im Mittelland der Schweiz ist mit Ameisenfleiß in einer einzigen Generation mehr gebaut worden als in den 2000 Jahren zuvor. Der gesamtschweizerische Wohnungsbestand betrug 1 150 000 Einheiten im Jahre 1940, 2 050 000 im Jahre 1967 und ist auf über 2 300 000 im Jahre 1977 angewachsen. Der weltweit zu beachtende Konzentrationsprozeß setzt sich mit steigender Geschwindigkeit fort. Offensichtlich suchen in allen Ländern unbehauste Menschen in den Städten Zuflucht. Die Slums wachsen und

mit ihnen die Abhängigkeit ihrer Bewohner vom staatlichen Fürsorgeapparat.

Denn während die Stadtlandschaft uferlos wird, stirbt die Stadt. Wie läßt sich diese paradoxe Situation erklären? Nehmen wir die schweizerischen Verhältnisse unter die Lupe, die diesen weltweit zu beobachtenden Vorgang in exemplarischer Art verdeutlichen: in diesem Land, das vor einem Menschenalter noch in Dorf, Kleinstadt und städtisches Zentrum klar gegliedert war, verwischt heute ein offenbar *unaufhaltsamer Zersiedlungsprozeß* die Grenzen und zerstört die gewachsene Siedlungsstruktur. Ballung und Entvölkerung spielen sich nicht in einem Rahmen planerischer Rationalität oder gar gesellschaftspolitischer Solidarität ab. Die vordergründige wirtschaftliche Rentabilität – ausgedrückt durch die Bodenpreise – ist die Antriebskraft.

In den Cities der Städte beobachten wir einen ähnlichen Trend wie in den Dörfern bäuerlich geprägter Landstriche und in den Berggebieten. Obschon sich die Bevölkerung der Industrieländer in einem Jahrhundert mehr als verdoppelt hat, nimmt die Einwohnerzahl in den Kernzonen der Großstädte und in den landwirtschaftlichen Siedlungsräumen gleichermaßen ab. Der Exodus der Bevölkerung aus diesen, das Sozialleben bestimmenden Gemeinschaften beeinträchtigt aber nicht nur die Siedlungsqualität, sondern auch die demokratische Sozialstruktur unseres Lebensraums.

Auf einer Gemeindegebietsfläche von 3% des schweizerischen Totals sind gegen 65% des gesamten Wirtschaftspotentials des Landes konzentriert, nämlich 60% der Industrieproduktion und 70% der privaten und öffentlichen Dienstleistungsbetriebe. Das räumliche Ungleichgewicht hat also die Tendenz, sich zu verstärken, weil der Ballungsprozeß, einmal im Gang, aus sich selbst heraus die Kraft zu einer weiteren Beschleunigung und Verstärkung schöpft.

Die Agglomeration ist das typische Merkmal dieser Veränderung. In diesem zusammenhängend besiedelten, wirtschaftlich eng verflochtenen Siedlungsraum mit seinen Pendlerströmen spiegelt sich die gewaltige Steigerung der Bodenbelastung, die für die technisch-industrielle Epoche bezeichnend ist (Tab. 13).

Hier treten die *inneren Widersprüche der Wachstumswirtschaft* zutage: Der wirtschaftspolitische Mechanismus zwingt Rendite in die Rolle eines unheimlichen Lenkers der Siedlungsentwicklung. Vor der Machtfülle des Profites – die beim Bodenhandel ohne Berücksichtigung der sozialen Kosten ermittelt wird – pflegen Landesplanung und Städtebaukunst zu kapitulieren.

Tabelle 13: Entwicklung der Agglomerationen in der Schweiz

Jahr	Anteil der Agglomerationsbevölkerung an der Gesamtbevölkerung
1950	37%
1960	45%
1970	52%

NAWU

Die teuersten Grundstücke liegen in den Geschäftszentren. Die Rendite erfordert, daß hier die Bürohäuser florierender Geschäfte und Banken himmelwärts ragen. Gemütliche Restaurants und die meisten Ladengeschäfte vermögen die Grundrente nicht zu erwirtschaften und werden verdrängt. Wohnungen sind unerschwinglich. Alteingesessene Stadtbewohner werden vertrieben. Der Weg zu den Arbeitsplätzen wird immer länger, das Verkehrschaos unvermeidlich.

Damit ist die Frage nach den Grenzen der Raumbelastung aufgeworfen. Diese Fragestellung aber ist im Kern subjektiv-ethischer, beziehungsweise politischer Natur. Sicherlich vermögen Ökologie, Soziologie und Raumwissenschaft die Konsequenzen alternativer Siedlungskonzepte aufzuzeigen und zu bewerten. Leitbilder der Besiedlung können jedoch nicht durch wissenschaftlich-objektive Kriterien allein ermittelt werden. Unser Menschenbild bestimmt die Zielsetzung für ein System: In welcher Umwelt, in welchem Milieu wollen wir leben? Sind wir gewillt die Belastung weiterer Siedlungsverdichtungen, mehr Lärm und Nebeltage zu ertragen? Welch Ansprüche stellen wir an unseren Lebensraum? Der *Stellenwert der ökologischen Qualität* beginnt erst heute das System der öffentlichen Interessen zu beeinflussen. In Zukunft aber wird »Natur« zu einem mitbestimmenden Politikum werden.

Raumplanung als Politikum

Das bisher erkennbare Konzept der *Umweltschutzgesetzgebung* besteht in erster Linie im Beschränken individueller Emissionen. Insgesamt aber ist die Summe *aller* Aktivitäten in einem ökologischen Raum entscheidend. Individuelle Verhaltensveränderungen führen daher wohl kaum zum Ziel. Vielmehr sollten globale Kapazitätsformen aufgestellt werden, wobei *optimalen Raumstrukturen* eine wesentliche Funktion zukommt. Unter diesen Bedingungen aber erfüllt die Raumplanung nicht mehr eine bloß einschränkende, sondern eine kreative Aufgabe. Eingriffe in sozialökonomische Automatismen werden unvermeidlich. Damit jedoch sind die Gegenkräfte herausgefordert, die diese Einschränkungen zu durchbrechen versuchen: Forderung nach Vergrößerung der Siedlungsflächen, Straßenbau, öffentliche Werke, Rohstoffausbeutung. Um beispielsweise den bestehenden Baumaschinenpark während eines einzigen Jahres auslasten zu können, müßte man in der Schweiz mehr Land überbauen als die baufreudigen Römer oder die mittelalterlichen Städtebauer in einem Jahrhundert benötigten.

Heute liegen den raumordnerischen Prinzipien (Bodennutzungspläne, Bebauungspläne, Richtpläne) noch Kriterien zugrunde, die unter vorwiegend ökonomischen Aspekten formuliert wurden – beispielsweise Dichte, Flächenbedarfswerte und Erreichbarkeitswerte. Diese räumlich definierten Kriterien gilt es zu ergänzen, wenn mit der Sicherung des Lebensraums Ernst gemacht werden soll. Es müssen neben die ökonomischen im weiteren Sinne ökologische Perspektiven treten.

Im Entwurf zu einem »Bundesgesetz über die schweizerische Raumplanung« versucht der Gesetzgeber die Bodennutzung in die übergeordneten Bereiche des Umweltschutzes und der Lebensqualität einzubetten. In verschiedenen Ländergesetzen der Bundesrepublik wird übereinstimmend der Landesplanung die Aufgabe übertragen, »für eine den sozialen, kulturellen und wirtschaftlichen Erfordernissen entsprechende Raumordnung zu sorgen«. Dabei soll die Gestaltung des Raums in der Weise beeinflußt werden, daß »unerwünschte Entwicklungen verhindert und erwünschte Entwicklungen ermöglicht und gefördert werden«.

In diesem Sinne werden die *Ziele* der Raumplanung Schweiz folgendermaßen definiert: Bund und Kantone (Länder) sorgen im Rahmen ihrer Aufgaben dafür, daß der Boden haushälterisch genutzt wird. Sie verwirklichen eine auf die erwünschte Entwicklung des Landes ausgerichtete Ordnung der Besiedlung und gewährleisten, daß genügend Boden für die landwirtschaftliche Nutzung erhalten bleibt. Sie achten auf natürliche Gegebenheiten sowie auf gesellschaftliche und wirtschaftliche Bedürfnisse. Die Raumplanung dient insbesondere den Bestrebungen:

- Die natürlichen Grundlagen des Lebens wie Boden, Luft, Wasser, Wald und die Landschaft zu schützen;
- wohnliche, harmonisch gestaltete Siedlungen zu erhalten oder zu schaffen;
- auf eine angemessene Dezentralisation der Besiedlung hinzuwirken;

- störende Ungleichheiten zwischen ländlichen und städtischen, wirtschaftlich schwachen und wirtschaftlich starken Gebieten abzubauen.[2]

In einer direkten Demokratie wie der Schweiz lassen sich die politischen Probleme, die dem Volk auf den Nägeln brennen, aus den Leitgedanken der Volksinitiativen herauslesen. Vorstöße im Bereich des *Landschaftschutzes* deuten auf ein zunehmendes Interesse für Planungsfragen hin und sind ein Zeichen des Protestes gegen die Verschlechterung der Umweltbedingungen. Parlament und Volk hatten sich (Ende September 1977) mit folgenden Volksinitiativen auseinanderzusetzen:

- Förderung der Fuß- und Wanderwege
- Mitspracherecht beim Nationalstraßenbau
- Belastung der privaten Verkehrsmittel für die von ihnen verursachten sozialen Kosten
- Mitsprache des Volkes beim Bau von Atomkraftwerken
- Fluglärmbekämpfung
- Bodenrechtsinitiative

Dieser Forderungskatalog beweist, daß weite Volkskreise für wirkungsvollere landesplanerische Maßnahmen eintreten und bereit sind, ihre persönlichen Ansprüche an den Raum herabzusetzen.

Auch in der Bundesrepublik Deutschland ist eine deutliche *Sensibilisierung des umweltpolitischen Bewußtseins* festzustellen. Eine repräsentative Befragung ergab, daß 80% der westdeutschen Bevölkerung den Eindruck haben, in der Vergangenheit sei »ziemlich wenig« oder gar »sehr wenig« für Umweltschutz und Umweltplanung getan worden, 58% meinen, die Umweltproblematik sei unterschätzt worden, und mehr als die Hälfte der Bevölkerung wäre bereit, für Umweltschutzmaßnahmen persönliche Opfer zu bringen.[3]

Damit wäre die psychologische Voraussetzung gegeben, um auf der politischen Ebene *Richtpläne* der Besiedlung durchzusetzen. Die konsequente Anwendung der im Entwurf zum schweizerischen Raumplanungsgesetz postulierten Prinzipien beispielsweise könnte einen ersten Schutzwall gegen ein Weiterwuchern der Ballungsräume in einem Industrieland bilden:

- Als *Siedlungsgebiet* darf nur geeignetes Bauland ausgeschieden werden, das heute schon weitgehend bebaut ist oder bis längstens in den nächsten beiden Jahrzehnten für eine geordnete Besiedlung benötigt wird.

  Ergebnis: Schach der Landverschleuderung und der weiteren Zersiedlung.

- Das heutige Waldgebiet ist geschützt. Zusätzliche Aufforstungen werden begünstigt.
- Die Kantone (Länder) haben für größere zusammenhängende *Erholungsgebiete* vorab in der Nähe der Siedlungsgebiete zu sorgen.
  Ergebnis: Verbesserung der Lebensqualität vor allem für die Bewohner der Wohnblöcke, die über keinen eigenen Garten verfügen.
- Insbesondere sind *Bäche, Flüsse, Seen* und ihre *Ufer* zu schützen, Landschaften und Ortsbilder von besonderer Schönheit und Eigenart und Kulturdenkmale kommenden Generationen zu erhalten.
  Ergebnis: Der Wasserhaushalt des Landes soll vor dem Zusammenbruch bewahrt, die beruhigenden Zeugen aus dem »Land der Väter« in eine verunsicherte Gegenwart hinübergerettet werden.

Eine in diesem Sinne konzipierte Raumplanung (Beschränkung der Bebauungspläne, Förderung wohnlicher Siedlungsstrukturen, Schutz der Erholungslandschaft) bietet die Voraussetzung, die *Umweltstabilisierung* im Geiste des »neuen magischen Dreiecks« mitzuberücksichtigen. Dazu gesellt sich als wesentliches Element einer wirkungsvollen Raumstrategie der *Schutz des Kulturlandes.* Hier fordert der Entwurf zum Raumplanungsgesetz:

- Fruchtbares Land, das landwirtschaftlich genutzt werden kann, ist einer im Prinzip unveränderlichen *Landwirtschaftszone* zuzuweisen. Nach Möglichkeit sind größere zusammenhängende Landwirtschaftsgebiete zu schaffen.

Eine »ewige Landwirtschaftszone« hätte

- wie bei den geschützten Wäldern den Nebeneffekt, daß sich der Preis des Bauernlandes auf die Höhe des landwirtschaftlichen Ertragswertes einpendeln würde, da kein Seitenblick auf künftige Spekulationsgewinne die Bodenpreise hochhält.

Bei der Beurteilung der ökologischen Gesamtsituation fällt die Nutzungsart dieser Räume entscheidend ins Gewicht. Es stellt sich die Frage: Regenerationsgebiet oder Gebiet der industrialisierten Nahrungsmittelproduktion? Nach unserer Auffassung sollte ein ökonomisch-ökologischer Raum seinen Bewohnern nicht nur Erholungsgebiete in den Siedlungen und ihrer unmittelbaren Umgebung anbieten, sondern durch eine *Langzeitlandwirtschaft* im Notfall auch die Nahrungsmittel ohne Zerstörung der Bodensubstanz bereitstellen können. Es ist zu vermuten, daß gerade durch die wirtschaftspolitische Konzentrationsbewegung eine störungsanfällige »Saurier-Wirt-

schaft« aufgebaut worden ist. Bei jähen Zusammenbrüchen muß die Chance bestehenbleiben, in dezentralisierten Einheiten Überlebensgemeinschaften bilden zu können, die sich selber ernähren.
Städtische Ballungsgebiete verfügen jedoch heute kaum mehr über zusätzliche Siedlungsflächenreserven. Die Knappheit des Bodens für Siedlungserweiterungen ist hier wesentlich größer als in den ländlichen Regionen. Eine verbindliche Begrenzungsstrategie, bei der die regional unterschiedliche Knappheit der verfügbaren Siedlungsflächen ein Faktor der Standortwahl wäre, könnte zweifellos die Wachstumsimpulse verstädterter Agglomerationen dämpfen. Wohnbezirke und Arbeitsplätze würden in kleinstädtischen Einheiten oder in einzelnen Stadtteilen der Agglomeration näher zusammenrücken (konzentrierte Dezentralisation). Dadurch wäre eine Herabsetzung der infrastrukturellen Belastung (Arbeitsplätze und Gemeinschaftseinrichtungen im Fußgängerbereich) möglich.
Die Einführung eines unveränderlichen Angebots für Landwirtschaftsflächen, das nach Eignungsklassen und Bewirtschaftungsintensitäten spezifisch und regional zu bestimmen wäre, müßte keineswegs den totalen Baustopp bedeuten. Es würde aber im Falle von Eingriffen in bestehende Landwirtschaftsgebiete die Beschaffung von gleichwertigem Realersatz fordern. Um der Gefahr, daß dabei entstehende Natur- und Landschaftsreservate verlorengingen, vorzubeugen, müßte die räumliche Nutzungsordnung integral geplant werden, das heißt nicht nur die Siedlungsflächen, sondern auch Landwirtschaft, Landschaftsschutz und andere Nutzungsbereiche sind gleichzeitig ihrer politisch akzeptierten Priorität entsprechend zu bewerten. Dieses Ziel wird nur im Rahmen *regionaler und nationaler Konzeptplanung* möglich sein. Denn solange die Flächennutzung allein auf der Ebene von Ortsplanungen festgelegt wird, läßt sich der Verbrauch von gutem landwirtschaftlichem Boden nicht vermeiden. In Gemeinden beispielsweise, die innerhalb landwirtschaftlicher Vorzugsgebiete liegen, beansprucht die Überbauung zwangsläufig Boden von guter landwirtschaftlicher Qualität.
Derartige Veränderungen der Agrarproduktionsbasis wären in Form von Bilanzen der Bodenqualität und der Bodenerträge sichtbar zu machen. Eine wirkungsvolle Vorsorgestrategie ist auf eine derart abgestimmte Siedlungspolitik angewiesen.

Dynamische Begrenzung der Siedlungsflächen

Da sich erfahrungsgemäß ökologische und vor allem gesellschaftliche Bedingungen nur sehr langsam ändern, kann gerade in der für alle sichtbaren und erfahrbaren Bodenpolitik der Hebel angesetzt werden. Raumstrukturen sind der planerischen Steuerung am besten zugänglich. Die Grundsätze der heute in Industriestaaten üblichen Planungsgesetze basieren auf dem Prinzip der *Flächeneinteilung.* Die für die *Siedlungszwecke* verfügbare Landfläche wird von den Flächenansprüchen der übrigen Bereiche – Industrie, Landwirtschaft, Erholungslandschaft, Tourismus, Wald – abgegrenzt. Regionale Siedlungspläne und kommunale Bodennutzungspläne legen sowohl die Abgrenzung der Bauflächen oder Siedlungsflächen von den nicht zu überbauenden Gebieten, als auch die Trennung von Flächen verschiedener Nutzung – Wohnsiedlungsgebiet, Industriegebiet, Landwirtschaftsgebiet, Schutzlandschaft – fest. Die Begrenzungen des Siedlungsgebietes werden vom *Bedarf* nach privaten und öffentlichen Bauten abhängig gemacht, wobei das Gemeinwesen durch Landumlegung, Güterzusammenlegung, Enteignung in Sonderfällen, Baulandsteuern, Abschöpfung spekulativer Mehrwerte beim Landhandel oder Wegsteuerung eines Teils der Grundrente über ein bescheidenes Instrumentarium zur Steuerung der Siedlungsentwicklung verfügt.

Und wenn diese Maßnahmen nicht genügen, wenn der Bodenbedarf ins Uferlose steigt? Was dann? Ist nicht die in der »Wohlstandsgesellschaft« festgestellte »Bodenbesetzung« um zusätzliche 30% pro Einwohner im Zeitraum von 20 Jahren ein Menetekel?

Die üblichen Methoden der Raumplanung reichen offensichtlich nicht mehr aus. Früher oder später muß eine *Raumbegrenzungsstrategie* durchgesetzt werden. »Pufferstrategien« werden auf lange Sicht allein nicht in der Lage sein, den durch das Wachstum des Wirtschaftssystems provozierten Landverschleiß in einem humanökologischen tragbaren Rahmen zu halten. Das Ziel der Strategie: Annäherung des Raumverbrauchs an eine obere Grenze der Siedlungsfläche in abnehmenden Raten (Fig. 15/16). Die Strategie soll:

- das langfristige Einhalten einer festgelegten maximalen Siedlungsfläche garantieren;
- realpolitisch an die heutige Entwicklung der Flächenplanung und Etappenplanung anschließen, wobei eine Verkleinerung ausgeschiedener Wohnsiedlungsgebiete möglich sein sollte.
- zu einer humanen Gesellschaft beitragen, welche die ökologischen Grenzen akzeptiert.

Eine »schmerzlose« Einschränkung des Landverbrauchs ist denkbar, wenn wir einzelne »Sachzwänge« durch eine dezentralisierte Siedlungsstruktur beseitigen:

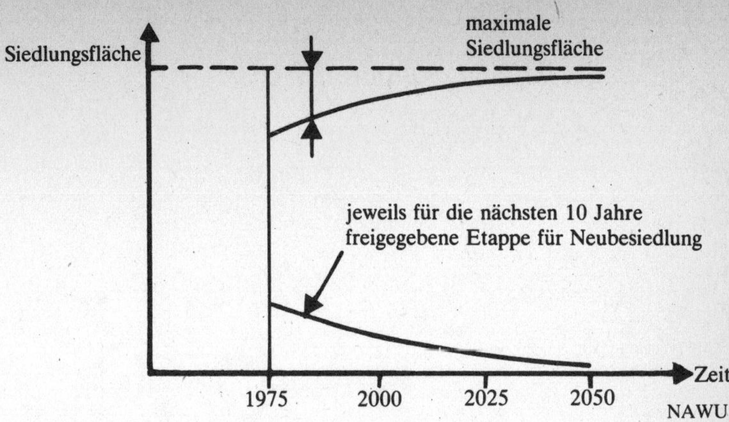

Figur 15: Die Grenzen des Raums für Neubesiedlung

- den Zwang zum motorisierten Verkehr im Alltag und am Wochenende zu reduzieren;
- den Zwang zum Arbeiten, Versorgen, Bilden und Erholen außerhalb der Wohnorte durch eine stärkere Durchmischung dieser Funktionen lockern;
- den Zwang zur Verlagerung geselliger Anlässe und mitmenschlicher Kontakte in die Vergnügungsviertel beseitigen, indem wir den privaten Wohnbereich beleben und attraktive Stadtteile ausbauen;
- den Zwang zum Wechsel des Wohnorts eindämmen, sobald Familien ihre Ansprüche an die Art und Größe der Wohnungen angesichts umbaufähiger Gebäudetypen und mannigfaltiger Wohnungsangebote ändern.

Der Flächenverbrauch im *privaten Bereich,* das heißt vor allem die Wohn- und Arbeitsflächen, könnte einer Begrenzung unterstellt werden, indem der einzelnen Person und dem einzelnen Betrieb als Richtwert nur mehr ein entsprechend begrenzter Raum zugeordnet würde. Das ergäbe bei planerischen Prognosen, die von einer mehr oder weniger konstanten Pro-Kopf-Fläche ausgehen, die Logik der Weiterentwicklung dieser Strategie. Wohn- und Arbeitsflächen unterscheiden sich qualitativ und auch bezüglich ihrer Knappheit nach Lage und Infrastruktur der Siedlungen. Deshalb müßte ein Verfahren entwickelt werden, das mittels Äquivalenzziffern (analog zur ökologischen Buchhaltung) in der Lage ist, vergleichbare Kontingente zu ermitteln. Als Kriterium zur Berechnung von Äquivalenzziffern hätte das Verhältnis von Bestand und Potential an Nutzflä-

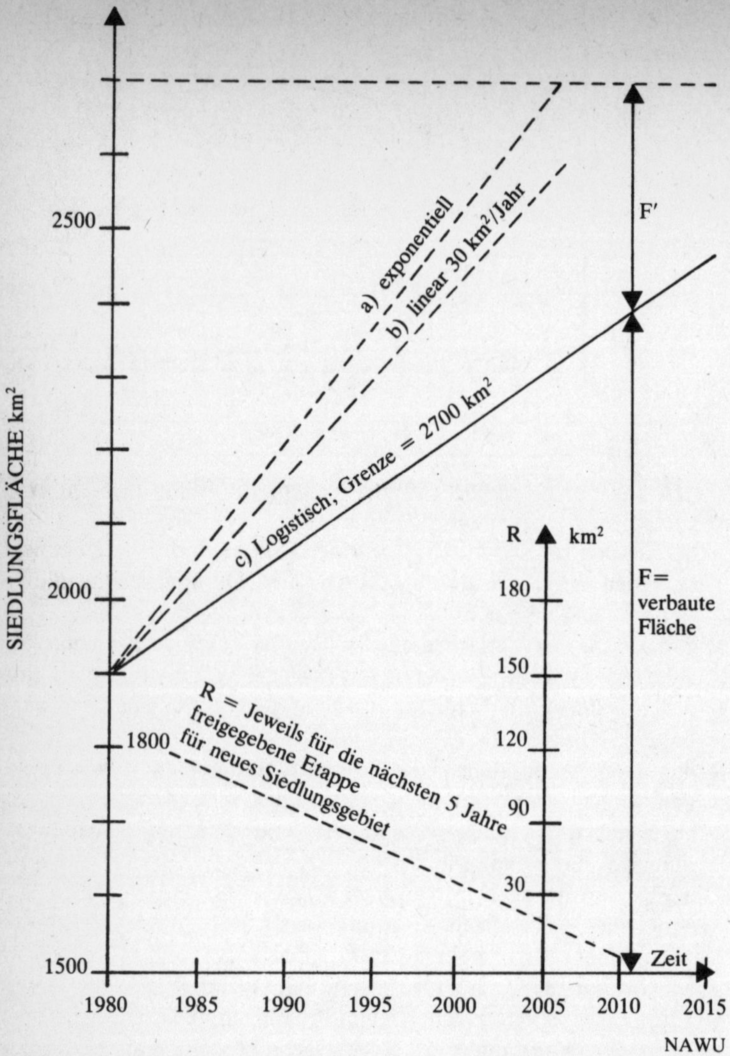

Figur 16: Langfristige Strategie für den Siedlungsflächenverbrauch in der Schweiz, die nahtlos an die heutige ungesteuerte Entwicklung anschließt und sich kontinuierlich einer oberen Grenze für die gemäß Leitbild maximal zu überbauende Fläche von 2 700 km² (7% der Totalfläche) nähert. Die noch verfügbare Fläche (F′) ist der Maßstab für die Wachstumsrate der Siedlungsfläche in den kommenden Jahren.[4]

chen von bestimmter Wohn- und Arbeitsstandortqualität zu gelten, wobei in erster Linie die Region als Berechnungseinheit in Frage käme.

Der *öffentliche Flächenverbrauch* ist eine von der Siedlungspolitik abhängige Größe: Verkehrsflächen variieren je nach der Art der Siedlungsstruktur. Auch der spezifische Flächenbedarf für öffentliche Bauten und Anlagen hängt von der Streuung oder Ballung der Siedlungsgebiete ab. Voraussetzung für die Ermittlung eines Potentials an öffentlichen Siedlungsflächen sind daher in erster Linie Leitbilder zur Siedlungsverteilung. Bei der Zuteilung der Siedlungsfläche für Wohnen, Industrie und Verkehr sind aber Prioritäten zu ermitteln. Damit verschiebt sich die Frage der Raumbelastung auf die politische Ebene.

Diese Beschränkungen sind unerläßlich, denn die unkontrollierten Raumansprüche der Wachstumswirtschaft würden in wenigen Generationen zu jenen äußersten Grenzen hinführen, deren Überschreitung den Zusammenbruch der Ökosysteme der Industrieländer heraufbeschwören müßte. Dieser kritische Punkt wäre vermutlich in den europäischen Ballungsräumen bei einer Verdoppelung der heutigen Siedlungsbelastung erreicht. Eine wirkungsvolle *Flächenbegrenzungsstrategie* müßte in den Ballungsgebieten von der Prämisse ausgehen, jede zusätzliche Umweltbelastung sei zu vermeiden. Unter dieser Voraussetzung wären nur noch jene Umweltveränderungen zu dulden, die innerhalb eines durch den technologischen Umweltschutz und durch einen sparsamen Lebensstil geschaffenen eindeutig begrenzten Spielraumes liegen.

Anmerkungen

[1] Ausführliche Darstellung des Systems der ökologischen Buchhaltung siehe bei: R. Müller-Wenk, »Die ökologische Buchhaltung«, Campus-Verlag, Frankfurt 1978.

[2] Art. 1 Entwurf 1977 zu einem Bundesgesetz über die Raumplanung Schweiz.

[3] Umweltpolitisches Bewußtsein (Untersuchung des Instituts für angewandte Sozialwissenschaft), Berlin 1973, Seite 27.

[4] Auf Grund von amtlichen Angaben in der Schweiz und auf Grund eigener NAWU-Berechnungen kommen wir zum Ergebnis, daß eine weitere Ausdehnung der Siedlungsfläche in der Schweiz von jetzt ca. 5,6% auf 7% der Gesamtfläche den letzten Grenzwert der Entwicklung der Siedlungspolitik darstellt, die noch verantwortet werden kann. Der Raum für Neubesiedelung in einem Land wird nicht nur durch das Vorhandensein von nicht-überbaubaren Flächen wie Berge, Seen, Ödland und ökologisch notwendigen Wäldern begrenzt. Das Postulat einer krisensicheren Binnen-Agrarwirtschaft muß in der Raumpolitik auch berücksichtigt werden.

6.
Energie-Stabilisierung und Sicherung der Arbeitsplätze

Warum gerade Energiepolitik?
In diesem Kapitel wird eine »neue Energiepolitik« vorgestellt, die Politik der *Energieverbrauchsstabilisierung.* Es sprechen viele Gründe dafür, der Energiepolitik eine ganz besondere Bedeutung innerhalb der Gesamtstrategie des qualitativen Wachstums zuzumessen:
Die Umweltbelastung: Der größte Teil der Umweltbelastung wird direkt verursacht durch Produktion, Transport, Umwandlung und Verbrauch der verschiedenen fossilen Energieträger, die mehr als 90% des gesamten, weltweiten Energieverbrauchs decken. Eine schrittweise Verminderung der Zuwachsraten und die damit verbundene mittelfristige Stabilisierung des Energieverbrauchs führen allein – im Vergleich zu heute – noch nicht zu einer Verbesserung der Umweltqualität. Aber sie verhindern eine voraussehbare, wesentliche Verschlechterung, die notwendigerweise mit der prognostizierten Verdreifachung des Energiekonsums in den nächsten Jahrzehnten verbunden wäre. Eine Politik, die auf die Substitution umweltbelastender (fossiler) Energieträger durch umweltfreundliche, hauptsächlich regenerierbare Energien abzielt, wäre sinnvoller. Umweltfreundliche Energieträger können bis zum Jahr 2000 nur dann einen ins Gewicht fallenden Anteil an der Energieversorgung erreichen, wenn der Gesamtverbrauch sich unterdessen nicht vervielfacht. Generell darf man sagen: Weniger Energie verbrauchen und umweltfreundlichere Energie gebrauchen ist die wirksamste und direkteste Methode, die Umwelt zu schützen.
Das Ressourcenproblem: Energie ist *knapp.* Erdöl, Erdgas und nuklearer Brennstoff für die Atomkraftwerke der heutigen Generation werden in wenigen Jahrzehnten zur Neige gehen. Neue kerntechnische Verfahren werden seit geraumer Zeit intensiv erforscht. Im Vordergrund steht der sogenannte »Brüter«, der das heute nicht spaltbare Uran 238, das über 99% der Uranvorräte ausmacht, in spaltbares Plutonium umwandelt. Er »erbrütet« sich seinen Brenn-

Umweltbelastung durch Energieträger

Fossile Energieträger belasten bei Gewinnung, Transport und Lagerung vor allem das Wasser (Meere, Flüsse, Grundwasser) und das Erdreich, während sie bei der Verbrennung zur Hauptsache die Luft verschmutzen. Die spezifische Belastung ist dabei je nach Energieträger sehr verschieden. Die Tabelle 14 gibt für die wichtigsten Energieträger an, wie stark sie bei der Verbrennung die Luft verschmutzen (Gramm Umweltbelastung pro Kilo verbrannten Energieträgers) und wieviel davon im Jahre 1973 in der Schweiz (CH), der Bundesrepublik Deutschland (BRD) und in der Europäischen Gemeinschaft (EG) verbrannt wurde.

Tabelle 14: Spezifische Luftbelastung verschiedener Energieträger und der Energieverbrauch in der Schweiz, der BRD und den europäischen Gemeinschaften.[1]

	Belastung* in g/kg				Verbrauch 1973		
Energieträger	SO_2	NO_x	CO	Staub	CH Mio t	BRD Mio t	EG Mio t
Steinkohle	11.0	1.3	165.0	15.2	0.23	57.2	207.8
Braunkohle	5.0	0.8	65.4	3.9	0.07	120.3	124.0
Koks	15.3	1.9	133.0	0.1	0.16	26.7	102.2
Benzin	0.5	10.0	220.0	0.5	3.16	24.5	102.5
Dieselöl	4.0	7.0	25.0	3.0	0.79	10.4	41.7
Leichtes Heizöl	3.4	2.4	0.2	0.3	7.04	45.9	122.0
Schweres Heizöl	30.0	0.8	65.0	1.6	2.47	45.7	215.6
Erdgas	0	1.4	0.01	0.03	0.14	26.2	112.6

* Diese Belastungen sind Durchschnittswerte für alle Verbrennungsprozesse.

Tabelle 15: Luftbelastung durch fossile Energieträger in t, 1973.[1]

	Maßeinheit	SO_2	NO_x	CO	Staub
Schweiz	Mio t	0.14	0.06	0.96	0.02
BRD	Mio t	3.5	0.7	30.8	1.8
EG	Mio t	12.1	2.5	98.7	4.5

[1] OECD-Statistik 1973; Emissionskataster Köln 1972; Zusammenstellung der in der BRD durch die Erzeugung und den Verbrauch von Energie bedingten Auswirkungen auf die Umwelt, Kernforschungszentrum, Karlsruhe 1974

stoff sozusagen selbst und könnte auf diese Weise die Brennstoffvorräte vervielfachen. Es ist jedoch unsicher, ob die damit verbundenen technischen und vor allem sicherheitstechnischen Probleme gelöst werden können. Auch bei günstigsten Voraussetzungen ist eine kommerzielle Anwendung in diesem Jahrhundert kaum zu erwarten. Noch viel ungewisser steht es um die Fusionstechnologie. Wenn die kontrollierte Nuklearfusion technisch überhaupt machbar ist, wird es bis weit ins nächste Jahrhundert hinein dauern, bis diese Technologie zur Energieerzeugung herangezogen werden kann. Auch unter diesem Gesichtspunkt ist es nicht abwegig, im Energiesektor eine Bremsstrategie einzuschlagen. Denn auch die *politischen Widerstände* gegen eine »Plutonium-Wirtschaft« wachsen.

In seinem Wahlmanifest verkündete der ehemalige Atomingenieur und heutige Präsident der Vereinigten Staaten, Jimmy Carter, daß er die kommerzielle Wiederaufbereitung von abgebrannten Kernbrennstäben so lange blockieren werde, bis ihre »Notwendigkeit, Wirtschaftlichkeit und Sicherheit eindeutig demonstriert worden sind«. Im April 1977 erhob Präsident Carter sein Versprechen zum Programm. In einer Sieben-Punkte-Erklärung zur US-Kernenergiepolitik erließ er ein doppeltes Moratorium: Die kommerzielle Wiederaufbereitung wird in den Vereinigten Staaten von der Regierung nicht mehr finanziell gefördert; die Entwicklung des Schnellen Brüters wird zugunsten von Reaktoren zurückgestellt, bei denen kein waffenfähiges Plutonium anfällt.

Die Wachstumsproblematik: Angesichts der sich häufenden Anzeichen der scheinbar unaufhaltsamen Zerstörung der Umwelt setzt sich die Erkenntnis durch, es sollte in erster Linie nicht *mehr*, sondern *Besseres* produziert werden. In diesem Zusammenhang spielt auch die Energie oder besser der Energieverbrauch eine bedeutende Rolle. Die Statistik zeigt, daß in den letzten Jahren Energieverbrauch und Wachstum des Bruttosozialproduktes sehr eng miteinander verbunden waren (Fig. 17).

Jede Zunahme des Energieverbrauchs bedeutet auch eine Zunahme der energieintensiven Produktion, eine Zunahme des Verkehrs, vor allem des privaten Verkehrs, eine Zunahme am Bestand und Gebrauch von Haushaltmaschinen und Freizeitgeräten aller Art. Damit verbunden ist wiederum eine Verstärkung der Luftbelastungen, der Gewässerverschmutzung, des Lärms, ein Anwachsen der Abfälle; alles Erscheinungen, die ihrerseits durch einen vermehrten Einsatz an Gütern und Geld beseitigt werden müssen.

Eine energiebegrenzende Strategie vermittelt einer Qualifizierung

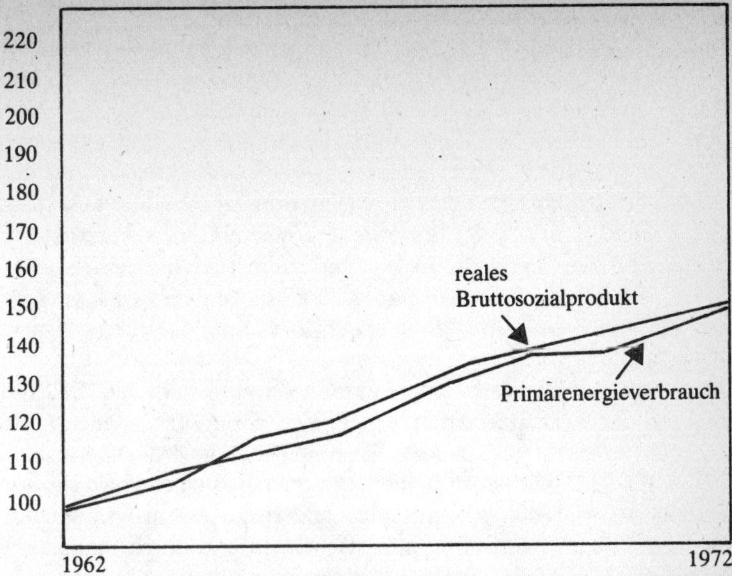

Figur 17: Entwicklung des Primärenergieverbrauches und des realen Bruttosozialproduktes in der BRD von 1962–1972 (1962 = 100)[1]

[1] Bundesministerium für Forschung und Technologie, Rahmenprogramm für Energieforschung, 1974–77, S. 22

der wirtschaftlichen Entwicklung starke Impulse. Energiesparende Produktionsmethoden und Produktezyklen fördern eine Verlängerung der Lebensdauer der Güter und die Bereitschaft, Reparaturen auszuführen. Jene Materialien werden intensiver wiederverwertet, zu deren Herstellung viel Energie benötigt wurde; vor allem aber wird auch in einem großen Bereich das Recycling der Abfälle gefördert. Energiesparsame Entwicklung bedeutet gleichzeitig eine Reduktion des Energieverbrauchs im Verkehr, sei es durch die Förderung öffentlicher Verkehrsmittel, sei es durch den Aufbau energiesparender Siedlungsstrukturen, bei denen Arbeitsplatz, Versorgungseinrichtungen und Naherholung im Fußgängerbereich der Wohnplätze liegen. Energieeinsparung führt demnach in den meisten Fällen nicht nur zu ökologisch verträglicheren Lösungen, sondern verursacht auch weniger soziale Folgekosten und verbessert in letzter Konsequenz die Lebensqualität.

Das Konzept einer stabilisierenden Energiepolitik

Politische und wirtschaftliche Entwicklungen benötigen Zeit. Je stärker dabei von herkömmlichen Vorstellungen und eingetretenen Pfaden abgewichen wird, um so länger muß die dafür eingeräumte Zeitspanne sein. Dies gilt in besonderem Maße auch für jede Politik, die versucht, den Energieverbrauchszuwachs abzubremsen und die damit auch strukturelle Veränderung im Bereich der wirtschaftlichen Produktion und des Siedlungswesens anstrebt. Ein kurzfristiger Stopp des energiewirtschaftlichen und des wirtschaftlichen Wachstums, wie dies von manchen rigorosen Ökologen gefordert wird, ist nur um den Preis einer tiefgreifenden sozialen und wirtschaftlichen Krise realisierbar.

Man muß deshalb realistischerweise davon ausgehen, daß die Produktion der industrialisierten Länder sicher mittelfristig auch noch quantitativ wächst und daß dazu Energie benötigt wird. Die »zusätzliche« Energie soll jedoch immer weniger durch einen Zuwachs des gesamten Angebots sichergestellt, sondern zu einem wachsenden Teil durch Einsparungen in allen Bereichen und durch optimalere Nutzung aufgebracht werden. Ein Begrenzungskonzept hat nun aufzuzeigen, wie diese Einsparungen realisiert werden können, welche Maßnahmen zu ergreifen sind und mit welchen Auswirkungen in Wirtschaft, Umwelt und Gesellschaft zu rechnen ist.

Die herkömmlichen energiewirtschaftlichen Ziele werden im allgemeinen wie folgt umschrieben:

- reichliche und möglichst preisgünstige Energie
- Sicherheit der Energieversorgung
- Schutz der Umwelt und der Landschaft.

Dazu kommen je nach Land und Energieträger einige zusätzliche Zielvorstellungen regionalpolitischer und auch kriegswirtschaftlicher Art. Die Konflikte, die zwischen diesen Zielen bestehen – eine sichere oder umweltfreundliche Energieversorgung kann beispielsweise nicht billig sein –, sind in den letzten Jahrzehnten durchweg zugunsten des Zieles »preisgünstig und reichlich« gelöst worden. Eine neu zu fordernde Verschiebung der Prioritäten zugunsten der Versorgungssicherheit und zugunsten der Verträglichkeit mit der Umwelt im weitesten Sinne führt konsequenterweise zu einer *Politik des Sparens,* zu einer Politik, die den Energieverbrauch niedrig zu halten sucht, zu einer Politik der Energieverbrauchsstabilisierung.

Die Beschränkung des Energieverbrauchs ist demzufolge nicht ein eigenständiges Ziel, sondern eine Strategie, um bestimmte Ziele zu erreichen. Sie bedingt ein Abgehen von der Politik der bedingungslosen Nachfragebefriedigung und führt dazu, daß sich die Energiepolitik nicht mehr nur mit der Beschaffung der Energie beschäftigen kann. Die Art der Energienutzung, vor allem die Verbesserung der Nutzungseffizienz in Haushalt, Industrie und Verkehr werden zu einem wichtigen Bestandteil der Energiepolitik.

Das Konzept der Energiebegrenzung geht davon aus, daß Konflikte zwischen den erwähnten drei energiepolitischen Zielen soweit wie möglich zugunsten der Umweltverträglichkeit und der langfristigen Sicherstellung der Energieversorgung gelöst werden. Ausdrücklich wird folgenden energiepolitischen Zielsetzungen Priorität eingeräumt:

1. Die Energiepolitik ist einer menschlichen Gesellschafts- und Wirtschaftspolitik unterzuordnen, welche die *wirtschaftliche Entwicklung als Verbesserung der Lebensqualität* im weitesten Sinne versteht. Lebensqualität bedeutet wesentlich auch Möglichkeit zur Selbstverwirklichung für alle und ist nicht mit dem Bruttosozialprodukt identisch.
2. Bei der Gewinnung, Umwandlung und Veredelung, Speicherung, beim Transport und Verbrauch von Energie soll die *Umwelt möglichst wenig belastet* werden. Die Umweltbelastung der Energiewirtschaft darf mindestens nicht weiter zunehmen.
3. Die *Abhängigkeit von Energieimporten* aus dem Ausland darf nicht zunehmen, sondern soll wesentlich *reduziert* werden, indem einheimische, regenerierbare Energiequellen gefördert und Energie allgemein besser ausgenutzt und sparsam verwendet wird.
4. Der *Raubbau* an den knappen fossilen Energiequellen muß durch die Förderung regenerierbarer Energien *abgebremst* werden. Den Bedürfnissen der Entwicklungsländer und späterer Generationen soll dadurch Rechnung getragen werden.
5. Das Energieangebot soll möglichst krisensicher und zu *volkswirtschaftlich vertretbaren Preisen* gewährleistet werden.

Das Sparpotential

Die Frage »Wieviel Energie kann eingespart werden?« ist eigentlich falsch gestellt. Sie müßte viel eher lauten: »Was kostet es, wieviel Zeit wird benötigt, und unter welchen politischen Randbedingungen ist es möglich, den Energieverbrauch um eine bestimmte Menge zu reduzieren?« Denn es handelt sich hier nicht in erster Linie um eine Frage nach den technischen Möglichkeiten, die Frage nach den Energiesparmöglichkeiten ist vielmehr hauptsächlich eine Frage nach

- *dem Preis* (wirtschaftliche Kosten, eventuell Bequemlichkeitsminderung),
- *dem Zeitbedarf* (die Verbesserung der Wärmeisolation in den Häusern auf das Doppelte des heutigen Wertes benötigt vielleicht zehn bis zwanzig Jahre),
- *dem Informationsgrad* der Bevölkerung und der politischen Parteien und – davon abhängig – dem politischen Willen der Entscheidungsträger.

Bei der aufgezeigten Problematik wäre demnach die Frage präziser zu formulieren: »Wie kann die Differenz zwischen dem prognostizierten Verbrauch und der durch die Energiebegrenzungspolitik anvisierten Verbrauchsbegrenzung gedeckt werden, ohne daß Verknappungserscheinungen mit ihren strukturverzerrenden Folgewirkungen auftreten?«

Ausführliche Analysen zeigen, daß das *Sparpotential* in den westlichen Volkswirtschaften sehr *groß* ist und daß mit entsprechenden energiepolitischen Strategien der Energieverbrauch sich maßgeblich senken ließe. Mit anderen Worten heißt dies auch, daß bei gleichbleibendem Energieverbrauch ein wirtschaftliches Wachstum innerhalb gewisser Grenzen und mit Änderungen im Investitionsprozeß (Rationalisierungsinvestitionen II statt Rationalisierungsinvestitionen I, vgl. oben S. 135) durchaus möglich ist, daß also eine Entkoppelung zwischen dem Wachstum des Sozialprodukts und dem Wachstum des Energieverbrauchs eine realistische Strategie darstellt.[1]

Verschwendung vermeiden: Dieses Sparen ist die einfachste Art, den Energieverbrauch zu senken. Es ist damit weder eine Einbuße an Komfort noch an Konsummöglichkeiten verbunden. Diese Art von Sparmaßnahmen läßt sich sofort verwirklichen und ermöglicht eine echte Einsparung an Energiekosten. Das mühelos einzuheimsende Sparpotential dieses Maßnahmenbündels beträgt mehrere Prozent des gesamten Energieverbrauches; mit wenig Aufwand läßt sich in diesem Sektor eine starke Wirkung erzielen. Beispiele für einfach zu bewerkstelligende Einsparungen:

- Kein Überheizen im Winter. Drosselung der Raumtemperatur von durchschnittlich 22–24° C auf 20° C.
- Vermeiden von übermäßiger Kühlung im Sommer in Gebäuden mit Klimaanlage.
- Bessere Einstellung der Ölbrenner in den Haushaltungen und Geschäftshäusern.
- Maschinen nur anstellen, wenn sie gebraucht werden.

Verbesserung des Wirkungsgrades bei der Umwandlung der Primärenergie zur Nutzenergie: Heute fallen nur rund 40% der in Form von Wasserkraft, fossilen und nuklearen Energieträgern dargebotenen Primärenergiemenge beim Verbraucher als Wärme, Kraft, Licht oder chemisch gebundene Energie an. Die restlichen *60%* gehen bei den verschiedenen Umwandlungs- und Veredelungsprozessen *verloren.* Diese Verluste können auf zwei verschiedene Arten reduziert werden. Einerseits lassen sich die technischen *Wirkungsgrade* der Energieumwandlung noch verbessern. Der Wirkungsgrad des gebräuchlichen Personenwagenmotors ist mit 10% extrem tief und ließe sich mit einer mählichen Umstellung, etwa auf Dieselmotoren, um fast die Hälfte anheben. Die Verbesserung der Wirkungsgrade ist allerdings beschränkt und stößt an physikalische Grenzen. Sie ist meistens teuer und kann nur mittelfristig realisiert werden. Als viel ergiebiger erweist sich die *Abwärmenutzung.* Abwärme fällt in großen Mengen bei der Elektrizitätserzeugung aus fossilen und nuklearen Brennstoffen an, aber auch bei manchen industriellen Wärmeprozessen, und wird heute in der Regel ungenutzt an die Luft oder in die Gewässer abgegeben. Diese Wärme läßt sich jedoch für die Raumheizung, wie auch im Bereich der Industrie für verschiedene Zwecke nutzbar machen.
Zur Kategorie »Wirkungsgradverbesserung« zählen wir auch die Verbesserung der Wärmeisolation bei Gebäuden. Eine verbesserte Isolation wirkt sich doppelt auf die Energiebilanz aus. Einerseits lassen sich damit Heizenergie und entsprechend auch Heizkosten sparen. Andererseits macht sie aber auch die Klimatisierung in den meisten Fällen überflüssig. Die Verbesserung der technischen Wirkungsgrade, die Nutzung der Abwärme und die Verbesserung der Wärmedämmung benötigen Investitionen, veränderte Einrichtungen und bauliche Veränderungen. Sie lassen sich darum nur allmählich realisieren. Innerhalb von fünf bis zehn Jahren sind immerhin einige Prozente Einsparung am Gesamtenergieverbrauch möglich. Langfristig (20 bis 30 Jahre) sind Verbrauchssenkungen in der *Größenordnung von 30%* des heutigen Verbrauchs erreichbar.
Neue Produktionsverfahren und Konsumgewohnheiten: Der größte Teil der Energieverbrauchszunahme in den industrialisierten Ländern in der Nachkriegszeit beruht auf einer gewaltigen Ausdehnung des Energieverbrauchs für die *Raumheizung* einerseits und für den *Individualverkehr* andererseits. Aus diesen beiden Sektoren sind auch für die Zukunft die größten Zuwachsraten zu erwarten. Im Bereich der Raumheizung ist dieser Nachfrageschub, wenn man von

einem gewissen Nachholbedürfnis ländlicher Gegenden und Zunahme der Geschoßfläche pro Kopf absieht, in erster Linie von der zunehmenden *Klimatisierung* zu erwarten, die ein Vielfaches der Energie einer herkömmlichen Raumheizung beansprucht (sechs bis achtmal mehr), und in einem weiteren Sinne durch eine wachsende Zahl privater Schwimmbäder, die fossil beheizt werden. Beide Entwicklungen belasten die Energiebilanz unnötigerweise. Die Klimatisierung kann – wie schon ausgeführt – durch entsprechende bauliche Maßnahmen umgangen werden. Dies ist nicht nur energetisch günstiger, sondern auch der Gesundheit der Benützer zuträglicher. Kleinschwimmbäder lassen sich zu vergleichbaren Preisen mit Sonnenenergie heizen.

Im *Verkehrssektor* kann der Trend zu höheren Geschwindigkeiten im schienengebundenen und im Luftverkehr der Energiestabilisierungspolitik geopfert werden, ohne daß dadurch untragbare volkswirtschaftliche Verluste zu erwarten sind. Es wäre dies im Gegenteil eine Maßnahme, die auch aus der Sicht der Raumordnung und der Siedlungspolitik erwünscht ist. Denn die Verbesserung der Verkehrsverhältnisse im Umland der Agglomerationen und insbesondere die Erhöhung der Reisegeschwindigkeiten fördern maßgeblich die Konzentration von Arbeitsplätzen in wenigen Verdichtungsräumen. Die auf diese Weise realisierbaren Verbrauchsreduktionen, bezogen auf die Prognose, nehmen mit der Zeit zu. Sie kosten praktisch nichts und sind politisch leichter durchführbar als Eingriffe, die Bestehendes umändern wollen.

Veränderungen im Güter- und Dienstleistungsangebot. Bei den meisten Gütern, die heute hergestellt werden, fallen bei der Produktion die Energiekosten im Vergleich zu den übrigen Herstellungskosten nicht oder nicht entscheidend ins Gewicht. Auch bei Gebrauchsgegenständen wie Haushaltmaschinen, elektronische Apparate, Pumpen etc., die mit Energie betrieben werden, wird dem spezifischen Energiekonsum kaum Bedeutung zugemessen. Bei einer entsprechenden Energiepolitik sind dadurch in diesem Bereich noch beachtliche Verbesserungen zu erzielen. Unter dem Einfluß einer Energieverteuerung würde sich das angebotene Warensortiment langsam wandeln. Energieintensive Produkte können durch energiearme ersetzt werden. Sparsamkeit im Energieverbrauch wird zum Verkaufsargument. Unter diesen Titel gehört auch das sogenannte *Recycling,* die Wiederverwertung gebrauchter Materialien. Im Gegensatz zu viel gehörten Ansichten benötigt die Wiederverwendung von einer ganzen Reihe von Grundstoffen *weniger Energie* als die Neugewinnung (vgl. oben S. 162). Ansätze sind heute bereits vorhanden beim Altpapier, Glas, Autoschrott etc. Eine gezielte Weiterentwicklung dieser Ansätze ist nicht nur aus der Sicht der Energieeinsparung erwünscht, auch die Abfallawine und die damit verbundenen Umweltbelastungen und Kosten lassen sich auf diese Weise eindämmen:

- Mehrweg-Flaschen und umweltfreundliche Kunststoffe ersetzen Aluminiumbüchsen.
- Ungebleichtes Papier tritt an die Stelle von hochweißem.
- Kurzlebige Güter werden langlebiger konzipiert. Die Energiebilanz verbessert sich dabei, wenn man den ganzen Lebenszyklus in die Betrachtung einbezieht.

Hier harrt eine Fülle bisher noch ungenutzter Möglichkeiten der Verwirklichung, da der technische Fortschritt diese Entwicklung bisher vernachlässigte und sich im wesentlichen auf die Substitution menschlicher Arbeitskraft konzentrierte.

Strukturelle Änderungen: Diese Kategorie im Stabilisierungskonzept zielt darauf ab, den Energiebedarf, beziehungsweise die Verbrauchszunahme durch Änderungen im Wirtschaftsaufbau und in den Siedlungsstrukturen zu dämpfen. Es ist der in eine fernere Zukunft weisende Teil der Strategie mit dem größten Gehalt an heute noch utopisch scheinenden Ideen. Wir sind jedoch überzeugt, daß sich eine tiefgehende Veränderung in den Wertvorstellungen anbahnt, die auch Wirtschaft und Gesellschaft beeinflussen wird. Im wesentlichen ist dabei auf einen sukzessiven Übergang zu einer Gesellschaft und Wirtschaft hin zu tendieren, in der Strukturen aufgebaut werden, in denen die sogenannte Zwangsmobilität (Arbeitsweg, Einkaufsweg, Naherholungsweg) möglichst klein wird; in denen der größere Teil der Produktivitätsfortschritte in Freizeit umgewandelt wird und Produktionsausweitungen nur noch soweit vorgenommen werden, als vorgängig Energie »eingespart« werden konnte. Auf lange Sicht sind diese strukturellen Änderungen und der damit verbundene Abbau strukturbedingter Wachstumszwänge der wesentlichste Teil der Strategie, denn die Verbesserung der Wirkungsgrade und der Nutzungseffizienz stößt bei wachsender Wirtschaft unweigerlich irgendwann an Begrenzungen physikalischer und ökonomischer Art.

Die Energiepolitik vermag nicht allein – auch langfristig nicht – diesen tiefgreifenden Wandel herbeizuführen. Sie gibt jedoch Impulse für eine Entwicklung in dieser Richtung und unterstützt sie.

Fassen wir das Ergebnis dieses Stabilisierungskonzeptes zusammen: Mit Energiesparen wird Zeit gewonnen, um den Wirkungsgrad der

Energieumwandlung zu verbessern und die Nutzungseffizienz in allen Bereichen zu optimieren. In einer weiteren Phase werden vor allem die Sparmöglichkeiten ausgeschöpft werden, die sich durch die Ausrichtung des Güter- und Dienstleistungsangebotes auf energiesparsame Produkte und Leistungen ergeben. Langfristig kann jedoch Energiestabilisierung nur durch ein Umschwenken in eine nachindustrielle Wirtschafts- und Gesellschaftsordnung aufrechterhalten werden.

Die Instrumente der stabilisierenden Energiepolitik

Die Begrenzung des Angebots: Grundsätzlich wäre es denkbar, die Stabilisierung des Energieverbrauchs zu erzwingen, indem das Energieangebot bewirtschaftet wird. Der Staat hätte das Stabilisierungsziel festzulegen und, davon ausgehend, die Wachstumsrate einzelner Energieträger zu bestimmen. Damit ließe sich sowohl dem Stabilisierungsziel wie dem Diversifikationsziel Genüge tun. Falls die Nachfrage das limitierte Angebot überstiege, wären zusätzlich Maßnahmen zu ergreifen, um eine einigermaßen sinnvolle Verteilung der knappen Energie sicherzustellen. Zur Lösung dieser Aufgabe sind schon verschiedene Verfahren vorgeschlagen worden, die von der seit langem bekannten Rationierung/Kontingentierung bis zu einem Couponsystem reichen, bei dem das Energieangebot gleichmäßig auf alle Einwohner verteilt würde, die dann mit ihren Verbrauchsberechtigungen handeln könnten. Der Preismechanismus würde, theoretisch wenigstens, zu einer optimalen Verteilung der knappen Energie führen. Die Begrenzung des Angebots wäre administrativ relativ einfach durchzuführen, hat aber entscheidende Nachteile. Sie unterwirft die Wirtschaft und auch den einzelnen Konsumenten einem harten Anpassungsstreß, der gerade im wirtschaftlichen Bereich zu schwerwiegenden Nachteilen führen dürfte, ganz abgesehen von den Schwierigkeiten, ein derartiges Vorgehen den Sozialpartnern und den Wählern schmackhaft zu machen.

Die Bewirtschaftung der Nachfrage: Es erscheint viel einfacher, die Stabilisierungspolitik von einer Bewirtschaftung der Nachfrage her durchzuführen. Es geht im wesentlichen darum, den Verbraucher jeder Kategorie – sei es nun beim Wohnen, im Verkehr, in der Freizeit und in der Produktion – für energiesparsamere Verhaltensweisen zu motivieren. Auch auf diese Weise läßt sich der Verbrauch einschränken. Allerdings muß in den meisten Industriestaaten das wirkungsvolle Instrumentarium für diese Beeinflussung erst noch geschaffen werden. Dieses besteht zur Hauptsache aus sogenannten marktkonformen Instrumenten, die über den *Preismechanismus* wirken. Darunter fallen zum Beispiel verschiedene Arten von *Energiesteuern, Zölle, Veränderungen in der Tarifpolitik* (Übergang von degressiven zu progressiven Tarifen). Ihnen allen gemeinsam ist, daß sie eine Verteuerung der Energie bewirken und auf diese Weise die Nachfrage dämpfen. Sie kommen dort zur Anwendung, wo der Energiepreis eine Rolle spielt und keine sozialen Härten entstehen: im Bereich der Produktion, im Dienstleistungssektor und im Wirtschaftsverkehr. Dort herrscht Kostenrationalität, und der Preismechanismus ist dementsprechend wirksam.

Um die Umstellung mit möglichst wenig Reibungen vornehmen zu können, andererseits aber eine ständige Verbesserung der Energienutzung zu erzielen, ist es zweckmäßig, die Energieverteuerung ganz sachte zu beginnen, so daß sie kaum spürbar wird (vielleicht 2–3%), sie aber jährlich um einen kleinen Betrag anwachsen zu lassen. Wie groß diese Marge sein muß, hängt davon ab, wie sich die internationalen Energiepreise entwickeln und wie empfindlich die betroffenen Konsumenten und Produzenten auf diese Verteuerung reagieren.

In jenen Sektoren, in denen die Energiekosten eher eine untergeordnete Rolle spielen, sei es, weil sie überwälzt werden können (Wohnungsbau) oder weil die Anpassungszeiten zu lang wären, sind direkte Vorschriften, in Form von *Geboten, Verboten oder Richtlinien* nicht zu umgehen. Im Vordergrund stehen dabei Normen über die Wärmeisolation bei Neubauten, die Benutzung von energieintensiven Klimaanlagen oder die Beheizung von Privatschwimmbädern.

Eine weitere Art von Instrument besteht darin, über *Subventionen, Kapitalbeteiligungen, Finanzierungsbeihilfen* den Aufbau neuer, energiesparsamer Strukturen einzuleiten oder zu fördern. Darunter fallen nicht nur energiewirtschaftliche Infrastrukturen, sondern auch Verbesserungen der Verkehrsverhältnisse und Siedlungsstrukturen.

Dieses Instrumentarium wird ergänzt durch eine Reihe weiterer Beeinflussungsmöglichkeiten zur breiten und langfristigen Abstützung der Stabilisierungspolitik: *Information, Ausbildung, Forschung.*

In der Regel stolpert jede politische Strategie, auch wenn sie die primär politischen Hindernisse überwunden hat, an der *Finanzierungsfrage.* »Das ist ja alles ganz schön und gut«, so wird argumentiert, »aber wer soll das bezahlen?« Das hier vorgestellte Instrumentarium der Stabilisierungspolitik hat den Vorteil, daß es die Mittel, die zur Durchführung der Energiepolitik benötigt werden, selber »erwirtschaftet«. Über Steuern, Energietarife und Zölle, die durch die Verteuerung den Energiekonsum dämpfen sollen, fallen dem

Staat relativ hohe Summen zu. Richtig eingesetzt, erlauben diese Beträge ohne Belastung des ordentlichen Staatshaushaltes, die erwünschte Nachfragedämpfung zu realisieren.

Die Energiesteuer

Die Energiesteuer stellt im Rahmen der Energiepolitik ein neues Instrument dar. Zwar werden schon seit langer Zeit einzelne Energieträger fiskalischen Belastungen unterworfen, die jedoch in der Regel nicht energiepolitisch motiviert werden. So sind in praktisch allen europäischen Ländern die motorischen Treibstoffe mit enormen Zöllen und Steuern belegt, und zwar in einem Ausmaß, daß 60 und mehr Prozente des Endverbraucherpreises auf solche Abgaben entfallen. Sie dienen in der Regel der Finanzierung des Straßenbaus oder werden zur Speisung der öffentlichen Haushaltskasse benutzt.
Die hier vorgeschlagene Energiesteuer ist auf andere Ziele ausgerichtet. Zum Teil ist sie eine Lenkungssteuer; sie soll bewirken, daß die Nachfrage nach Energie sich verringert, vor allem aber wesentlich langsamer zunimmt, als in den Prognosen ausgewiesen wird. Sie lenkt also das Verbraucherverhalten in Richtung einer möglichst optimalen Nutzung der vorhandenen Energie. Andrerseits soll sie aber auch wesentlich eine Finanzierungssteuer sein; das heißt sie wird mit der Absicht so konzipiert, daß durch sie erhebliche finanzielle Mittel beschafft werden können, die zur Realisierung einer Politik der Energiebegrenzung benötigt werden.
Im konkreten Fall ist die Ausgestaltung der Energiesteuer auf verschiedenste Arten möglich. Die folgenden Angaben sind darum nur als Beispiele zu verstehen:
Steuerobjekt: Der Energiesteuer unterstellt werden alle fossilen Energieträger – Erdöl, Erdgas, Kohle –, weil sie knapp sind und/oder starke Umweltbelastungen verursachen. Mit der Steuer belastet werden auch Wärme aus Spaltstoffen und Wasserelektrizität. Dagegen scheint es sinnvoll zu sein, die regenerierbaren Energien – mit Ausnahme der Wasserelektrizität – von der Steuer zu befreien. Wir zählen dazu die direkte Sonnenwärme, Wärme aus Luft und Wasser, Erdwärme, Holz und Gas aus organischen Abfällen. Diese Energien sind heute noch teurer als die herkömmlichen. Sie sollen jedoch in Zukunft wesentlich gefördert werden und im nächsten Jahrhundert den größten Teil der Raumwärme liefern.
Steuerfuß: Zur Höhe des Steuerfußes sind schon viele Vorschläge gemacht worden. Meistens spricht man von steuerlichen Belastungen von 5–20% des Grundpreises. Bei diesen Formen der Energiesteuer

überwiegt aber der Finanzierungsaspekt. Zwar wird der einzelne Konsument auch in diesem Fall sein Verhalten an die erhöhten Preise anpassen; man wird die neuen Häuser etwas besser isolieren und bei neuen Privatkraftwagen vielleicht eher auf die Literleistung achten. Aber der Anpassungsdruck wirkt einmal, und sobald sich ein neues Gleichgewicht gefunden hat, ist die Lenkungswirkung vorbei. Im Rahmen einer Politik der Energiebegrenzung soll jedoch die Nutzung der Energie kontinuierlich verbessert werden und innerhalb von ein bis zwei Jahrzehnten eine Stabilisierung des Energieverbrauchs realisiert werden, ohne damit eine wirtschaftliche Krise zu provozieren.

Deshalb ist eine andere Ausgestaltung des Steuersatzes zweckmäßiger. Zu denken wäre an eine »dynamische Steuer«, die auf einem sehr geringen Niveau beginnt, deren Ansätze aber jedes Jahr um einen bestimmten Teil angehoben werden. (Beispiel: 1. Jahr: 2%, 2. Jahr: 4%, 3. Jahr: 6% etc.). Dieses Vorgehen weist viele Vorzüge auf. Die jährliche Verteuerung erfolgt in ganz kleinen Schritten, so daß die Belastung der einzelnen Haushaltbudgets kaum spürbar wird. Trotzdem wird der Energieverbrauch bei allen größeren Anschaffungen und Investitionen vermehrt in Betracht gezogen, da man versuchen wird, die zukünftigen Preiserhöhungen zu berücksichtigen.

Steuerbefreiungen: Ein großer Teil der Haushalte kann auf die Wärmeisolation der bewohnten Wohnung und auf den rationellen Einsatz der Heizenergie keinen Einfluß nehmen. Die Heizkosten können von den Hausbesitzern auf die Mieter überwälzt werden, so daß in diesen Fällen eine Energiepreisverteuerung nur bedingt und über viele Umwege zu einer Verbesserung der Energienutzung führt. Dazu kommt, daß gerade bei Schichten mit niedrigeren Einkommen der Prozentanteil der Heizkosten am verfügbaren Einkommen besonders hoch ist und die Energiesteuer darum für sie eine Diskriminierung darstellt. Es ist darum sinnvoll, einen Teil des Grundbedarfs der privaten Haushalte von der Energiesteuer auszunehmen. Der steuerfreie Energieanteil wird mit Vorteil für alle Personen gleich hoch angenommen und auf rund 80% des mittleren Energieverbrauchs pro Kopf im Haushaltsektor festgelegt. Auf diese Weise werden die niedrigen Einkommen von der direkten Energiesteuer im Haushalt befreit – da sie unterproportional Energie verbrauchen – während bei den größeren Verbrauchern nach wie vor ein Anreiz zur Energieeinsparung bestehenbleibt.

Eine weitere Steuerausnahme müßte wohl für die öffentlichen Verkehrsmittel gemacht werden. Die Begünstigung dieser Verkehrsträger ist durchaus auch im Rahmen der Energiepolitik erwünscht, denn der Energieverbrauch der öffentlichen Verkehrsmittel ist im Vergleich zum Privatauto sehr gering.

Auswirkungen: Die Energiesteuer wird letztlich vom *Konsumenten* bezahlt, sei es *direkt* in Form von etwas teurerem Treibstoff oder Heizöl, oder sei es *indirekt* in Form von Produkten, die etwas teurer werden. Insgesamt bezahlt der Konsument heute zwischen 5 und 10% seines Einkommens für die direkten und indirekten Energiekosten. Der Anteil der indirekten Kosten ist dabei wesentlich größer. Wenn man nun von einer Energiesteuer ausgeht, die jedes Jahr um 2% des Ausgangspreises erhöht wird, so ergäbe dies eine Steuerbelastung des Konsumenten, die jährlich um einen Betrag ansteigt, der etwa 0,1 bis 0,2% des verfügbaren Einkommens ausmacht. Auf zehn Jahre gerechnet ergibt dies eine Belastung von 1 bis 2 Lohnprozenten bezogen auf 1975. Laut den Prognosen über die wirtschaftliche Entwicklung wird aber in allen Industrieländern ein höherer Zuwachs der realen Einkommen erwartet. Bezogen auf diese Größe erscheint die Belastung des Konsumenten durch die Energiesteuer als relativ tragbar, zumal die Steuerlast um so mehr reduziert wird, je mehr Energie gespart wird. Vor allem aber ist auch an einen teilweisen Ersatz der Mehrwertsteuer durch eine Energiesteuer zu denken, so daß die Gesamtbelastung des Konsumenten nicht erhöht wird (vgl. unten Seite 198). Im *Produktionsbereich* finden, auch wenn die Steuer in der Regel überwälzt werden kann, Anpassungen statt. Diese können darin bestehen, daß Produktionsverfahren, die weniger Energie verbrauchen, aber heute noch leicht teurer sind, wirtschaftlich werden. Es werden aber auch Rohstoffe und Halbfabrikate begünstigt, die energiesparsam sind. Energieärmere Produkte können erfolgreicher auf dem Markt gegen energieintensive Güter konkurrieren, da sie in zunehmendem Maße einen Preisvorteil aufweisen. Für Geräte und Einrichtungen, die Energie verbrauchen, wird das Prädikat »Sparsam im Energieverbrauch« zum entscheidenden Verkaufsargument. Auch die Wiederverwertung von Abfällen, insbesondere von Metallen, wird durch die Energieverteuerung gefördert. Es ist zu erwarten, daß durch die Energiesteuer auch die Lebensdauer und Reparaturfreudigkeit der Güter positiv beeinflußt wird. Die Reparatur eines langlebigen Konsumgutes benötigt wesentlich weniger Energie im Verhältnis zur Neuherstellung. In vielen Fällen wird sich eine Verbesserung eines Gutes in bezug auf den Energieverbrauch kostenmäßig nur realisieren lassen, wenn dieses eine höhere Lebensdauer erhält.

Verwendung der Steuererträge: Das Ausmaß der Steuererträge wird von Land zu Land verschieden sein und ist wesentlich davon abhängig, wie sich das Energieangebot in den nächsten Jahren und Jahrzehnten entwickelt. Auf jeden Fall erreichen die anfallenden Beträge bei einem Steuersystem, das zeitlich progressiv gestaltet ist, mit der Zeit sehr hohe Beiträge (einige Prozente des Sozialproduktes). Mit erster Priorität sind diese Summen wohl so zu verwenden, daß die Politik der Energiebegrenzung gefördert wird. Im Vordergrund stehen Maßnahmen, wie sie im folgenden nicht abschließend aufgeführt werden:

- Verbilligung und Mitfinanzierung von Wärmeisolationen bei bestehenden und neuen Gebäuden
- Verbilligung und Subventionierung von Sonnenkollektorsystemen
- Verbilligung von Wärme-Kraft-Koppelungssystemen und Wärmepumpenanlagen
- Förderung der Kohlenutzung und neuer Kohletechnologien
- Förderung von kollektiven Wärmeversorgungen mit Schwergewicht im Bereich der Niedertemperatursysteme
- Förderung des öffentlichen Verkehrs
- Aufklärung, Information, Ausbildung
- Förderung und Verbilligung von Anlagen zur Wärmerückgewinnung
- Forschung und Entwicklung im Bereich alternativer Energien und Technologien.

In zweiter Priorität kann mit den Steuererträgen auch der übrige Finanzbedarf der öffentlichen Hand befriedigt werden. Es wäre durchaus zu prüfen, ob nicht zum Beispiel direkte Steuern oder die Mehrwertsteuer durch eine Energiesteuer abgelöst werden sollen. Gerade die Umsatzsteuern, die in den industrialisierten Ländern sehr häufig anzutreffen sind, vergeben durch ihre sogenannte Wettbewerbsneutralität eine Möglichkeit, die wirtschaftliche Entwicklung in Richtung von mehr Qualität zu lenken. Mit einer Energiesteuer kann die Staatskasse genauso gut gefüllt werden. Der einzelne zahlt etwa gleich viel und der Ansporn zur rationellen Energienutzung und Energieeinsparung wird entsprechend größer.

Energiepolitik und Arbeitsplätze

Seit die Regierungen der Industrieländer dem Arbeitlosenproblem und der drohenden Energiekrise zwar nicht sprachlos, im Grunde genommen aber hilflos gegenüberstehen, wogt ein Meinungsstreit über den einzuschlagenden Weg aus der Sackgasse durch die politische Landschaft.

- Brauchen wir Atomstrom, um die Energiekrise zu überwinden?
- Besteht eine direkte Beziehung zwischen Energieangebot, Bruttosozialprodukt und Arbeitsplätzen?

Diese heftig geführte Diskussion hat in allen Parteilagern Unsicherheiten heraufbeschworen und Meinungsverschiedenheiten entfacht, wobei die Fronten quer durch alle parteipolitischen Lager hindurchlaufen.

Geben wir zwei Protagonisten dieses Streitgespräches das Wort, die ihren Standpunkt klar umreißen. Hans Friderichs, FDP, Wirtschaftsminister (bis 1977):

> »Gesamtwirtschaftliches Wachstum und eine entsprechende Steigerung der Energieproduktion sind unerläßlich, um zusätzliche Arbeitsplätze zu schaffen, die sozialen Sicherungssysteme zu finanzieren, die öffentlichen Haushalte zu konsolidieren, die Einkommens- und Verteilungsprobleme zu lösen und die internationalen Verpflichtungen der Bundesrepublik, besonders gegenüber den Entwicklungsländern, erfüllen zu können.«[2]

Ihm widerspricht Erhard Eppler, umweltbewußter sozialdemokratischer Politiker. Er verlangt, daß

> Ausmaß und Ziel des Wachstums endlich wieder politisch und nicht technokratisch definiert werden müßten. Wer zuerst frage, wieviel Wachstum zur Erfüllung politischer Aufgaben nötig sei, verurteile die Politik dazu, »dauernd hinter Wachstumsraten herzukeuchen und die Frage, was denn da wachsen solle, immer von neuem auf eine bessere Zukunft zu vertagen«. Vollbeschäftigung, soziale Sicherheit, Umweltschutz oder Nord-Süd-Ausgleich als originäre politische Aufgaben würden auf diese Weise von einem technokratisch gesteuerten, undifferenzierten und überdies unsicheren Wachstumsprozeß abhängig; Politik verwandle sich in den Büttel von Sachzwängen – und einer davon sei der Bau vieler Kernkraftwerke.

Werden bei einer Politik der Energiestabilisierung mehr Arbeitsplätze geschaffen oder werden Arbeitsplätze gefährdet? Nach unserer Auffassung hängt die Beantwortung dieser Frage weitgehend von der Art und Weise ab, wie eine Stabilisierungspolitik durchgeführt wird: Arbeitsplätze würden mit einer ungeordneten Schockpolitik oder Verknappungspolitik dann nämlich gefährdet, wenn einseitig und unvorbereitet das Energieangebot gekürzt wird, so daß die Produktionsbetriebe zuwenig Energie erhalten, um das zu produzieren, was sonst gekauft würde. Strukturelle Arbeitslosigkeit könnte auch entstehen, wenn plötzliche Energieverknappungen bei den Haushalten bewirken, daß bestimmte Güter oder Dienstleistungen weniger konsumiert werden. (Arbeitlosigkeit an den Tanksäulen, im Benzintransportgewerbe oder in Kurorten und Restaurants, die nur per Auto erreicht werden können; solche Erscheinungen haben sich in geringem Maße während der Ölkrise gezeigt). Diese Situationen können nur auftreten, wenn die Energiereduktion schockartig oder zu rasch erfolgt, so daß die Wirtschaft keine Zeit hat, durch Anpassungen die Produktivität der Energie zu erhöhen (energieeffizientere Prozesse oder Produkte einzuführen, Energieverschwendungen bei Raumheizung zu vermeiden, Prozeßwärme und Kraft auszunutzen).

Beiläufig sei darauf hingewiesen, daß durch diese an sich unerwünschten Erscheinungen auch sinnlose Arbeitsplätze eliminiert werden, die nur insofern nützlich waren, als sie jemandem ein Einkommen gaben.

Eine durchdachte energiestabilisierende Politik vermeidet die oben beschriebenen Situationen! Sie ist eine bewußte Politik mit dem Ziel, im wesentlichen die gleichen Wirtschaftsgüter mit schrittweise kleinerem Energieeinsatz zu produzieren. Dies ist nachgewiesenermaßen möglich, weil wir heute die Energie wegen des niedrigen Marktpreises im Verhältnis zu Arbeit, Boden und anderen Produktionsfaktoren mit sehr geringer Produktivität großzügig verwenden.

Wir haben für die Schweiz zwei bestimmte Energieszenarien mit unterschiedlichem Gesamtenergieniveau (210 kTc, 330 kTc im Jahre 2000) und mit unterschiedlichen Beiträgen der einheimischen und ausländischen Energiequellen und mit unterschiedlichen Anstrengungen und Aufwendungen für Energiesparen, auf die Frage der notwendigen Arbeitsplätze untersucht. Beide Szenarien beruhen auf vergleichbaren Annahmen über die allgemeine wirtschaftliche Entwicklung. In beiden ist ein gemäßigtes reales Wirtschaftswachstum von 1–2% pro Jahr real unterstellt. Die Energiepolitik im Stabilisierungsszenarium zielt aber viel stärker auf Energiesparen (Erhöhung der Produktivität der Energie und Reduktion der Auslandsabhängigkeit) und die Förderung von einheimischen, regenerierbaren Energien (Reduktion der Auslandsabhängigkeit und Schonung der Rohstoffe) ab als das sog. Trendszenario (330 kTc).

Bei diesem Vergleich nach Teilenergiebereichen versuchten wir zu ermitteln, wie viele *Arbeitskräfte* aus welchen Branchen benötigt werden. Obwohl die Berechnungen relativ grob sind, ist ihre Zuverlässigkeit genügend, um eine eindeutige Antwort geben zu können: Ausgangspunkt stellen die volkswirtschaftlichen Mehrbelastungen, respektive Minderaufwendungen im Stabilisierungsszenarium gegenüber dem Trendszenarium dar, die in einem bestimmten Bereich der Energieversorgung nötig sind. Mit vorhandenen Angaben über die Arbeitsplätze pro Million Franken Wertschöpfung in den verschiedenen beteiligten Branchen können Zahlen für die unterschiedliche Anzahl der in den beiden Szenarien benötigten Arbeitsplätze berechnet werden.

Nehmen wir das Beispiel g »Gebäudeisolationen« (Tabelle 16): Hier werden im Stabilisierungsszenarium 350 Millionen Franken pro Jahr mehr für Gebäudeisolationen aufgewendet. Bei einer mittleren Arbeitsplatzintensität in den betroffenen Bau- und Installationsbranchen von 12 Arbeitsplätzen pro eine Million Franken Umsatz ergibt dies 4300 mehr Arbeitsplätze im Stabilisierungsszenarium wegen der intensiveren Gebäudeisolationen als im Trendszenario. So ergeben sich aus jedem Teilbereich a) bis n) positive und negative Beiträge zum Gesamtunterschied der Arbeitsplätze. Man sieht, daß der größte Arbeitsplatzausfall beim Stabilisierungsszenario davon herrührt, daß Energie im Umfang von 12,8 Mio to Öl (128 kTc) nicht gebraucht wird und deshalb nicht produziert und verteilt werden muß. Das bedeutet im Stabilisierungsszenario ein Minus von etwa 26 000 Arbeitsplätzen. Diese Zahl ist deshalb relativ gering, weil der Ausfall Energiebranchen mit geringen Arbeitsplatzintensitäten betrifft. (Öl- und Elektrizitätswirtschaft, insbesondere auch Kernenergie, sind sehr kapitalintensiv und brauchen wenig Arbeitsplätze). Die Tabelle zeigt, daß im Stabilisierungsszenario (Zeitraum 2000) gesamthaft etwa 25 000 (oder ca. 1%) mehr Arbeitsplätze benötigt werden, um mit 30–40% weniger Energie etwa die gleichen Güter zu produzieren wie im Trendszenario. Die Arbeitsproduktivität ist also nach ca. 25 Jahren um 1% geringer, und die Energieproduktivität um 30–40% höher als bei unbeeinflußter Entwicklung.

Warum ist im Stabilisierungsszenario eher eine *Zunahme der notwendigen Arbeitskräfte,* statt Arbeitslosigkeit zu erwarten? Deshalb, weil dabei Arbeitsplatzumlagerungen von sehr kapitalintensiven und arbeitsextensiven Branchenzweigen zu arbeitsintensiveren Zweigen erfolgen, und zwar nicht plötzlich, sondern sukzessive. Unsere heutige Energiewirtschaft ist extrem kapitalintensiv und arbeitsextensiv. Wenn wir in Zukunft eine Milliarde Franken pro Jahr weniger in der Nuklear- und Ölwirtschaft brauchen und diese Milliarde für Verbesserungen der Wärmedämmung von Gebäuden, die Regulierbarkeit

Tabelle 16: Zusammenstellung der Kosten, Investitionen und des Arbeitskräftebedarfs für das Stabilisierungskonzept (Niveau 200 kTcal im Jahre 2000) im Vergleich (+ oder −) zum Wachstumskonzept (330 kTcal Energieverbrauch im Jahre 2000).

Bereich	Differenz der jährl. Kapital- u. Betriebskosten im Jahr 2000 Mio Fr./Jahr	Total der Kapital- und Betriebskosten 1980–2000 Mia Fr.	Investitionen im Jahr 2000 Mio Fr.	Total der Investitionen 1980–2000 Mia Fr.	Arbeitskräftebedarf im Jahr 2000 Anzahl Arbeitskräfte
a) Geringere Erzeugung, Umwandlung, Transport, Speicherung von Energie −128 kTcal/Jahr	−9 700	−67	−3 600	−50	−26 000
b) Energiesparende Investitionen in Industrie + Gewerbe	+1 000	+ 7,5	+ 600	+ 5	+15 000
c) AKW-Fernheiznetze[1]	− 50	− 0,35	− 120	− 0,8	− 1 500
d) Verkehr[1]					+ 7 500
e) Sonnenenergiesysteme[2]	+ 600	+ 4,8	+ 500	+ 9	+10 000
f) Wärme-Kraft-Koppelungen[2]	+ 175	+ 1,2	+ 300	+ 2,7	+ 4 800
g) Gebäudeisolationen[2]	+ 350	+ 2,5	+ 120	+ 5,3	+ 4 300
h) Wartung von Feuerungsanlagen	+ 120	+ 2,0	–	–	+ 2 100
i) Wärmepumpen[2]	+ 200	+ 1,5	+ 300	+ 3,0	+ 4 800
k) Holzgewinnung	+ 280	+ 2,0	–	–	+ 4 800
l) Geothermische Energie	+ 65	+ 0,5	+ 240	+ 1,0	–
m) Sonnenelektrizität	+ 40	+ 0,3	+ 180	+ 0,6	–
n) Zusätzlicher Energiespeicher bei Wachstumskonzept	− 200	− 2,5	–	− 3,0	–
Total:	ca. −7 200	−47	−1 400	−27	+25 000

Arbeitsgruppe Energie–Wachstum–Umwelt (EWU): Die Stabilisierungsvarianten – NAWU

[1] Die entsprechenden Mehrkonsten und Investitionen sind bereits unter a) berücksichtigt.

[2] Jährliche und Gesamtkosten enthalten nur Kapitalkosten, Zins 6,5%.

der Raumtemperaturen, für Wärmepumpen, Holzenergie und die Sonnenenergiewirtschaft aufwenden, so brauchen wir in den erstgenannten Bereichen ca. 3000–5000 weniger Arbeitskräfte (Verwaltungspersonal und Verwaltungsräte, Tankstellenpersonal, Ölverteilungsinfrastruktur etc.); aber wir brauchen dafür gegen 10 000 Arbeitskräfte mehr im Bau- und Installationsgewerbe und in der mittleren Maschinenindustrie und im öffentlichen Verkehr. Eine Investition von 2–3 Milliarden geht nicht in eine einzige Produktionsanlage, sondern wird verteilt auf viele mittlere und kleine Anlagen. Das bedeutet auch eine Dezentralisation der Investitionen und des Kapitals sowie eine entsprechende Streuung des Eigentums und der Verantwortlichkeiten.

Diese Tendenz muß – wir haben darauf hingewiesen – durch eine entsprechende Steuerpolitik und Preispolitik provoziert werden. Im Zeichen der »leeren Staatskasse« werden immer größere Soziallasten der »Arbeit« überbürdet. Lohnprozente müssen die wachsenden Defizite des Gesundheitswesens und des Sozialversicherungssystems decken. Erfindungsgeist rentiert zur Zeit am besten, wenn es gelingt, mit billiger Energie teure Arbeitskräfte wegzurationalisieren. Mit einem Seitenblick auf 16 Millionen Arbeitslose in den Industrieländern und 300 Millionen in den Entwicklungsländern gilt es, diesen Trend zu brechen. Die Energiestabilisierung hilft nicht nur Energie zu sparen, sondern auch Arbeitsplätze zu sichern.

Energiestabilisierung am Beispiel der Schweiz – Konsequenzen für andere Industrieländer

Das Konzept der Energiebegrenzung, wie es in den vorhergehenden Abschnitten beschrieben wurde, ist im Rahmen einer konkreten Fallstudie für die Schweiz durchgerechnet und in ihren quantitativen Aspekten ausgeführt worden.[3] Diese Studie kommt unter anderem zum Schluß, daß eine Begrenzung des Energiezuwachses auf ein Niveau, das im Jahr 2000 rund 30% über dem Verbrauch von 1975 zu stehen käme, nicht nur gesamt- und energiewirtschaftlich realisierbar wäre, sondern auch volkswirtschaftlich als die wesentlich günstigere Lösung betrachtet werden muß. Als bedeutende energiewirtschaftliche Auswirkungen werden weiter erwähnt, daß der Anteil der regenerierbaren Energieträger – außer Wasserelektrizität – bis zum Jahr 2000 über 15% am Gesamtenergieangebot erreichen kann, daß das nukleare Bauprogramm Ende der siebziger Jahre ausläuft und daß der Anteil des Erdöls im gleichen Zeitraum von rund 80% auf unter 50% sinkt. Und diese Resultate sollen in keiner

Weise zu einem wirtschaftlichen Kollaps und zu Arbeitslosigkeit führen, wie dies immer wieder prophezeit wird. Im Gegenteil, die wirtschaftlichen Auswirkungen werden wie folgt beschrieben:

Auch bei Begrenzung des Energieverbrauchs ist in den nächsten zwei Jahrzehnten keine spürbare Behinderung der wirtschaftlichen Entwicklung zu erwarten. Zur Hauptsache entfällt der Wachstumsbeitrag der Energiewirtschaft von jährlich 0,15 bis 0,2%. Sogar einer Verdoppelung des BSP bis zum Jahr 2000 stünden von der Energieversorgung her keine Hindernisse entgegen. (Damit ist nichts über die Wünschbarkeit einer derartigen Verdoppelung ausgesagt).

Die *Entwicklungschancen der einzelnen Branchen* sind abhängig von der Höhe des Energieanteils an den Gesamtkosten und ihren Möglichkeiten, den spezifischen Energieanteil pro Einheit Output zu senken. Insgesamt betrachtet sind für den Untersuchungszeitraum – jedenfalls aus energetischen Gründen – keine Umstrukturierungskrisen zu erwarten, wenn auch für die Bauwirtschaft, die Papierindustrie, Teile der Chemie, den Handel in Shopping Centers und allenfalls für Aluminium verminderte *Wachstumschancen* bestehen. Mit Ausnahme der Erdölwirtschaft handelt es sich dabei jedoch nicht um Schrumpfungsprozesse, sondern nur um Reduktion der Wachstumsraten.

Die *Zahlungsbilanz* wird entlastet durch die im Vergleich zu anderen Varianten wesentlich kleineren Energieimporte und durch die Substitution von fossilen durch regenerierbare Energieträger. Bei konstanten Energiepreisen belaufen sich die Minderzahlungen ans Ausland für Uran und Erdöl auf 40 bis 60 Mrd. Franken, je nach Entwicklung der Preise. Im Jahr 2000 entspricht dies einer jährlichen Entlastung der Zahlungsbilanz von 3–5 Mrd. Franken (1975).

Die schweizerische Exportwirtschaft ist – mit wenigen Ausnahmen – nicht energieintensiv. 35% der Exporte bestehen aus Dienstleistungen. Die Belastung der Exportprodukte durch die Energiesteuer hält sich deshalb in Grenzen. Die Verteuerung der Endprodukte beläuft sich pro Jahr auf 0,1 bis 0,6%. Ein nicht unbeträchtlicher Teil davon kann jedoch durch rationelleren Einsatz der Energie aufgefangen werden. Der Kostenauftrieb bleibt im Vergleich zu den rohstoff- und währungsbedingten Kostensteigerungen minimal. Die oft gehörten Argumente, daß durch eine Energiesteuer eine Reihe von Industriezweigen ins Ausland vertrieben würden, daß schwerwiegende Absatzeinbußen im Ausland in Kauf genommen werden müßten und daß dadurch im Inland Arbeitslosigkeit entstehe, gehören in den Bereich des Zweckpessimismus und lassen sich quantitativ nicht untermauern.

Es könnte auch vorgesehen werden, den Export von der Energiebesteuerung auszunehmen und dafür den Import mit einer an der Energiesteuer orientierten, nach Branchen differenzierten Pauschale zu belasten.
Der *Arbeitskräftebedarf* liegt beim Szenario der Stabilisierung des Energieverbrauchs tendenziell höher als bei weiterhin starkem Zuwachs des Energieangebots. Die Substitution von Arbeitskraft durch Energie verlangsamt sich und kann in Grenzfällen umgekehrt verlaufen. Die Investitionen zur Energieeinsparung sind arbeitsintensiver als diejenigen zur Ausweitung des Energieangebotes im Inland oder zur Bezahlung der Energieimporte. Sie kommen vor allem Branchen zugute, die vom Strukturwandel und der Rezession mit am stärksten betroffen sind: der Bauwirtschaft und Teilen der Metall- und Maschinenindustrie.
Der Einfluß auf die *Geldwertstabilität* kann vernachlässigt werden. Der Inflationsschub durch die Energiesteuer liegt bei 0,1% jährlich. Der wesentlich tiefere Energieverbrauch führt zu einer entsprechend kleineren Umweltbelastung. Ebenso entscheidend trägt der relative und absolute Rückgang des Erdöls wie die Zunahme der regenerierbaren Energieträger zur Umweltqualität bei. Bei kleinerem Umweltbelastungspotential erhöht sich auch die Wirksamkeit der Umweltschutzmaßnahmen.
Die Frage liegt in der Luft: Wieweit darf und kann dieses Stabilisierungsszenario auf andere Industrieländer, insbesondere auch auf die Bundesrepublik Deutschland übertragen werden? Besteht diese Möglichkeit nur für die Schweiz, oder gelten die aufgeführten Schlußfolgerungen auch für andere hochentwickelte Länder?
Grundsätzlich darf man sagen, daß die Stabilisierungsvorschläge in allen Industrieländern sinngemäße Anwendung finden können, ja sogar noch leichter als in der Schweiz. Für die USA ist die Möglichkeit einer energiewirtschaftlichen »zero growth policy« in einer sehr aufwendigen Studie nachgewiesen worden, deren Schlußfolgerungen sich weitgehend mit denjenigen decken, welche in dieser Arbeit vorgestellt wurden[4].
Die Schweiz stellt energetisch nicht etwa ein privilegiertes Land dar, sondern repräsentiert einen eher ungünstigen Fall in bezug auf die Stabilisierung des Energieverbrauchs:
- *Kleiner Pro-Kopf-Verbrauch:* Alle Industrieländer verbrauchen heute zwei- bis dreimal soviel Energie pro Kopf der Bevölkerung wie die Schweiz. Dies bedeutet, daß die Möglichkeiten, Energie einzusparen und mit diesen Sparpolstern einen langsamen und

friktionsfreien Übergang zu vollziehen, viel besser sind als in der Schweiz.

- *Energiearme Entwicklungsmöglichkeiten:* In der Schweiz sind die energiesparsamen Entwicklungsmöglichkeiten schon wesentlich stärker ausgeschöpft als in allen anderen Industrieländern. Schon heute produziert die schweizerische Industrie mit einem sehr hohen Veredelungsgrad, bei dem der Energieverbrauch pro Franken Wertschöpfung relativ gering ist. Der Dienstleistungsanteil ist überdurchschnittlich hoch, sowohl an der gesamten Volkswirtschaft als auch am Export. Diese beiden energiesparsamen Entwicklungsrichtungen können andere Industrieländer viel stärker ausbauen, als dies in der Schweiz möglich ist.
- *Starke wirtschaftliche Verflechtung mit dem Ausland:* Rund ein Drittel des schweizerischen Bruttosozialproduktes geht in den Export. Das Land ist dadurch sehr stark der internationalen Konkurrenz ausgesetzt. Nur wenn die Exportwirtschaft eine Energiestabilisierungspolitik schadlos überstehen kann, ist diese Politik durchführbar. In den meisten Industrieländern ist die Außenverflechtung kleiner und daher auch der Spielraum für eigenständige wirtschaftliche Entwicklungen größer.

Aus diesen Überlegungen und Analysen kann man einige Schlußfolgerungen ziehen, die hier thesenartig skizziert werden sollen:

1. Eine namhafte Erhöhung des Bruttosozialproduktes wäre in den nächsten 20 Jahren in praktisch allen Industrieländern möglich, ohne daß der Energieverbrauch wesentlich ansteigen müßte. Voraussetzung dazu bildet eine konsequente Energiepolitik im Sinne der Energiestabilisierung im weitesten Sinn.
2. Am Wachstum des energiearmen Sozialproduktes werden die *qualitativen Komponenten* stärker beteiligt sein, als dies bei einer Trendentwicklung zu erwarten ist (Recycling, Langlebigkeit der Güter, Reparaturfreudigkeit, soziale Dienstleistungen und energiesparende Siedlungsstrukturen).
3. Der *Übergang* von der energiesparsamen Entwicklung zur nicht mehr wachsenden Wirtschaftsordnung des nächsten Jahrhunderts wird bedeutend *einfacher* sein als von einer nach wie vor energieintensiven Entwicklungsrichtung.

Anmerkungen

[1] »Abschätzung der Energieeinsparungsmöglichkeiten innerhalb der Bundesrepublik Deutschland«, eine Studie im Auftrag des Bundesministeriums für Forschung und Technologie von Fichtner, Beratende Ingenieure, Stuttgart 1975. Antwort der Bundesregierung auf die Große Anfrage betr. rationelle und sparsame Energieverwendung; Deutscher Bundestag, 7. Wahlperiode, Drucksache 7/3595, 1975.

[2] Zitiert nach: DIE ZEIT – Nr. 20, 6. Mai 1977.

[3] Ginsburg, Th., Ledergerber, E., Mauch, S., Rausch, H., Wechler, D.: »Studien zur Schweizerischen Gesamtenergiekonzeption: Stabilisierungsvarianten«. Studie Nr. 11 a der Schriftenreihe der Eidg. Kommission für die Gesamtenergiekonzeption, Bern 1977.

[4] »A Time to Choose: America's Energy Future«. Cambridge Mass., 1974.

III. Teil:
Strukturen einer Alternativen Gesellschaft

1.
Übergang zu einer neuen Lebensform

Die übliche »Politik des Machbaren« vermag den grundlegenden *Widerspruch der Wachstumswirtschaft* nicht zu lösen. Wo die Produkte der Arbeit durch den Austausch in der Marktwirtschaft Warenform annehmen, die Geldwirtschaft immer intensiver in alle Lebensbereiche hineingreift, da wird mit materiellem Reichtum auch gesellschaftlicher Mangel erzeugt. Mit einem sich über alle natürlichen Schranken hinwegsetzenden Wachstum der Produktion verstärken sich die destruktiven Kräfte des Systems. Durch moralische Beschwörungen jedoch ist das Zerstörungspotential der ungezügelten wirtschaftspolitischen Expansion nicht zu entschärfen.
In unserer Analyse haben wir nachgewiesen, daß die *»Durchbrecherstrategie«*, die Wachstumsschäden durch Produktionserhöhung und Konsumsteigerung zu beheben trachtet, in die *Irre* führt. Zwar ermöglichte das Wirtschaftswachstum bislang, die überproportional anwachsenden Kosten für die Sozialsysteme und die Umweltbelastung zu tragen und erst noch gleichzeitig die durch die Rationalisierung freigesetzte Arbeitskraft für die Expansion der Produktion wieder einzusetzen. Mit dem Ölschock aber erhielten die stolz dahinsegelnden wirtschaftspolitischen Zukunftshoffnungen ihren ersten Schuß vor den Bug. Der Meinungsstreit um die *»Grenzen des Wachstums«* erhielt dadurch neue Nahrung. Die These, wonach die ökologische Belastbarkeit unseres Planeten der Wachstumswirtschaft in absehbarer Zeit Halt gebieten werde, konnte – bei aller Kritik an vorschnellen Behauptungen – nie grundsätzlich widerlegt werden. Und doch ist die Umwelt-Problematik inzwischen durch die auf den Nägeln brennende *Arbeitslosenfrage* an die Seite gedrängt worden. Ist aber die Unfähigkeit, für wegrationalisierte Arbeit neue Beschäftigungsmöglichkeiten bereitzustellen, nicht ebenso ein Indiz für die Grenzen des Wachstums wie die Erschöpfung der Rohstoffreserven und der mögliche Zusammenbruch ökologischer Kreisläufe?
Wir halten den *konventionellen Umweltschutz* (Verminderung der Verschmutzung und Vergiftung der Erdoberfläche, Recycling) und

die wirtschaftliche Symptombekämpfung unter Berücksichtigung der Ökologie im Rahmen des neuen »magischen Dreiecks« für taugliche Maßnahmen, um jene *Zeit zu gewinnen,* die für die Veränderung der Strukturen unerläßlich ist. Ebenso haben *Arbeitsbeschaffungsprogramme* als kurzfristige Mittel gegen die materielle und seelische Not der Beschäftigungslosen ihren Sinn.

Unser *Strategieansatz* indessen geht von der optimistischen Feststellung aus, daß im Zeichen der Gefährdung eine tiefgreifende Veränderung unseres politischen Bewußtseins und unserer Wertvorstellungen spürbar geworden ist. Diese Impulse werden unsere gesellschaftlichen Beziehungen verändern und auf unser Wirtschaftssystem einwirken. Unsere Hoffnung auf umweltgerechtere Systeme durch menschlichere Formen des Zusammenlebens wird gestärkt durch die geschichtliche Erfahrung von der Fähigkeit der Gesellschaft, auf Herausforderungen zu reagieren. Da die Wachstumswirtschaft ökologische und soziale Regulierungsmechanismen außer Kraft gesetzt hat, bleibt als einzige Chance der *Übergang zu einer neuen Lebensform.* Änderungen der Verhaltensweise waren in kritischen Epochen der Menschheitsgeschichte immer wieder ein prägendes Merkmal der kulturellen Entwicklung.

Dieses Wissen gibt uns den Mut zum Entwurf längerfristiger Zielsetzungen. Unsere grundsätzlichen Strategien basieren auf dem Prinzip einer *Demokratisierung* von Gesellschaft und Wirtschaft. Denn die Partizipation immer weiterer Kreise der Bevölkerung an der politischen und ökonomischen Entscheidung wird eine mündige Gesellschaft durch Mitbestimmung eher befähigen, ihre wirklichen Interessen wahrzunehmen. Dabei wären nicht nur die eigenen Ansprüche kurzfristig zu befriedigen, sondern die Bedürfnisse der Gemeinschaft, der Benachteiligten und der noch Ungeborenen mitzuberücksichtigen. Dazu ist jedoch eine diesen hohen Ansprüchen entsprechende *Bildung* und Aufklärung erste Bedingung, unterstützt durch ein *intaktes Informationsnetz.*

Es muß Gewähr geboten werden, für die Öffentlichkeit wichtige Tatsachen unbehindert und sachkundig der Öffentlichkeit auch dann darzulegen, wenn einzelne Privilegien in Frage gestellt werden. Machtpositionen sind transparent zu machen; dem Konflikt zwischen den Interessengruppen ist ebensowenig auszuweichen wie der Auseinandersetzung zwischen dem Konzept »Wirtschaftswachstum um jeden Preis« und seinem Gegenpart: »Lebensqualität für kommende Generationen«.

Auf diese unerläßliche »Education permanente« ist auch beim Ablauf des Arbeitsalltages und bei der Belastung durch den Arbeitsprozeß Rücksicht zu nehmen. Ein *Abbau der Arbeitsleistung in der extrem arbeitsteiligen Wirtschaft* ist unerläßlich, denn der Zeitgewinn für die Erfüllung sozialer Dienste und die Pflege mitmenschlicher Kontakte ist lebensnotwendiger als Produktivitätssteigerung durch Intensivierung des Arbeitseinsatzes.

Dabei wäre es allerdings verfehlt, das Wissen, die Erfahrung, die erfolgreiche Technologie und die hohe Produktivität der Industriegesellschaft geringzuachten. Gerade die Rationalisierung der industriellen Arbeit und der Verwaltungstätigkeit (Computer) erlaubt uns, das Angebot an Dienstleistungen zu verbessern. Diese »Veredlung« des Industriesystems sollte uns aus dem Circulus vitiosus der Wachstumswirtschaft herausführen. Die freigesetzten Arbeitskräfte hätten in erster Linie jene Bedürfnisse zu befriedigen, die der Markt bis heute nur bedingt wahrgenommen hat: Bildung, soziale Betreuung, Umweltschutz, Entwicklungshilfe. Dementsprechend wären mit den Stellenplänen die Ausbildungsprogramme einer veränderten Situation anzupassen.

Unsere nachstehend beschriebenen Strategien beinhalten heute vielleicht noch fremd anmutende gesellschaftliche Reformen. Wollen wir jedoch die Arbeitslosigkeit bannen, ohne die Umwelt intensiver zu belasten, dann führen uns unsere Überlegungen zweifellos in die richtige Richtung. Doch diese Modellvorstellungen lassen sich nur auf der Grundlage *stabiler Sozialbeziehungen* (Urvertrauen) verwirklichen. Dazu bedarf es der Erfahrung über die Verfügbarkeit und über die Machbarkeit der Dinge im *Nahbereich* und im Alltag: Dezentralisation der Entscheidung, Produktion im überschaubaren Bereich.

In der *kleinen Gemeinschaft* kann jene Sozialisation stattfinden, die den einzelnen auch im größeren Kreis der Gemeinde, des Staates und des Völkerverbandes zu einem selbständigen, *durchdachten politischen Handeln* befähigt. Der strategische Aufbruch zum langen Marsch auf eine umweltgerechte Gesellschaft hin kann wenig spektakulär im »Kleinen Netz« der Gemeinschaft im Wohnbereich beginnen, wo die Lebensängste gebannt sind und die der heutigen Situation des Menschen entsprechenden Verhaltensweisen eingeübt werden können. Denn die Suche nach dem lebensklugen Verhalten in unserer Gesellschaft ist nicht eine bloße Frage des Analysierens der Machtfaktoren und der utopischen Entwürfe. Wesentlicher ist das *Experiment,* der bewußte Versuch, die Gesellschaft durch die *Tat* zu verändern.

2.
Die platonische Utopie einer stabilen Wirtschaft

Schon 400 Jahre vor Christi Geburt hat Plato in seinem Alterswerk *»Die Gesetze«* das Musterbild einer Wirtschafts- und Gesellschaftsordnung *ohne Wachstum* aufgestellt. Da die platonische Utopie bisher der einzige umfassende Versuch zur Beschreibung eines solchen Systems geblieben ist, scheint es sinnvoll, seine Gedankengänge aus heutiger Sicht in Erinnerung zu rufen.
Die Realisierung der platonischen Utopie würde zweifellos einen weitgehenden Verzicht auf materiellen Wohlstand bedeuten, denn sie ist gewissermaßen *Vorbild einer Überlebensgemeinschaft,* die ohne oder allenfalls nur mit geringem Verbrauch von nicht regenerierbaren Rohstoffen auszukommen hätte und sich daher mit einem bescheidenen materiellen Lebensstandard begnügen müßte. In diesem Sinne sind die Vorschläge Platos als eine extreme Lösung zu verstehen, die erst dann für uns von Bedeutung würde, wenn uns die Umweltbelastung zu drastischen Einschränkungen zwänge. Unsere eigenen Vorschläge, die wir in diesem Buch entwickeln, wollen hingegen durch rechtzeitige Aufnahme des einen oder andern Elementes der platonischen Ideen jenen sanften Übergang von einer aggressiven und expansiven Wirtschaft zu einer »Gleichgewichts-Wirtschaft« herstellen und mit dieser Strategie den »Umwelt-Schock« dämpfen.
»Wenn man mit Überschreitung des richtigen Maßes dem Kleineren eine zu große Gewalt gibt, zum Beispiel einem Schiff zu große Segel, einem Körper zuviel Nahrung, einer Seele zu bedeutende Gewalt, dann schlägt alles um und gerät außer Rand und Band. Das eine rennt in Krankheiten hinein, das andere in Ungerechtigkeit . . . Sich vor diesen Folgen also zu hüten, nachdem man das richtige Maß erkannt, das ist die Aufgabe großer Gesetzgeber.«[1]
Das Anliegen Platos ist es also, Barrieren gegen die menschliche Maßlosigkeit aufzurichten, die zu äußeren wie inneren Übelständen führt. Wenn wir das unbeschränkte Wirtschaftswachstum als eine solche Übersteigerung begreifen, dann ist das Anliegen Platos für

uns aktuell, auch wenn damals – zur Zeit Platos – die Frage der Umweltzerstörung noch nicht akut war.
Plato geht bei seiner Darlegung einer »maßvollen Ordnung« von der Vorstellung der Neugründung einer Stadt aus. Er überträgt Vorschläge zur Reform einer bestehenden Struktur auf Vorschläge zur Gründung einer neuen Ordnung. Dabei ist unter »Stadt« auch das dazugehörige Land zu verstehen, so daß sich der Denker im Grunde mit der Neuordnung eines ganzen Staates befaßt, in dem die Beziehung »Stadt – Land« ebenfalls geregelt werden muß. Die Gesetze, auf denen die »Stadt der Zukunft« gründet, sollen dergestalt formuliert werden, daß das Gemeinwesen nicht nur bevölkerungsmäßig stabil bleibt, sondern auch kein Anlaß und kein Antrieb zur wirtschaftlichen Expansion besteht. Wie wird dies erreicht?
Der Gesetzgebung geht die Vorlage nach der Lage der neuzugründenden Stadt voraus, wobei unter »Lage« nicht der genaue Standort zu verstehen ist (die Stadt wird von Plato nach Kreta versetzt, könnte aber ebensogut irgendwo anders liegen), sondern die Entfernung zum Meer und damit das Ausmaß der Eingliederung in den internationalen Handel (Seehandel). Wenn Plato sagt, die Stadt soll nicht näher als 80 Stadien (ca. 15 km) vom Meer entfernt liegen, so bedeutet dies: die Stadt soll zwar die Möglichkeit haben, die wirklich nötigen Dinge, die sie nicht selber produziert, zu importieren; aber sie darf auf keinen Fall direkt mit einem Hafen verbunden sein; sie muß also im wörtlichen und übertragenen Sinne vom internationalen Handel und dementsprechend von der internationalen Arbeitsteilung »Abstand« nehmen und sollte weitgehend autark sein.
Das erste Stabilitätspostulat betrifft die *Bevölkerung*. Nach dem platonischen Modell dürfte sie weder abnehmen noch anwachsen. Die natürliche Tendenz zur Vermehrung wird einerseits durch gewisse moralische und institutionelle Schranken, etwa in bezug auf das Heiratsalter, gehemmt; eine allfällige überschüssige Bevölkerung aber müßte in eine Kolonie auswandern. (Heute ist angesichts der Übervölkerung der ganzen Welt die Auswanderung im Sinne einer Reduktion des Bevölkerungsdrucks weitgehend verbaut; an ihre Stelle ist aber als entsprechender Ausweg – so könnte man argumentieren – der Versuch einer weltweiten Geburtenkontrolle getreten).
Entsprechend der Zahl der Bevölkerung soll auch die Zahl der Haushalte ein für allemal festliegen. Wie viele Haushalte soll es in einer Stadt geben? Bei der Beantwortung dieser Frage suchte Plato eine Zahl, die eine zwar vielfältige, aber doch stabile Ordnung der Stadt ermöglicht. Jede Ordnung setzt Gruppierungen und Unter-

gruppierungen voraus, die je nach ihrer Funktion verschieden zusammengesetzt sein können. Die Gesamtzahl der Haushalte soll daher eine Zahl sein, die möglichst viele Teiler aufweist. Eine solche Zahl ist 5040 – gleich $1 \times 2 \times 3 \times 4 \times 5 \times 6 \times 7 = 7!$ Diese Ziffer, die – wie Plato hervorhebt – durch alle Zahlen von 1 bis 12, mit Ausnahme von 11, teilbar ist, bestimmt somit die Größe der Stadt und der 12 »Stämme« (Provinzen), in die sich die Stadt zur Hauptsache gliedert. »Der Anfang der nunmehr von uns aufzustellenden Gesetze soll nun folgender sein, von der Religion beginnend: Hierbei müssen wir vor allem wiederholen, wie bequem sich die Zahl 5040 zerlegen läßt ... sowohl im Ganzen wie in den einzelnen Stämmen, die wir als $^1/_{12}$ des Ganzen gesetzt haben, was denn gerade 20 mal 21 ausmacht [$5040:12 = 420 = 20 \times 21$]. Die ganze Zahl läßt sich von uns mit 12 dividieren, und ebenso ist es bei der Zahl des einzelnen Stammes. Wir müssen daher jeden einzelnen Teil als ein heiliges Geschenk des Himmels ansehen, weil ihre Zahl der Zahl der Monate und dem Umlauf der Welt entspricht.«

In dieser Zahlen-Vorschrift kommt die Auffassung zum Ausdruck, daß sich eine maßvolle Ordnung auch tatsächlich an festen verbindlichen Maßen orientieren muß. Diese Größen sollen praktisch sein im Sinne der Teilbarkeit, erhalten aber auch einen sakrosankten Charakter durch Entsprechungen in der kosmischen Ordnung.

Innerhalb dieser Ordnung läßt sich auch das Prinzip der Gerechtigkeit verwirklichen, indem jeder Familie bei der Gründung der Stadt – unabhängig vom mitgebrachten Vermögen – die gleichen Chancen bei der Landzuteilung gewährt werden. Wir würden heute von einer Landreform sprechen.

Es werden 5040 Lose gebildet; jedes Los zerfällt in zwei Stücke, wovon das eine nah, das andere weit entfernt von der Stadt liegt. Im Sinne des Postulats der Chancengleichheit soll der bei der Stadt gelegene Teil mit dem an der äußersten Grenze gelegenen Teil *ein* Los ausmachen, der zweitnächste an der Stadt mit dem zweiten an der äußersten Grenze, usw.; im gleichen Sinne ist auch ein Ausgleich bezüglich der Fruchtbarkeit des Bodens zu suchen. Auch innerhalb der Stadt hat jeder Bürger zwei Wohnungen: die eine im Zentrum der Stadt, die andere an den Rändern. In dieser Landreform widerspiegelt sich die Vorstellung, daß jeder gleichzeitig Städter und Bauer ist und somit keine Arbeitsteilung zwischen Stadt und Land stattfindet; jeder Haushalt hat eine Selbstversorgungsbasis.

Die Grundlage der Wirtschaftsordung bildet das Privateigentum an Boden und am übrigen Vermögen; die Bodenbearbeitung ist also individuell und nicht gemeinschaftlich. In diesem Sinne unterscheidet sich die platonische Utopie deutlich von einer kommunistischen Ordnung. (Plato versuchte in seinen staatspolitischen Modellen immer wieder – auch in dieser Idee beispielhaft –, die Ballung der Macht in wenigen Händen zu verunmöglichen. In seinem früheren Werk »Der Staat« hat er eine dualistische Ordnung vorgeschlagen, in der die Bauern und Bürger, die produktive Klasse also, der marktwirtschaftlichen Ordnung unterstellt sind, während »die Wächter«, in diesem Falle das Militär und die Regierenden, in einer kommunistischen Ordnung leben und kein Privateigentum besitzen dürfen. Damit wollte Plato verhindern, daß sich »die Mächtigen« an »den Besitzenden« vergreifen und ihre Macht statt zum Allgemeinwohl der Bürger zu ihrem Privatwohl im Sinne ungerechtfertigter Bereicherung ausnützen.)

Das Privateigentum an Boden ist aber – das ist ein wesentliches Merkmal dieser Null-Wachstums-Ordnung – auf die Nutzung des Bodens und die Aneignung der Bodenfrüchte beschränkt, schließt hingegen die Veräußerung und die Belehnung des Bodens aus. Auch ist im Eigentums*recht* eine Bewirtschaftungs*pflicht* enthalten, indem der Boden ideell als Gemeingut des ganzen Staates betrachtet wird: »Weil nun aller Grund und Boden dem Vaterlande gehört, so muß der Besitzer diesen auch warten und pflegen wie eine Mutter ihr Kind; denn der Heimatboden ist für uns sterbliche Menschen auch eine gebietende ewige Gottesmacht.« Darüber hinaus gilt die Einschränkung, daß nur ein Drittel der Bodenfrüchte oder des Viehs auf dem Markt angeboten werden darf, während zwei Drittel der Selbstversorgung dienen sollen.

Wenn jeder Einwanderer einen Anteil am Boden erhält, so wird doch der eine mit einem größeren, der andere mit einem kleineren Besitze ausgestattet sein. Auch werden im Verlaufe der Zeit unterschiedliche Leistungen zu unterschiedlichen Einkommen führen. Aus diesen Gründen werden die einen reicher, die andern ärmer sein. Dieser Unterschied soll und kann nicht aufgehoben werden. Es darf aber keine krasse Armut und auch kein krasser Reichtum bestehen. Daher ist eine Ober- und eine Untergrenze des Einkommens zu bestimmen. Die Untergrenze bildet der Ertrag aus dem ursprünglich zugeteilten Land, das der Besitzer nicht veräußern kann und das ihm auch nicht unter irgendeinem Titel weggenommen werden darf. Als Obergrenze schlägt Plato das Vierfache dieses Ertrags vor; ein allfälliger Überschuß soll dem Staat abgegeben werden. In diesem Vorschlag schwingt der Gedanke mit, daß die

Wirtschaft nicht durch übermäßige Besitzsucht destabilisiert werden darf, weil diese sonst die maßvolle Ordnung zerstören würde.

Der eigentliche Kern der Unruhe und der Unmäßigkeit ist aber für Plato das *Geld.* Allerdings ist die Benützung des Geldes nicht zu vermeiden, da die Güter ja auf dem Markt gegen Geld ausgetauscht werden. Aber das Geld darf nicht gegen Zinsen ausgeliehen und dadurch zu Kapital werden. Diese Kapitalisierung des Geldes soll dadurch verhindert – oder doch wenigstens behindert – werden, daß der Gläubiger weder die Stammsumme noch die Bezahlung der Zinsen bei einem Gericht einklagen kann. Entsprechend der Zurückdrängung des Geldes ist auch die Währungsordnung gestaltet. Gold- und Silbermünzen, die als Ausdruck des Reichtums gelten und um ihrer selbst willen begehrt werden, sollen im Innern keine Gültigkeit haben und nur im Außenverkehr eine Rolle spielen. Im Innern sollen nur Münzen aus unedlem Metall umlaufen.

Im übrigen finden wir in den »Gesetzen« eine Fülle von Überlegungen betreffend die beste Regierungsform, das Zivil- und Strafrecht, die Erziehung, die Wissenschaften und die Religion – bedenkenswerte Überlegungen, die jedoch unsere Themenstellung nicht direkt betreffen. Über allen Vorschlägen steht jedoch ein Leitsatz, der auch als Motto für unsere Strategien gelten könnte: »Das Heil für den Staat« wird verwirklicht »durch Beseitigung der Besitzwut in Verbindung mit Gerechtigkeit«.

Lassen sich aber solche philosophischen Gedankengänge überhaupt verwirklichen? Plato ist insoweit selber skeptisch, als er bemerkt, daß vieles dem Schicksal überlassen bleibt: »Ich wollte sagen, daß eigentlich niemals irgendein Mensch Gesetze macht. Schicksale und Ereignisse von mancherlei Art in allen möglichen Fällen sind's: *die* machen uns alle Gesetze. Entweder hat ein Krieg in seinem überwältigenden Verlauf Verfassungen umgeworfen und Gesetze verändert, oder war's die Not jämmerlicher Armut. Häufig zwingen auch Krankheitsverhältnisse zu Neuerungen, wenn Seuchen hereinbrechen und oft lange, lange Zeit hindurch böse Mißjahre kommen. Wenn man das alles so vor sich sieht, drängt's einen wohl zu sagen . . . ›daß keine Menschenseele jemals ein Gesetz macht, sondern alle Dinge in der Welt lediglich Zufall und Schicksal sind‹. Und in der Tat: behauptet man dies vom Schiffswesen, von der Steuerung, von der Heilkunst, von dem Beruf eines Heerführers, so, glaube ich, hat man vollkommen recht.«

Aber Plato fügt hinzu, daß es in den Stürmen des Schicksals *auch* auf die gute Steuerung ankomme und so in bezug auf die Entwicklung der öffentlichen Ordnung *auch* auf die rechte Staatskunst: »Aber ebenso hat man bei den nämlichen Dingen auch *damit* recht . . . daß Gott alles in der Welt lenkt und *mit* Gott der Zufall und der Augenblick. Noch feiner ist es sicherlich, wenn man zugibt, daß auch ein Drittes hinzukommen muß, nämlich die Kunst. Im Augenblick eines Sturms die Kunst des Steuermanns zu Hilfe nehmen zu können, das möchte ich doch weit höher anschlagen, als wenn man's nicht kann . . . Und so muß man das nämliche auch für die Gesetzgebung annehmen.«

Wird aber gerade die Utopie einer maßvollen Ordnung Anklang finden? Plato möchte nichts anderes als ein *Leitbild* geben, auf das sich der praktische Gesetzgeber ausrichten kann, ohne daß mit einer völligen Verwirklichung zu rechnen ist: Überall scheint »der Gesetzgeber« – so sagt Plato in bezug auf seine eigenen Ideen – »fast traumhafte Vorschläge auszusprechen oder eine Stadt samt ihren Bürgern aus Wachs kneten zu wollen. Derartige Einwürfe sind gewiß nicht unbegründet; doch hat man auch folgendes nochmals bei sich zu beherzigen. Abermals richtet der Gesetzgeber an uns die Worte: ›Glaubt nicht, liebe Freunde, daß mir selbst bei unseren Beratungen die vorgebrachten Einwürfe unbekannt geblieben sind; ich gestehe, daß man sie in gewisser Art mit gutem Grunde geltend machen kann. Gleichwohl achte ich es bei allem, was ins Leben gerufen werden soll, für durchaus billig, daß der, der das Musterbild aufstellt und zeigen will, wie das Unternommene werden muß, nicht unter die höchste Stufe von Schönheit und Wahrheit heruntergeht. Wer dabei auf die Unmöglichkeit in der Ausführung stößt, sucht diese zu vermeiden und richtet die Sache nicht so ins Werk; was dagegen unter den übrigen Dingen dieser Stufe am nächsten liegt und nach seiner Natur mit dem, was eigentlich geschehen sollte, in der engsten Verwandtschaft steht, auf dessen Verwirklichung wird er mit allen Mitteln hinarbeiten.‹« Wir sind heute vielleicht bescheidener geworden; wir sind nicht sicher, wohin schließlich der Weg gehen wird – die Zukunft ist offen! Wir können und müssen uns aber überlegen, welche Richtung es einzuschlagen gilt. Als Wegweiser und Richtschnur, nicht als endgültig feststehendes Musterbild, können die Vorstellungen Platos über das Maßhalten und die Mäßigung gerade in unserer Zeit der Überbordung und der wachsenden Gegensätze von besonderer Bedeutung sein.

Anmerkung

[1] Dieses und die folgenden Zitate stammen aus dem Buch »Die Gesetze« von Plato, Köln und Olten, 1967.

3.
»Kleine Netze«: Im Vorfeld einer »sozialen Mutation«

Das Modell des »Kleinen Netzes« hat seinen besonderen Stellenwert als Brücke zu einer *neuen Lebensform.* In diesem Sinne darf dieser Vorschlag nicht als isolierte Überlebenstechnik einer ausflippenden Gruppe begriffen werden, die sich schutzsuchend in einer Nische der Leistungsgesellschaft verbirgt. Denn die geschichtliche Erfahrung belegt, daß sich gesellschaftliche Strukturen jedesmal bei der Überschreitung einer Sättigungsgrenze verändern. Sitte und Verhalten suchen sich in einem langfristigen, schmerzlichen Prozeß auf gewandelte Umweltbedingungen einzuspielen: Als der Nahrungsspielraum den Hirtenvölkern zu eng geworden war, mußte die Nomadensippe der bodenständigen Großfamilie der Agrarwirtschaft weichen. Heute fördern die gesellschaftspolitischen Zwänge des Industriesystems die verbrauchsorientierte, mobile Kleinstfamilie in der komfortablen Mietwohnung der Agglomeration. Die Grenzen der Erde mit einer starken Wachstumswirtschaft beginnen spürbar zu werden. Dadurch aber entwickeln sich neuartige Muster des Zusammenlebens. Diese »soziale Mutation« ist von einem einschneidenden und unwiderruflichen Wandel des Gruppendaseins begleitet.

Die sozio-kulturelle Sensibilisierung, das Hinterfragen fragwürdig gewordener Normen beginnt das Alltagsleben zu beeinflussen. Unser Strategieansatz versucht Auswirkungen dieses Gesinnungswandels zu erfassen und ihre positiven Folgen für eine Verbesserung der Lebensqualität darzustellen.

Beim Aufzeigen *alternativer Lebensmöglichkeiten* möchten wir aber keine realitätsfernen Wunschgebilde entwerfen. Dorfgemeinschaft und Kleinstadtidylle, die sich ungeprüft als Lösungsansatz aufdrängen, vermögen die spätkapitalistische Organisationsstruktur nicht aufzubrechen. Und doch bestätigt die bunte Fülle romantischer Urbilder des Zusammenlebens in der »Kleinen Einheit«, daß kontaktintensive Wohngemeinschaft und überschaubare Produktionseinheit einem alten Menschheitstraum entsprechen. Warum aber blieb Entwürfen von den »Phalanstère« und »Familistères« der

utopischen Sozialisten bis hin zur »Neighbourhood-unit« der »Cité-radieuse« und der »aufgelockerten Stadtplanung« zeitgenössischer Siedlungspolitiker jeglicher Erfolg versagt? Mit welchen Strategien könnte es in unserer Grenzsituation gelingen, eine verunsicherte Gesellschaft auf die Lebensbedingungen der Zukunft vorzubereiten?
Versuchen wir, unseren *Ausgangspunkt* im Kräftefeld der Systeme zu ermitteln: Als Hauptmerkmal erkennen wir, wie im Treibhausklima der hochentwickelten Industriegesellschaft ein ständiger Wachstumsprozeß angetrieben wird. Das expandierende Wirtschaftssystem beschleunigt den Rhythmus des Güterausstoßes und des Güterverschleißes. Kapitalballung und extreme Arbeitsteilung fördern die Konzentration wirtschaftlicher Macht. In modernen Industriestaaten arbeiten mehr als 90 Prozent der Arbeitskräfte als »unselbständig Erwerbende«, die von unternehmerischen Entscheiden weitgehend ausgeschlossen sind. Drei Viertel der Bevölkerung hausen in Mietwohnungen und haben üblicherweise keine Möglichkeit, ihre Wohnwünsche darzulegen und durchzusetzen. Die Anfälligkeit weiter Volkskreise für die Betreuung durch die staatliche Fürsorge nimmt zu, die Abhängigkeit des einzelnen vom Wohlfahrtsstaat ist eine unausweichliche Folge dieser Entwicklung.
Durch diese Machtkonzentration in einer *Gesellschaft der Organisationen* – Staat, Konzern, Unternehmerverband, Gewerkschaft – verliert das Individuum die Übersicht und sein Selbstvertrauen. Demokratische Institutionen werden ausgehöhlt, das überlieferte gesellschaftliche Verhalten erschüttert. Das dadurch bedingte *Sozialisationsversagen* verstärkt die politische Apathie und schafft gleichzeitig den Nährboden für die Rebellion unterprivilegierter Schichten.

Überforderte Kleinfamilie

In diesem Bezugssystem erweist sich die *Kleinfamilie* als ein derart schwaches Netz, daß der einzelne Mensch bei jeder Abweichung von der Norm der Leistungsgesellschaft – denken wir an Betagte, Kranke, Debile, sozial Geschwächte oder Geschädigte, verhaltensgestörte Jugendliche, Kleinkinder der außerhalb des Hauses arbeitenden Mütter – ins Leere fällt und vom staatlichen Fürsorgeapparat notdürftig aufgefangen werden muß. Ergebnis: Die *Problemüberlastung des Staates wächst mit der Zahl der Menschen, die der Expansion zum Opfer fallen.* Wie ein Krebsgeschwür wächst dieser Ausgliederungsprozeß aus der menschlichen Gemeinschaft in einer bürokratisch verwalteten Welt.
Ungelöste gesellschaftspolitische Probleme reizen Politiker und Ad-

ministration unter dem Druck einer beunruhigten öffentlichen Meinung zu möglichst spektakulären Maßnahmen. Dazu gehören offensichtlich Bauten, wie Heime, Anstalten, Alterssiedlungen, Kliniken, in denen die Versorgten von Verantwortung und Würde entbunden werden. Nachbarschaft und Gemeinschaft funktionieren bestenfalls noch technisch (durch Administration und Bürokratie), nicht mehr organisch (durch Beziehung von Mensch zu Mensch, von Gruppe zu Gruppe).

Die Kleinfamilie, vom »Ballast« mitmenschlicher Beziehungen in einem größeren Kreis entbunden, gestattet dem Individuum, jene *Mobilität* zu entwickeln, die einer differenzierten und zugleich verflochtenen Industriegesellschaft angepaßt ist; Mobilität sowohl in der Hierarchie der Arbeitswelt (»Aufsteiger«) als auch im Raum (Wanderbewegung zu den Wirtschaftszentren). So betrachtet bildet die Kleinfamilie eine psychologische Voraussetzung der wirtschaftlichen Expansion.

Unter diesen Bedingungen prägen Angst und der Drang nach Sicherheit in Form von Eigentum unsere Gesellschaft.

Eine unstabile, hierarchisch aufgebaute Leistungsgesellschaft enthält eine Vielzahl angsterzeugender Elemente, die unsere mitmenschlichen Beziehungen belasten und auch die Verhaltensmuster autoritär strukturierter Kleinfamilien bestimmen. Jeder unterliegt der Gefahr, daß seine Leistung nicht mehr benötigt wird. Wegrationalisierte Arbeiter warten ergeben auf ihr Arbeitslosengeld. Es bestehen keine Strukturen, um wenigstens einen Teil der brachliegenden Arbeitskraft sinnvoll zu nutzen.

In den letzten Jahren sind in vielen Gemeinden die Versuche intensiviert worden, die Hilfeleistung privater Sozialwerke und die Betreuung Bedürftiger durch kirchliche Organe und freiwillige Helfer zu koordinieren. Wohl mag es mit dieser Methode gelingen, die erkennbare materielle Not des einzelnen Betreuten zu lindern und auch verborgenes Elend aufzuspüren. Untersuchungen, die vor allem von kirchlichen Studienzentren gefördert worden sind, weisen jedoch nach, daß weder durch offiziellen Sozialdienst noch offiziöse Gemeinwesenarbeit die Betreuten aus ihrer Vereinsamung und Apathie herausgeführt werden können. Vor allem in neuerbauten Siedlungen, in Satellitenstädten und in den wachsenden Ballungszentren der Agglomeration sind *Versuche einer sozialen Integration gescheitert.* Doch nicht nur im städtischen Wohnblock lebt die Kleinfamilie häufig isoliert. Auch die Bewohner schmucker Einfamilienhäuser sind gegen Vereinsamung nicht gefeit.

Diese Abgeschlossenheit ist zum Teil bedingt durch den *Mangel an Kontaktstellen* im Wohnbereich: fehlende Voraussetzungen zur eigenen Mitarbeit im Stadtteil, zu große Entfernungen zu den zentralen Einrichtungen der Stadt, mangelnde Dienstleistungen in der Siedlung, unzulängliches öffentliches Verkehrsmittel. Diese Ghetto-Atmosphäre gefährdet die Sozialisation der Kinder, die allzu häufig in einer sterilen Welt eintöniger Überbauungen oder abgeschlossener Einfamilienhäuser aufwachsen müssen. »Hauswart-Rasen« hier, umzäunter Privatgarten dort entpuppen sich als Scheinidylle.
Die *Emanzipationschance der Frau* wird durch diesen Lebensstil herabgesetzt. Die Hausfrau lebt fern von Anregungen und Berufsalltag. Ihr droht ein eintöniges Dasein zwischen Supermarkt und nachbarlichem Klatsch. Nur starken Persönlichkeiten gelingt es, aus dieser Isolation auszubrechen. Eine fundierte Studie über »Die Stellung der Frau in Familie und Gesellschaft« spricht von der »außerfamiliären und innerfamiliären Diskrimination« und stellt fest: »Teilnahme am politischen Geschehen in einer Partei oder Gewerkschaft kommt kaum vor; bei den verheirateten Frauen antworten auf diese Frage nur 1–2% mit Ja, bei ledigen Frauen sind es nur gerade im kleinstädtischen Kontext mit 7% ein wenig mehr.«[1]
Die gestörte Beziehung der Frau zum öffentlichen Raum ist offenkundig. Zwingen ökonomische Engpässe oder die Suche nach Kontakten und die Sehnsucht nach Entfaltung die Frau zur Ausübung einer ganztägigen Berufsarbeit, so führt diese Doppelrolle (Berufstätige/Mutter) zu einer Doppelbelastung. Die Ermüdung wird insbesondere dort drückend, wo sich zum Pendlerdasein ein Mangel an Infrastruktur in der Wohnsiedlung gesellt. Der Tante-Emma-Laden hat seinen Rolladen heruntergelassen, für die Kinderkrippe fehlt das Geld. Die berufliche Überlastung mit ihren psychischen und physischen Folgen verstärkt die Tendenz zur Flucht durch individuellen Rückzug hinter die Wände der abgeschirmten eigenen Wohnung. Die Folgen sind absehbar: *Das Fehlen einer gefühlsmäßigen Zustimmung zur Umwelt führt zur Verödung der mitmenschlichen Beziehungen.*

Deutliche Signale

Die *zerstörte Siedlungsstruktur* unserer Ballungsräume ist ein Spiegelbild der gehemmten mitmenschlichen Kontakte. Auf komplizierte, unüberschaubare wirtschaftliche und gesellschaftliche Verhältnisse und Abhängigkeiten reagieren die Individuen mit Abkapselung. Über die erschreckend hohe Zahl der »sozial Unfähigen« in den

USA gibt uns eine detaillierte Untersuchung des »U. S. National Comittee Against Mental Illness« eine beunruhigende Antwort. Die Gruppe der Kranken und Geschädigten, der Arbeitsunfähigen und Drogenabhängigen umfaßt mindestens 20% der Gesamtbevölkerung. Demnach sind in den Vereinigten Staaten beinahe 40 Millionen Menschen in Heimen und Anstalten interniert oder sonstwie aus der Gesellschaft ausgestoßen worden.

In Europa, wo die Lebensumstände übersichtlicher geblieben sind und der Industriegesellschaft eher Zügel angelegt werden, dürften die Vergleichsziffern tiefer liegen. Doch auch hier blicken die für soziale Fragen Sensibilisierten beunruhigt in die Zukunft. Die Vorstellung der klassischen Nationalökonomie, wonach die wachsende Produktivkraft der Industriegesellschaft schließlich auch das Los der ärmeren Schichten und der Randgruppen automatisch verbessern werde, ist im Hinblick auf die Grenzen des Wachstums nicht mehr haltbar. *Gesellschaftliche und soziale Reformen* sind unerläßlich. Da jedoch selbst der computergläubige »Club of Rome« in einer neueren Publikation feststellte, daß sich »die eigentlich menschlichen Werte, ethische wie auch viele grundlegende politische Aspekte, einer mathematischen Behandlung, ja sogar oft einer allzu rationalen Annäherung entziehen«, läßt sich die Richtung der gesellschaftlichen Entwicklung nur annähernd erfassen.

Die Problematik des Auseinanderbrechens menschlicher Gemeinschaften auf einem geplünderten Planeten hat in Dichtung und Psychoanalyse den deutlichsten Resonanzboden gefunden. Der politisch engagierte Schweizer Schriftsteller Adolf Muschg gibt zu bedenken:

»So nah und so weit ich zu sehen vermag, wird heute in Beziehungen und Bindungen, in Ehen, und was von ihnen übrig ist, die schwerste gesellschaftliche Arbeit geleistet. Die Bildung von Bewußtsein verkleidet sich hier in das persönliche Problem und seinen Lösungsversuchen: eine Massierung punktueller Systemveränderungen, die man sich wohl abgewöhnen muß für ein privates Phänomen zu halten.«

Und der Psychiater Horst Eberhard Richter erahnt aufgrund seiner Patientengespräche die Zielrichtung veränderter Wertvorstellungen:

»*Wendung nach innen*, hin zu geselligeren, viel mehr Emotionen einschließenden Formen des Zusammenlebens, *Abkehr von der ewigen Expansion*, von der steilen Hypermännlichkeit und der defensiven inneren und äußeren Ghettoisierung des Schwachen und Häßlichen, Sehnsucht nach dem *Erlebnis der Solidarität*«.

Doch könnten sich Entscheidungsträger der Gesellschaft den Luxus leisten, aus den durch Großorganisationen geschaffenen Abhängigkeiten auszubrechen? Braucht der Mensch nicht seine volle Arbeitskraft, um die lebensnotwendigen Güter unserer Zivilisation sicherzustellen? Im fortgeschrittenen Industriesystem ist die Hälfte der Arbeitskräfte im Dienstleistungssektor eingesetzt, obschon eine Fülle der angebotenen Dienste jede Großfamilie aus eigener Kraft erbringen könnte. E. F. Schumacher (»Small is Beautiful«) und Ivan Illich (»Selbstbegrenzung«) haben Zeitbudgets aufgestellt, welche die Ertragskraft »produktivitätsfördernder Umwege« und Wachstums-Investitionen relativieren. Obschon der Eindruck größter und zwingend notwendiger Geschäftigkeit vorherrscht, werden effektiv nur 3,5% des gesamten Zeitbudgets einer Industrienation für die materielle Güterproduktion aufgewendet. Der Rest wird gebraucht, um die Güterschwemme zu verteilen und zu verbrauchen.
Allerdings läßt sich auch mit konventionellen Berechnungsmethoden eine steigende Leerlauf-Quote ermitteln. Der durch das Industriesystem geprägte Produzent ist ein harter und scheinbar zielbewußter Arbeiter. Unter den Mitteleuropäern haben sich Schweizer und Deutsche den Anforderungen der industriellen Leistungsgesellschaft am bedingungslosesten unterworfen. Um ihren materiellen Wohlstand zu sichern, investiert eine Arbeitskraft dieser Länder in einem vierzigjährigen Arbeitsalltag ungefähr *100 000 Arbeitsstunden* in die arbeitsteilige Wirtschaft. Die wirtschaftliche Gesamleistung je Einwohner belief sich im Jahre 1975 auf 7000 bis 8000 Dollar, was weltweit eine absolute Spitzenleistung bedeutet. Der Mitteleuropäer verfügt heute über ein technologisches Energiepotential, das der Arbeitsleistung von 180 Sklaven des Altertums entspricht. Unsere Großväter mußten sich mit bloß 40 Energiesklaven begnügen. Würde man die jährliche technologische Produktivitätssteigerung von etwa 3% nicht in Konsum und Verschleiß umsetzen, sondern in soziale Aktivitäten und Gemeinschaftsarbeit, dann ließe sich jährlich eine Arbeitswoche »freisetzen«, ohne die Produktionsbasis zu schmälern. Die hohe Produktivkraft (Technologie), die Rationalisierung der Massenproduktion und der Verwaltungsabläufe durch Automation und Computer ermöglichen innerhalb gewisser Grenzen eine gezielte Verschiebung des Einsatzes der Arbeitskraft.
Gewiß, diese anschaulichen Zahlenspiele der »Überflußgesellschaft« dürfen uns nicht zu einfachen Rückschlüssen verführen. Mit einem Seitenblick auf unsere sozialen und ökologischen Probleme, auf

fehlgesteuerte Verteilungsmechanismen, auf die Not der Hungerländer, ahnen wir, daß diese zu einfache Rechnung nicht aufgeht.
Halten wir jedoch die für die Entwicklung unserer Idee wegleitende Erkenntnis fest: Angesichts des technologischen Potentials und der Produktivkraft hochindustrialisierter Länder wäre es möglich, die übliche Arbeitslast erheblich zu reduzieren und damit das Leben aller Menschen durch vermehrten Gemeinschaftsdienst und intensivere mitmenschliche Kontakte qualitativ zu verbessern.
Das alte kapitalistische Idealbild einer fleißig vor sich hin produzierenden, ständig nach Konsumausweitung gierenden Gesellschaft, welche die Steuerung des Wirtschaftsablaufes getrost und ohne Rücksicht auf soziale Kosten und ökologische Folgen dem wirtschaftspolitischen Laisser-faire überlassen kann, ist erschüttert. Kurzsichtige Politiker und Wirtschaftsführer aber halten sich für Realisten, wenn sie sich – durch drohende Arbeitslosigkeit verführt – an vorgegebene Strukturen klammern und den überlasteten Staat um Finanzspritzen ersuchen. Dabei wären die durch die Konjunkturschwankungen heraufbeschworenen Ängste leichter zu verkraften, wenn die in der Rezession »brachliegende« Arbeitskraft für die *Selbstversorgung der Familie* mit Nahrungsmitteln und für die Vertiefung der mitmenschlichen Kommunikation genutzt werden könnte.
Hier wird der Grundgedanke der »Kleinen Netze« sichtbar: Durch sie lassen sich verlorene, fehlgeleitete Arbeitskraft und verschleuderte Steuergelder einfangen. Hinter dieser Idee verbirgt sich ein Ansatz zu einer Gesellschaft jenseits von Kapitalismus und staatlichem Bürokratismus.
An einem realisierbaren Modell läßt sich zeigen, daß eine *Gegenbewegung* möglich ist, die das Zusammengehörigkeitsgefühl stärkt, die Solidarität und die Hilfsbereitschaft einer Gruppe von Menschen in ihrem alltäglichen Leben begründet und fördert. Wohngemeinschaften oder Arbeitskollektive können unabhängig von institutionalisierten Organisationsformen, wie Parteien, Gewerkschaften, Konzernen, entstehen. Solche Gruppen üben praktische Solidarität und bieten dem einzelnen auch emotionalen Halt. Indem so die Isolation des Individuums überwunden wird, kann Kraft für gesellschaftsverändernde Aktivitäten freigesetzt werden. Dabei würden Randgruppen und Kranke nicht als Ärgernis der Leistungsgesellschaft beiseite geschoben, sondern in den Lebensbereich der aktiven Bevölkerung einbezogen.

Problematik der Wohngemeinschaft

In der Schweiz lassen sich zur Zeit mehr als 200 Kommunen feststellen, darunter etwa 50 Wohngemeinschaften allein in der Stadt Zürich. Das englische Kommunenverzeichnis »Directory of Communes« und das »Communes-Journal« reden von Hunderten von Kommunen, wobei festgehalten wird, es gebe überall in den Stadtteilen und Cottages Kommunengruppen, von denen kaum die Nachbarn etwas wüßten. Gemeinsames Erkennungsmerkmal: Was jede Kommune von der übrigen Gesellschaft unterscheidet, ist die drastische Herabsetzung des Bedürfnisses nach Produkten, auf deren Massenherstellung unsere konsumorientierte Gesellschaft angewiesen ist.

Während in den skandinavischen Ländern eine vielschichtige Kommunenbewegung existiert – einzelnen Organisationen sind über 500 Kollektive in lockerer Form angeschlossen –, versucht in Deutschland der Arbeitskreis »Neue Kommune« eine eigentliche Kommunenbewegung auszulösen und durch seine vom Kibbuz inspirierten Kommunenmodelle vor allem die Jugend für den Aufbau von *Wohnkollektiven mit integrierten Arbeitsplätzen* zu motivieren. Die amerikanischen Kommunen erhielten ihre stärksten Impulse aus der Hippiebewegung. Zur Zeit werden in »The Modern Utopian« rund 130 Kommunen in Nordamerika und in Kanada erwähnt, die zusammen etwa 10 000 Personen umfassen dürften. Daraus kann auf eine weit größere Zahl bestehender Kommunen geschlossen werden.

Bei diesen Untersuchungen der Kommunenexperimente fällt eines auf: Wohnkommunen sind Gemeinschaften auf Zeit. Längeren Bestand haben nur jene Gemeinschaften, deren Angehörige nicht nur zusammen leben, sondern einen Teil ihres Lebensunterhalts gemeinsam erarbeiten. Diese Feststellung gilt sowohl für religiös geprägte Kommunen (Kibbuz, Brüdergemeinden, Shakers) wie auch für die auf sozialistisch-utopischem Gedankengut aufgebauten Kommunen (»Icarians«, Wirtschaftskollektiv San Leucio, Owens »New Lanark«, Godins »Familistère«, »Berglütli«, Neu Walser).

Bei der Suche nach neuen Formen des Sozialdienstes und des Zusammenlebens unterstreicht diese Erfahrung die Bedeutung der gemeinsam geleisteten, überschaubaren Arbeit für den Aufbau einer lebensfähigen Gemeinschaft. Diese Tendenz ist schon bei ganz einfachen »Fronarbeiten« im Wohnort festzustellen, etwa bei der Bestellung eines Pflanzgartens oder beim Aufbau und der Überwachung eines Bauspielplatzes.

Trotzdem scheint die Kommunenbewegung eher ein Indiz für eine

Bewußtseinsveränderung, eine Markierung auf dem Weg zu neuen Lebensformen zu bilden als ein heute schon taktisch verwendbares Modell zur Anpassung der Gesellschaft an veränderte Lebensbedingungen. Durch den *eigenen Wandel* wird versucht, *die Gesellschaft zu verändern.* Statt der Gesellschaft veränderte man radikal sich selbst – eine Idee von starker Ausstrahlungskraft.

Indem sich diese Gemeinschaften gleichsam in den Randgebieten der Leistungsgesellschaft einnisten und sich den Systemzwängen zu entziehen versuchen, bilden sie Inseln einer gewandelten Lebensform. Damit aber beschwören sie bisweilen Mißgunst herauf, die alle Außenseiter zu treffen droht: Mißdeutung und kollektiver Neid stimulieren Ablehnung und Aggressionen, die sich gegen Ungewohntes richten.

Soziale Utopien unserer Zeit suchen den Ersatz in der Gruppe (Großfamilie, Kommune), die in der heutigen Praxis meist eine einheitliche Altersgruppe umfaßt und zugleich auch eine enge Interessengemeinschaft bildet. Selbst wenn man diesen Ideen positiv gegenübersteht, läßt sich feststellen, daß ihr praktischer Erfolg durch das allzu große Gefälle zur übrigen Gesellschaft begrenzt ist. Insbesondere den schwächeren Mitgliedern einer solchen Gruppe, die es eigentlich am meisten zu schützen gälte (Kinder, Außenseiter jeder Art), wird durch das prononcierte »Anderssein« der Kontakt zur Außenwelt (Schule, Nachbarn, Gemeinde, Arbeitsplatz) erschwert. Wenn Großfamilie oder Kommune funktionieren sollen, dann nur, wenn sie stufenweise und unbemerkt entstehen können.

Gemeinschaftsbildung durch das Prinzip der »Kleinen Netze«

Die heutige hohe Produktivkraft des Wirtschaftssystems und die gesellschaftspolitische Grenzsituation der entleerten und zugleich überforderten Kleinfamilie haben neue Voraussetzungen des Zusammenlebens geschaffen. Die Lebensbedingungen würden sich verbessern lassen, wenn wir einen Teil unserer Arbeitskraft der arbeitsteiligen Wirtschaft entziehen würden, um den vernachlässigten Bereich der Familie und der Gemeinschaft im weitesten Sinne zu unterstützen und zu beleben. Warum wird dieser Spielraum der Industriezivilisation nicht ausgenützt?

Das etablierte ökonomische System, das noch immer das Denken in den Industrienationen wesentlich prägt, wurde in der Zeit der Mangelwirtschaft begründet und mußte die Fesseln des damaligen Obrigkeitsstaates abstreifen. Auch unser heutiges politisches System wurde in der Mitte des vorigen Jahrhunderts – in der Zeit der ersten

Phase des Kapitalismus – institutionalisiert. Der »Selbständigerwerbende«, der über seine Produktionsmittel nach eigenem Ermessen verfügen wollte, bestimmte mit der Festlegung seiner »Freiheitsrechte« den ihm gemäßen Freiheitsraum. Gleichzeitig schuf der junge, dynamische Industrialismus durch die Aushöhlung der kleingewerblich-bäuerlich geprägten Lebensform die ökonomischen Voraussetzungen und gesellschaftspolitischen Erschütterungen (Freisetzung von Arbeitskräften), die zur Verelendung weiter Schichten führten. Diese Entwickung förderte die Proletarisierung und vergrößerte das Heer jener Arbeitskräfte, welche – wie es im Manifest der Kommunistischen Partei heißt – »nur so lange leben, als sie Arbeit finden, und die nur so lange Arbeit finden, als ihre Arbeit das Kapital vermehrt«. Damals hätte jede Verminderung des Arbeitseinsatzes in den Fabriken das *Elend der Massen* vermehrt und die Überlebenschance vermindert.

Jede Auflehnung gegen die Starrheit dieses auf eine Mangellage ausgerichteten Wirtschaftssystems mußte scheitern. Arbeiterrevolte und Maschinenstürmerei wurden von den Polizeikräften in Schach gehalten. Die Versuche »utopischer Sozialisten« (Produktiv-Genossenschaft, Arbeiterassociation, Ateliers sociales, Communauté Icarienne) die kapitalistische Wirtschaftsform zu überwinden und im Experiment neue Modelle der Produktion und des Lebensstils zu entwickeln, schlugen damals fehl und sind seither weitgehend diskriminiert.

Nach der Steigerung des Güterausstoßes in hochentwickelten Industriestaaten aber zeichnet sich mit dem Ende der Wachstumswirtschaft auch eine Wende in der psychischen Verfassung des einzelnen ab. Neue Praktiken der Sozialisation, selbstbestimmte Tätigkeit und freiwilliger Konsumverzicht verändern bestehende Strukturen schrittweise. Durch das »Prinzip der Kleinen Netze« soll versucht werden, eine Gegenbewegung zur modernen Industriegesellschaft einzuleiten und das Zusammengehörigkeitsgefühl (Solidarität, Hilfsbereitschaft) einer übersichtlichen Gruppe von Menschen in ihrem täglichen Leben an ihrem Wohnort zu begründen und zu fördern. Auf dem Weg zu einer solidarischeren Familienstruktur könnte die *»Wahlverwandtschafts-Familie«* den Kern einer neuen Gemeinschaft bilden. Dieses Modell benötigt zu seiner Verwirklichung einen *»Basisdienst in der erweiterten Familiengemeinschaft«* und baut die Abhängigkeit von der staatlichen Fürsorge in entscheidender Art ab, gleichzeitig wird auch das Ausgeliefertsein an die arbeitsteilige Wirtschaft gemildert.

Modell einer „Wahlverwandtschafts-Familie“

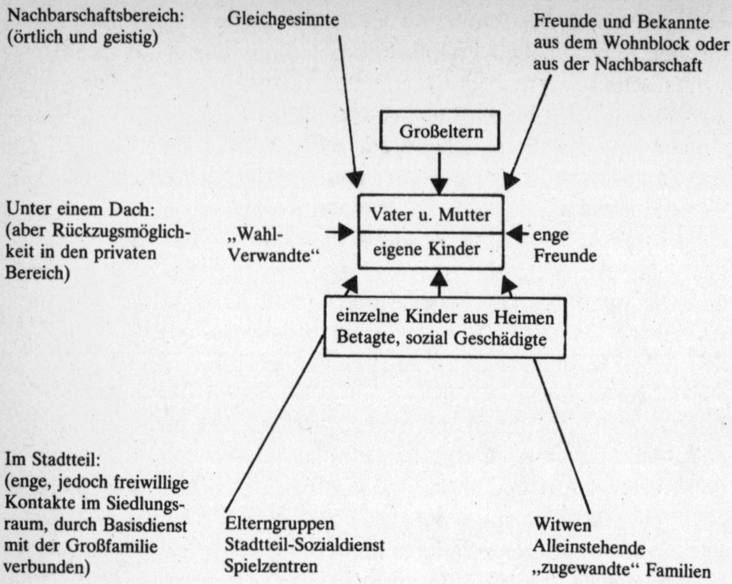

NAWU

Figur 18: Modell einer »Wahlverwandtschafts-Familie«

Die Wahlverwandtschaftsfamilie (Fig. 18) gibt dem einzelnen die Entscheidungsfreiheit, seine Bezugsgruppe zu bestimmen. Während die vorindustrielle Großfamilie (Abhängigkeit durch Blutsverwandtschaft oder Brotkorb) eine Zwangsgemeinschaft bildete, ist hier die Sympathiebezeugung die Antriebskraft, auf der eine gegenseitige Loyalität beruht. Ist aber der freiwillige Beitritt erwünscht, dann soll auch der freiwillige Austritt, der Rückzug in die Kleinfamilie oder der Eintritt in eine Kommunen-Gemeinschaft möglich sein. Denn unser Modell, vom Wissen um die Schwächen der üblichen Kleinfamilie und um die Instabilität der Wohn-Kommune geprägt, kann nur in einer »offenen Gesellschaft« funktionieren, in welcher der einzelne seiner Persönlichkeitsstruktur entsprechend die ihm gemäße Familienform wählen und mitgestalten kann (Paarbeziehung oder Gruppenbeziehung).

Ein »Kleines Netz« als erweiterte Basis für ein intensives Zusammenleben, sollte in der Regel *15–20 Familien* umfassen, die im Rahmen einer Siedlungsgemeinschaft einzelne soziale Aufgaben und

Gemeinschaftsdienste *aus eigener Kraft* erfüllen. Die Familien könnten in ihrem Intimbereich das Leben der traditionellen Kleinfamilie weiterführen. Die Einbeziehung von Wahlverwandtschaftsfamilien, Großfamilien, einzelnen Wohngemeinschaften und Kommunen in die Lebensgemeinschaft der Siedlung wäre wünschenswert. Dabei hätte diese Integration selbstverständlich ohne Zwang zu erfolgen. Wir vermuten, daß die Sicherheit und die Entfaltungsmöglichkeit, die ein »Kleines Netz« dem einzelnen und der Kleinfamilie gewährt, eine starke Anziehungskraft ausüben würden.

Demnach würden in Familien unterteilte, nachbarliche Gemeinschaften von 50 Menschen, damit das »Kleine Netz« zum Tragen kommt, bis höchstens 100 Personen, damit die Beziehungen im »Kleinen Netz« nicht unübersichtlich werden, gebildet. Solche Gemeinschaften könnten hier und dort im Stadtteil, in der Agglomeration, in Dorf und Stadt gebildet und – miteinander verbunden – Träger einer intensiv lebenden *Siedlungskultur* werden.

Das realistische Grundmuster, das die Bedingungen der heutigen Gesellschaftsstruktur berücksichtigt, besteht in der heute üblichen Kleinfamilie mit einem Elternpaar und zwei Kindern. In der typischen Kleinen-Netz-Familie sollte ein Elternpaar für eine zusätzliche Bezugsperson sorgen: älterer Mensch, Kind aus zerbrochener Familie, sozial Geschwächter. Auf dieser Basis könnte etwa ein Viertel der Netzbewohner seine Arbeitskraft ganz oder teilweise der arbeitsteiligen Wirtschaft zur Verfügung stellen. Damit wäre die ökonomische Grundlage des »Kleinen Netzes« gesichert.

Durch den Rückkhalt im »Kleinen Netz« lassen sich vermehrt Kräfte für ein echtes Zusammenleben und Zusammenarbeiten in der überschaubaren Gemeinschaft freisetzen. Die Vertiefung der mitmenschlichen Kommunikation und eine sinnvolle, sichtbar der Gemeinschaft dienende Arbeit sind wesentlicher und langfristig auch ökonomischer als Einkommenssteigerungen durch Intensivierung des Arbeitseinsatzes in der Wachstumswirtschaft. Beweisen nicht die überproportional anwachsenden sozialen Kosten und die steigende Umweltbelastung, daß »Leistung um jeden Preis« einen Leerlaufeffekt auslösen kann?

Würden wir in unseren Agglomerationen Wohnbezirke nach dem Prinzip der »Kleinen Netze« aufbauen, dann könnte beinahe die Hälfte der Berufstätigen am gleichen Ort wohnen und arbeiten. Denn das »Kleine Netz« bietet erstens eine reiche Auswahl von Tätigkeiten für die Befriedigung der Bedürfnisse der eigenen Infrastruktur. Zweitens verfügen Handwerker und Mitarbeiter von

Dienstleistungsbetrieben über einen gewissen Spielraum bei der Festlegung ihres Arbeitsortes, wodurch auch hier die Trennung von Wohn- und Arbeitsort aufgehoben werden könnte. Drittens erlauben die heutigen technischen Kommunikationsmittel, einzelne Bereiche der öffentlichen und privatwirtschaftlichen Administration im Wohnbezirk der Arbeitnehmer anzusiedeln. Dies wäre von der Lebensqualität her gesehen besser und erst noch billiger als die Arbeitsplätze in den Bürohochhäusern der City. Dieses Konzept hätte zur Folge, daß der berufsmäßige Pendlerverkehr schrumpfen und so das Verkehrsvolumen mit den entsprechenden Umweltschäden entlastet würde.

Ausgehend von den heutigen Gesellschaftsstrukturen und den Bedingungen der arbeitsteiligen Wirtschaft, haben wir in realistischen Modellen den Aufbau von Siedlungen nach dem Prinzip der »Kleinen Netze« entworfen, die Gemeinschaftsbudgets durchgerechnet, Pläne für notwendige Bauten ausgearbeitet. Hervorstechendstes Merkmal: Mit geringfügigen *Steuerungsmaßnahmen* im Unternehmungsaufbau (Dezentralisation), in der Lokalpolitik (Stadtteildemokratie) und in der Siedlungspolitik (Erweiterung der Gemeinschaftsbereiche) wäre es möglich, die oben erwähnte Hälfte aller Arbeitsplätze in die Wohnbezirke zu verlegen: Da hier der Raum für eine detaillierte Darstellung fehlt, versuchen wir ein derartiges »Kleines Netz« durch Stichworte sichtbar zu machen.

Neue Arten von Arbeitsplätzen und Sozialdiensten

Die Infrastruktur eines »Kleinen Netzes« strukturiert Arbeitsplätze und Sozialdienste auf neue Art:

a) Arbeitsplätze:

• Für die Bedürfnisse innerhalb des Wohnbezirks:
- Mitarbeiter für Läden und Restaurants
- Sozialarbeiter für das Sozialzentrum und Beratungsstelle (Lebenshilfe)
- Krankenpflege, Haushaltshilfe, Hebamme
- Lehrstellen für Vorschule und Grundschule
- Clubleiter, Animator, Kontaktstelle

• Für die Bedürfnisse innerhalb und außerhalb des Wohnbezirks:
- Handwerker: technische Installationen, Geräte, Fahrzeuge, Produktion von täglichen Konsumgütern usw.
- Angestellte: Datenverarbeitung, Bedienung der Kommunikationsmittel, Programmierer, System-Analytiker, Beamte,

- »Freie Berufe«: Journalisten, Künstler, Architekten und Designer, Rechtsanwälte usw.

b) Die soziale Infrastruktur des Wohnbezirks:

- Einfaches Sozialzentrum:
- Betreuung der Betagten, Alleinstehenden, Außenseiter
- soziale Dienstleistungen: Haushaltshilfe, Hauspflege, Mahlzeitendienst für Betagte
- Basis Gesundheitsdienst:
- ärztliche (physische und psychische) Betreuung
- Geburt und Tod in der gewohnten Umgebung (Krankenhaus nur für Notfälle)
- Kindergarten/Kinderhort:
- Vorschulung und erste Sozialisation im Wohnbezirk
- Ausweitung des Spiel- und Kreativitätsbereichs
- »Education permanente«/Information/Bildung:
- Bibliotheken
- Gespräche, Diskussionen
- politische Aktionen
- Bürgerinitiativen
- Freizeit – Geselligkeit:
- Kneipe mit Versammlungslokal, Treffpunkt
- Verschiedene Klubs
- Spiel, Sport
- Der tägliche Konsumbedarf:
- Verkaufsgeschäfte für Güter des täglichen Bedarfs
- »Flohmarkt« zum Tausch von gebrauchten Gegenständen, Kleidern, Büchern, Spielzeugen
- Verkauf von selbstgebastelten Gegenständen, selbst angepflanztem Gemüse
- Flickstube, Schuhreparaturen, Kleider-Nähen, Weben, Sticken etc.

c) Rand-Produktion:

Im Rahmen des Wohnbezirkes sollte ein Teil der Arbeitskraft für eine »netzbezogene Produktion« verwendet werden. Dadurch könnte die Abhängigkeit der Bewohner von der arbeitsteiligen Wirtschaft gemildert werden, was sich bei einer Störung der hochempfindlichen »Zivilisationsmaschinerie« günstig auswirkt. Im Vordergrund stehen:

- Landwirtschaft/Gartenbau

Selbstversorgung mit Gemüse, Obst und Eiern, Kleintierzucht, Förderung des biologischen Landbaus

- Einfache Produktion
  Herstellung von einzelnen Gebrauchsgegenständen und Spielzeugen
- Reparaturdienst
  Equipen für Reparaturen an Bauten und Geräten des Wohnbezirks
- Rückgewinnung von Abfallstoffen
  Systematische Bekämpfung des Verschleißes durch Wiederverwendung brauchbarer Gegenstände und Stoffe, Rückgewinnung von Altpapier und Altglas, etc.

Ein in diesem Sinne konzipierter Wohnbezirk wäre fähig, üblicherweise brachliegende Arbeitskräfte zu aktivieren, Anregungen zu geben, Tätigkeiten zu entwickeln. Integration von »Grünen Witwen«, Pensionierten, sogenannten Außenseitern und Hippies durch ein Arbeitsangebot, das ihrem Lebensstil entspricht.

Mit diesem Arbeitssystem im Wohnbezirk würde auch die Forderung nach Kontakten der Kinder zur Arbeitswelt der Erwachsenen erfüllt. Dazu Jane Jacobs, Kritikerin verödeter Siedlungsstrukturen: »In Wirklichkeit lernen Kinder, wenn überhaupt, nur von den Erwachsenen auf der Straße die ersten, fundamentalen Zusammenhänge funktionsfähigen Großstadtlebens. Von ihnen lernen sie, daß die Menschen, auch wenn sie keine Bindung zueinander haben, ein bißchen Verantwortung füreinander haben müssen. Diese Lektion lernt man nicht dadurch, daß sie einem gepredigt wird. Man lernt nur aus der Erfahrung, daß andere Menschen, die keine verwandtschaftlichen oder freundschaftlichen Bindungen zu einem und keine berufsmäßige Verantwortung für einen haben, jenes bißchen öffentliche Verantwortung zeigen.«

Eine in diesem Sinne konzipierte Wohnbezirk-Gemeinschaft erlaubt auch den Müttern und Vätern, die sich primär dem intimen Familienbereich (Kindererziehung, Haushalt) widmen möchten, ohne Überanstrengung und ohne Schaden für die Kinder eine *Teilzeitarbeit* innerhalb oder außerhalb des Wohnbezirks zu übernehmen. Denn es bleibt ja in jedem Falle eine Sozialdienst-Gruppe im Quartier, welche die Gemeinschaftsdienste im Gange hält und die Randgruppen betreut. Die nachbarliche Hilfe, die Kommunikation im Bekanntenkreis, bleibt stets gewährleistet.

Kommunikativer Wohnungsbau

Die Bedeutung der baulichen Gestaltung wird in der Regel überschätzt. Sozialwissenschaftliche Untersuchungen weisen übereinstimmend nach, daß bei der »Wohnzufriedenheit« bauliche und soziale Faktoren zusammenspielen. Enge *Kontaktbeziehungen* mit anderen Personen sind dabei bedeutungsvoller als physische Voraussetzungen. Wichtig ist zudem das Sicherheitsbedürfnis. Der Bewohner muß die Gewißheit haben, daß er nicht durch unkontrollierbare Mächte aus seiner Wohnung »ausgewiesen« werden kann.

Trotzdem darf die Bedeutung der äußerlichen Bedingungen für das Gelingen des »Kleinen Netzes« nicht gänzlich negiert werden. Spezialisten des »kommunikativen Wohnungsbaues« haben sich bemüht, optimale Bauformen für Kleine Netze zu entwickeln. Am besten geeignet für den Aufbau eines »Kleinen Netzes« wären demnach 2- bis 3stöckige Reihenhäuser mit direktem Ausgang zum Garten (Gemüsebau, Hühnerhof), einfache Gebäudeformen, doch mit Sichtkontakten zum allgemeinen Zugangsraum. Es wären drei oder vier Gemeinschaftsräume wie Werkstatt (Factory-System), Spielraum, Versammlungsraum, Waschküche (Dorfbrunnen-Ersatz), Sauna, gedeckter Spielplatz im Freien und eine größere, allgemeine Freifläche zu schaffen. Dabei sind Zwischenzonen (kleine Plätze, Schlupfwinkel) anzulegen, die den emotionalen Bedürfnissen der Bewohner entgegenkommen.

Die Möglichkeit, den eigenen Wohnbereich über die Wohnung hinaus zu gestalten – wie Fassaden, Vorgärten, Balkone, Belebung von Gemeinschaftsanlagen –, dürfte zur Wohnzufriedenheit beitragen und die Identifikation mit der gesamten Wohnlage erleichtern. Der bisherige Perfektionismus, der den Bewohner zur Untätigkeit verurteilt, muß von Grund auf überdacht werden. Die Wirkung der von den Bewohnern selbst geschaffenen Sekundärarchitektur (Gartenanlage, Pergola, Spielplatz, Garage, Dachausbau, Bastelraum) liegt auf der Ebene des echten Happenings: Sie besteht in der Ausnützung von Gegebenheiten, von Zufällen und Einfällen, und sie wirkt nicht nur auf das Auge, sondern auf alle Sinne. Provisorien, die während des Rohbaues entstehen, aktivieren den Gestaltungswillen der Bewohner der »Kleinen Netze«. Dabei ist darauf zu achten, daß räumliche Voraussetzungen für nicht-verbale Kommunikation geschaffen werden.

Bei der heutigen Bausituation ist jedoch zu betonen, daß »Kleine Netze« überall eingerichtet werden können, in einer Gruppe von Wohnblöcken wie in einer Gruppe von Bauernhäusern, in einer

alten Fabrik oder einem stillgelegten Hotel ebenso wie in einer modernen Terrassensiedlung. Gerade im Hinblick auf die Umweltbelastung sollten vorerst vorhandene Bauten sinnvoll genutzt werden, bevor Neubauten errichtet werden.
Bauträger sollte wenn möglich eine *Genossenschaft* sein unter Mitbeteiligung der Bewohner. Dabei gilt es, die Wohnbedürfnisse der künftigen Bewohner durch stete Information und Konfrontation zwischen Planern, Architekten und Wohnbezirks-Einwohnern in der Aufbauphase abzuklären und die Prioritäten bei den Ansprüchen an die Wohnung zu ermitteln. Bisherige Befragungen ergeben folgendes Bild:

- Geborgenheit
- Bequemlichkeit und Geselligkeit
- Raum für Persönlichkeitsentfaltung und Selbstverwirklichung
- Wohnküche (viele Familien essen in der Küche)
- echter Privatbereich

Die Bildung eines *Bewohnervereins* mit demokratisch gewähltem Vorstand ist für die Leitung der Gemeinschaftsanlagen und als Impuls für verschiedenartige Wohnbezirks-Aktivitäten unerläßlich. Wird der Bau des Wohnbezirks durch einen Investmentfonds oder einzelne Kapitalgeber finanziert, so ist ein paritätisches Gremium zu schaffen, in welchem Bewohner und Kapitalgeber gleichwertig mit gleichen Rechten und Pflichten vertreten sind. Allfällige Konflikte sind nach den Spielregeln der direkten Demokratie zu lösen (Dorfgemeinschaft), alle aufbauwilligen Kräfte sollten bei der Gestaltung des Gemeinschaftslebens miteinbezogen werden.
Wenn aus ökonomischen oder gruppendynamischen Gründen im Rahmen des Wohnkomplexes einzelne Wohnräume als Eigentumswohnungen verkauft werden müssen, dann hat sich die Eigentumsübertragung auf die Stammwohnung zu beschränken. Denn das Gesamtsystem der Raumzuteilung soll flexibel bleiben. Zusätzliche Räume können gemietet oder, wenn sie nicht mehr gebraucht werden, wieder abgegeben werden. Wenn sich in einem Sonderfall verschiedene Ansprüche in die Quere kommen, hat der Vorstand des Bewohnervereins die Priorität der einzelnen Bedürfnisse abzuwägen. Bei der Festlegung der Prioritäten stehen die humanen Erfordernisse und Ansprüche der Bewohner grundsätzlich im Vordergrund.

Wohlstand / Lebensqualität: der große Unterschied

Das »Kleine Netz« bildet ein Grundmuster, das den ökonomisch bürokratischen Wohlfahrtsstaat verwandeln könnte, ein ideales Gefäß für jene Sozialleistung, welche die Kontakte von Mensch zu Mensch vertieft und dadurch das Leben lebenswerter macht. Hier wären zudem die Voraussetzungen geschaffen für die Mitarbeit jener Menschen, die einen *Sozialdienst oder Zivildienst* leisten wollen. Diese Idee wurde schon im Jahr 1969 am Europäischen Kolloquium für Sozialwesen festgehalten: »Die Mitbeteiligung der Bürger am Sozialwesen ist eine der wichtigsten Voraussetzungen für eine integrierte Entwicklung. Sie ist ein Schritt zur Demokratisierung der modernen Gesellschaft und zur Befreiung des Menschen ... Die Beteiligung in einem größeren Ausmaß hängt vom Verstehen und Bewußtmachen des Demokratisierungsprozesses auf *lokaler Ebene* ab. Zu diesem Zweck ist ein Strukturwandel der Methoden der Gemeindeverwaltung wünschenswert.« Sozialarbeit in diesem Sinn erzeugt den positivsten Effekt, wenn die »Nutznießer« der Betreuung an der Gestaltung der mitmenschlichen Hilfeleistung teilhaben können: Aus Betreuten werden Mitbetreuer.

Eine Umfrage in den Wohntürmen der Züricher Vorortslandschaft gab in dieser Hinsicht einen deutlichen Hinweis: 55 Prozent der Hausfrauen in den Wohnblöcken würden sich zum Kinderhüten zur Verfügung stellen. 30 Prozent wären auch bereit, bei der Pflege von Kranken und Betagten mitzuhelfen. 60 Prozent aller Bewohner möchten sich für die Verbesserung ihrer Wohnsituation einsetzen. Nach den Hauptproblemen in ihrem Siedlungsraum befragt, ergeben sich folgende Schwerpunkte: zu kleine Wohnungen – mangelnde Beschäftigungsmöglichkeiten für Kinder und Erwachsene in der Freizeit – zu langer und ermüdender Arbeitsweg (Pendler) – große Langeweile.

Läßt sich dieses Modell praktisch verwirklichen?

Die einzelnen Teile unseres Modells sind vorhanden und haben sich in der politischen und wirtschaftspolitischen Praxis bewährt: Dorfgemeinschaft – Wohnkollektiv – Selbstversorgung – Dezentralisierung der Produktion – nachbarliche Hilfeleistung – Rückkehr zu einfacheren Lebensformen – Intensivierung mitmenschlicher Kontakte. Unser »Kleines Netz« ist demnach nichts anderes als eine Kombination bestehender Elemente zu einem höherwertigen Ganzen, das dem Lebensgefühl unserer Generation entspricht, gleichzeitig die Umweltbelastung herabsetzt und die Wachstumszwänge mildert.

Auf den verschiedenen Ebenen lassen sich im Sinne unserer grundsätzlichen Strategien positive Auswirkungen voraussehen:

Ökonomisches System	Renaturalisierung eines Teils der Wirtschaft, Einschränkung der Geldwirtschaft
Politisch-administratives System	Abbau der zentralstaatlich organisierten Wohlfahrtsbürokratie
	Verstärkung der Mitbestimmung, Demokratisierung des Alltags
Sozio-kulturelles System	Leistung einer überschaubaren Arbeit in einer kleineren Gruppe im eigenen Wohnbereich
	Abbau der Entfremdung
	Erprobung der Solidarität
	Freisetzung vermehrter Kräfte für gesellschaftliche und gemeinschaftliche Aktivitäten
	Selbstentfaltung des Menschen

Bei der Durchsetzung dieser Strategie sind auf der *politischen Ebene* jene Maßnahmen zu fördern oder durch neue Initiativen einzuleiten, welche den Aufbau der »Kleinen Netze« erleichtern. Schon ein flüchtiger Blick auf unsere Alltagspolitik zeigt die Vielschichtigkeit dieses politischen Prozesses: In neuen *Gemeindeorganisationsgesetzen* sollten Institutionen einer funktionsfähigen *Basisdemokratie* im Bereich des Wohnbezirkes entwickelt werden. Die Revision des Zivilrechts wird die *Stellung der Frau* im Partnerschaftsverhältnis *stärken,* ihrer Unabhängigkeit breiteren Raum geben und die Schaffung *neuer Familienformen* (Wahlverwandtschaftsfamilie, Großfamilie) erleichtern. Erfahrungsgemäß sanktioniert ein Gesetz die eingetretene gesellschaftspolitische Veränderung erst nachträglich. Experimentelle Familienformen von heute sind gesetzlich gefaßte Normen von morgen.

Ein *neues Bodenrecht* müßte die Rechtsinstitution einer gemeinsamen Nutzung des Bodens (Allmend) wieder beleben und einfache Regelungen zur Überlassung von Grund und Boden im Baurecht oder im Nutzungsrecht schaffen. Baurecht und Nutzungsvorschriften sind auf die Bedürfnisse der »Kleinen Netze« auszurichten. Wir denken etwa an die Schaffung von zusammenhängenden Wohnbereichen in den Innenstädten, an die siedlungspolitisch motivierte Schaffung von »Kleine-Netze-Land«, das wie eine Allmend nie mehr zweckentfremdet werden darf.

Beim *Aufbau des Sozialdienstes* ist durch die politische Aktion unseren Modellvorstellungen Nachachtung zu schaffen. Zudem sind die etablierten Sozialwerke zu veranlassen, ihre Leistungsfähigkeit durch die Gemeinschaftsarbeit in den »Kleinen Netzen« zu steigern. In der Bankengesetzgebung sollte festgelegt werden, daß experimentelle Wohnformen im Sinne der »Kleinen Netze« bei der Finanzierung und in der Hypothekarpolitik zu bevorzugen sind. Bei den Anlagen der Versicherungen, Pensionfonds und Fürsorgestifungen ist zu verlangen, daß nicht nur die Wertbeständigkeit der Objekte überprüft wird, sondern auch ihre Wohnqualität, damit die frustrierende Wohnmaschine einer Geborgenheit und Entfaltungsmöglichkeiten bietenden Behausung weicht. Auch bei der Zusprechung von *Bausubventionen* im Rahmen der Wohnbauförderung sind die »Kleinen Netze« als organische Zellen eines demokratischen Staates zu unterstützen, zielbewußt zu entwickeln und Arbeitsgemeinschaften aufzubauen, die theoretischen Grundlagen zu erarbeiten und »Kleine-Netze-Experimente« praxisbezogen durchzuführen. Dabei muß nicht nur eine gezielte Öffentlichkeitsarbeit geleistet, sondern bewußt der Kontakt mit Politikern, Behörden und Verwaltung gesucht werden. Eine für siedlungspolitische Probleme sensibilisierte Öffentlichkeit wartet auf diese Modelle.

Anmerkung

[1] Thomas Held/René Levy: Die Stellung der Frau in Familie und Gesellschaft, Frauenfeld 1973.

4.
Ausbau des Sozialdienstes – Eindämmung der Geldwirtschaft

Bei der Darstellung der Wahlverwandtschaftsfamilie und der Zusammenarbeit im »Kleinen Netz« haben wir die vielfältigen Möglichkeiten der Gemeinschaftsarbeit in diesen kleinen, von der Mitmenschlichkeit geprägten, kontaktreichen Lebenseinheiten aufgezeigt. Hier ersetzt die gegenseitige Hilfe einen Teil jener Dienstleistungen und Betreuungen, die in der arbeitsteiligen Wirtschaft in immer stärkerem Maße vermarktet, kommerzialisiert und schließlich nur noch von Professionellen – seien sie nun vom Staat bezahlt oder erwerbswirtschaftlich tätig – ausgeführt werden. Mit der »Monetarisierung der mitmenschlichen Beziehungen« wächst die Entmündigung der Betreuten und ihre Abhängigkeit von einem immer kostspieligeren und ineffizienten »Sozialapparat«. Mit einem Seitenblick auf die Personalkosten der Spitäler – die sich in fünfundzwanzig Jahren verzehnfacht haben – läßt sich diese Entwicklung ablesen. Neben der Kostenexplosion im Gesundheitswesen aller Industriestaaten ist die Ölpreissteigerung geradezu eine Kleinigkeit.

Die Finanzkrise des Staates hat uns jedoch deutlich vor Augen geführt, daß eine Verbesserung des Dienstleistungsangebotes mit den kostspieligen Methoden des konventionellen Sozialstaates nicht mehr möglich ist. Die Grenzen des Wachstums manifestieren sich in erster Linie dort, wo für unbefriedigte soziale Bedürfnisse keine kaufkräftige Nachfrage vorhanden ist, das Gemeinwesen aber auch nicht mehr helfend beistehen kann, da ihm durch die Finanzklemme die Hände gebunden sind: Im Gesundheitsdienst, in der Altersfürsorge, im Bildungsbereich.

Doch wäre der Sozialstaat auf dem richtigen Weg, wenn er seinen schwerfälligen Sozialapparat mit zusätzlichen Finanzspritzen wieder in Schwung bringen wollte?

Die Behandlung, Betreuung und Versorgung von seelisch und geistig Geschädigten, von Alten, Pflegekindern, von Verbrechern ist weithin ungenügend, obwohl viel Geld dafür ausgegeben wird. Darum werden diese Leistungen hier in Frage gestellt, ja sogar ihr Abbau erwogen. Aber: der Abbau staatlicher Leistungen bedeutet nicht notwendigerweise eine »soziale Demontage«, wie dies häufig behauptet wird, oder nur dann, wenn nichts Besseres an die Stelle öffentlicher Leistungen gesetzt würde. Diese Aufgaben können vielmehr *anders* erfüllt werden. Es ist ein schwer ausrottbares Vorurteil, Sozialität lasse sich *nur* noch staatlich garantieren und gegen Entgelt kaufen.

Die Lebensgemeinschaft im »Kleinen Netz« bildet Modell und Vorbild eines sozialen Verhaltens, das in einem Sozialdienst neuer Prägung im gesamtgesellschaftspolitischen Bereich seinen Ausdruck finden sollte; d. h. nicht nur im Experiment, sondern auf allgemeiner, unter Umständen obligatorischer Basis. Dieser Sozialdienst wäre weder Verdienst noch Liebesdienst, sondern *Dienst auf einer Nichtlohnbasis* (also ohne Entgelt), aber prinzipiell *auf Gegenseitigkeit* (das heißt mit naturaler »Verrechnung«). Außerdem ist der Sozialdienst ein Auffangnetz für die bei weiteren Produktivitätsfortschritten und sinkenden Wachstumsraten in der Sachgüter- und der rationalisierbaren Dienstleistungsproduktion (Verkehr, Handel, Banken, Versicherungen) freigesetzten Arbeitskräfte, die sich – solange keine entsprechende Arbeit gefunden ist – an Dienstleistungszentren sozial beteiligen können. Damit würde auch der im Versagen einer phantasielosen Politik begründete Widerspruch zwischen Arbeitslosigkeit einerseits und ungestilltem Bedarf andererseits gelöst.

Der staatliche Dienstleistungsapparat stößt jedoch nicht nur auf finanzielle Grenzen. Es wachsen auch die strukturellen Schwierigkeiten, um diese Aufgabe optimal zu erfüllen, insbesondere in bezug auf die lohnkostenintensiven persönlichen Dienstleistungen. Denn in diesem Bereich ist nicht nur die Kostenentwicklung rasant, sondern auch die Unterversorgung besonders spürbar.

Die Idee des Sozialdienstes ist nichts Neues; neu jedoch ist die *Begründung*. Ausgangspunkt fast aller bisher konzipierten Modelle war der Versorgungsnotstand im Bereich der Altenhilfe, Krankenpflege, der Beratungsdienste, der Hausdienste. Derzeit zeigt sich aber eine gänzlich veränderte Versorgungslage. Für die Krankenpflegeberufe gibt es an den Krankenpflegeschulen schon genug Spezialisten, die Arbeitskräfte für Altersheime und Pflegeheime sind vorhanden, die Sozialarbeiter suchen Stellen. Damit wäre der Versorgungsnotstand zwar behoben – aber das *Finanzierungsproblem* hat sich verschärft. Je mehr Betten in den Krankenanstalten angeboten werden, desto größer werden die Betriebsdefizite.

Die Sozialausgaben des Staates sind jedoch ein höchst unzureichender Indikator für die »Sozialität« eines Staatswesens. Denn die Sozialleistungsquote als Verhältniszahl von Gesamtausgaben innerhalb eines Staates für soziale Sicherung und Bruttosozialprodukt genügt nicht, um über die »soziale Sicherheit« einer Nation schlüssig Auskunft zu geben. In ihr ist nichts ausgesagt über die vorstaatlichen und vorinstitutionellen Sicherungsformen, insbesondere über die nicht in Geld meßbaren sozialen Hilfen und Leistungen. Je größer aber die »naturale« Problembewältigung noch ist, desto weniger drängt sich eine staatliche Lösung auf, desto kleiner ist infolgedessen die Sozialleistungsquote.

Dienstleistung und Sozialpolitik

Seit den Kämpfen der Arbeiter im letzten Jahrhundert, die sich für geregelte Arbeitszeit und eine bescheidene soziale Sicherheit einsetzten, hat sich das Bild grundlegend gewandelt. Ein kaum zu durchschauendes Netz von Paragraphen und Gesetzen zeugt von einer immensen gesetzgeberischen Tätigkeit des Staates, mit dem Ziel, das ganze Volk in den wirtschaftlichen und sozialen Risikolagen vor Not zu schützen.

Meist werden unter *sozialpolitischen Leistungen* nur die sogenannten *»Einkommensleistungen«*, also Barleistungen verstanden: Renten, Familienzulagen, Arbeitslosengeld, Krankengeld, Erwerbsersatz. Diese Geldzahlungen bilden zwar weiterhin den wichtigsten Zweig der sozialen Sicherung; aber eine zweite Gruppe von Leistungen – die *»Dienstleistungen«* – gewinnt gegenüber den Einkommensleistungen ständig an Bedeutung.[1]

Es ist in der Sozialpolitik wie im alltäglichen Leben: Man kann Hilfe leisten, indem man Geld gibt oder indem man einen Dienst durch Behandlung, Pflege, Auskunftgeben und Zuhören erweist. Alle Systeme der Sozialpolitik enthalten beide Formen der sozialen Sicherung: Sicherung des materiellen Lebensunterhaltes durch Geld und Sicherung der somatischen und psychischen Bedürfnisse durch Hilfeleistung von Mensch zu Mensch.

Diese Charakteristika gelten auch für die persönlichen Dienstleistungen oder sozialen Dienste. »Soziale Dienste« werden meist pragmatisch als das verstanden, was der Bereich der Sozialarbeit umfaßt: Hilfen für benachteiligte und hilfsbedürftige Personen, wie Kranke, körperlich oder geistig Behinderte, Erwerbsunfähige, Einwanderer, Gastarbeiter, Hilfen zum Schutze benachteiligter und gefährdeter Sondergruppen wie Kriegsgeschädigten, Vertriebenen, Flüchtlingen, Opfern von Naturkatastrophen, Epidemien, und

schließlich Hilfen jugendschützerischer, jugendpflegerischer und jugendbildender Art. Dabei werden drei Grundmethoden der sozialen Arbeit unterschieden: »Soziale Einzelfallhilfe«, die »Soziale Gruppenarbeit« und die »Soziale Gemeinwesenarbeit«.
Entscheidend für die Charakterisierung der sozialen Dienstleistungen ist das Bedürfnis nach persönlicher Hilfe bei sozialen und psychischen Bedrängnissen. Jeder weiß, daß in vielen menschlichen Krisen noch soviel Geld nicht zu helfen vermag, sondern nur *Solidarität und Beistand.* Für diese Dienste kann allerdings das Geld ein Mittel sein, Anteilnahme zu kaufen. Ja, viele Hilfen werden nur noch gegen direkte Bezahlung als Dienstleistungen angeboten.
Ein weiterer wichtiger Unterschied liegt darin, daß man die Einkommensleistungen in der Regel automatisch bei Erfüllung bestimmter Voraussetzungen (etwa die an eine bestimmte Altersstufe gebundene Altersrente) erhält, in vielen Fällen laufend (bei der Rente beispielsweise jeden Monat), während man die Dienstleistung in der Regel speziell nachfragen muß (etwa die ärztliche Behandlung).
Die Einkommensleistungen sind »institutionengesteuert«, während die Dienstleistungen »klientengesteuert« sind. Die sozialen Dienstleistungen, sei es nun eine Psychoanalyse oder das Gespräch mit einem Spezialisten, werden nun in unserer »Dienstleistungsgesellschaft« vielfach nicht auf dem Markt angeboten, und wenn, dann nur zu unerschwinglichen Preisen. Die sozial »niederen« Bevölkerungsgruppen sind beispielsweise von der sozialpsychiatrischen Versorgung weitgehend ausgeschlossen.
Weil die sozialen Dienste jedoch elementare Bedürfnisse befriedigen, muß sie die öffentliche Hand subventionieren oder selber produzieren. Über kurz oder lang wird selbstverständlich auch die staatliche Hilfsbereitschaft selber in den gleichen Engpaß geraten, da ja auch hier die Leistungen letztendlich bezahlt werden müssen und die Löhne nicht kleiner sind als im privaten Sektor. So ergeben sich in hochindustrialisierten und privatwirtschaftlich produzierenden Staaten immer größer werdende, zum Teil skandalöse Versorgungslücken und Notsituationen.
In der Sozialpolitik gibt es gleichsam eine »Frontlinie«, an der die Auseinandersetzung mit dem Klienten erfolgt, und »Stabsstellen«, die Programme entwerfen, Verwaltungsaufgaben erledigen. Wichtig sind für unsere Strategie alle »Dienste an der Front«, im direkten Kontakt mit dem Klienten. Diese sozialen Dienste sind:
1. expansiv innerhalb der Gesamtheit der sozialpolitischen Leistungen,

2. besonders kostenintensiv. Sie sind deswegen ein geeigneter Ansatzpunkt für die Einführung von Sozialdiensten.

Verlängerung der Lebenserwartung (»Vergreisung«), Zunahme der chronisch Kranken, verringerte Säuglingssterblichkeit, Zunahme des Anteils der pflege- und betreuungsbedürftigen Behinderten an der Erwerbsbevölkerung, Verkleinerung der Haushalte (Abnahme der gegenseitigen unbezahlten Dienstleistungen), zunehmende Anonymität der Nachbarschaften wegen der steigenden Mobilität und der damit verbundenen Abnahme der nachbarschaftlich erbrachten Hilfen, Zunahme der politischen, gesellschaftlichen und wirtschaftlichen Orientierungslosigkeit und zunehmende Erwerbstätigkeit der Frau – alle diese Faktoren lassen die Nachfrage nach sozialen Diensten weiterhin ansteigen. Die Expansion sozialer Dienste ist einerseits durch die *Bedürfnisverschiebungen* bedingt, andererseits durch die zunehmend wegfallenden, in den kleinen Gemeinschaften erbrachten, unentgeltlichen Dienste.

Durch die Zunahme psychischer Störungen in breiten Bevölkerungsschichten und die scheinbare »soziale Unfähigkeit« der Randgruppen ist der Sozialapparat rettungslos überfordert. Herkömmliche staatliche Dienstleistungen helfen nicht weiter, im Gegenteil. Sie paralysieren die gemeinschaftliche Hilfe. Die Professionalisierung der Sozialarbeit vergrößert den Abstand zwischen Betreuern und Betreuten. Der Wille zur Selbsthilfe ist den Leuten durch die sozialpolitischen Dienstleistungen gründlicher gebrochen worden als etwa im Gartenbau, die Expertengläubigkeit ist nirgends so tief verankert wie gegenüber den medizinischen Diensten.

Dienstleistungsstrategien

In der Diskussion sozialpolitischer Alternativen werden zur Entlastung der staatlichen Sozialbugets häufig Rationalisierungsmaßnahmen und Privatisierungsstrategien diskutiert. Es liegt in der Natur der persönlichen Hilfeleistung, daß »Rationalisierung« in diesem Falle in erster Linie zu einer Beschneidung des Zeitbudgets und damit zu einer qualitativen Verschlechterung des sozialen Dienstes führen muß. Mag sein, daß bei einer Privatisierung Gewinn- und Effizienzmotive, die beide im öffentlichen Dienstleistungsbetrieb weitgehend fehlen, mithelfen, das gegebene Leistungsniveau mit kleinerem Aufwand zu erreichen. Der Preis ist allerdings, daß der Dienst noch stärker zum »Verdienst« wird. Beide Methoden führen uns nicht weiter, denn sowohl die privatwirtschaftlichen wie auch die staatlich erbrachten sozialen Dienstleistungen sind mit mannigfachen Nachteilen verbunden:

- mit Zentralisierung und Bürokratisierung, die dem individuellen Charakter sozialer Dienstleistungen nicht gerecht werden können;
- mit einer Monetarisierung, die selbst elementare Dienste (wie erste Hilfe, alltägliche Besorgungen für alte Leute oder kommunikativer Umgang mit Kranken) entweder von der Zahlungsfähigkeit abhängig macht, wenn sie privatwirtschaftlich angeboten werden, oder zu einer »Verbeamtung« der »reglementierten Wohltätigkeit« führt, wenn der Staat eingreift.

In beiden Fällen wird die Kontaktfähigkeit gelähmt und der Graben zwischen dem gebieterischen, staatlich entlohnten Sozialbeamten und dem Hilfesuchenden vertieft. Daß eine neue Generation motivierter Sozialarbeiter gegen diese Entwicklung anzukämpfen sucht und im Sozialhilfe-Empfänger den Mitmenschen und Partner sieht, ist ein Indiz mehr dafür, daß ein untauglich gewordenes System aus den Angeln gehoben werden kann.

Der Sozialdienst im Sinne eines umfassenden Zivildienstes ohne in Geld bezahlte Gegenleistung entzieht sich nun dieser Verstrickung. Mit ihm entfällt grundsätzlich das Problem der Finanzierung zusätzlicher sozialpolitischer Aufgaben über eine forcierte Wachstumspolitik.

Soll der Sozialdienst im Sinne unseres Projektzieles – Erhöhung der Lebensqualität ohne zusätzliche Umweltbelastung, Einschränkung der expansiven Geldwirtschaften – wirkungsvoll sein, dann ist der größere Teil der sozialdienstlichen Arbeitskraft im »Kleinen Netz«, im Wohnbezirk, im Heimatdorf einzusetzen, wo ein großer Aufgabenbereich der allerverschiedensten Fähigkeiten bedarf. Hier ist auch die *Motivation* gegeben, da jeder selber Nutznießer der eigenen Anstrengung und des gemeinsamen Sozialdienstes ist.

Um die durch den Sozialdienst mobilisierte Arbeitskraft unter günstigen Bedingungen einsetzen zu können, sollten mehrere »Kleine Netze« organisatorisch zu einem größeren Netz verbunden werden. Das »Wohnbezirknetz« oder in dörflichen Verhältnissen das »Gemeindenetz« müßte über ein »Sozialzentrum« verfügen, das die Sozialdienstleistenden fachmännisch beraten und ihnen eine ihren Fähigkeiten entsprechende Arbeit zuweisen könnte (Arzt, Therapeutin, Fachleute für soziale Einzelhilfe und Gemeinwesenarbeit, Seelsorge, Kinderpsychologe und – warum nicht – Fachleute für den Gartenbau und den biologischen Landbau).

Damit könnte der Sozialdienst mithelfen, im Rahmen der »Kleinen

Netze« durch die Bewohner des eigenen Wohnbezirks einen Teil jener Sozialleistungen zu erbringen, die heute in den Heimen und durch die amtliche Sozialfürsorge bewältigt werden müssen.
Das »Kleine Netz« wäre also in unserer Sicht das ideale Gefäß für den Einsatz des Sozialdienstes. Doch dieses heute erst in Ansätzen verwirklichte Modell für die Gesellschaft von morgen soll uns nicht hindern, alle Möglichkeiten der heutigen Struktur der Stadtteile, Gemeinden und Regionen und die Voraussetzungen der etablierten Sozialwerke zu nutzen, um einen sinnvollen Sozialdienst zu leisten.
Doch dieser Ersatz wird nicht genügen, um den aufgeblähten überbezahlten Sozialapparat abzubauen, ohne die Qualität einzelner Dienstleistungen zu schmälern. Soll eine Umkehrung des Trends zu wachsenden Sozialausgaben erfolgen, muß das Arbeitspotential des Sozialdienstes bedeutend erhöht werden. Dies könnte beispielsweise dadurch geschehen, daß *alle in der arbeitsteiligen Wirtschaft Arbeitenden jede Woche einen Arbeitstag dem Sozialdienst zur Verfügung stellen.* Dieser Dienst könnte selbstverständlich auch in zusammenhängenden Perioden geleistet werden. Auch Teilzeitbeschäftigte und Mütter kleiner Kinder, die ohnehin stärker an das »Kleine Netz« oder ihren Wohnbezirk gebunden sind, sollten einen angemessenen Teil ihrer Arbeitskraft ihrer Wohngemeinschaft oder der Nachbarschaft zur Verfügung stellen.
Schon heute wächst die Zahl *freiwilliger Helfer* im Sozialbereich deutlich an. Seien sie nun durch ihre Hilfsbereitschaft (Mitarbeit in Heimen, »Drop-in« oder Spitälern) motiviert, seien sie auf der Suche nach einem Gruppenerlebnis (gemeinsame Landschaftspflege oder biologischer Landbau).

Vorbilder in der Praxis

Die politische Debatte über die Einführung einer zivilen Dienstpflicht ist seit der Französischen Revolution – mit wechselnden Argumenten – nie mehr abgebrochen. Diese Voraussetzung ist für die von uns angestrebte Lösung Chance und Gefahr zugleich. Einerseits ist der Erfolg einzelner Sozialdienst-Experimente in der Praxis zu überprüfen, andererseits hat die Mobilisierung der Zivilbevölkerung durch autoritäre Regime eine an sich vertretbare Idee diskriminiert.
Wir kennen den »Ernteeinsatz« der Jugend aus allen sozialistischen Ländern bis hin zum China Maos, andererseits aber auch den »freiwilligen Sonntagsdienst« und das »freiwillige Sozialjahr« aus

der Bundesrepublik, den »Landdienst« aus der Schweiz. Diese Beispiele zeichnen sich alle durch das Spezifikum des Sozialdienstes aus, nämlich daß sie ohne – oder höchstens mit einer symbolischen – Gegenleistung erbracht werden. Doch Qualifikationen und Organisationsformen zeigen deutliche Unterschiede. Der erfaßte Personenkreis betrifft eine bestimmte Gruppe oder allenfalls einen ganzen Jahrgang; hier Freiwilligkeit, dort Uniformität, hier vereinzelte Arbeitstage, dort monatelanger oder sogar jahrelanger Einsatz.

Im Zusammenhang mit der Unterversorgung in der Krankenpflege und in der Betagtenbetreuung ist in Deutschland der Aufbau eines Sozialdienstes wieder aktuell geworden.[1] Eine modellartige Betrachtung drängte sich auf, weil die schematische Übertragung historischer Beispiele etwa des Reichsarbeitsdienstes oder des Pflichtjahres für Mädchen den gewandelten gesellschaftlichen Verhältnissen keineswegs entsprechen würde. Als Hauptbedingung einer Dienstpflicht wurde gefordert, daß sie den gegenwärtigen gesellschaftlichen Bedingungen in der Bundesrepublik entspricht. Diese Ordnung zeichnet sich durch einen verhältnismäßig breiten Spielraum für individuelle Entscheidungen aus. Daraus ergibt sich die Aufgabe, eine Dienstpflicht aufzubauen, die den sozialpolitischen Normen einer Gesellschaft entspricht, welche die individuellen Rechte des einzelnen in ihrer Sozialplanung berücksichtigt.[2]

Es ist vorauszusehen, daß in zunehmendem Maße der *Zivildienst* als Alternativdienst zum Militärdienst Aufgaben des Sozialdienstes erfüllen wird. In diesem Sinne hat die deutsche Bundesregierung ein Gesetz verabschiedet, das jedem Wehrpflichtigen die Wahl zwischen Wehrdienst und Zivildienst freiläßt. Erfahrungen über die Einsatzmöglichkeiten, die Organisation und die gesetzlichen Voraussetzungen eines solchen Dienstes liegen vor. (Erstes Gesetz 1961, pro Jahr bis 30000 Dienstpflichtige für Aufgaben, die dem Allgemeinwohl dienen, vor allem im sozialen Bereich.) Zudem arbeitet der Zivildienst mit den privaten Wohlfahrtsverbänden zusammen, hauptsächlich mit dem Diakonischen Werk der Evangelischen Kirche.

Nach den Vorschlägen der »Schweizerischen Vereinigung für internationalen Zivildienst« wird beim Aufbau eines wirkungsvollen Zivildienstes die Betreuung folgender Gruppen ins Auge gefaßt:

- Armutsbevölkerung in Notwohnungen und Slums
- ausländische Arbeiter und ihre Familien
- Betagte
- Jugendliche
- Suchtkranke

- Kinder
- Behinderte
- Insassen von Krankenhäusern und psychiatrischen Kliniken
- Jugendliche in Erziehungsheimen
- Verurteilte im Strafvollzug

Das Tätigkeitsgebiet des Zivildienstes soll außerdem umfassen:

- Entwicklungsdienst in benachteiligten Regionen des Inlandes und des Auslandes
- Umweltschutz

In diesen Basisdiensten sollten die Zivildienst leistenden Personen als Gruppe arbeiten und wenn möglich zusammen mit den Empfängern ihrer Dienstleistungen wohnen, wobei auf den Erfahrungen öffentlicher und privater Organisationen, die sich schon bisher mit Problemen des sozialen Bereiches auseinandersetzten, aufgebaut wird. Der Zivildienst würde auch freiwilligen Helfern offenstehen.

Freiwillig oder obligatorisch?

An sich sind *freiwillige Sozialdienste vorzuziehen;* dabei könnten jedoch die in die Ausbildung integrierten Sozialdienste kaum als Zwang bezeichnet werden. Im Hinblick auf die in den nächsten Jahren mögliche Neustrukturierung der höheren Ausbildung (Gymnasium und Universitäten) wäre es denkbar, Sozialdienste zur Voraussetzung oder zum integrativem Bestandteil von Bildungsgängen zu erklären – im Sinne eines polytechnischen Unterrichtes als Vorbereitung auf die theoretische Ausbildung. Der Gedanke, die Universitäten für alle mit abgeschlossener Berufslehre zu öffnen, könnte erweitert werden durch *studiumsvorbereitende Sozialdienste:* Wer beispielsweise Arzt werden möchte, hat ein Sozialjahr im Pflegebereich zu leisten.

In der Bundesrepublik wird in der Diskussion um eine mögliche Einführung eines beschränkten Sozialdienstes für *»krankenpflegerische Dienstleistungen«* eine aus zwei Phasen bestehende Dienstpflicht erwogen. – Ausbildung und praktische Arbeit.

Bei freiwilligen Diensten müßte im einzelnen abgeklärt werden, welche Personengruppen angesprochen werden könnten. So gibt es nicht-erwerbstätige Personen, zum Beispiel alte Leute, Hausfrauen, die ihre nicht ausgenutzten Energien sinnvoll einsetzen möchten. Sie sollten allerdings den dienstspezifischen Anforderungen genügen. Es wäre jedenfalls falsch, den gleichen Personenkreis für die gleiche Zielgruppe zu aktivieren (etwa die Alten für die Alten).

Soziale Dienstleistungen sind personenbezogene Dienstleistungen. Im Unterschied zur Sachgüterproduktion verlangen sie *Engagement,* Verstehen, Eingehen, vielleicht auch ein gewisses Maß an Selbstverleugnung, persönlicher Sorgfalt und menschlicher Wärme. Die Frage der Motivation, der besonderen Belohnung für diese Art Arbeit stellt daher in unserer durchökonomisierten Gesellschaft, in der die Belohnung in Form von Geld üblich ist, einen »Sonderfall« dar. Ist es nicht so, daß immer mehr Tätigkeiten, die früher unentgeltlich ausgeübt wurden, in einem langfristigen Prozeß durch entgeltliche verdrängt worden sind? Die Motivstruktur ist durch den Siegeszug der klingenden Münze als Entlohnung auch in dieser Form »infiziert«. Immaterielle Motive und Belohnungen wie Ansehen, Ehrungen, Auszeichnungen oder Helfen-Wollen gelten gemeinhin nur noch im Bereich der Familie, der Verwandtschaft, der Nachbarschaft und – mit Einschränkungen – in der Politik. Nicht vergessen werden darf die lange Tradition christlicher Liebestätigkeit (Caritas und Diakonie), die sich immer noch in einem Heer von Hunderttausenden von ehrenamtlichen Mitarbeitern und Laien in den freien Wohlfahrtsverbänden bestätigt.

Wieweit aber können wir heute noch auf die tief verwurzelte Einstellung bauen, soziale Dienste als Formen der Hilfe seien eigentlich unentgeltlich zu erbringen, und eine Entlohnung zerstöre gewissermaßen die Vertrauensbeziehung zwischen Helfenden und Hilfesuchenden? Diese Überzeugung ist ein wertvoller Motivationsrest von nicht zu unterschätzender Bedeutung, wie die humanitären Hilfsprogramme, die mit Freiwilligen arbeiten, und die kirchlichen Wohlfahrtsverbände zeigen. Außerdem hat man sich heute daran gewöhnt, daß elementare Dienstleistungen wie Pflege, Beratung, Betreuung, Behandlung bei Krankheit, nicht gegen Bezahlung durch den Klienten erbracht, sondern über ein anonymes, von Versicherungsbeiträgen und Steuern gespeistes System finanziert werden. Die finanzielle Motivation wird von den entsprechenden Professionen gleichsam hinter einem komplizierten Finanzierungssystem verborgen, was auch wieder mit dem offenbaren Widerspruch zwischen Dienst und Verdienst zusammenhängt.

Die unentgeltliche Leistung des Sozialdienstes durch Freiwillige wäre demnach keine utopische Idee, zumal verschiedene Wohlfahrtsorganisationen schon lange mit einem Mischsystem von unentgeltlichen und entgeltlichen Leistungsabgaben arbeiten. Offenbar haben aber auch die traditionellen Anreizsysteme »Geld« und »Konsumgüter« etwas von ihrer Kraft verloren.[3] Trotzdem würde

aber ein auf bloßer Freiwilligkeit aufbauender Sozialdienst nur einen Bruchteil der potentiellen Energien erfassen, die sinnvoll dafür eingesetzt werden könnten.
Die Frage der Anreize stellt sich begreiflicherweise nicht in der gleichen Intensität, wenn der Sozialdienst ein Zwangsdienst ist, das heißt, wenn er eine *obligatorische Dienstpflicht* für bestimmte Personengruppen beinhaltet. Eine Dienstpflicht hat eine um so größere Chance, als selbstverständlich hingenommen zu werden, je kleiner die Zahl der Ausnahmen ist. Wählt man einen Pflichtdienst, der eine ganze Berufsgruppe einbezieht, so wird es darauf ankommen, wie sich dieser soziale Einsatz in die Ausbildungsgänge eingliedern läßt.
Auch ein solcher obligatorischer Dienst läßt sich aus heutiger Sicht rechtfertigen. Ist es zu verantworten, daß ein Lehrer Kinder beeinflußt, der nie über längere Zeit den harten Arbeitstag des Bauern oder des Arbeiters teilte, ein Richter Mitmenschen beurteilt und verurteilt, der nie in der sozialen Arbeit mit den Sorgen der Benachteiligten direkt konfrontiert worden war? Und was ahnt ein Manager, dem im Arbeitsalltag Härte und Aggressivität abgefordert wird, vom Gefühlsbereich der Hilfsbereitschaft? Ein »soziales Jahr« wäre vor allem für jene Berufsgattungen in die Ausbildungsbereiche einzugliedern, welche in ihrer Karriere Zugang zu den privilegierten Arbeitsplätzen erhalten und bei denen zu häufig zwischen Berufswissen einerseits, Lebenserfahrung und einfühlender Menschenkenntnis andererseits eine Lücke klafft, die eine humane Einschätzung der sozialen Situation der Mitmenschen erschwert.
Ein obligatorischer Dienst böte den Vorteil, daß niemand sich von diesem Dienst »freikaufen« könnte, die Dienstpflicht also irgendwie »gerecht« wirken würde. Nachteilig könnte sich der Zwang andererseits auf die spezifischen Erfordernisse der persönlichen Dienstleistungen, auf Interesse, Engagement und persönliche Sorgfalt bei der Erfüllung der Sozialarbeit auswirken. Doch gerade diese Frage läßt sich nur durch das *Experiment* beantworten, kann doch gerade das »Müssen« für viele Dienste eine ausreichende sachliche Basis bilden. Andererseits kann die starke und freiwillige Anteilnahme häufig zu Enttäuschung und Mißerfolg führen, weil hohe Erwartungen nicht erfüllt werden.
In der Praxis sind eine Reihe von Zwischenlösungen zwischen den beiden idealtypischen Formen der Organisation, dem durchgehenden unentgeltlichen Zwangsdienst und dem absolut freiwilligen und unentgeltlichen Sozialdienst denkbar.

Sozialdienst in unserem Sinne will *»Leistungen auf Gegenseitigkeit«* – Geben und Nehmen – erbringen. Theoretisch denkbar wäre ein System von »Berechtigungsscheinen« oder »Anteilen« auf Sozialgüter, an deren Produktion man selber beteiligt ist. Das heißt, wer eine Woche im Jahr im Krankenhaus arbeitet, erhält einen Berechtigungsschein für eine Woche Gratisbehandlung im Krankenhaus.

Hier wird aber schon die entscheidende Schwäche dieser Belohnungsform sichtbar. Was ist, wenn jemand jahrzehntelang keine Krankenhausbehandlung beansprucht? Sollen als Lösung die Berechtigungsscheine für verschiedene Sozialgüter gelten oder in andere Berechtigungsscheine umtauschbar sein?

Die einfachste Lösung wäre wohl die beim Milizsystem geltende Regelung: Bescheidener Sold und Verpflegung für den Diensttuenden, angemessener Lohnausgleich aus einem von Staat und Wirtschaft zu speisenden Fonds, sofern der Bezieher für Unterstützungspflichtige zu sorgen hat. Unter diesen Bedingungen etwa haben Zivilschutzpflichtige in der Schweiz während des Dürresommers 1976 die Felder der Bauern bewässert.

Dabei ist allerdings zu bedenken, daß der Militärdienst das öffentliche Budget belastet; der Sozialdienst aber soll, sinnvoll eingesetzt, die Kostenexplosion sozialer Dienste und des Gesundheitswesens beschränken. Wird aber die Ausgabenlawine gebremst, können die Steuern gesenkt werden. Denkbar wäre demnach, daß derjenige, der Sozialdienst leistet, entsprechende Steuerabzüge machen kann. Da heute beinahe ein Drittel des Bruttosozialproduktes (unter Einschluß privater Ausgaben), vom Sozialleistungssystem verbraucht wird, kann man sich leicht vorstellen, in welchem Umfange solche Abzüge möglich wären. Doch diese »Negativ-Steuer« müßte deutlich degressiv ausgestaltet werden, damit der Wohlhabende für den gleichen Sozialdienst-Einsatz nicht indirekt deutlich besser entlohnt würde als der bescheidenere Steuerzahler.

Die außerordentlich großen Einsparungsmöglichkeiten durch das Sozialdienst-Konzept entlasten selbstverständlich auch die Wirtschaft. Es wäre denkbar, daß bei weiteren Produktivitätssteigerungen in der Güterherstellung die Arbeitszeit nochmals verkürzt werden könnte. Doch diese gewonnene Zeit wäre – etwa als Ergänzung der Vier-Tage-Arbeitswoche – als Sozialdienst der Gemeinschaft zur Verfügung zu stellen. Dabei sollten nicht nur die üblichen Sozialdienst-Funktionen übernommen werden, es wäre auch möglich, die Arbeitslast jener zu erleichtern, die von der allgemeinen Arbeitszeit-

verkürzung nicht profitieren: Bauern und Mütter kinderreicher Familien könnten durch Landdienst und Haushalthilfe im Rahmen des Sozialdienstes entlastet werden.
Die genannten Möglichkeiten sind in der Praxis zu überprüfen und auf die möglichen Organisationsformen von Sozialdiensten hin zu konkretisieren. Welches Modell auch immer gewählt wird, es wird wichtig sein, nicht nur die soziale und menschliche Bedeutung des Sozialdienstes zu betonen, sondern auf die mit der finanziellen Belastung des Staates zusammenhängenden Probleme der Sozialpolitik und ihre Entlastung durch Sozialdienste hinzuweisen.

Aufgabenbereiche des Sozialdienstes
Sozialdienste sind nicht nur im Bereich der persönlichen Dienstleistungen denkbar. Seeuferreinigungen, Landdienst, Müllabfuhr, Schneeräumung und ähnliche Arbeiten, die einen gewissen Körpereinsatz, aber wenig Fachkenntnisse erfordern, wären selbstverständlich geeignete Ansatzpunkte. Auch diese »anspruchslosen« Tätigkeiten sind in einem gewissen Sinne kommunikativ; auch sie tragen zur Stärkung der »Kleinen Netze« bei. Hier seien – mit einem Blick auf die vernachlässigten Bedürfnisse in einem hochentwickelten Industriestaat – einige Möglichkeiten knapp skizziert:
- *Mitarbeit für den Umweltschutz:* Übernahme von Kontrollfunktionen im Aufgabenkreis der Umweltschutz-Organisation und der staatlichen Umweltschutz-Ämter. Kennzeichnung von Naturschutzgebieten. Wiederherstellung zerstörter Landschaften. Beseitigung von Abfällen.
- *Rückgewinnung von Abfallstoffen/Recycling/Entsorgung:* Hier kann auf den Erfahrungen des Zweiten Weltkrieges aufgebaut werden, wo die Mangellage zum Einsammeln wiederverwertbarer Abfallstoffe durch Freiwillige und Schüler zwang. Heute veranlassen steigende Rohstoffpreise und Umweltbelastung zu einer Rückgewinnung von Abfällen, wobei in einzelnen Warengattungen (Altpapier, gebrauchte Kleider) die Wiederverwertung auch finanziell rentiert. In einzelnen Ländern oder Gemeinden wird das Einsammeln von Abfällen durch Vereinigungen, Arbeitslose, Schüler gegen geringes Entgelt heute schon organisiert. Beispielsweise werden von der »Aktion saubere Schweiz« die Basiskonzepte für die Rückgewinnung von Altpapier und Altglas und die Einführung von entsprechenden regelmäßigen Separatabfuhren auf kommunaler und regionaler Ebene erarbeitet.
- *Hilfsdienste in der Landwirtschaft/Selbstversorgung:* Vor allem in

diesem Sektor ist die Motivation für Dienstleistungen auf freiwilliger Basis stark gestiegen, wächst doch vor allem bei Jugendlichen in städtischen Agglomerationen die Sehnsucht nach der »nicht entfremdeten Arbeit« beim Bauern oder nach »biologischer Selbstversorgung«. Aufgeschlossene Bauern, die in ihren Anbaumethoden ökologische Betrachtungsweisen mitberücksichtigen, können sich des Ansturms freiwilliger Mitarbeiter kaum erwehren. Für den Aufbau landwirtschaftlicher Hilfsdienste liegen aus der Notzeit des Krieges in allen europäischen Ländern Modelle vor. Dabei verdient die »Anbauschlacht der Schweiz« besondere Beachtung, weil hier die Kräfte für die Selbstversorgung des Landes ohne direkte kriegerische Einwirkungen mobilisiert werden konnten. Heute sollte die Erfahrung aus der Zeit des einstigen Mangels für die Zeit eines (möglicherweise) kommenden Mangels genutzt werden. Eigenartigerweise sind diese erfolgreichen Experimente von der heutigen Generation vergessen worden.

- *Pflegedienst/Krankendienst:* Auch hier ist eine teilweise Ersetzung und Ergänzung hochbezahlter Fachkräfte durch einen Sozialdienst in Teilbereichen möglich. Das oft gehörte Argument, hier seien Fachkenntnisse unerläßlich, verkennt die heutige Situation. Selbstverständlich kann ein hilfsbereiter Laie weder ein gebrochenes Bein zusammenschrauben, noch einen Blinddarm operieren. Auch bei somatischen Schäden schwerer Natur ist der Sozialdienst nur als Hilfsdienst denkbar. Aber ein Großteil der »rehabilitativen« und der »präventiven« Leistungen könnte mit Vorteil durch den Sozialdienst geleistet werden.[4]

Es sind innerhalb sozialer Dienstleistungen zwei Bereiche, in denen Sozialdienste mit vielerlei Vorteilen verbunden wären: die *Altenhilfe* und die *Krankenpflege* im weitesten Sinne.

In der Altenhilfe ist die Nachfrage nach sozialen Diensten besonders stark. Die Lebenserwartung eines Neugeborenen hat sich im Zeitraum von 1900 bis 1977 um mehr als auf das Doppelte erhöht: 1875 Deutschland = 35 Jahre; 1977 = 74 Jahre). Die »Kontrolle des Todes« durch Medizin und Sozialfürsorge führte zu einer Bevölkerungspyramide, deren Gipfelaufbau sich ständig vergrößert (»Vergreisung« der Gesellschaft). Diese Entwicklung ist verbunden mit »Entsolidarisierung«: der Auflösung der Drei-Generationen-Haushalte, der erhöhten Mobilität, der Programmierung der Hilfe, der Steigerung des Anspruchsniveaus . . . Es ergeben sich menschliche Probleme, die geradezu nach sozialen Diensten schreien. Viele der offiziellen Programme und Forderungen gehen in diese Richtung,

mit dem Ziel, die Isolierung der alten Menschen in Altersheimen abzubauen. Dabei sollen die Kräfte der Selbsthilfe und der Selbstverantwortung gestärkt werden, indem die Betagten durch ihre Helfer lernen, schwierige Situationen zu bewältigen: die Befriedigung, mit geringer Hilfe für sich selber sorgen zu können als Motivation und Mittel zur Selbsttherapie.
In der Krankenpflege ist ebenfalls, wie der Altenhilfe, ein ausgeprägter Trend zur Schaffung vor- und nachstationärer Einrichtungen spürbar. Die offenen Hilfen, ambulante Dienste und Hauspflegedienste sollen ausgebaut werden. Die Gemeindekrankenpflege, wie sie in Schweizer Gemeinden noch meist (mit der Gemeindeschwester) Tradition ist, wird in der Bundesrepublik wieder gefordert. Der Einsatz von Laien in diesen Diensten ist für viele Leistungstypen denkbar. Auch die neuartigen Krankheitsbilder (die sogenannten »Zivilisationskrankheiten«) erfordern eher kommunikative als medizinische Betreuung.
Da die persönlichen Dienstleistungen überwiegend die Antwort auf akute Bedürfnisse darstellen, empfiehlt sich eine *dezentralisierte Organisation* von Dienststellen (sofern die Dienste, wie zum Beispiel in Krankenanstalten, nicht zentral angeboten werden). Die kleine, überblickbare Einheit scheint nach der vorliegenden Erfahrung für alle Betreuungsstellen die optimale räumliche Organisationsform zu sein. Die »Sozialdienststelle« sollte im Wohnbezirk erreichbar, bekannt, den hilfsbedürftigen Bewohnern nahe sein. Das Problem der heute üblichen zentral aufgebauten bürokratischen Organisationen besteht ja gerade darin, daß sie hohe zeitliche Verluste in Kauf nehmen müssen, um überhaupt erst die soziale Bedürfnislage des Hilfesuchenden festzustellen. Die Kenntnis des Nahbereichs und der in ihm lebenden Personen ist von unschätzbarem Vorteil für den raschen und erfolgreichen Einsatz der sozialen Dienstleistung.
Was die zeitliche Beanspruchung der freiwilligen Helfer oder der Sozialdienstpflichtigen betrifft, gibt es zunächst die Varianten des Dienstes auf eine bestimmte Dauer (etwa ein halbes Jahr oder ein Jahr) oder den Sukzessivdienst (z. B. pro Monat einzelne Arbeitstage). Der *Sukzessivdienst* scheint – obwohl er verwaltungstechnisch arbeitsaufwendiger ist – die bessere Organisationsform zu sein. Dadurch werden »stille« Professionalisierungsprozesse – die für die notwendige Kooperation zwischen Helfer und Hilfsbedürftigen meist nachteilig sind – eher verhindert. Die Grenzen zwischen »dienstlich« und »außerdienstlich« verwischen sich, der Sozialdienst wird schneller zur Selbstverständlichkeit. Schließlich ließe sich das

Zeitbudget des einzelnen individueller planen, wenn er seinen Einsatz auf einzelne Tage beschränken könnte.

In der Bundesrepublik könnten etwa die Landkreise Zentren der Dienstleistung sein, während die Länder die Funktionen der Verwaltung und Verrechnung erfüllen. Dabei ist zu berücksichtigen, daß die Planung und Realisierung von Sozialstationen schon relativ weit vorangeschritten ist. Hier kann sich der Sozialdienst auf vorgegebene Strukturen stützen. Dabei sollen die Kreisgrenzen nicht überschritten werden. Überhaupt bieten die bestehenden Planungen und die realisierten Sozialstationen (beispielsweise in Nordrhein-Westfalen) in vielen Beziehungen gute Ansatzpunkte für die organisatorische Konzeption von Sozialdiensten. In den entsprechenden Modellen (die in den Sozialbereichen der Bundesländer zum Teil eingehend ausgeführt sind) wurden Berechnungen über Einzugsgebiete, Mindestraum- und Personalbedarf angestellt. Auch die langjährigen Erfahrungen, die in der Gemeindepsychiatrie gesammelt wurden, bieten wertvolle Anregungen für die Organisation der Sozialdienste.[5]

Vorbild für die Organisation dieses Sozialdienstes ist die *Hilfsgenossenschaft.* Das heißt, die Sozialdienstzentren erbringen ihre Leistungen weder im Konkurrenzprinzip auf privatwirtschaftlicher Basis (mit Gewinnstreben) noch durch die staatliche Bürokratie, sondern in hilfsgenossenschaftlicher Kooperation, in der die Träger weitgehend mit den Begünstigten identisch sind. Das Vorbild dieser Hilfsgenossenschaften ist in der Familie zu suchen, in der jedes Mitglied die Leistungen unentgeltlich zur Verfügung stellt und auch entsprechende Leistungen kostenlos erhält. In der Großfamilie und im »Kleinen Netz« ist diese gegenseitige Hilfe selbstverständlich weit besser gewährleistet als in der im Notfall wenig gesicherten Kleinfamilie.

Was die Zusammenarbeit der Sozialdienst-Leistenden untereinander betrifft, wird es wichtig sein, eine *demokratische Mitsprache* zu gewährleisten. Man wird hier den Mittelweg zwischen einer hohe Kooperationskosten verursachenden unmittelbaren Beteiligung und Mitsprache und einem die Autorität der Fachleute stärker berücksichtigenden Leistungsprinzip finden müssen. Entscheidend in diesem Zusammenhang bleibt aber die soziale Beteiligung; sie ist der Ausweis der »politischen« Mitbestimmung und nicht das Spezialwissen oder die sonstige Stellung im Beruf.

Die Grenzen des Sozialdienstprogrammes

Diese Grenzen liegen wohl weniger im Willen der einzelnen, die in solchen Diensten mitarbeiten, als in den Schwierigkeiten, die Sozialdienste zu planen und einzurichten. Denn eine solche Planung muß politisch entworfen und verwirklicht werden – in Zusammenarbeit mit jenen Berufen, die den sozialen Dienst zum Beruf gemacht haben. Es ist denkbar, daß hier Widerstände auftauchen werden. Man stelle sich die Reaktion der Ärzte auf die Einführung des ärztlichen Betreuers im Sinne des chinesischen »Barfußarztes« vor. Eine solche Strategie würde aus ideologischen Gründen vorerst abgelehnt. Gleiches gilt von der politischen Linken: ihr Reformprogramm für das Gesundheitswesen fordert immer noch Verstaatlichung, alles andere ist in ihren Augen Reprivatisierung. Dabei verkennen sie die Realitäten des »sozialen Alltages«. Eine soziale Höherentwicklung der Industrieländer kann nicht mehr in erster Linie durch höhere Renten allein erfolgen, sondern durch eine Verbesserung der Lebensbedingungen durch mitmenschliche Wärme, Hingabe, Kontakte, Zusammenarbeit in Gruppen und in »Kleinen Netzen«. Es gilt aber auch, die Vorbehalte einzelner Ökonomen gegenüber einem in ihrer Sicht ineffizienten und unökonomischen Sozialdienst zu widerlegen, die rechtlichen Fragen abzuklären und das Freistellungsprogramm in den Gesamtarbeitsverträgen mitzuberücksichtigen.

Grundsätzliche Hindernisse auf dem Weg zu einem Sozialdienst liegen aber wohl eher in der gegenwärtigen Verfassung der Familie, der Nachbarschaft, des Wohnbezirkes. Die zunehmende Entmischung, Mobilität, Erwerbstätigkeit der Frau, Motorisierung, verunmöglichen kontinuierliche Beziehungen zur menschlichen Mitwelt. Der Sozialdienst nimmt seine »Effizienz« aus der Kenntnis, dem Vorwissen der Diensttuenden über menschliche Beziehungen. Erst mit integrierten Alternativen, die raumplanerische, strukturpolitische, wirtschaftspolitische Strategien mit ökologischen und sozialen Zielsetzungen verbinden, wird der Sozialdienst zu einem entscheidenden Instrument im Kampf für eine bessere Lebensqualität.

Bei der Modellbildung und der Schaffung der Rechtsgrundlagen ist mit einem geduldigen Stufenprogramm zu operieren. Doch die von der »Kleinen-Netz«-Idee inspirierte Avantgarde sollte schlicht und einfach beginnen, »Kleine Netze« zu betreiben und ihre Vorteile sichtbar zu machen. Mit der Methode der allmählichen Bildung von Freiräumen und ihrer ständigen Erweiterung wird sich das »Kleine Netz« in einer ökonomischen Nische der von der Umweltbelastung

bedrohten Gesamtgesellschaft einnisten und diese Gesellschaft allmählich verändern.
Wenn wir Freiheit als »Gelegenheit zur schöpferischen Aktivität« begreifen, dann wäre der Sozialdienst im Rahmen der »Kleinen Netze« ein Bestandteil einer neuen Freiheitsbewegung in einer überorganisierten, überzivilisierten und dadurch entfremdeten Welt.
Die gegenwärtige Wachstumskrise bringt die – über wachsende Güterproduktion und damit wachsende Steuern finanzierten – *Sozialleistungen ins Wanken.* Der Sozialdienst ist eine Möglichkeit, die einseitige Abhängigkeit eines Teils sozialpolitischer Leistungen von der privaten Produktion aufzuheben und den von ihnen ausgehenden Wachstumszwang zu dämpfen. Die sozialpolitischen Dienste, die derzeit vor allem von der öffentlichen Hand angeboten werden, sollen übergeführt werden in unentgeltliche Sozialdienste auf Gegenseitigkeit. Diese Ersetzung entgeltlicher und professioneller Dienste durch den Sozialdienst ist mehr als Demonetarisierung, sie schließt eine gewisse Entprofessionalisierung, Entbürokratisierung und eine Humanisierung der Arbeit mit ein.[6]

Schule und Sozialdienst
Es liegt auf der Hand, daß der Sozialdienst um so besser funktioniert, je mehr die Sozialdienstleistenden für ihre Tätigkeit besondere Kenntnisse mitbringen. Sobald der Sozialdienst einen gewissen Umfang erreicht hat, sollte die Schule die Aufgabe übernehmen, diese Kenntnisse zu vermitteln. Das heißt: die Schule sollte nicht mehr nur auf den späteren Einsatz des Schülers in der Leistungsgesellschaft ausgerichtet sein, sondern auch auf den Einsatz im Sozialdienst. Konkret bedeutet dies, daß die manuelle Ausbildung stärker gefördert und Kenntnisse in den relevanten Bereichen des Sozialdienstes vermittelt werden.
Dabei kommt ein Anliegen zum Tragen, das nicht nur einen praktischen, sondern auch einen allgemein menschlichen Sinn hat: die Abkehr von der zu weit getriebenen Spezialisierung, die in der Leistungsgesellschaft für die Berufsarbeit gefordert wird. Einer der bedeutendsten Schriftsteller der Gegenwart, Elias Canetti, schreibt: »Ich glaube, es ist so, daß der einzelne, und zwar jeder einzelne Mensch eine Summe von Anlagen hat und daß viele dieser Anlagen sich letzten Endes aus dem Reichtum aller Verwandlungen herleiten, daß eigentlich kein Mensch eine Einheit ist und als eine Einheit leben sollte . . . Ich bin überzeugt, daß die menschliche Natur eine multiple Tätigkeit braucht, je nach den Begabungen, die jeder

einzelne hat. Heute ist es noch so, daß unsere Erziehung darin besteht, daß man Menschen dazu bringen will, zu *einem* Beruf zu finden – die meisten haben nicht einmal den Beruf, den sie gern haben würden. Aber selbst die, die ihn wählen, entscheiden sich für *eine* Sache. Ich glaube nicht, daß das genügt. Ich glaube, daß unsere Erziehung so angelegt sein müßte, daß jeder Mensch mehrfach lernt, verschiedenes beherrscht, was ihn interessiert, und diese verschiedenen Dinge auch ausübt, so daß ein Mensch gar nicht sagen würde: ich *bin* nur das, sondern: ich *tue* dieses und jenes; er könnte es vielleicht gleichzeitig tun, er könnte es hintereinander tun.«

Wenn wir uns Rechenschaft darüber geben, daß das Spezialistentum für den Großteil der Menschen eine sehr junge Erscheinung ist – sie ist erst seit hundertfünfzig Jahren als Ergebnis der Landflucht aktuell geworden –, so darf man annehmen, daß Canetti ein wesentliches Moment der Arbeit und des Menschseins trifft. Schule und Sozialdienst könnten hier ein wesentliches Korrektiv bilden.

Anmerkungen

[1] Badura, B., Gross, P., »Sozialpolitische Perspektiven«, München 1976.

[2] Ph. Herder-Dorneich und W. Kötz: »Zur Dienstleistungsökonomik«, Berlin 1972, S. 192/193.

[3] Roszak, T.: »Gegenkultur. Gedanken über die technokratische Gesellschaft und die Opposition der Jugend«, München, Vester, F.: »Solidarisierung als historischer Lernprozeß der Zukunftsperspektiven systemverändernder Praxis im neuen Kapitalismus«, in: D. Krebs (Herausgeber): Die hedonistische Linke, Wien, 1974.

[4] Schäfer, Dieter: »Die sozialen Dienste im Rahmen einer Systematik der sozialen Hilfen«, in: A. Blind, Chr. v. Ferber, H.-J. Krupp: Sozialpolitik und persönliche Existenz, Berlin, 1969, S. 282.

[5] Vgl. dazu: Pörksen, Niels: »Kommunale Psychiatrie, Das Mannheimer Modell«, Reinbek bei Hamburg, 1974, und das etwas provokative, aber anregende Heft »Sozialpsychiatrische Informationen« (Nr. 28, Juni 1975) über Laienarbeit in der Psychiatrie.

[6] Vgl. z. B.: Freidson, E.: »Dominanz der Experten. Zur sozialen Struktur medizinischer Versorgung«, München-Berlin-Wien, 1975; und: Illich, I.: »Die Enteignung der Gesundheit«, Reinbek, 1975.

5. Anpassung der Eigentumsformen*

Das heutige Eigentumsrecht orientiert sich – gleichgültig ob es sich um Privateigentum oder das Eigentum des Staates handelt – am römisch-rechtlichen Begriff des »dominiums«, das von »dominus« = Herr abgeleitet ist. Es bedeutet die *absolute Herrschaftsgewalt über die Natur.* Es beinhaltet nicht nur das Recht auf unbeschränkte Ausbeutung der natürlichen Umwelt des Menschen zu wirtschaftlichen Zwecken, sondern auch das Recht, durch »Verkauf von Natur« sich den Kapitalwert des Eigentums zu verschaffen. Auf diese Weise gewinnt der *Geldwert der Natur* immer mehr die Oberhand über den Naturalwert der Natur.

Jede Beschränkung eines sogearteten Eigentumsrechts durch den Umweltschutz oder erst recht eine bewußte Begrenzung des Wachstums muß demgemäß in West und Ost als ein Ärgernis empfunden werden, das psychologischen Widerstand und Entschädigungsforderungen der privaten Eigentümer im Westen, den Protest der Planungsbehörden im Osten provoziert.

An der Wurzel des heutigen Raubbaus steht ein umweltunfreundlicher Begriff des Eigentums, insbesondere des Eigentums am Boden und an den Bodenschätzen. Betrachten wir zuerst die marktwirtschaftliche Ordnung. Sie beruht auf der *privaten Verfügungsgewalt über die Natur,* die das Recht zur *unbeschränkten Ausbeutung und Ausnützung der Natur* beinhaltet. Dieses Recht erhält der Eigentümer *unentgeltlich* durch Erbe oder allenfalls durch staatliche Zuteilung, etwa bei Erschließung noch nicht bewirtschafteten Bodens oder im Zuge von Bodenreformen.

Das Eigentum kann aber auch – und das ist das Wesentliche – durch *Kauf* erworben werden. Dies hat zur Folge, daß Eigentum nicht auf den ererbten oder zugeteilten Umfang begrenzt bleibt, sondern in

* Dieses Kapitel stützt sich zum Teil auf eine Studie für die Totalrevision der Schweizerischen Bundesverfassung von Hans Christoph Binswanger u. a. »Eigentum und Eigentumspolitik«. Diese Studie wird 1978 im Polygraphischen Verlag, Zürich, erscheinen.

dem Ausmaß *vermehrt* werden kann, als der Käufer einen Preis bezahlt, der höher liegt als der Wert des Eigentums bei Weiterverwendung durch den Verkäufer. Nun kann aber vom Käufer ein um so höherer Preis bezahlt werden, je mehr er aus seinem Eigentum herausholt, je mehr er durch großen Einsatz von Maschinen oder Arbeitskräften die Bodenschätze ausbeutet oder Bauten mit hoher und immer höherer Ausnützungsziffer erstellt. Die gängigen Begriffe der »Ausbeutung« von Bodenschätzen oder Ausschöpfung der für das Bauvolumen maßgebenden »Ausnützungsziffer« sind durchaus zutreffend: es handelt sich tatsächlich um eine *Ausbeutung* und eine *Ausnützung* der Natur. Das Entscheidende ist nun, daß der Eigentümer keine Veranlassung hat, sparsam oder wenigstens sorgfältig mit dem Boden und den Bodenschätzen umzugehen, da er, wenn die Bodenschätze gehoben sind oder die Landschaft verbaut ist, weiteren Boden kaufen und so die Ausbeutung und Ausnützung der Umwelt immer weiter treiben kann. Wohl muß der Privateigentümer – im Gegensatz zum sozialistischen Staat, dem der ganze Boden umsonst zur Verfügung steht – in der Regel den Boden bezahlen, wenn er ihn erwerben will. Aber wenn er ihn besitzt, ist die Nutzung umsonst, und der Eigentümer hat daher alles Interesse daran, diese Nutzung soweit wie möglich zu intensivieren.
Im gleichen Sinn kann auch der sozialistische Staat ein hohes Sozialprodukt »aus dem Boden stampfen«. Auch er muß sich nicht um die Erhaltung des Bodens und um einen sparsamen Umgang mit den Rohstoffen kümmern, weil ihm bereits das ganze Land gehört und er daher ohne weiteres ein Stück Boden nach dem anderen ausbeuten kann. Sein Eigentumsrecht ist daher sogar noch absoluter als dasjenige des privaten Eigentümers.
Doch neben diesem Ausbeutungs- und Ausnützungs-Eigentum gibt es nun eine ganz andere Art von Eigentum, das nicht primär auf die wirtschaftliche Verwertbarkeit, sondern auf *Substanzerhaltung* ausgerichtet ist. Dieses Eigentumsrecht herrscht etwa in einer bäuerlichen Wirtschaftsordnung vor, wenn jeder Bauer für seinen eigenen Unterhalt produziert und keine Aussiedlung und Neusiedlung möglich ist; in diesem Fall ist nämlich der Bauer an einem optimalen Verhältnis zwischen gegenwärtiger Produktion und der Aufrechterhaltung der Produktionsgrundlagen interessiert und wird daher eine Übernutzung des Bodens, einen Raubbau, vermeiden. Der Horizont seines Wirtschaftens ist von selbst auch auf die Vorsorge für die künftige Generation ausgerichtet, weil er unmittelbar erkennen kann, daß deren Existenz von seiner sorgfältigen Wirtschaftsweise

abhängt. Der gegenwärtige Besitzer wird den Boden daher eher als Lehensgut betrachten, das er treuhänderisch verwaltet, und nicht als egoistischen Besitz, für dessen Verwertung oder gar Zerstörung er niemandem Rechenschaft schuldig ist.
Was bedeutet dies konkret für das Eigentumsrecht? Es bedeutet nichts anderes, als daß der Nutznießer des Bodens und der Umwelt, der sie für wirtschaftliche Zwecke verwendet, ein Eigentumsrecht nur im Sinne eines Lehens erhalten darf. Dieses gestattet nur eine beschränkte Nutzung, welche allenfalls mit einer Nutzungsrente belegt wird.

Umwelt als gemeinschaftliches Gut
Unser Lösungsansatz geht von der Vorstellung aus, daß die Umwelt an sich ein gemeinschaftliches Gut ist. Auf diesen gemeinschaftlichen Aspekt hin sind die Eigentumsrechte auszubauen. In unserer Strategie bedeutet dies jedoch keine Kollektivierung der Nutzung auf staatlicher Ebene. Vielmehr bedeutet es, daß das Eigentum an Umwelt nicht etwa abzuschaffen, sondern im Gegenteil durch die Einbeziehung der bisher herrenlosen Güter – wie Luft, Wasserqualität, Landschafts- und Stadtbild – zu erweitern ist. Es muß aber als gemeinschaftliches *Patrimonium,* als Erbgut, das wir von unseren Vorfahren erhalten haben und unseren Enkeln möglichst gleichwertig weitergeben sollen, betrachtet werden. Die Bedeutung dieses Patrimoniums ist allerdings unterschiedlich, je nachdem, ob es sich um ein Eigentum an regenerierbaren Ressourcen, an nicht-regenerierbaren Ressourcen oder an Bauland handelt.
Heute schon finden sich Ansätze zu einem solchen Patrimonial-Eigentum in Sonderformen des Eigentums wie Forstrecht, Regalrechten, genossenschaftlichen Korporationen. Diese stellen daher eine Brücke zwischen der heutigen und einer möglichen künftigen Eigentumsordnung dar:

Das Forstrecht
Das Eigentum am Wald wird wesentlich durch das Forstrecht mitbestimmt, das diesem Eigentum fast überall eine mehr oder minder ausgeprägte Sonderstellung verschafft. Es ist vor allem in Europa durch gewisse Mitverfügungsrechte und zum Teil auch gewisse Mitnutzungsrechte der Öffentlichkeit gekennzeichnet. Diese *»Sozialbindung« des Waldeigentums* gilt nicht nur dort, wo – wie es in der Schweiz meist der Fall ist – der Wald entweder dem Staate gehört oder aber im Besitz von Bürgergemeinden oder Waldkorporationen

ist, sondern auch dort, wo sich der Wald noch in großem Ausmaß in privaten Händen befindet, wie etwa in Deutschland. Es kommt also hier, wie besonders hervorgehoben werden muß, nicht auf den Eigentümer an, das heißt auf die Frage, ob es sich um öffentliches oder privates Eigentum handelt, sondern ganz entscheidend auf die *Gestaltung des Eigentumsrechts* an sich.

Das von Anfang an auf *beschränkte Nutzung* angelegte Waldeigentum ist, obwohl es sich selbstverständlich nicht direkt auf die Industriewelt übertragen läßt, zum klassischen Sinnbild allen umweltkonformen Eigentums geworden: »Anstelle des Raubbaus, also einer Wirtschaftsführung, die einen möglichst hohen Ertrag abwirft, ohne auf die Eignungsgrundlagen Rücksicht zu nehmen«, schreibt Ernst Basler, »müssen wir wieder lernen, von den Zinsen zu leben. Die Forstwirtschaft in Europa hat im Laufe der letzten Jahrhunderte diesen Gesinnungswandel bereits vollzogen und hat das sogenannte Prinzip der Nachhaltigkeit zum obersten Grundsatz forstwirtschaftlichen Denkens und Handelns gemacht. Nachhaltigkeit beinhaltet das Streben nach einem dauernden, steten und möglichst gleichmäßigen Holzertrag.

Die Analogien zwischen Weltwirtschaft und Waldwirtschaft in bezug auf den einmaligen Verbrauch von nicht erneuerbaren Ressourcen sind so frappant, daß sich die Anlehnung an diesen Begriff geradezu aufdrängt.«[1]

Wer die durch Bannwälder geschützten Alpenweiden mit den kargen, abgeholzten Hügeln Süditaliens und Griechenlands vergleicht, vermag den *Unterschied* zwischen sorgsam genutztem *Vermögens-Gut* und eilfertig verschleudertem *Einkommens-Gut* in seiner ganzen Tragweite zu ermessen.

Die Regalrechte

Als »regalia« oder »iura regalia« bezeichnete man ursprünglich alle dem König zustehenden Rechte. Sie sind heute auf den Staat übertragen worden, in der Schweiz vor allem auf die Kantone (Länder). Sie haben eine Zwischenstellung zwischen privatem und öffentlichem Recht. »Regalien ... sind nutzbare Rechte, die kraft eines Satzes des öffentlichen Rechts ausschließlich dem Staat zustehen, während ihr Inhalt an sich als privatrechtliche Befugnis gilt«[2].

In unserem Zusammenhang sind vor allem die grundherrschaftlichen Regalien von Bedeutung, wie das Bergregal, das Salzregal, das Jagdregal, das Fischereiregal und das Wasserregal. In anderem Zusammenhang – besonders hinsichtlich der gewerblichen Regalien

– spricht man auch von Staatsmonopolen. Ihre Existenz rechtfertigt sich zum Teil historisch, zum Teil aus fiskalischen Motiven. Gerade der historische Aspekt ist jedoch für die Betrachtung der Umweltprobleme von Bedeutung.

Im Gegensatz zur polizeilichen Bewilligung verleiht die Konzession ein wohlerworbenes Recht auf Nutzung, das unter dem Schutz der Eigentumsgarantie steht. Der Konzessionär ist aber verpflichtet, das verliehene Recht im öffentlichen Interesse zu nutzen. Es werden ihm oft weitere Auflagen gemacht, und er muß in der Regel eine Konzessionsgebühr bezahlen. Mit anderen Worten: Es handelt sich um den klassischen Fall einer Trennung von »Verfügungs-« und »Nutzungseigentum«: die Verfügung bleibt in den Händen des Staates, die Nutzung aber wird privatisiert. Dieses private Nutzungsrecht ist – im Gegensatz zur bloßen Pacht – als selbständiger, wenn auch *bedingter* Eigentumsanspruch zu betrachten.

Von besonderer Bedeutung ist das *Bergregal.* Gemäß den kantonalen Gesetzen in der Schweiz wird die Konzession zur Schürfung und zur Ausbeutung nur gewährt, »wenn die Erteilung der Konzession dem öffentlichen Wohl nicht widerstreitet und nicht Interessen verletzt werden, die den aus dem Bergbauwerk zu erwartenden Gewinn offenbar weit übersteigen.« (Art. 13, Abs. 3 des »Gesetzes über den Bergbau« des Kantons St. Gallen, vom 7. April 1919.)

Die Verbindung zwischen dem Bergregal und dem privaten Grundeigentum wird in folgender Weise hergestellt: Dem Grundeigentümer steht das Recht zu, auf seinem Grundstück ohne vorherige Ermächtigung, aber unter Anzeige an die Regierung, zu schürfen, solange der Staat nicht selbst darüber verfügt oder die Einholung einer Konzession verlangt. Der Grundeigentümer, auf dessen Boden geschürft oder ein Bergwerk eingerichtet oder betrieben wird, hat Anrecht auf volle Entschädigung für das in Anspruch genommene Grundeigentum und auf Ersatz allen erlittenen Schadens. Dabei gelten die Vorschriften des Gesetzes über die Expropriation. Außerdem hat der Grundeigentümer bei der Verleihung der Konzession unter mehreren Bewerbern bei gleichen Bedingungen den Vorrang. Er hat auch das Recht, wenn die Konzession an einen Dritten erteilt wird, sich am Unternehmen zu beteiligen.

Ein anderes Verfahren finden wir bei der Wassernutzung. Hier ist der sogenannte Gemeingebrauch (Schiffahrt, Tränken, Baden, Waschen usw.) sowie der Wasserbezug bis zu einem gewissen Umfang frei. Alle Nutzungen jedoch, die den Gemeingebrauch überschreiten, bedürfen einer Bewilligung. Darüber hinaus ist die Verleihung von Wassernutzungsrechten analog den Bergbaukonzessionen vorgesehen. Die Verleihung verschafft dem Beliehenen ein wohlerworbenes Recht auf die Nutzung des Gewässers. Dies betrifft insbesondere die Nutzung der Wasserkraft eines öffentlichen Gewässers. Dem Staat steht das Vorzugsrecht auf die Kraftnutzung dieser Gewässer zu.

Insgesamt zeigt es sich, daß die historischen Regalrechte es an sich ermöglichen, öffentliche Interessen auch im Sinne des Umweltschutzes im weitesten Sinne des Wortes, vor allem im Sinne der Schonung der natürlichen Ressourcen und der Schonung des Landschaftsbildes, zur Geltung zu bringen. Allerdings ist diese Möglichkeit unter den heutigen Gegebenheiten beschränkt. Wenn die öffentlichen Interessen nicht schon bei der Erteilung der Konzession, beziehungsweise bei Verleihung der Wassernutzung berücksichtigt worden sind, ist ihre spätere Berücksichtigung durch die Tatsache erschwert, daß die Konzession oder die Verleihung als wohlerworbenes Recht zu betrachten ist, das der Eigentumsgarantie untersteht. Es kommt hier vor allem auf die Dauer der Konzession, beziehungsweise der Verleihung und auf die Vorrechte des Grundeigentümers an. Außerdem stehen bei den Erwägungen des Staates sicher nicht die Umweltgesichtspunkte im Vordergrund, sondern die fiskalischen Interessen, die sich nicht nur auf die Konzessionsgebühren oder die Wasserzinsen beziehen, sondern unter Umständen auch auf die Steuererträge der Bergbauunternehmungen und der Wasserkraftwerke. Schließlich ist festzuhalten, daß unter Nutzung der natürlichen Ressourcen in diesem Zusammenhang nur die produktive Nutzung verstanden wird, nicht jedoch die indirekte »Ab-Nutzung« wie etwa die Schädigung durch Abfälle und Immissionen. So fallen beispielsweise die Gesichtspunkte des Gewässerschutzes gänzlich aus dem Bereich der sogenannten »Gewässernutzung« heraus.

Die Korporationen des alten Rechts

In der Schweiz haben sich einzelne *alte Eigentumsformen,* die sich aus dem germanischen Recht entwickelt haben, erhalten. Es handelt sich einerseits um das Eigentum des Verbandes der seit Generationen eingesessenen Bürger (Bürgergemeinde), andererseits um das Eigentum von Korporationen mit bestimmten Zwecken, wie etwa Korporationen zur gemeinsamen Nutzung von Alpen oder Weidland (Allmend).

Die Bürgergemeinden setzen die Tradition der alten *Dorfgemeinde* fort, die nicht nur gewisse niedere richterliche und damit hoheitliche

Aufgaben erfüllte, sondern vor allem auch die Gemeindegüter verwaltete. Die Nutzungsberechtigung in der Gemeinde war von der Niederlassung und vom Grundbesitz in der Gemeinde abhängig. Als am 13. November 1798 in der Schweiz ein allgemeines Gemeindegesetz erlassen wurde, das gemäß den Prinzipien der Französischen Revolution auf der Basis der Gleichheit die Einwohnergemeinde (Gesamtheit aller Einwohner) schuf, blieb die alte Bürgergemeinde als Verwalterin der Gemeindegüter mit verschiedenen kulturellen und vor allem sozialen Aufgaben (Armenunterstützung) erhalten. Heute sind in vielen Teilen der Schweiz Einwohner- und Bürgergemeinden praktisch zu einer Einheit verschmolzen. In anderen Gebieten spielen die Bürgergemeinden jedoch weiterhin eine wesentliche Rolle im Gemeindegeschehen. Dort verfügen sie über eine eigene Organisation mit selbständiger Willensbildung.
Die Korporationen können mit ihrem Eigentum an Grund und Boden an sich in gleicher Weise verfahren wie die privaten Eigentümer: nutzen, verpachten oder kaufen und verkaufen. Die Nutzung oder die Verwendung der Erträge ist jedoch an die Erfüllung der Aufgaben gebunden, die der Korporation zukommt. Das Eigentum der Korporation hat weder eindeutig öffentlichen noch eindeutig privaten Charakter. Sie hat daher die schwierige Aufgabe, finanzielle Verwertungs- und materielle und ideelle Nutzungsinteressen der Gemeinden möglichst in Einklang zu bringen. So soll sie sowohl aus ihrem Grund und Boden einen Ertrag herauswirtschaften, der zur Finanzierung ihrer verschiedenen Gemeinwerke dient, als auch den Boden vor einer Übernutzung schützen. In vielen Städten ist der Ortsbürgergemeinde weitgehend die Erhaltung eines »grünen Rings« um die Stadt im Sinne eines Landschaftsschutz- und Spazierganggebiets zu verdanken. Die Ortsbürgergemeinde konnte auch bei den ersten Neuüberbauungen Ende des 18. Jahrhunderts, die auf ihrem Boden stattfanden, strenge Bauvorschriften aufstellen. Diese Überbauungen sind noch heute als vorbildlich anzusprechen. Sie kontrastieren deutlich mit der ungeordneten Bauweise, die in der zweiten Hälfte des 19. Jahrhunderts auf privatem Boden einsetzte.

Im Hinblick auf die Umweltproblematik in engerem Sinn sind die Allmend- oder Alpkorporationen in bezug auf ihnen zugrunde liegende Eigentumskonzeptionen von noch größerer Bedeutung. Man kann hier von einer genossenschaftlichen Struktur im ursprünglichen Sinne des Wortes sprechen. Diese ist etwas vollständig anderes als die moderne Genossenschaft im Sinne des bürgerlichen Rechtes.

Es handelt sich entgegen modernen rechtlichen Interpretationen nicht um eine juristische Person, die sich zwischen den Genossenschafter und die angeeignete Sache schiebt. Vielmehr haben die Genossenschafter oder Gemeinden *ein direktes Miteigentum zu ideellen Teilen,* dies bedeutet, daß die Genossenschafter selber Eigentümer sind, allerdings als »Gesamthänder«. Ein solcher kann im Extremfall seine Quote ohne Einwilligung der übrigen Genossenschafter nicht veräußern, und er kann keine Teilung verlangen; nur alle Genossenschafter zusammen können eine Verfügung über ihr gemeinschaftliches Gut treffen.

Die heutige Rechtsauffassung will diese Genossenschaftsidee des Eigentums nicht anerkennen, sondern zwängt die privatrechtliche Korporation auf das Prokrustesbett der juristischen Person; ihre Mitglieder haben dann keine Eigentums-, sondern nur noch Nutzungsrechte. Allerdings wird diese Auffassung »von den Bauern meistens energisch bestritten; sie wollen Eigentümer und nicht bloß Nutznießer der Alp sein«.[3]

Entscheidend ist nun aber die wirtschaftliche Bedeutung der »Gesamthand«, des genossenschaftlichen Eigentums dieser besonderen Art. Anstelle der individuellen Nutzung, die bis zur Zerstörung des Eigentums gehen kann, tritt hier der Gedanke der Erhaltung des gemeinsamen Vermögens in den Vordergrund. Das heißt: die Nutzung darf nicht weiter gehen, als es die *Regenerationsfähigkeit* der genutzten Sache – einer Alp beispielsweise – erlaubt. Dementsprechend werden die Anteilsrechte der Alpgenossenschafter in sogenannte »Stöße« aufgeteilt. So kann ein Genossenschafter unter Umständen ein Anrecht auf 10, 20, 30 oder mehr »Stöße« haben. Die wesentliche Konzeption dieses »Stoßrechtes« liegt in dem Umstand, daß ein »Stoß« von Jahr zu Jahr etwas anderes bedeuten kann. Entsprach ursprünglich ein »Stoß« dem Weideraum, den *eine* Kuh beansprucht, so wird er sukzessive weniger bedeuten, wenn die Alp entweder durch die Beweidung selbst oder durch Lawinenniedergänge und andere Naturgewalten in ihrer Kapazität beeinträchtigt wird. Der relative Anteil des Genossenschafters bleibt dann zwar gleich, aber für 10 Stöße kann er dann nicht mehr 10 Kühe, sondern vielleicht nur 7 Kühe auf die Alp schicken. Mit anderen Worten: es wird dafür Sorge getragen, daß die Alp nicht übernutzt wird. Die Interpretation des Stoßrechts erfolgt durch gemeinschaftlichen Beschluß der Genossenschafter, wobei entweder jeder Genossenschafter nur eine Stimme hat oder mindestens festgelegt wird, daß kein Genossenschafter, so viele »Stöße« er auch besitzen möge, allein

beschließen kann. Ergänzend zum Nutzungsrecht beinhaltet das Miteigentum an der Alp auch die Pflicht zur Pflege (Wegebau, Beseitigung von Unwetterschäden, Melioration, usw.).
Damit wäre an sich die Konzeption eines umweltgerechten Eigentums im Prinzip umschrieben. Die Berücksichtigung der Umweltgesichtspunkte hebt das Eigentum nicht auf und braucht auch nicht zu einer Änderung der Eigentumsverteilung zu führen. Drei Dinge jedoch sind nötig:

- der *Eigentumsanspruch* im Sinne einer Beanspruchung und Ausbeutung der Natur muß um so mehr *reduziert* werden können, je stärker die Natur bereits übernutzt und ausgebeutet ist;
- die Bestimmung über das *Ausmaß der noch zulässigen Nutzung* und Ausbeutung darf nicht von denjenigen allein bestimmt werden, die den größten Anteil daran haben, denn je größer der Nutzungsanteil eines Genossenschafters ist, um so größer ist die Gefahr, daß er die Chancen der Nutzungssteigerung überbewertet und die Notwendigkeit der Vermögenserhaltung unterschätzt; denn ein großer finanzieller Ertrag ermöglicht ihm den Zukauf weiterer »Stöße«, was eine allfällige langfristige Ertragsminderung ausgleicht, ihm aber zudem eine *relativ* stärkere Vermögensstellung im Gesamtverband verschafft;
- ein Eigentum darf nicht nur Nutzungsrecht umfassen, sondern muß auch eine *Pflicht zur Pflege und Wiederherstellung des gemeinsamen Vermögens* beinhalten.

Wie kann umweltgerechtes Eigentum verwirklicht werden?
Früher waren die meisten Menschen Sklaven oder mindestens Abhängige, deren Körper und Wille Eigentum eines anderen waren. Die Auflösung dieser persönlichen Abhängigkeiten bedeutete nichts anderes als eine Eigentums-Ergreifung – des Eigentums an der eigenen Person. Im gleichen Sinne geht es heute darum, die Umwelt – die im Grunde nur eine Extension der eigenen körperlichen und geistigen Persönlichkeit ist, weil Körper und Geist ohne die Umwelt nicht existenzfähig sind – aus der fremden Abhängigkeit zu lösen und in Besitz zu nehmen.

Um diese Besitzergreifung im Sinne des Patrimoniums zu konkretisieren und organisatorisch zu verankern, stehen verschiedene Wege offen. Es dürfte sich aufdrängen, je nach dem Charakter des Umweltgutes einen anderen Weg zu wählen. Die drei oben dargestellten älteren Eigentumskonzeptionen können dabei nicht nur als Vorbild, sondern auch als eigentliche Ansatzpunkte dienen:

– *in bezug auf die regenerierbaren Ressourcen: Ausdehnung des Prinzips der Nachhaltigkeit.*

Der Grundgedanke des Forstrechts – die Pflicht zur nachhaltigen Bewirtschaftung – ist auf die gesamte Bodenbewirtschaftung, vor allem aber auf die *Landwirtschaft* auszudehnen. Hier geht es darum, sowohl die Übernutzung des Bodens im Sinne der Überdüngung, der Monokulturen, der Erosion, als auch der Unternutzung im Sinne der Versteppung und Verödung sowohl im Interesse der Landesversorgung wie im Sinne des Landschaftsschutzes zu verhüten: Ergänzend zur Landwirtschaft muß dabei die Pflege von *»ökologischen Nischen«* garantiert sein. Auch diese Aufgabe mußte der Staat treuhänderisch für die Umwelteigentümer übernehmen. So wie der Wald durch das Forstrecht zum Patrimonium des gesamten Landes erklärt wurde, sollte noch deutlicher werden, daß *aller* Boden in einem nicht-ökonomischen Sinn den Bürgern des Landes in ihrer Gesamtheit gehört. Die Aufrechterhaltung des bäuerlichen Eigentums ist dafür nicht nur kein Hindernis, sondern im Gegenteil eine notwendige Voraussetzung.

– *in bezug auf die nicht-regenerierbaren Ressourcen: Ausbau der Regalrechte auf Grund des Konzessionssystems.*

Die nicht-erneuerbaren Ressourcen und die knappen erneuerbaren, aber in ihrer Regenerationsfähigkeit bedrohten Ressourcen (Ausbeutung mineralischer Rohstoffe, Wassernutzung, Fischerei, Jagd usw.) sind treuhänderisch für die Umwelteigentümer vom Staat zu verwalten. Da heute schon der Staat diese Ressourcen weitgehend über die Regalrechte kontrolliert, geht es vor allem darum, neben den finanziellen Gesichtspunkten verstärkt dem Gesichtspunkt des Umweltschutzes sowohl in bezug auf die Vorsorge für die Zukunft als auch in bezug auf eine umweltkonforme Art und Weise der Ausbeutung in höherem Maß Rechnung zu tragen und diese Gesichtspunkte bei der Konzessionserteilung durchzusetzen.

Entscheidend ist dabei, daß die Konzessionserteilung die langfristigen Gesichtspunkte miteinbezieht und so auf eine langfristige »Gewinn«- bzw. Nutzenmaximierung hinzielt. Das heißt: die jährlichen Abbauraten sollten so festgelegt werden, daß der Gesamtnutzen aus der Förderung des betreffenden Lagers über alle Perioden hinweg möglichst groß ist und nicht ein kurzsichtiger Raubbau betrieben wird. Zur Berechnung des Gegenwartswerts sollte der verwendete Zinssatz in der Regel unter dem Marktsatz liegen, was – wie oben (S. 58) dargestellt – zu einer Verlangsamung des Abbaus und damit zu einer Vorsorge für die Zukunft führt.

– *in bezug auf den Siedlungs-Raum: Schaffung von regionalen Umweltkörperschaften.*

Im Vordergrund steht die Forderung, daß die Eigentumsrechte im Sinne des Dominiums nicht primär als umfassend zu konstruieren sind, um dann nachträglich durch diese oder jene Vorschriften eingeschränkt zu werden. Vielmehr sollten sie inhaltlich von den Umwelt-Kapazitäten abhängig sein, die als gemeinschaftliches Eigentum im Sinne des Patrimoniums zu betrachten sind. Dabei geht es einfach darum, ein als natürlich empfundenes Eigentum rechtlich zu verankern. Nicht zufällig spricht man davon, daß »meine« Ruhe durch den Straßenlärm beeinträchtigt wird, »meine« Aussicht verbaut, »meine« oder »unsere« Stadt durch häßliche Bauten zerstört, »unser« Wald abgeholzt, »unser« Wasser verunreinigt wird. Jeder Mensch hat ein selbstverständliches Gefühl dafür, daß ihm die Umwelt, in der er wohnt und arbeitet, »gehört«, ja gehören *muß,* wenn er psychisch und physisch gesund bleiben will. Er muß – wenn auch nur im Sinne des Mit-Eigentums – darüber verfügen können wie über seinen Körper oder seine Persönlichkeit.

Im Zentrum steht die Frage: Was heißt »das Eigentum an Boden ist gewährleistet«? Hier muß es angesichts der bisherigen Entwicklung und der sichtbar werdenden räumlichen Grenzen zu einer veränderten Vorstellung kommen: Traditionell wurde angenommen, daß Bodeneigentum automatisch des »Ur«recht beinhalte, dieser Boden dürfte für irgendeine Nutzung gebraucht werden, also auch dazu, irgend etwas auf diesem Boden zu bauen. Mit der Zeit hat man eingesehen – auch in der Praxis der Rechtsprechung –, daß im Interesse der Allgemeinheit begrenzende Vorschriften über die Bodennutzung notwendig sind. Deshalb hat man heute überall rechtsverbindliche Bodennutzungspläne geschaffen. In gewissen Gebieten darf man nicht bauen, in anderen Gebieten nur Einfamilienhäuser, und wieder in anderen darf drei- bis vier- oder sechsstöckig gebaut werden.

Diesen ersten Schritt hat heute auch die Rechtsdogmatik vollzogen. Gleichwohl verharrt die Gesetzgebung immer noch in der alten Vorstellung des Rechts des grenzenlosen Raumes und geht immer noch von der dogmatischen Annahme aus, daß grundsätzlich jedem Grundeigentümer das Recht zum Bauen zustehe und daß die Allgemeinheit durch die Planung der Nutzungsordnung gewissen Grundeigentümern dieses Recht wegnehme – und deshalb entschädigen müsse. Heute muß man von der umgekehrten Annahme ausgehen, daß einem Grundeigentümer erst mit der Einbeziehung in die Siedlungsfläche das explizite Recht verliehen wird, das Grundstück im spezifizierten Rahmen zu überbauen und zu nutzen, und daß gewisse angemessene Gegenleistungen an die Rechtsverleihung, zugunsten der Allgemeinheit und der »leer ausgegangenen« Grundeigentümer und der Nichteigentümer zu leisten wären. Unter diesen Voraussetzungen ist Rückgängigmachen einer Bodennutzungs-Zonung keine Enteignung, sondern nur eine Rücknahme eines vorher speziell verliehenen Rechts (die natürlich unter Wahrung der Rechtssicherheit zu geschehen hat). Eine Entschädigung kann unter dieser Annahme nur dort stattfinden, wo ein Sonderopfer zu vermuten ist, das nur einen einzelnen trifft; oder wo der Grundeigentümer der Allgemeinheit für das vorher verliehene Baurecht allenfalls eine Zahlung geleistet hat.

Die Umwelt einer Region ist als genossenschaftliches Eigentum ihrer Bewohner aufzufassen. In gleicher Weise wie die Mitglieder einer Alpkorporation die Belastbarkeit einer Alp aufgrund der jeweiligen Situation bestimmen, ist die Belastbarkeit der Umwelt gemäß den sich ändernden und regional verschiedenen Verhältnissen festzusetzen. Um ein solches genossenschaftliches Eigentum an der Umwelt zu realisieren, muß der Staat eigene Eigentumskategorien für die Umweltgüter schaffen. Dabei ist eine Aufspaltung in Bestandseigentum (Patrimonium) und Nutzungseigentum (Dominium) vorzusehen. Die entsprechenden Träger, ihre Pflichten und Kompetenzen sowie die Formen der Willensbildung werden durch den Staat festgelegt.
Diese Eigentumsordnung für Umweltgüter könnte etwa folgende Formen haben:
Patrimonium: Träger des Patrimoniums sind Eigentümerverbände mit genossenschaftlichem Charakter, die einen bestimmten regionalen Bezug haben, aber nicht mit dem Staat (Gemeinde, Kantone, Bundesland) identisch sein sollen. Wir denken an regionale Umweltkörperschaften als relativ autonome Selbstverwaltungskörper. Räumlich könnten sie mit den neuentstandenen bzw. neuentstehenden Planungsregionen identisch sein. Mitglieder wären die Bewohner dieser Region.
Diese regionalen Umweltkörperschaften sollten das öffentliche Interesse dadurch wahren, daß sie unter Berücksichtigung staat-

lich vorgeschriebener Richtlinien einen verbindlichen Rahmen für die Nutzung der Umweltgüter festlegen. (Immissionsgrenzwerte usw.). Zur Durchsetzung dieser Nutzungsordnung wäre an die Ausgabe von Verschmutzungszertifikaten zu denken, welche dem Inhaber das Recht verleihen, eine bestimmte Art und ein bestimmtes Maß von Schadstoffen zu emittieren. Im Fall der Einführung der ökologischen Buchhaltung mit Kontingentierungssystem würden sich aufgrund dieser Immissionsgrenzwerte die Äquivalenzziffern errechnen. Dieses System ermöglicht regionale Differenzierungen sowie Veränderungen im Lauf der Zeit auf demokratischer Grundlage (Demokratieprinzip: eine Stimme je Bewohner der Region).

Dominium: Träger sind die einzelnen Wirtschaftssubjekte: natürliche und juristische Personen. Sie haben das Recht auf wirtschaftliche Nutzung, auf Verwertung der Umweltgüter im gegebenen Rahmen, wobei diese Rechte z. B. über Verschmutzungszertifikate vom Patrimonialeigentümer erteilt werden können. Den Inhabern des Dominiums sollte auch eine Pflicht zur Pflege bzw. zur Wiederherstellung des genutzten Vermögens auferlegt werden. Im übrigen entscheiden die Träger des Dominiums profitorientiert und werden weitgehend konkurrenzgesteuert.

Mit diesem Eigentumskonzept können allerdings nicht alle Umweltgüter erfaßt werden. Eine Kombination mit direkten staatlichen Eingriffen und anderen Maßnahmen der Umweltpolitik ist notwendig.

Umgestaltung der Rechtsformen der Unternehmung (Gesellschaftsrecht)

Durch die oben geschilderten Formen des Eigentumsrechts werden die Voraussetzungen zu einer umweltkonformen Gestaltung des Angebotes an natürlichen Ressourcen und Boden geschaffen. Sind aber auf der Nachfrageseite die Spieße gleich lang?

Durch die Vermehrung der Bevölkerung und durch den wachsenden materiellen Wohlstand hat sich die Nachfrage nach Grundstoffen rapid erhöht. Die Stagnation des Bruttosozialproduktes und der Rückgang der Geburtenrate – in den Industrieländern halten sich Geburt und Tod ungefähr die Waage – bewirkten in der gegenwärtigen Phase eine gewisse Dämpfung der Nachfrage. Doch es gibt nicht nur »natürliche Personen«, die als lebende Wesen trotz aller Entfremdung noch immer gewissen biologischen Regeln unterworfen sind, sondern auch *»juristische Personen«,* deren Wachstum keine natürliche Grenze kennt. Im Jahre 1900 existierten in der Schweiz 2000 Aktiengesellschaften mit einem Kapital von 2 Milliarden Franken, heute sind es 82 000 Aktiengesellschaften mit einem Kapital von mehr als 40 Milliarden.

Die »Seele« der Kapitalgesellschaft (es handelt sich in erster Linie um die Aktiengesellschaft) ist das Kapital, das heißt jenes Geld, das auf Gewinn angelegt wird und seinen Wert nur behält, wenn es Gewinn abwirft, der dann zur Ausschöpfung weiterer Gewinnmöglichkeiten wieder investiert wird, was zu immer weiterer Expansion führt. Das Wesen der Kapitalgesellschaft ist die beschränkte Haftung, indem für die Schulden nur das Kapital, nicht jedoch das übrige Vermögen der Kapitalgeber haftet. Die Geschäftstätigkeit ist somit nicht auf die natürliche Person hin orientiert, sondern auf den Kapitalgesichtspunkt ausgerichtet, das heißt: auf Expansion. Dies gilt im besonderen für den Konzern, der aus einer Verschränkung anderer weiterer Gesellschaften besteht. Im Sinne einer Durchbrechung des Wachstumszwangs sollte daher auch im Gesellschaftsrecht eine teilweise Repersonalisierung der Wirtschaft angestrebt werden.

Im 20. Jahrhundert hat sich die Vorstellung der Existenz juristischer Personen und ihrer Gleichstellung mit der natürlichen Person in allen wirtschaftlichen Belangen so sehr eingebürgert, daß man ihre künstliche Grundlage völlig vergessen hat. Angesichts der Auswucherung der Großkonzerne gilt es jedoch heute, sich wieder daran zu erinnern, daß die juristische Person – wie der Name sagt – und damit auch die Aktiengesellschaft bzw. der Konzern ein bloßes Geschöpf der Rechtsordnung ist und daher durch Änderung der Rechtsordnung ohne weiteres umgestaltet oder sogar aufgehoben werden kann.

Vor allem aber hat man vergessen, daß der Ursprung der juristischen Person in den merkantilistischen Bestrebungen des 16. und 17. Jahrhunderts liegt, die von Vorstellungen des römischen Rechts über die »societas publica« ausgingen. Der Merkantilismus war eine Zeit starker Staatslenkung. Damals entstanden die Handelskompagnien, die Vorbilder unserer Kapitalgesellschaften bzw. Aktiengesellschaften. Sie wurden durch hoheitliche Akte mit bestimmten Privilegien und Monopolrechten ausgestattet und übten so in dem ihnen zugewiesenen Bereich selber staatliche Hoheitsrechte aus. Das Interesse des Staates bzw. der Fürsten an der Gründung solcher Gesellschaften war ein rein fiskalisches, denn nur privilegierte Gesellschaften erzielten Gewinne, die groß genug waren, um die gewünschten hohen Darlehenssummen bereitzustellen. Juristische Personen, bzw. Kapitalgesellschaften sind sozusagen »Ausgeburten« des Staates.

Unter diesen Umständen war es nicht anders als konsequent, wenn die dem liberalen Gedanken verpflichtete Französische Revolution alle Handelskompagnien bzw. Aktiengesellschaften aufhob und als handlungsfähige Personen im Rahmen der Wirtschaft nur die natürlichen Personen anerkannte. Erst zögernd wurden in Bewilligungsverfahren Gesellschaften mit beschränkter Haftung wieder zugelassen. Zur freien Gründung von Aktiengesellschaften und zur Gleichstellung mit den natürlichen Personen kam es jedoch auf dem europäischen Kontinent erst nach langen Auseinandersetzungen in der zweiten Hälfte, ja eigentlich erst im letzten Viertel des 19. Jahrhunderts.

Die anglo-amerikanische Entwicklung ging derjenigen auf dem europäischen Kontinent voraus. Hier vollzog sich auch der ideologische Übergang von der Auffassung der Kapitalgesellschaft bzw. der »corporation« als Träger staatlicher Hoheitsrechte zur juristischen Person, die die gleichen Freiheitsrechte und die gleiche Unabhängigkeit vom Staat beanspruchen könne wie die natürliche Person. Dabei ging und geht es insbesonders um die Inanspruchnahme der Eigentumsgarantie und der Vertragsfreiheit. Am Anfang – in den 30er Jahren des 19. Jahrhunderts – mußte jede corporation einzeln bewilligt werden (corporate charter)[4]. Dabei unterstand die Bewilligung sehr restriktiven Bedingungen:

1. Die corporations durften nur ein bestimmtes Höchstkapital haben; im Staat New York betrug es z. B. 100 000 Dollar;
2. ihre Handlungsvollmacht war beschränkt;
3. die Lebensdauer war auf 20, 30 oder 50 Jahre begrenzt;
4. der Besitz von Anteilen an anderen corporations war nicht zulässig.

Die Verleihung einer »corporate charter« war eine Verleihung öffentlicher Gewalt. Es gab daher auch keine Unterscheidungen von »private« und »public corporations«. Die Limitierung der corporations nach Umfang, Dauer, Kapital und vor allem auch ihre ursprünglich enge Bindung an scharf umrissene Zwecke wurde nicht als Beschränkung einer an sich bestehenden Handlungsfreiheit verstanden, sondern ergab sich unabdingbar daraus, daß korporative Handlungsmöglichkeiten durch staatliche Ermächtigung erst geschaffen wurden. Die Einschränkung dieser Handlungsmöglichkeiten hängt also mit dem Bestreben zusammen, die bestehenden und durch die Verfassung gewährleisteten individuellen Handlungsfreiheiten zu schützen – und nicht etwa sie zu beschneiden!

Die Einordnung der corporations in das Privatrecht gelang nur mit einem Kunstgriff. Wesentlich war dabei die neu aufkommende Unterscheidung zwischen »public« und »private« corporations, wobei die Forderung auftauchte, die letzteren aufgrund eines allgemeinen Gesetzes statt spezieller Bewilligungen zuzulassen. Diese Zulassung durch allgemeines Gesetz wurde aber wiederum als Argument dazu benützt, den nicht-staatlichen Charakter der »private corporations« zu betonen. Daran knüpfte sich die Vorstellung eines wohlerworbenen Rechts, das der corporation zukomme, wenn sie einmal gegründet sei. Da sie ihre Existenz auf ein allgemeines Gesetz stütze, könne ihr das Existenzrecht nicht wieder entzogen werden, es sei denn im Gesetz ausdrücklich vorgesehen. Die Befristung einer Zulassung solcher corporations fiel somit weg. Wurde die corporation zuerst noch als »partnership regulated by law« bezeichnet, so wurde ihr schließlich zu Ende des 19. Jahrhunderts der Charakter einer »Person« – eben einer »juristischen Person« – zuerkannt, womit sie schließlich automatisch in den Genuß aller Rechte einer natürlichen Person gelangte, die sinngemäß auf eine juristische Person übertragen werden können. Die Tatsache, daß es sich dabei um eine bloße Fiktion handelt, die den staatlichen Ursprung der corporation bzw. der Kapitalgesellschaft vergessen machen sollte, wurde aus dem Bewußtsein verdrängt. Dem fiskalischen Interesse des Staates wurde durch die Einführung einer allgemeinen Körperschaftsteuer Genüge getan. Das Ziel der Neuordnung war eine möglichst ungehinderte Entfaltung der wirtschaftlichen Kräfte, die eine breite Kapitalbasis benötigten. Eine solche Basis aber war nur zu schaffen, wenn sich viele Kapitalgeber an einem Unternehmen beteiligen konnten, ohne mit ihrem übrigen Kapital für das Unternehmen haften zu müssen. Das Unternehmen konnte Geld »aufnehmen« (Aktie), das nicht mehr zurückgezahlt werden mußte, wofür es das Versprechen einer Erfolgsbeteiligung (Dividende) für das Risiko übernehmen mußte.

Es ist kein Zweifel, daß das wirtschaftliche Wachstum, dessen exponentieller Aufwärtstrend gegen Ende des 19. Jahrhunderts einsetzte, ohne die allgemeine Zulassung und Generalisierung der Kapitalgesellschaft und insbesondere der Aktiengesellschaft nicht zustande gekommen wäre, denn sie bildete die ideale Voraussetzung für die Reinvestition der Gewinne in der Unternehmung und damit für eine fast automatische Erweiterung der für die Aufnahme neuer Produkte und Produktionsverfahren notwendigen Kapitalbasis.
So groß der Erfolg der Kapitalgesellschaft war und sosehr wir ihr den zivilisatorischen Fortschritt der letzten hundert Jahre verdanken, so

muß doch heute aufgrund der drohenden Überspitzung des Wachstumsprozesses ihre juristische Grundlage erneut zur Diskussion gestellt werden. Es geht um die Frage, ob die Kapitalgesellschaften nicht »nach dem Gesetz, wonach sie angetreten«, gezwungen sind, im Wachstumsprozeß selbst dann fortzufahren, wenn der Sinn weiterer Investitionen fragwürdig geworden ist. Darüber hinaus aber macht sich ihr merkantilistischer, dem »ancien régime« verpflichteter Ursprung durch den Konzentrationsprozeß zunehmend bemerkbar, so daß die liberale Wettbewerbsordnung in Frage gestellt wird. Die Rechtskonstruktion der juristischen Person ermöglicht erst die Konzernbildung, d. h. die Zusammenfassung verschiedener Gesellschaften in Finanzgesellschaften und damit ein Unternehmenswachstum, das über das technisch notwendige Wachstum des einzelnen Betriebs hinausgeht und unter Umständen zu monopolartigen oder oligopolartigen Gebilden sogar im Bereich des Weltmarktes führt. Die Diskussion, die Anfang und Mitte des 19. Jahrhunderts um die Kapitalgesellschaft geführt wurde, muß daher wieder neu aufgenommen werden. Es stellt sich insbesondere die Frage, ob eine Kapitalgesellschaft unbeschränkt die Möglichkeit haben soll, das Eigentum an anderen Gesellschaften zu erwerben. In dieser Hinsicht drängt sich vor allem eine Reform des Eigentums- bzw. des Aktienrechts auf, das das weitere Anschwellen der Konzerne und so nicht nur ein überdimensioniertes Wirtschaftswachstum, sondern auch die allmähliche Ausschaltung des Wettbewerbs verhindert. So könnte für die Zukunft der weitere Erwerb von Aktienmehrheiten durch Kapitalgesellschaften eingeschränkt oder sogar untersagt werden. Der »Kauf« einer Aktiengesellschaft durch eine andere wäre also nur bei Übernahme von 100% des Kapitals möglich. Die Konzernbildung würde dadurch erschwert und mehr Raum für Personalgesellschaften gelassen. Neue Grenzziehungen, die sich an früheren Vorbildern – so etwa an der ersten amerikanischen Gesetzgebung – orientieren und eine gewisse Repersonalisierung der Gesellschaften zum Ziel haben, werden sich in Zukunft aufdrängen, sofern ein allmählicher Übergang vom quantitativen zum qualitativen Wachstum vollzogen werden soll.

Reform des Eigentumsrechts in genossenschaftlichem und liberalem Sinn

Zusammenfassend stellen wir fest: Das gültige Eigentumsrecht beruht auf der Rezeption des römischen Rechts und ist im wesentlichen durch Vorstellungen geprägt, die dem imperialen römischen Rechtsdenken entstammen. Es sollte zu seiner Zeit – vor 2000 Jahren – dazu dienen, den Zugriff auf die Wirtschaftsbasis der jeweils neu von Rom eroberten Gebiete zu sichern. Dabei ging es vor allem darum, das traditionelle, weitgehend genossenschaftliche Recht der ansässigen Völkerschaften zu brechen. Daraus erklärt sich die Absolutheit des römisch-rechtlichen und damit auch des heutigen Eigentumsbegriffs. Dem ist neu ein Eigentumsbegriff entgegenzusetzen, der weniger auf Eroberung ausgeht – in unserer Zeit ging es vor allem um die »Eroberung der Natur« mit Hilfe der Technik –, sondern auf die Wahrung des Besitzstandes, das heißt: nicht auf Raubbau, sondern auf die Aufrechterhaltung der bestehenden Produktionsgrundlagen. Dazu dient, wie wir dargelegt haben, sowohl die Wiederaufnahme von Vorstellungen des genossenschaftlichen Rechts, das vor der Rezeption des römischen Rechts in Europa Geltung hatte, als auch von liberalen Grundrechten, die ihrer Natur nach auf die Freiheit der natürlichen Person ausgerichtet sind.

Anmerkungen

1 Basler, E., Strategie des Fortschritts, Frauenfeld/Stuttgart 1972, S. 78.
2 Gierke O. von, Deutsches Privatrecht, 2. Bd: Sachenrecht, Leipzig 1905, S. 399.
3 Wagner, E., Obertoggenburgische Alpkorporationen, Diss. Bern 1924, S. 179.
4 Vgl. dazu: Claus Ott, Recht und Realität der Unternehmungskorporation, Tübingen 1977, S. 78 ff.

6.
Landwirtschaft und Ernährung ohne Raubbau

In allen industrialisierten Ländern nimmt der Anteil der Bauern Jahr um Jahr ab. 1950 waren noch 26 Prozent aller Erwerbstätigen auf dem Gebiet der Bundesrepublik Deutschland in der Landwirtschaft tätig, heute bloß 8 Prozent. Nach der Prognose der Bundesregierung wird die Zahl der im Agrarsektor Beschäftigten von 5,1 Millionen im Jahr 1950 auf 1,95 Millionen im Jahr 1980 sinken.
Auch die Schweiz verwandelte sich im Zeitraum eines Menschenalters von einem agrarwirtschaftlich geprägten Land in einen dynamischen Industriestaat. Vor einem Jahrhundert noch war jeder zweite Schweizer Bauer gewesen, vor einer Generation jeder vierte, heute jeder siebzehnte – und morgen?
Bis 1980 wird nach den Berechnungen der OECD, der Organisation für wirtschaftliche Zusammenarbeit der Industriestaaten, die Strukturwandlung am Arbeitsplatz weitergehen. In der europäischen Landwirtschaft werden nur noch 6,5 Prozent tätig sein, für die Industrie ist mit 42 Prozent zu rechnen, für die Dienstleistungen demnach mit 51,5 Prozent der Erwerbstätigen.
Doch während die Zahl der Bauern sinkt, werden immer größere Ernteerträge in die Scheune eingefahren. In der Bundesrepublik beispielsweise hat sich die Weizenproduktion in den letzten beiden Jahrzehnten verdoppelt, die Fleischproduktion stieg um 70 Prozent, die Milchproduktion um 40 Prozent. Die Agrarexperten der »Europäischen Wirtschaftsgemeinschaft« blicken besorgt auf den Butterberg, die schweizerische Regierung versucht mit immer komplizierteren Lenkungsmaßnahmen die Milchschwemme einzudämmen. Nach den Berechnungen der Landwirtschaftsexperten der »Europäischen Gemeinschaft« belaufen sich die jährlichen Überschüsse auf dem Milchmarkt der neun Partnerländer auf rund 8 Millionen Tonnen oder 10 Prozent der jährlich an die Molkereien gelieferten 80 Millionen Tonnen Milch.
Hunderte von Millionen, ja Milliarden Franken oder Mark werden jährlich in Form von Subventionen in die Landwirtschaft gepumpt,

um die Bauern über Wasser zu halten. Die Preise der Agrarprodukte liegen in Europa rund 25 Prozent über dem Weltmarktniveau. Das entspricht einer Belastung der Konsumenten in der Bundesrepublik von jährlich insgesamt 15 Milliarden Mark, pro Haushalt ungefähr 600 Mark. Breite Schichten der städtischen Bevölkerung, vor allem jene Konsumenten, die mit Heller und Pfennig rechnen müssen, stellen sich die Frage: »Können wir uns die Landwirtschaft überhaupt noch leisten?« In der Antwort wird vielleicht zugegeben, daß man in Kriegszeiten – wer weiß? – dankbar um die einheimischen Kartoffeln wäre und zudem sei ja der Bauer auch noch ein wenig »Landschaftsgärtner« – sofern er nicht allzuviel Gift verspritze. Aber sonst?

Die Versorgung mit Frischprodukten verliert im Zeitalter ausgebauter Transportwege und raffinierter Konservierungstechniken scheinbar immer mehr an Bedeutung. Beinahe alle Produkte, die in der Schweiz und Deutschland angebaut werden, können in klimatisch begünstigten Billiglohn-Ländern preiswerter produziert werden. Der britische Futurologe Nigel Calder stellt in seiner Schrift: »Vor uns das Paradies?« kurzerhand fest, daß es angesichts der menschlichen Erfindungsgabe nur noch einen großen Anachronismus gäbe: die Gewinnung der Nahrungsmittel in der traditionellen Form der Landwirtschaft. Calder ist davon überzeugt, daß über kurz oder lang nicht nur in den Industriestaaten, sondern auch in den Entwicklungsländern Fabriken gebaut werden, in denen alle Nahrungsmittel industriell hergestellt werden.

Kann eine solche Durchbrecher-Technologie wirklich die Ernährungsprobleme unserer Erde lösen? Oder basieren diese Zukunftsvisionen auf einer grandiosen Täuschung?

Neue Ziele der Landwirtschaftspolitik

Wir zweifeln daran, daß uns eine *industrialisierte Agrarwirtschaft* paradiesische Zustände bescheren oder gar langfristig den Hunger aus einer Welt verbannen könnte, in der ein Drittel der Menschheit unterernährt ist. Die weltweite forcierte Anwendung industrieller Methoden in der Landwirtschaft hätte vielschichtige, vorwiegend aber negative Folgen: zunehmend fortschreitende Technisierung der Bauernbetriebe und der Tierhaltung, Qualitätsverschlechterung der Nahrungsmittel, Aufgabe der Bewirtschaftung schlechterer Böden und der Nutzung der Berggebiete, Landflucht – ganz allgemein eine Enthumanisierung der bäuerlichen Arbeit.

Ebensowenig ist das Welternährungsproblem so zu lösen. Gerade

die »Grüne Revolution«, die mit hochgezüchtetem Saatgut, mit Dünger und durch forcierte Mechanisierung den landwirtschaftlichen Ertrag in den Entwicklungsländern vorerst zu steigern vermochte, mußte die in sie gesetzten Erwartungen enttäuschen. Die überzüchteten Pflanzen sind zuwenig robust, die energieverzehrenden Düngestoffe zu teuer, die vorübergehend hochgetriebenen Ernten sind teilweise schon wieder unter das frühere Niveau zurückgesunken. Verschiedene Länder der Vierten Welt (Entwicklungsländer ohne Erdöl), wie beispielsweise Bangladesch oder Indien, können heute kaum mehr den Hunger aus eigener Kraft stillen, die Devisen für Düngerimporte fehlen. Die Abhängigkeit von den Getreidefeldern der USA und Kanadas nimmt zu. Die globale Ernährungslage ist aufs engste mit dem Nahrungsverbrauch und der Nahrungsmittelproduktion in den Industrieländern verknüpft.
Für die heutige Situation bezeichnend ist der riesige Verbrauch der Industrieländer an hochwertigen Nahrungsmitteln (Getreide, Fischmehl etc.) für Tierfutter und für die Fleischproduktion. Dieser Produktionsumweg beinhaltet eine Verschwendung menschlicher Nahrung, weil bei dieser Methode pflanzliche und tierische Eiweiße, also kritische Mangelelemente, verfüttert werden. Unser Proteinverbrauch ist übermäßig hoch und damit auch gesundheitsschädlich. Wegen unseres zu großen Fleischkonsums verbrauchen wir bedeutende Getreidemengen für bloße Futterzwecke. Hier stellt sich ganz hart die Frage, ob die reichen Ländern den hohen Proteinstandard ihrer Nahrung nicht auf Kosten der Entwicklungsländer erkaufen.
Geht man von der Annahme aus, daß sich die Welternährungslage weiter verschlimmern kann, dann gilt es, heute schon unsere Ernährungsgewohnheiten freiwillig so zu verändern und unsere Landwirtschaft derart umzustrukturieren, daß wir den kommenden Entwicklungen gegenüber besser gewappnet sind. Zu diesem Zweck müßte zuerst einmal ein allgemein akzeptiertes *Zielsystem* für eine in die Zukunft weisende *Landwirtschaftskonzeption* festgelegt werden. Die fünf folgenden Ziele scheinen uns von besonderer Bedeutung:

- Gesunde Ernährung der Bevölkerung
- Erhaltung der Fruchtbarkeit des Bodens (Schutz der Natur vor Ausbeutung)
- Gesunder Bauernstand (dies bedeutet neben der materiellen Sicherstellung auch eine menschenwürdige Arbeitsweise)
- Schutz der Nutztiere
- Sicherstellung der Ernährungsgrundlage der Bevölkerung bei Versorgungsschwierigkeiten.

Das »Agrobusiness« und seine Folgen

Die stärkere Rationalisierung der Landwirtschaft im Sog des allgemeinen Wirtschaftswachstums hatte – wie in anderen Bereichen auch – immer bedenklichere Konsequenzen für Boden, Pflanze, Tier und Mensch. Unsere heutigen Erkenntnisse der Naturzusammenhänge zeigen auf, daß es kurzsichtig und ökologisch gefährlich ist, die landwirtschaftliche Produktion immer intensiver von energieaufwendigen Hilfsmitteln und nicht erneuerbaren Rohstoffen abhängig zu machen. Agrikultur ist allmählich zum Agrarbusiness geworden. Der Bauer steht im Spannungsfeld zwischen Natur und Wirtschaft, Ökologie und Politik. Er wird zum Zulieferanten der Nahrungsmittelindustrie und der großen Verteilerorganisationen. Die Mechanisierung verändert seinen Arbeitsrhythmus und seinen Lebensstil. Unter wirtschaftlichem Druck, von den Anforderungen der Agrartechnik bedrängt, wird der »behäbige Bauer« von einst zum Facharbeiter, zum präzis kalkulierenden Betriebsleiter, der die durch Mechanisierung angewachsenen Investitionen zu verzinsen hat. Wer dieser Aufgabe nicht gewachsen ist, verliert Haus und Hof.

Bei den meisten Bauernbetrieben übersteigen die Schulden den Ertragswert des Grundeigentums, der »Schuldenberg« je Hektar Bauernlandes wird in der Schweiz auf 8000 Franken geschätzt. Auch in anderen Industrieländern haben der Zwang zur Mechanisierung, die Verteuerung der Düngemittel und die höheren Pachtzinsen zu einer stärkeren Verschuldung geführt. Die industrialisierte Landwirtschaft verändert den Lebensstil der Bevölkerung. Der traditionelle gemeinschaftsfördernde Lebensbereich der Bauern, durch Großfamilie geprägt, durch Marktfahrt und Direktverkauf in ein dichtes menschliches Beziehungsfeld eingebettet, verliert seine Kraft. Die Wurzeln der Bauernkultur verdorren. Doch auch die direkte Verbindung zwischen Bauer und Konsument wird unterbrochen. Die Nahrungsmittel, die zum Verkaufe angeboten werden, sind immer aufwendiger verpackt, werden verarbeitet, gelagert, in Konservendosen abgefüllt.

In den industrialisierten Ländern sind die Kosten der landwirtschaftlichen Produktionsmittel in ungleich stärkerem Maße als die Produzentenpreise gestiegen. Die Bauern vermochten diese Preis-Kosten-Schere teilweise durch eine gewaltige *Produktivitätssteigerung* wieder wettzumachen. Diese Mehrproduktion trägt aber gesamthaft zu jenen *Marktüberschüssen* bei (beispielsweise bei Milch und Fleisch), die wieder auf die Preise drücken. In der heutigen Landwirtschaftspolitik werden durch die Stützung der Preise für landwirtschaftliche

Produkte eindeutig die *größeren Betriebe bevorzugt,* die in der Regel kostengünstiger zu produzieren vermögen. Die »Grenzbetriebe« gehen ein, die »landflüchtigen« Bauern werden Industriearbeiter und vergrößern die Sozialkosten verstädterter Agglomerationen. Im Bauernland dominiert der energieintensive Großbetrieb. Äcker, Weiden und Wiesen, die durch ihre Beschaffenheit für industrielle Anbaumethoden ungeeignet sind, versteppen. Ein weiterer Rückgang der in der Landwirtschaft tätigen Bevölkerung wird diesen ambivalenten Prozeß der Konzentration und der Entleerung noch verstärken.

Die *tieferen Ursachen* dieser Problematik liegen in der eindeutigen Bevorzugung jener Wirtschaftszweige, die weit weniger mit der Natur verbunden sind als die Landwirtschaft:

a) Der Industrie war es eher möglich, Raubbau an den natürlichen Rohstoffquellen und den Arbeitskräften zu treiben als der in Kreisläufen wirkenden Landwirtschaft. Wir sind der Meinung, die Produktivität der ökologisch betriebenen Landwirtschaft sei keineswegs zu klein, hingegen ist jene der Industrie zu groß, da sie natürliches Kapital, vor allem nicht mehr erneuerbare Rohstoffe wie billiges Erdöl, Kohle, Kulturland verschwendet.
b) Zudem kann das in der Industrie und in anderen Wirtschaftszweigen investierte Kapital schneller und effektiver genutzt werden als in der Landwirtschaft, die viel stärker von den natürlichen Produktionsbedingungen und der Bodenfruchtbarkeit abhängt. Die Ernte kann in unseren Breitengraden normalerweise nur einmal jährlich eingeholt werden. Sie läßt sich nicht so schnell ausstoßen wie ein Industrieprodukt.
c) Die außerordentlich starke Unternehmenskonzentration im landwirtschaftlichen Produktionsmittelsektor, im Agrarhandel und in der Nahrungsmittelverarbeitung bringt den Bauern und ihren genossenschaftlichen Organisationen sinkende Einflußmöglichkeiten und größere Abhängigkeit. Die Marktspanne zwischen dem, was der Konsument für Nahrungsmittel bezahlt, und dem, was der Bauer davon erhält, wird immer größer und beträgt in der Regel mehr als 50 Prozent. Auf der Produktionsmittelseite sehen sich die Bauern einem immer stärker expandierenden Sektor gegenüber, der sich mit aufwendiger Werbung um eine Absatzsteigerung bemüht.

   Die Machtverschiebung zugunsten der Nahrungsmittelkonzerne wird noch dadurch gefördert, daß der Lebensmittelhandel homogene Massenlieferungen fordert, die der einzelne Bauer oder die landwirtschaftliche Genossenschaft nicht bereitstellen kann. Bitter vermerkt die bäuerliche Presse:

»Der Bauer verliert seine Unabhängigkeit an jene, die den Nahrungsmittelmarkt beherrschen. Der Bauernstand, der wähnte, Nährstand zu sein, hat eine seiner wertvollsten Funktionen verloren. Was ihm noch zugestanden wird, ist die Erzeugung von Rohprodukten – vergleichbar jenen Bevölkerungsschichten Afrikas oder Südamerikas, die wir ›unterentwickelt‹ nennen und die mit Hilfe von Entwicklungsgeldern am Leben erhalten werden müssen.«[1]

Kann sich der Bauer diesen Kräften des Industriesystems widersetzen?

Dem Raubbau an uns selbst auf der Spur

Die Art und Weise, wie sich breite Bevölkerungsschichten in den industrialisierten Ländern ernähren, ist Raubbau am eigenen Körper. Wir essen vielfach nicht nur zuviel, sondern auch *ungesund.* Viele Todesfälle in der Wohlstandsgesellschaft sind auf falsche Nahrungsaufnahme zurückzuführen. In Deutschland wurden mehr als drei Milliarden Deutsche Mark Versicherungsgelder für Krankheiten ausgegeben, die eine Folge ungesunder Ernährung sind. Nach medizinischen Untersuchungen hätten nur 6 Prozent der Schweizer Bevölkerung eine vererbte Anlage zu Übergewicht, aber 20 bis 30 Prozent der Kinder und 40 bis 60 Prozent der Erwachsenen sind *überernährt.* Medizinische Befunde beweisen schlüssig, daß die Lebenserwartung mit steigendem Körpergewicht stark sinkt.

Doch die Mahlzeiten sind nicht nur zu üppig, unsere Nahrung ist in vielen Fällen falsch zusammengesetzt. Eine Untersuchung in Basel ergab beispielsweise, daß Jugendliche relativ schlecht mit Vitamin B_1, B_2, B_6, und C versorgt sind, da sie zuwenig Kartoffeln, vollwertiges Getreide, Gemüse, Salat und Früchte essen. Und dies ausgerechnet in einer Stadt, in der Vitamine, die in natürlichen Nahrungsmitteln vorhanden wären, künstlich tonnenweise produziert und teuer verkauft werden.

Mangel im Überfluß? Wir essen mehr als genug Kalorien, aber die Versorgung mit Schutzstoffen (Vitaminen, Spurenelementen, essentiellen Aminosäuren) hängt eben nicht nur von der Menge, sondern in erster Linie von der *Qualität* und der Zusammensetzung unserer *Nahrung* ab.

Obwohl es bei der bestehenden Versorgungslage den meisten Konsumenten möglich wäre, das ganze Jahr Frischgemüse und Obst zu konsumieren, wird offensichtlich doch nicht das gegessen, was wir eigentlich nötig hätten. Auf unseren angeborenen *Instinkt* können wir uns leider *nicht mehr verlassen;* der ist uns bereits in der Kindheit durch Süßigkeiten verfälscht worden. Kein Wunder, daß ein Großteil der Bevölkerung in den letzten Jahren immer mehr Zucker, immer mehr Fleisch, immer mehr raffinierte Getreideprodukte (wie Weißmehl, Teigwaren, Gebäck) verzehrt, und dies trotz der Ermahnungen der Ernährungswissenschaft. Die schädlichen Auswirkungen sind zur Genüge bekannt: Zahnkaries, höherer Blutzuckerspiegel, gesteigertes Risiko von Herzkrankheiten.

Den kleinen Zeitgewinn durch den Genuß von vorpräparierten Nahrungsmitteln bezahlen wir mit der Verteuerung der Nahrungsmittel, dem großen Energieaufwand, dem Verlust an lebenswichtigen Vitaminen und letzten Endes mit der Verschlechterung unseres Gesundheitszustandes viel zu hoch. Bis zu 90 Prozent der ungefähr 150 verschiedenen Eßwaren, die im Laufe einer Woche in einem durchschnittlichen städtischen Haushalt auf den Küchentisch kommen, sind nicht mehr in ihrem natürlichen Zustand: entsahnte und pasteurisierte Milch, Pommes-frites, Tiefkühlprodukte, Konserven – um nur die wichtigsten präparierten Eßwaren einer langen Liste aufzuzählen. In viele verarbeitete Nahrungsmittel werden künstliche Lebensmittelzusätze gegeben, die zwar einzeln auf Unschädlichkeit geprüft sind, deren Langzeiteinfluß auf unseren Organismus jedoch kaum bekannt ist. Ebenso sind synergetische Wirkungen mehrerer Stoffe – das Zusammenwirken verschiedener Belastungen – kaum erforscht. Die alarmierende Zunahme sogenannter Zivilisationskrankheiten (Herzversagen, Krebs, Diabetes) ist zum großen Teil der falschen Ernährung zuzuschreiben. Schon mit relativ einfachen Umstellungen im Speisezettel kann sich jedoch jeder einzelne gesünder und unverfälschter ernähren:

a) Durch Verminderung des Zuckerkonsums wird auch die Gefahr von Zuckerkrankheit, Zahnkaries und Herzkrankheiten herabgesetzt.
b) Eine Ernährung durch Vollkornbrot und verschiedenartige Getreide ist nicht nur für unsere Zähne, sondern auch für unser ganzes Verdauungssystem von außerordentlicher Bedeutung.
c) Durch das Meiden von Nahrungsmitteln mit hohem Verarbeitungsgrad helfen wir Energie sparen und profitieren von den natürlichen Vitaminen und Mineralien. Zudem lassen sich die verschiedenartigen Geschmacksnuancen unverfälschter Nahrungsmittel besser genießen.

d) Mit einem vernünftigeren geringeren Kalorienkonsum als die gewohnten durchschnittlich 3500 Kalorien pro Tag steigt erwiesenermaßen auch die Lebenserwartung. Es gibt Völker und Stämme, die für ein langes, aktives Leben bekannt sind und die bloß ungefähr 2000 Kalorien täglich benötigen.

Bauernhof oder Tierfabrik?

Der steigende Fleischkonsum in den Industrieländern hat nicht nur negative Folgen für die Gesundheit, sondern auch für die Art der Tierhaltung und beeinflußt letzten Endes die Welternährungssituation. So wurden in der Schweiz 1975 weit über 70 Kilogramm Fleisch pro Kopf der Bevölkerung (1930: 40,8 Kilogramm) konsumiert. Vor allem in den sechziger Jahren hat diese sprunghaft gestiegene Fleischnachfrage einerseits, der gleichzeitige wirtschaftliche Druck auf die Landwirtschaft andererseits in allen Industriestaaten zu einer immer stärkeren Rationalisierung und Industrialisierung der Tierhaltung geführt. Mastkälber, Schweine, Hühner, Kaninchen verschwanden mehr und mehr von den Bauernhöfen in die Batterien industrieller und sogenannt bodenunabhängiger Tierfabriken.

Verschiedene aufrüttelnde Berichte über Tierquälerei haben in der letzten Zeit manche Gemüter erregt. Und bei einer Protestaktion der Geflügelhalter auf dem Berner Bundesplatz boten Hunderte von verkrüppelten Batteriehühner, die auf dem Asphalt verendeten, einen tristen Anschauungsunterricht über die Folgen einer wohlfeilen »Fleischfabrikation«. Die Probleme, welche durch diese Massentierhaltung entstehen, gehen jedoch weit über die sicher auch berechtigten, mehr gefühlsmäßigen Anliegen des Tierschutzes hinaus. Da wäre einmal die Belastung der Umwelt durch Kot und Jauche, welche für diese Betriebe in zu großer, nicht als Hofdünger verwendbaren Mengen anfallen, und die mit erheblichen Kosten und Energieaufwand beseitigt werden müssen. Unter dem Streß der Produktionssteigerung und der intensiven Haltungsform werden die Nutztiere zudem äußerst anfällig für Krankheiten. Dem Futter müssen deshalb enorme Mengen Vitamine, Hormone und Antibiotika beigemischt werden.

Im Hinblick auf die Welternährung ist eine Ausweitung der tierischen Produktion auf Kosten der pflanzlichen Produktion problematisch. Energetische Berechnungen ergeben, daß es drei Getreidekalorien braucht, um eine Kalorie Schweinefleisch zu produzieren, zwölf Getreidekalorien für eine Kalorie Hühnerfleisch. Und dabei könnten Kühe, Rinder und Schafe auf Wiesen und Weiden gehalten werden und würden durch ihren Futterverbrauch die menschliche Ernährungsbasis nicht schmälern. Volkswirtschaftlich gesehen, konkurrenziert die industrielle Tierhaltung die kleineren und mittleren Bauernbetriebe. Billiges Schweine- und Hühnerfleisch führt zu Absatzschwierigkeiten für Rindfleisch und Kalbfleisch, die vor allem aus den Weidegebieten und der Berglandwirtschaft stammen. Dies bedeutet aber Untergang weiterer Bauernbetriebe in den Randgebieten, was wiederum zur Versteppung der unbenützten Weiden führt.

An den Auswirkungen der industriellen Tierhaltung lassen sich die *Konsequenzen eines irregeleiteten Landwirtschaftssystems* ablesen: Was für den einzelnen Betrieb durchaus noch rentabel sein kann, bedeutet für den Staat zusätzliche Ausgaben für Sozialleistungen, Gewässerschutz, Lebensmittelüberwachung und Pflanzenschutzmittelkontrolle. Und dabei sind die auf so vielen Umwegen hergestellten, denaturalisierten Lebensmittel erst noch qualitativ minderwertig. Doch das Bruttosozialprodukt steigt trotzdem, da durch diese Fehlleistungen zusätzliche Geldleistungen erbracht werden müssen, um die Schäden einer falschen Landwirtschaftspolitik notdürftig zu verschleiern.

Vergiften wir unsere Lebensgrundlagen?

Nicht nur die industrielle Tierhaltung belastet zunehmend unsere Umwelt. Das heute praktizierte System der landwirtschaftlichen Produktion, das auf der Ertragsseite imponierende Leistungssteigerungen aufweist, ist gekennzeichnet durch einen immer stärkeren Einsatz von Bioziden (Schädlings- und Unkrautbekämpfungsmittel), hinzu kommen Kunstdünger, Maschinen und andere Hilfsmittel, welche die ökologischen Kreisläufe belasten. Ein Indiz: Die Ausgaben für chemische Hilfsstoffe in der Landwirtschaft haben sich in der Schweiz von 1960 bis 1970 über das Doppelte auf 63 Millionen Franken erhöht. Der Kunstdüngerverbrauch ist heute auf 800 000 Zentner angestiegen, in fünfzig Jahren hat sich der Verbrauch an Phosphatdünger verzehnfacht. 1972 verbrauchte die schweizerische Landwirtschaft:

240 Tonnen Insektizide
1 000 Tonnen Fungizide (pilztötende Mittel)
600 Tonnen Giftköder
100 Tonnen Saatbeizmittel (z. T. quecksilberhaltig)
1 160 Tonnen Unkrautbekämpfungsmittel.

Ähnlich ist die Entwicklung in der Bundesrepublik Deutschland:

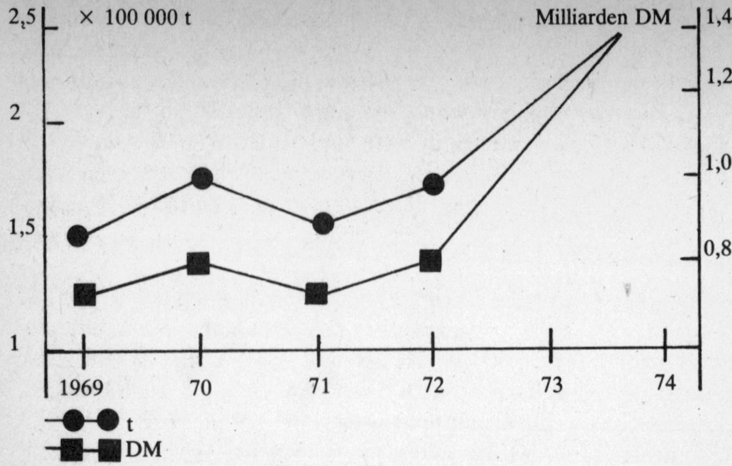

Figur 19: Produktion der Pflanzenschutzmittel in der BRD (1969–1974)[1]

[1] *nach: Stat. Jb. Ern., Ldw. u. Forsten*

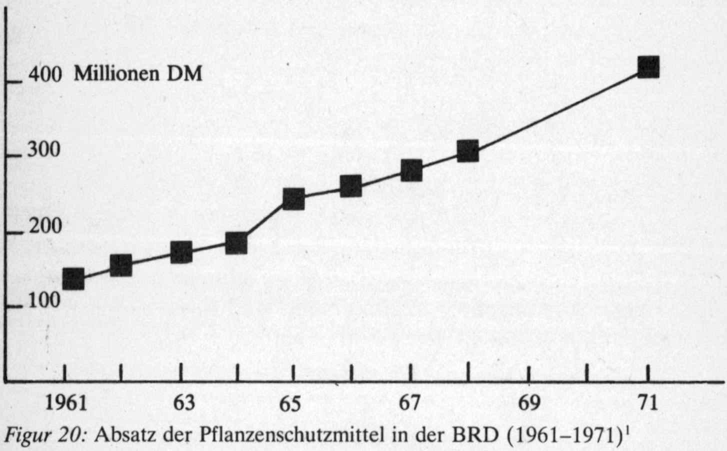

Figur 20: Absatz der Pflanzenschutzmittel in der BRD (1961–1971)[1]

[1] *nach Hanf, Metzger u. Stat. Jb. Ern., Landw. u. Forsten*

Diese erschreckenden Zahlen halten beispielhaft eine weltweite Erscheinung fest. Handle es sich nun um die Plantagen Israels oder die Baumwollgebiete afrikanischer Länder: in Leguminosen-Anbaugebieten sind wöchentliche Biozidspritzungen über Monate hindurch üblich, mit regelmäßigen Anwendungen bis zu zehn Kilogramm DDT/ha. Die Auswirkungen dieser Biozide sind wissenschaftlich außerordentlich umstritten; die Gefährlichkeit läßt sich aber nicht

leugnen. Vor allem die hohe Allgemeingiftigkeit einzelner Substanzen, ihre zum Teil beträchtliche Beständigkeit und die mögliche Anreicherung in der Nahrungskette sind an verschiedenen Mitteln ersichtlich geworden, denken wir etwa an DDT in der Muttermilch. Hingegen zeigen sich immer deutlicher Resistenzbildungen bei den Schädlingen, welche zur Anwendung noch stärkerer Mittel anstiften, da die Schmarotzer auf »bewährte Gifte« nicht mehr reagieren.
Wir sind auf dem besten – oder schlimmsten? – Wege, durch eine Kombination im Einsatz chemischer Hilfsmittel, immer stärkerer Kunstdünger und schwererer Traktoren die Böden derart zu schädigen, daß eine nachhaltige, auf die Dauer produktive Bewirtschaftung in Frage gestellt wird. In den Vereinigten Staaten von Nordamerika, wo die Anbaumethoden einer industrialisierten Landwirtschaft rücksichtslos durchgesetzt werden, haben nach Angaben des offiziellen Bodenkonservierungsdienstes die Böden seit 1920 45 Prozent ihrer natürlichen Fruchtbarkeit verloren.
Der Boden ist eben weit mehr als nur der Standort chemischer Abläufe. Er ist für eine außerordentliche Vielfalt an Bodenlebewesen, welche für die Fruchtbarkeit und die Lockerung des Bodens unerläßlich sind, ein unendlich komplexer Lebensraum.
Wird diese Tätigkeit gestört und geschädigt, etwa durch ätzende Dünger und starke Gifte, so ist letztlich die Produktion gesunder und harmonischer Lebensmittel auf die Dauer nicht mehr möglich. Von den 3,2 Milliarden Hektar grundsätzlich nutzbaren Landes der Erde sind zur Zeit die besten 45 Prozent kultiviert, 55 Prozent sind entweder noch nicht erschlossen oder durch Übernutzung oder falsche Benutzung bereits abgewirtschaftet. Und die Wüste wächst. So fraßen sich im Sudan in den vergangenen zwei Jahrzehnten die Sanddünen 90 Kilometer tief ins Nutzland vor. In Nordafrika degenerieren jährlich etwa 100 000 Hektar Ackerland und Weiden zu Wüsten.
Hinzu kommt, daß die Landwirtschaft auch von *außen,* von der wirtschaftlich-industriellen Expansion schwerwiegenden *Belastungen* ausgesetzt ist. Dazu gehören die *Bleianreicherungen* in Kulturpflanzen durch den Motorfahrzeugverkehr, die so weit gehen können, daß bei Tieren, die mit abgasverseuchtem Gras gefüttert werden, Unfruchtbarkeit auftritt. Ebenso führen *Fluor und Quecksilberanreicherungen* in Kulturen sowie der Ausstoß chemischer Fabriken und Verbrennungsanlagen zu schleichenden, schwer durchschaubaren Vergiftungserscheinungen. Zu diesen negativen Auswirkungen sind auch die *Schwermetallrückstände im Kehrichtkompost und Klär-*

schlamm zu zählen, die den Pegelstand der Umweltbelastung gefährlich ansteigen lassen.

Landwirtschaft und Energie – oder: wieviel Öl und Elektrizität stekken in der Nahrung?

Der gesteigerte Einsatz an Hilfsstoffen und Maschinen in der Landwirtschaft und im Nahrungsmittelsektor hat nicht nur direkte Folgen auf die Umwelt, sondern führt auch zu einem *gesteigerten Bedarf an Fremdenergie.* Und wiederum sind wir in einem Teufelkreis gefangen, denn dieser wachsende Energiebedarf belastet unsere Umwelt.

Wie ist die Landwirtschaft in diese Lage geraten? Die niedrigen Energiepreise ermöglichten eine fortwährende Ersetzung menschlicher Arbeitskräfte durch Maschinen. Eine Treibstoffkalorie ist zehnmal billiger als eine Nahrungskalorie und tausendmal billiger als eine menschliche Arbeitskalorie. Die ökonomische Bilanz kann unter diesen Verhältnissen noch immer Gewinne verzeichnen, wenn die ökologische Bilanz längst schon defizitär ist. Vor allem die immer intensivere Anwendung von Stickstoff-Kunstdüngern und von Bioziden, deren Herstellung außerordentlich energieintensiv ist, trug wesentlich zu dem steigenden Trend des Energieeinsatzes bei (Figur 21). Das »Gesetz vom abnehmenden Grenzertrag« bewirkt zudem, daß von einem bestimmten Punkt an ein Mehreinsatz an Energie nur noch eine bescheidene Ertragssteigerung ermöglicht. Bei der Maisproduktion beispielsweise mußte im Zeitraum von 1945 bis 1970 eine 2,4fache Ertragssteigerung mit dem 3,1fachen Energieaufwand erkauft werden.

Doch auch Verarbeitung und Verteilung der Agrarprodukte »fressen« immer mehr Energie. Und heute haben wir jenen Punkt erreicht, wo diese Zusatzleistungen mehr Energie benötigen als die eigentliche Produktion der Nahrungsmittel (Tabelle 17).

Tabelle 17: Verteilung der Gesamtenergieaufwendungen im Nahrungsmittelsystem auf die einzelnen Bereiche der Nahrungsmittelproduktion

Landwirtschaftliche Produktion	35%
Industrielle Verarbeitung	15%
Transport zu Fabriken und Verteilungszentren	3%
Verteilung und Lagerung im Groß- und Detailhandel	16%
Haushalte (einkaufen per Auto, Tiefkühler, Kühlschränke, Kochherde)	32%
(Nicht berücksichtigt ist die Beseitigung der Abfälle)	

NAWU

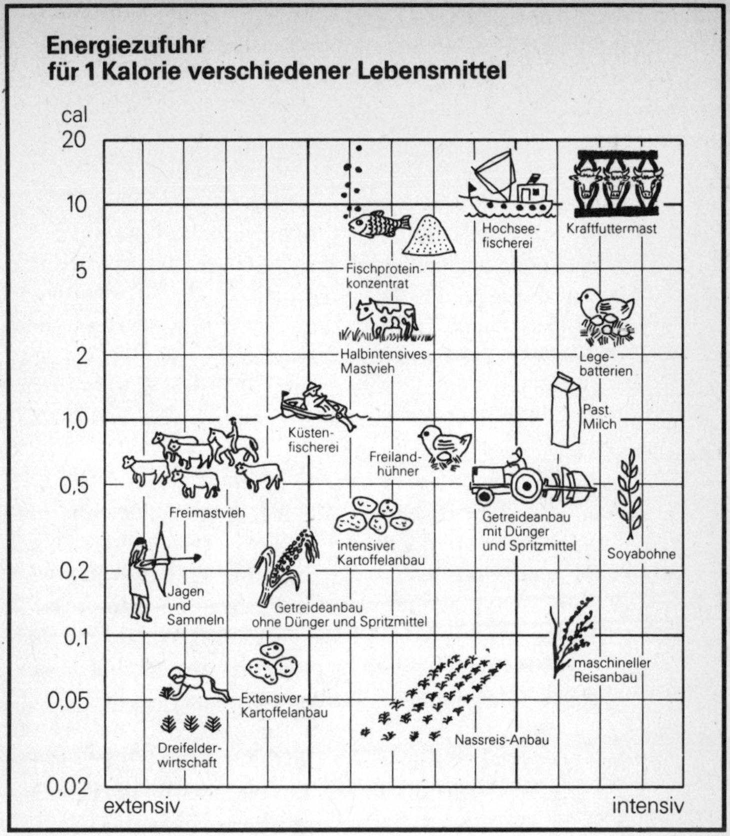

BBC/Baden/Schweiz

Figur 21: Wieviel Kalorien Energie (z. B. in Form von Muskelkraft, Dünger, Treibstoff, Futtermittel usw.) müssen eingesetzt bzw. zugeführt werden, um eine Kalorie Lebensmittel zu erhalten?

Vergleichen wir den Energieverbrauch verschiedener landwirtschaftlicher Systeme, dann stellen wir fest, daß in »primitiven Kulturen« mit jeder investierten Arbeitsenergieeinheit das Fünf- bis Fünfzigfache an Nahrungskalorien produziert wird. Im industrialisierten Ernährungssystem braucht es dagegen fünf bis zehn Arbeitsenergiekalorien, um eine Nahrungskalorie zu produzieren. Bekanntlich hat die Rationalisierung in der Landwirtschaft Arbeitskräfte für nichtlandwirtschaftliche Berufe freigesetzt, indem Arbeitskräfte durch Fremdenergie wegrationalisiert worden sind. Sie wanderten in die

Industrie und den Dienstleistungssektor ab und werden durch ein stets komplizierteres System aufgesogen, das angeblich wachsen muß, um existieren zu können. Die Landwirtschaft beschäftigt zwar immer weniger Bauern, dagegen bläht sich das übrige Ernährungssystem zusehends auf. Bedenkt man, daß im Durchschnittshaushalt allein für Verpackung und Reklame rund 10 Prozent des Haushaltsbudgets ausgegeben werden müssen, so erscheint die Einsparung an Arbeitskräften in der unmittelbaren Agrarproduktion in einem anderen Licht. Je mehr nämlich durch Landflucht die Bauernbevölkerung abnimmt, desto stärker wächst die Zahl der Beschäftigten, welche landwirtschaftliche Produkte im weitesten Sinne bearbeiten. Dieser endlose Kreislauf führt beispielsweise über Konservenfabriken, Tiefkühlanlagen, Lastkraftwagen zum Transport der Güter und Privatkraftwagen zur Fahrt ins Einkaufszentrum bis hin zur Abfallbeseitigung.

Indem wir Früchte und Gemüse im Rhythmus der Jahreszeiten einkaufen, lange Einkaufswege vermeiden, keine aufwendig verpackten Nahrungsmittel und Einwegflaschen erwerben, können wir selber zum Energiesparen beitragen. Auch für den Landwirt zeigen sich verschiedene Möglichkeiten den Energieverbrauch zu drosseln, wie etwa die optimale Verwendung von Hofdünger und Gründünger, bäuerliche Tierhaltung, Methangewinnung aus der Jauche und Sonnenenergie für Heizung und Treibhäuser. Eine Umstellung auf biologischen Landbau vermindert den Energiebedarf bis auf ein Drittel konventioneller Betriebe.

Die 126 Kilogramm Stickstoffdünger, die die amerikanischen Farmer pro Hektar verwenden (mit einem Energieaufwand von 245 Liter Dieselöl), könnten jährlich erzeugt werden von drei Kühen, von 24 Schweinen oder 210 Hühnern. Denn: »Jedes Schwein ist eine kleine Düngerfabrik« (Mao Tse-tung).

Hunger als Schicksal?

Es ist eine gefährliche Illusion zu glauben, das Hungerproblem sei gebannt. Von den Kleinkindern der Dritten Welt sind weit mehr als die Hälfte ungenügend ernährt. Nach den Voraussagen der Vereinten Nationen wächst der Nahrungsmittelbedarf jährlich um 2,4 Prozent an. Selbst wenn die optimistischsten Voraussagen über die Produktion in Erfüllung gehen würden, müßten breite Bevölkerungsschichten in den Entwicklungsländern in den nächsten Jahrzehnten weiterhin Hunger leiden, denn das *Nahrungsmitteldefizit* der Entwicklungsländer wächst um jährlich ein Prozent. Ohne eine

Veränderung der ökonomischen und gesellschaftlichen Strukturen wird unser Welternährungssystem den Hunger nicht bezwingen können.

Der Hunger ist ein Problem der Armut der Entwicklungsländer und der fehlenden Solidarität der Industrieländer und vorläufig nicht, wie häufig behauptet wird, eine Folge der Übervölkerung der Erde. Denn mit der Weltjahresproduktion an Getreide von 1200 Millionen Tonnen könnten – zusammen mit den übrigen Nahrungsmitteln – *vier Milliarden Menschen* ausreichend *ernährt* werden. Gegenwärtig wandern aber riesige Mengen Getreide statt in die Teller der Armen in die Tröge als Tierfutter, um damit Fleisch für die kaufkräftige Nachfrage der Vermögenden der Industrieländer zu produzieren. Hinzu kommt, daß die Unterernährung eine Folge der krassen Gegensätze zwischen arm und reich in der Dritten Welt ist.

Was können wir tun?

Nur wenn wir in den reichen Industrieländern unseren eigenen Entwicklungsbegriff neu überdenken, unseren materiell aufwendigen Lebensstil ändern, werden wir die bedrohliche Welternährungskrise abwenden können. Hierzu gehört in erster Linie die *Verminderung unseres Überkonsums von Fleisch.* Daneben gibt es gerade bei der Ernährung und in der Landwirtschaft viele kleine Schritte, die der einzelne tun kann, um sich umweltgerechter zu verhalten: etwa die Pflege eines eigenen Gartens, der Direktkauf auf dem Bauernhof oder die Mitarbeit bei einem Bauern, beispielsweise im Rahmen eines Sozialdienstes.

Aber nicht nur der gute Wille einzelner Menschen ist von Bedeutung, um eine Wende in der Agrarpolitik herbeizuführen. Auch die strukturelle *Organisation* unserer Gesellschaft gilt es zu verändern. In der »UNO-Erklärung von Cocoyoc« wurde 1974 festgehalten, eine grundlegende Strategie müsse eine größere *nationale Eigenständigkeit* fördern:

»Dies bedeutet nicht Autarkie. Es bedeutet gegenseitigen Gewinn durch Handel und Zusammenarbeit und eine gerechtere Verteilung der Mittel zur Befriedigung der Grundbedürfnisse. Es bedeutet Selbstvertrauen, Vertrauen in erster Linie in die eigenen Mittel, die menschlichen und natürlichen, und in die Fähigkeit eigenständiger (autonomer) Zielsetzung und Entscheidung. Eigenständigkeit schließt Abhängigkeit von äußeren Einflüssen und Macht, die als politische Druckmittel verwendet werden können, aus. Das Ideal, das wir anstreben müssen, ist eine harmonisierte kooperative Welt, in der jeder Teil ein Zentrum ist, das nicht auf Kosten anderer, in Partnerschaft mit der Natur und in Solidarität mit künftigen Generationen lebt.«

Solange aber Monokulturen und industrielle Anbaumethoden auf Kosten des ökologischen Gleichgewichts rentieren, wird die Landwirtschaft zu einer Übernutzung des Bodens und zu Produktivitätssteigerungen verurteilt. Traditionelle Familienbetriebe, Kleinbauern und die Landwirtschaft in den Randgebieten, die diesem Konkurrenzkampf nicht gewachsen sind, werden bedrängt und verdrängt.

Ziel einer *zeitgemäßen Agrarpolitik* in den Industrieländern ist es daher, Anbaumethoden zu fördern, welche die natürliche Umwelt schonen und die Bodenfruchtbarkeit bewahren. Gleichzeitig gilt es, jene Produktionsbereitschaft aufrechtzuerhalten, welche die Bevölkerung bei gestörter Nahrungsmittelzufuhr vor Hunger schützt. Einkommen und Lebensverhältnisse der ländlichen Bevölkerung sollten jedoch bei der Erfüllung dieser Aufgabe einem Vergleich mit anderen Berufsschichten in der Industrie und im Dienstleistungssektor standhalten, wie dies heute schon mit dem Prinzip des *paritätischen Arbeitslohnes* versucht wird.

Direkte Einkommenszahlungen an die Bauern

Bis jetzt wurde jedoch in den Industrieländern vor allem die Parität über Preisstützungsaktionen und Subventionen für Agrarprodukte angestrebt, was zur Folge hat, daß die Großproduzenten bevorzugt werden. Die Steigerung der Produktion durch künstliche Dünger und Schädlingsbekämpfungsmittel wird durch größeres Einkommen belohnt.

Als Lösung drängt sich eine *direkte Einkommenszahlung* an die Bauern auf. Dadurch werden drei Ziele anvisiert:

- soziale Sicherheit der Bauernfamilie,
- Einordnung der Landwirtschaft in den Naturhaushalt,
- Entgelt für die dem Gemeinwohl dienende Landschaftspflege durch einen ökologischen Landbau.

Kriterien für die Auszahlung dieser *produktionsunabhängigen direkten Beiträge* an die Bauern wären im Sinne der angestrebten Ziele:

1. *Flächenbeiträge* für die nach den Grundsätzen des ökologischen Landbaus bewirtschafteten Landwirtschaftsgebiete;
2. *Sozialbeiträge* zur Sicherstellung einer Existenzgrundlage der Bauernfamilie.

Um die Produktion im Sinne unserer Zielsetzung (Erhaltung der Bodenfruchtbarkeit, gesunde Ernährung durch die Produkte der eigenen Landwirtschaft) zu beeinflussen, sollten die Flächenbeiträge durch ein entsprechendes *Prämiensystem* ergänzt werden. Unter der Voraussetzung, daß die Einkommensparität der Bauernfamilien durch dieses agrarpolitische Maßnahmenbündel gewährleistet ist, lassen sich zusätzliche produktionslenkende Eingriffe einfacher durchsetzen und die Preise der Agrarprodukte könnten weitgehend durch Angebot und Nachfrage bestimmt werden.[2]

Im Rahmen dieser Agrarkonzeption ist der bäuerliche Familienbetrieb durch *Selbsthilfe, Selbstversorgung* und vermehrte *Zusammenarbeit* zu stärken. Dadurch wird der Geldbedarf der Bauern und des Staates verkleinert, die Geldwirtschaft eingedämmt. Dieses Ziel läßt sich durch Betriebsgemeinschaften, Betriebshelferdienste, landwirtschaftliche Genossenschaften und durch die Bildung von bäuerlichen »Kleinen Netzen«, in denen freiwillige Helfer aufgenommen und eingesetzt werden können, fördern.

Ebenso hat es der Konsument in der Hand, die landwirtschaftliche Produktionsweise in beschränktem Maße zu beeinflussen. Es steht uns allen frei, weniger Fleisch zu essen, und wenn es schon Fleisch sein muß, dann sollte es von Betrieben mit eigenem Weideland stammen, was einem Verzicht auf Futtermittelimport gleichkommt. Statt Eiern von Batteriehühnern wären Eier von bäuerlichen Freilandhühnern zu kaufen. Konsumpolitisch müssen wir uns für eine *tiergerechte Nutzung der Haustiere* (beispielsweise im Tierschutzgesetz) einsetzen und für *klare Deklarationen* der Produkte (zum Beispiel: »Freilandeier«, »Käfigeier«).

Dabei ist nicht zu übersehen, daß die Förderung umweltgerechter Agrarstrukturen dem politischen Bewußtsein einer überwiegend städtisch geprägten Bevölkerung entsprechen muß, da die Durchsetzung einer Langfrist-Agrarpolitik bedeutende staatliche Mittel benötigt. Dabei stellt sich aber die Frage: Konsumentenschutz um jeden Preis oder gesunde Nahrungsmittel aus eigenem Boden, dem die Kraft zur Regeneration belassen wird?

Biologischer Landbau

Will man die Übernutzung, Vergiftung und Versteppung grundsätzlich bekämpfen und die Landflucht eindämmen, dann muß sich die Landwirtschaft an einer ökologischen Produktionsweise orientieren. Dadurch wird die Regenerationsfähigkeit des ökologischen Systems bewahrt und trotzdem eine ausreichende Ernährungsbasis gesichert. Mit anderen Worten: es geht um eine *ganzheitliche Pflege und gesamthafte Intensivierung der verschiedenartigen Naturkreisläufe* mit

dem Ziele einer ausreichenden und qualitativ hochstehenden Ernährungsproduktion.
Betriebe, die nach den Grundsätzen des biologischen Landbaus arbeiten, können weitgehend als ökologisch bezeichnet werden. Den verschiedenen Gruppierungen des *biologischen Landbaus* liegt die folgende Gemeinsamkeit zugrunde: Die schonende und aktivierende Pflege des Bodens durch eine vorwiegend organische Düngung unter Verzicht auf Kunstdünger und synthetisierte chemische Schädlings- und Unkrautbekämpfungsmittel. Die Nährstoffe und Spurenelemente werden dabei durch Bodenmikrolebewesen der Pflanze zugeführt.
Diese Bestrebungen könnten auch vom Konsumenten nachhaltig unterstützt werden. Auf dem Markt und im Laden wird ein weniger hoher Anspruch an die äußere Makellosigkeit der Produkte gestellt, dafür mehr Wert auf ungespritztes, natürlich gewachsenes Obst und Gemüse gelegt. Viele Kleinpflanzer haben begonnen, in einem eigenen oder gepachteten Garten praktische Erfahrungen zu sammeln, wie man ohne Gift und Kunstdünger gärtnern kann. Die Abfälle im Haushalt werden sortiert, organische Abfälle kompostiert.
Ein ökologischer Landbau auf breiter Basis ist aber grundsätzlich nur denkbar, wenn die Bauern von ihrem starken Produktionsdruck entlastet werden. Es besteht demnach ein direkter Zusammenhang zwischen umweltgerechten Anbaumethoden und Ausgleichszahlungen des Gemeinwesens, wie wir sie mit dem System der flächenbezogenen oder sozialen Beiträge an die Landwirtschaft angedeutet haben.
Der biologische Landbau fördert stabile Öko-Systeme, zum Beispiel eine gemischte Produktion, die Pflanzen und Tieren jenes harmonische Zusammenspiel erlaubt, das die Bodenfruchtbarkeit innerhalb des Betriebs langfristig sichert. Gemäß dem heutigen Stand der Technologie kann dem Boden nur durch eine *naturgerechte Rückführung organischer Stoffe* auf wirtschaftliche Weise eine *vollwertige Düngung* gegeben werden. Die erstrebten Vorteile einer vielseitigen Betriebsstruktur sind:
- besseres ökologisches Gleichgewicht und geringere Schädlingsanfälligkeit infolge der größeren Artenvielfalt auf relativ kleinem Raum;
- größere Einkommensstabilität infolge der produktmäßigen Diversifizierung und besseren Risikoverteilung;
- reichhaltigere, attraktivere Landschaft mit höherem Erholungswert;

– bessere Chancen, junge Menschen der Landwirtschaft zu erhalten. Der Einsparung an Energie, Kunstdünger und Investitionen, die den biologischen Landbau gegenüber der industrialisierten, mechanisierten Landwirtschaft auszeichnen, steht eine Mehrbelastung durch manuelle Arbeit gegenüber. Doch gerade diese Tatsache erweist sich in einer Gesellschaft, die ihre Arbeitslosenprobleme nicht mehr zu lösen versteht, als Vorteil. Der biologische Landbau hilft mit, die weitere Abwanderung der Landbevölkerung aus den Agrargebieten in die städtischen Agglomerationen zu verhindern, wie die Anzeichen einer Tendenz zur Rückkehr aufs Land schließen lassen.

Anmerkungen

[1] Reusser, Hans Ulrich, in: »Der Schweizer Bauer«, Januar 1976.
[2] Vgl. Hans Christoph Binswanger (Hrsg.) »Die europäische Agrarpolitik vor neuen Alternativen«, Bern 1977.

IV. Teil: Wege und Ziele

Zusammenfassung mit Ausblick

I. Wie kommen wir zum Ziel?

In den drei Teilen dieses Buches wurden die Bedingungen für eine Wirtschaft ohne Arbeitslosigkeit und Umweltkrise entworfen. Es stellt sich nun die Frage, ob und wie diese Veränderungen durchgeführt werden können und welche Voraussetzungen für die praktische Anwendung solcher Strategien erfüllt sein müssen. Im Folgenden wird versucht, stichwortartig einige Hinweise und Schwerpunkte für eine solche Strategie darzustellen.

1. Strategien sollen Veränderungen in Gang setzen und weiter vorantreiben

Eine ökologisch angepaßte Wirtschaft bedeutet Entlastung vom Wachstumszwang. Der lineare Trend zur Ballung, zur Konzentration von wirtschaftlichen und sozialen Ressourcen wird in die ökologischen Kreisläufe »umgebogen«. Jede konkrete Maßnahme in diese Richtung stellt einen eigenständigen Wert dar, hat aber im Hinblick auf das zu erreichende Ziel eine Impuls-Funktion für weitere Veränderungen. In diesem Sinn sind die Vorschläge und Strategien, die in diesem Buch erörtert werden, nicht als »Utopien« zu verstehen, die eine endgültige Lösung der Probleme versprechen und dadurch diese erst recht nicht erreichen. Diese Strategien sollen vielmehr eine Dynamik einleiten, die die durch den Wachstumszwang konstant beanspruchten schöpferischen Kräfte freisetzt und so den Weg zu einer Gesellschaft mit umfassender Lebensqualität vorzeichnet.

2. Sowohl individuelle wie gesellschaftliche Strukturen müssen sich ändern

Die bekannte Frage, ob sich zuerst der einzelne oder die Gesellschaft verändern müsse, kann nicht einseitig beantwortet werden. Denn der Mensch ist wesensgemäß ein soziales Wesen, und eine Gesellschaft setzt autonome Individuen voraus. Es braucht daher eine Doppelstrategie. Der freiwillige Verzicht von Konsumenten auf ökologisch schädliche Produkte ist zum Beispiel ebenso von Bedeutung wie entsprechende gesetzliche Vorschriften. Eine Firma hingegen kann nur beschränkt umweltbewußt produzieren, solange sich die Konkurrenz nicht den gleichen Spielregeln unterzieht. Die Veränderungen individuellen Verhaltens verlieren also ihre Wirksamkeit, wenn nicht gleichzeitig gesellschaftliche Veränderungen stattfinden. Andererseits nützen auch neue Gesetze und Organisationsformen in Wirtschaft und Gesellschaft nichts, wenn beim einzelnen das notwendige Bewußtsein und die erforderliche Bereitschaft dafür fehlen. Individuelle und gesellschaftliche Veränderungen stützen sich gegenseitig und schaffen so das Neue.

3. Die Ablösung des quantitativen Wachstums durch eine qualitative Entwicklung kann nur durch eine demokratische Reform erfolgen

Der Übergang zum qualitativen Wachstum kann nicht ohne Konflikte erfolgen. Diese können nur auf demokratische Weise friedlich gelöst werden. Jeder Versuch, die notwendigen Reformen von oben her, autoritär zu verwirklichen, wie dies in einigen Werken der Ökologie-Literatur angedeutet wird, würde diese Konflikte nur verschärfen. Hinzu kommt, daß autoritäre Regime auf Machtzuwachs angewiesen sind, den sie nur durch Expansion und Wachstum erreichen können. Ein autoritäres Regime, das sich auf qualitatives Wachstum beschränken will, gerät mit sich selber in Konflikt. Expansion ist das bevorzugte Mittel autoritärer Regime, die Massen an der Stange zu halten, ohne daß man auf Macht verzichten muß. Das Leitbild des qualitativen Wachstums hingegen läßt sich auf Dauer nur durchsetzen, wenn sich die Betroffenen damit identifizieren können. Denn diese Lebensform bedeutet Umstellung und manchmal Beschränkung. Dies ist ohne demokratischen Konsens nicht zu erreichen.

4. Der Übergang zum qualitativen Wachstum ist nicht möglich ohne soziale Freiräume und Experimente.

Der Übergang zum qualitativen Wachstum beruht auf einem kreativen Prozeß. Es bedarf der Initiativen von einzelnen und Gemeinschaften, die in freier Verantwortung alternative Strukturen erproben und verwirklichen. Dies setzt andererseits voraus, daß die Entscheidungsträger in Wirtschaft, Staat und Gesellschaft solchen Experimenten den dazu notwendigen Entfaltungsraum zugestehen und diese Initiativen fördern. In dem Maße wie dies zugestanden wird, beschränken sich die ökonomischen und politischen Großinstitutionen in ihrer Machtausübung zugunsten einer dezentralen Aufgliederung sozialer und wirtschaftlicher Tätigkeit. Dies bedeutet aber, daß die Einführung alternativer Strukturen eine politische Dimension enthält. Wenn nötig, muß der Freiraum für das Experiment demokratisch erkämpft werden. Auf diese Weise wird der Freiraum zu einer Oase, zu einer praktisch verwirklichten Möglichkeit, die die Erschließung weiterer Freiräume initiieren kann. Das Beispiel, das die eine Gruppe gibt, kann für eine andere Gruppe Motivation sein, denselben Weg einzuschlagen.

Die hier skizzierten Strategien sind nicht so zu verstehen, daß sie neben der herkömmlichen Wirtschafts-, Sozial- und Umweltpolitik als idealistische Postulate auf dem Papier vergilben. Es geht vielmehr darum, mit den zur Verfügung stehenden demokratischen Mitteln und Instrumenten in das laufende Räderwerk der Politik einzugreifen. Dabei zeigt die Erfahrung, daß dort die geeignetsten Ansätze für eine Änderung bestehen, wo sie sich aus mehreren Gründen gleichzeitig aufdrängt. So ist etwa eine Bremsung der Energieexpansion nicht nur deswegen wünschbar, weil auf diese Weise Rohstoffreserven geschont und die Abfallproduktion verlangsamt wird. Weniger Energie bedeutet auch, daß menschliche Arbeitskraft nicht mehr durch Energie ersetzt werden kann, ein Umstand, dem bei Arbeitslosigkeit strategische Bedeutung zukommt. Die in den Freiräumen erarbeiteten Vorstellungen und Lebensweisen können zum »Rettungsboot« (E. F. Schumacher) für jene Gesellschaften werden, die durch eine exponentielle Expansion in wirtschaftliche und soziale Engpässe geraten sind und mit eigenen, systemimmanenten Mitteln nicht mehr aus dem Dilemma zwischen Arbeitslosigkeit und Zerstörung der Lebensqualität herauskommen.

In der Schweiz hat es sich gezeigt, daß durch das Mittel der direkten Demokratie (Initiative und Referendum) eine große Anzahl von Umweltpostulaten auch gegen den Willen und die Untätigkeit von Parlamenten durchgesetzt werden kann. In dieser Hinsicht können die schweizerischen Erfahrungen für andere Länder einen Denkanstoß geben. Demokratie, auch auf wirtschaftlicher und gesellschaftlicher Ebene, ermöglicht es, andere als rein erwerbswirtschaftliche Interessen zur Geltung zu bringen. Die Entscheidungsprozesse sollten so gestaltet werden, daß nicht nur diejenigen entscheiden, die einen Vorteil aus dem Wachstumsprozeß ziehen, sondern auch jene, die die Leidtragenden sind. Im Idealfall sollte die Entscheidungsstruktur so gestaltet sein, daß sowohl die Begünstigten wie die Benachteiligten mitentscheiden können. Eine neue Ortsstraße in einer Gemeinde kann wohl eine bessere Durchfahrt gewährleisten, ist aber für die Anwohner mit neuem Lärm verbunden. Wird dieser Lösungsansatz auf den Gesamtbereich von Politik, Wirtschaft und Gesellschaft angewendet, so bedeutet dies eine Verstärkung demokratischer Entscheidungsmechanismen, die dem einzelnen wenigstens mittelbar eine Chance des Mitbestimmens geben.

II. Kennzeichen einer Gesellschaft mit qualitativem Wachstum

Indem Menschen leben, schaffen sie fortwährend Neues. Diese Kreativität ist mit der menschlichen Natur gegeben. In einer Gesellschaft mit dem Leitbild eines steten quantitativen Wachstums wird diese Kreativität, soweit sie zur Deckung materieller Bedürfnisse dient, in die erwerbswirtschaftliche Produktionsweise umgesetzt. Dies drückt sich in den steigenden Wachstumsraten des Bruttosozialproduktes aus. Lohnarbeit und Gelderwerb werden zu einem entscheidenden Mittel für die Entfaltung individueller Kreativität. Wie die Entwicklung der letzten Jahre aber gezeigt hat, stößt diese Art von Produktion an ökologische Grenzen. Zudem ist sie nicht imstande, gewisse soziale und kulturelle Bedürfnisse des Menschen zu befriedigen. Mit dem Modell einer qualitativen Wachstumswirtschaft wird versucht, individuelle und soziale Kreativität vermehrt für diese immateriellen Werte einzusetzen. Die in Geldwerten ausgedrückte Wachstumskurve flacht wohl ab, hingegen steigen die Möglichkeiten der individuellen und sozialen Entfaltung. Der Wirtschaftsprozeß wird, wenn auch in beschränktem Maße, entmonetarisiert, zugleich aber verringern sich die sozialen Kosten des Wirtschaftsprozesses, also die Kosten des Wachstums, die von den Verursachern nicht getragen werden. Der einzelne lebt in eigener Verantwortung und sorgt für sich selber, soweit dies im Rahmen seiner Möglichkeiten durchführbar ist.

Diese Autonomie der einzelnen steht im Gegensatz zur Spezialisierung und Professionalisierung, wie sie von der technisch-industriellen Massenproduktion gefordert wird. Die bisherige Entwicklung läßt sich wohl nicht rückgängig machen und wird für die nächste Zukunft nicht aufhören. Mit der Strategie des qualitativen Wachstums wird aber versucht werden müssen, den stets sich verstärkenden Sachzwang zur Größe und Zentralisation zu entschärfen und zu brechen. Diese Strategie beinhaltet also definitionsgemäß eine sozialpolitische Konzeption, die zum gängigen Leitbild einer »Konsum- und Überflußgesellschaft« im Widerspruch steht. Soll der einzelne nicht in anonymen Großstrukturen, Datenbanken, Kommunikationsnetzen verschwinden, muß ihm die Chance des Mensch-Seins erhalten bleiben. Er soll mitbestimmen können, was als Fortschritt zu gelten hat und wohin die Entwicklung gehen soll. Ein »Schneller Brüter« ist eben nicht nur eine wirtschaftlich-technische Angelegenheit. Er greift wesentlich in ein gesellschaftliches Leben und hat soziale Konsequenzen und Mutationen zur Folge, die öffentlich und offen durchdiskutiert werden müssen.

Die dieser Gesellschaft zugrunde liegende Wirtschaft wird sich von der gegenwärtigen dadurch unterscheiden, daß sie dauernd mit globalen Knappheiten rechnen muß. Es geht nicht mehr darum, zu versuchen, diese Knappheit in einen scheinbaren Überfluß zu verwandeln, die in den Wachstumsphasen der Wirtschaft immer wieder als Fata Morgana am Horizont erscheint. Vielmehr müssen wir unsere Bedürfnisse langfristig an die Gegebenheiten der Erde anpassen. Dabei ist eine grundsätzliche Umstellung der Denkweise, die wir als Übergang vom Erwerbs- oder Gewinnprinzip zum Haushalt- oder Sparprinzip bezeichnen können, erste Voraussetzung. Im wirtschaftlichen Prinzip sind an sich beide Möglichkeiten enthalten: entweder so zu wirtschaften, daß ein bestimmter Ertrag bei möglichst kleinem Aufwand erzielt wird, oder so zu wirtschaften, daß bei steigendem Ertrag der Aufwand nur *relativ* klein gehalten wird, absolut aber mit dem Ertrag anwächst.

In der ersten Ausdeutung des wirtschaftlichen Prinzips ist von vornherein die Vorstellung einer Grenze mitenthalten, indem es darum geht, angesichts eines knappen Materialvorrats nichts zu vergeuden, also sinnvoll zu wirtschaften. Bei der zweiten Ausdeutung des wirtschaftlichen Prinzips kommt es hingegen nur auf die Differenz von Aufwand und Ertrag an, die beide in Geldgrößen gemessen werden. Diese Differenz – der Gewinn – wird aber in der Regel um so größer, je stärker die Wirtschaft wächst; der reale Aufwand zählt dabei nicht.

In den Jahrtausenden der Geschichte haben seit Erfindung des Geldes beide Prinzipien des Wirtschaftens miteinander rivalisiert, wobei nie das eine Prinzip das andere ganz verdrängen konnte. Und wenn heute das Erwerbs- oder Gewinnprinzip eindeutig dominiert – so stark wie noch nie in der Vergangenheit –, so ist es doch keineswegs alleinherrschend. Immer wieder mußte und muß der Mensch sich in beschränkten Möglichkeiten, die ihm gegeben sind, zurechtfinden und eine Wahl treffen; nicht das *und* das, sondern das *oder* das.

Wenn es also heute erneut darum geht, das Haushalt- und Sparprinzip wieder verstärkt zur Geltung zu bringen, so ist an jene Entscheidungsmuster anzuknüpfen, bei denen dieses Prinzip immer noch wirksam ist. Das beschränkteste Gut des Menschen ist die Zeit und eine der wichtigsten ökonomischen Optimalentscheidungen, die der Mensch treffen muß, ist die Entscheidung über Nutzung der beschränkten Arbeitszeit, die ihm zur Verfügung steht. Will er sie nur nutzen, indem er sich dem Wachstumszwang und damit dem Leistungsprinzip unterstellt, bei dem es in erster Linie auf die Leistung, also das Endergebnis ankommt, oder aber seine Arbeitszeit so verwenden, daß die Arbeit ihren eigenen Rhythmus behält und damit ihrem Eigen-Sinn treu bleibt?

So paradox es klingt: die Rückbesinnung auf das Wirtschaftsprinzip der Knappheit und des Haushaltens auferlegt dem Menschen nicht nur Beschränkungen, indem er sich dem Verschwendungsverbot gegenübergestellt sieht, sondern auch und vor allem eine größere Freiheit. Der Wachstumszwang wird vermindert und gerade dadurch die Unterdrückung der schöpferischen Kraft des Menschen durch die immer stärker rationalisierte und mechanisierte Arbeitsweise gemildert. Gleichzeitig wird das Kontrollsystem, das sich angesichts der sich steigernden Gefährlichkeit der modernen Produktionsweisen aufdrängt, wieder liberalisiert. Das wirtschaftliche Wachstum mündet – wie sich schon aus der heutigen Erfahrung ergibt und wie es in allen Visionen des Wachstums-»Optimisten« ausführlich geschildert wird – in ein durch und durch gelenktes und kontrolliertes Technosystem, das nur dann funktioniert, wenn alle sich gemäß ihrer Funktion im großen Räderwerk verhalten und die Inspiration auf die Erfindung neuer Schalthebel beschränkt bleibt.

In Wirklichkeit ist ein solches Technosystem ein großes Gefängnis, dessen Struktur und Ausstattung durch die Kapseln der Weltraumfahrer vorgebildet sind: Ausbruch aus dem wirtschaftlichen Wachstum und Anerkennung der natürlichen Grenzen des Wirtschaftens bedeutet daher die Abkehr vom Weg in die Abhängigkeit und ist ein Schritt zurück in die Freiheit, d. h. zu einer humanen, den schöpferischen Fähigkeiten des Menschen gemäßen Entwicklung, in der er sich der Verantwortung für die künftigen Generationen bewußt wird und nicht versucht, ihr in das Wolkenkuckucksheim des Weltraums zu entweichen.

In diesem Sinne können für die neue Zeit die Worte des jüngst verstorbenen großen französischen Dichters Saint-John Perse aus seinem Buch über »Die Trockenheit« wegleitend sein: »Wenn die Zeit der Trockenheit sich eingerichtet haben wird auf Erden, wird eine bessere Zeit für den Menschen kommen, zu trotzen und standzuhalten. Freudige Zeit und Zeit des Übermuts für die großen Offensiven des Geistes. Die Erde hat sich ihrer Fette entledigt und vermacht uns ihre Knappheit. An uns ist es, den Stab zu ergreifen! Rückgriff auf den Menschen und freie Bahn!«

Nachtrag

Im Rahmen des NAWU-Projekts sind folgende Publikationen und Dissertationen, auf die sich Teile dieses Buches abstützen, erschienen oder in Vorbereitung:

Joan Davies / Sam Mauch: »The Basis for a Blueprint for Progress in Switzerland«, Austin 1977

Holenstein, A., Davis, J., Crespo, G., Schmid, O.: Zerstörung durch Überfluß, Z-Verlag, Basel 1977

Hotz, Beat, Verbandsmäßige Bearbeitung wirtschaftspolitischer Probleme und die daraus resultierenden Konsequenzen für die Aktivitäten des Staates (in Vorbereitung)

Ledergerber, Mauch, Ginsburg, Rausch, Wechler: »Energiestabilisierungsvarianten«, verfaßt im Auftrag der Eidg. Kommission für ein Gesamtenergiekonzept, Bern 1977

Ledergerber, Elmar, Die Stabilisierung des Energieverbrauchs in der Schweiz: eine mittelfristige energiepolitische Alternative (in Vorbereitung)

Müller-Wenk, Ruedi, Die ökologische Buchhaltung, Campus Verlag, Frankfurt, Frühjahr 1978

Sorgo, Klaus, Siedlungseinflüsse auf die individuelle Regulierung von Fortbewegungsaktivitäten, Zürich 1977

Steiger, Alois, Sozialprodukt oder Wohlfahrt? Kritik am Sozialproduktkonzept. Die Sozialen Kosten der Umweltzerstörung, Verlag Rüegger Diessenhofen 1979

Ullmann, Arieh, Unternehmungspolitik in der Umweltkrise, Herbert Lang/Bern, Frankfurt a. M., München 1976

Werder, Hans, Die Bedeutung der Volksinitiative in der Nachkriegszeit (in Vorbereitung)

Literatur*

Einleitung

Altner, G.: *Atomenergie – Herausforderung an die Kirchen. Berichte, Analysen, Perspektiven,* Neukirchen 1977.
Bataille, G.: *Die Aufhebung der Ökonomie,* München 1975.
Ehrlich, P.: *Die Bevölkerungsbombe,* München 1971.
Ehrlich, P. R. / Ehrlich, A. H.: *Bevölkerungswachstum und Umweltkrise,* Frankfurt 1972.
Forrester, J. W.: *Der teuflische Regelkreis,* Stuttgart 1971.
Gabor, D. u. a.: *Das Ende der Verschwendung. Zur materiellen Lage der Menschheit – Ein Tatsachenbericht an den Club of Rome,* Stuttgart 1976.
Gruhl, H.: *Ein Planet wird geplündert. Die Schreckensbilanz unserer Politik,* Frankfurt a. M. 1975.
Heilbroner, R. L.: *An Inquiry into the Human Prospect,* New York 1974.
Kahn, H.: *Vor uns die guten Jahre,* Wien 1977.
Leuenberger, Th. / Schilling, R.: *Die Ohnmacht des Bürgers, Plädoyer für eine nachmoderne Gesellschaft,* Frankfurt a. M. 1977.
Matthöfer, H.: *Interviews und Gespräche zur Kernenergie,* Reihe RJZ, Bd. 28, Karlsruhe 1976.
Meadows, D. u. a.: *Die Grenzen des Wachstums,* Reinbek b/Hamburg 1973.
Mesarovič, M. / Pestel, E.: *Menschheit am Wendepunkt – 2. Bericht an den Club of Rome zur Weltlage,* Stuttgart 1974.
Schumacher, E. F.: *Es geht auch anders,* München 1974 / *Rückkehr zum menschlichen Mass,* Reinbek b/Hamburg 1977.
Vester, F.: *Das kybernetische Zeitalter,* Frankfurt a. M. 1974.

I. Teil: Der Wachstumsnotstand

1. Wege in die Wohlstandsfalle

Alderfer, C. P.: *Existence, Relatedness and Growth,* New York 1972.
Arbeitsgruppe für Perspektivstudien: *Gesamtwirtschaftliche Entwicklungsperspektiven,* St. Gallen 1974.
Baumer, J.-M.: *Entwicklungstendenzen der amerikanischen Wirtschaft.* Tübingen 1974.

* Einige Titel werden mehrfach unter verschiedenen Aspekten angeführt.

Binswanger, H. C.: *Ökonomie und Ökologie – neue Dimensionen der Wirtschaftstheorie,* in: Schweizerische Zeitschrift für Volkswirtschaft und Statistik, 108. Jg., 1972, S. 251 ff.
Brunner, O.: *Das »ganze Haus« und die alteuropäische Ökonomik,* in: ders. (Hrsg.), Neue Wege der Verfassungs- und Sozialgeschichte, Göttingen 1968.
Egner, E.: *Epochen im Wandel des Familienhaushalts,* in: Oeter, F. (Hrsg.), Familie und Gesellschaft, Tübingen 1966.
Freyer, H.: *Theorie des gegenwärtigen Zeitalters,* Stuttgart 1955.
Galbraith, J. K.: *Die moderne Industriegesellschaft,* München 1974.
Habermas, J.: *Legitimationsprobleme im Spätkapitalismus,* Frankfurt 1973.
Hondrich, K. O.: *Menschliche Bedürfnisse und soziale Steuerung,* Reinbek bei Hamburg 1975.
Jungk, R. / Mundt, H. J.: *Der Weg ins Jahr 2000,* München 1968.
Kapp, K. W. / Vilmar, F. (Hrsg.): *Sozialisierung der Verluste? Die sozialen Kosten eines privatwirtschaftlichen Systems,* München 1972.
McClelland, D. C.: *Die Leistungsgesellschaft,* Köln 1966.
Meier, A.: *Die Kommerzialisierung unserer Kultur,* Diss. HSG, Winterthur 1965.
Neuberger, O.: *Theorien der Arbeitszufriedenheit,* Stuttgart 1974.
O'Connor, J.: *Die Finanzkrise des Staates,* Frankfurt 1974.
Offe, C.: *Strukturprobleme des kapitalistischen Staates,* Frankfurt 1972.
Rüttinger, B. u. a.: *Motivation des wirtschaftlichen Verhaltens,* Stuttgart 1974.
Schmidtbauer, W.: *Homo consumens, Der Kult des Überflusses,* Stuttgart 1972.
Steinhöfler, K.: *Umwelt – Wachstum – Lebensqualität,* Sondernummer 7 der Ökonomischen Rundschau der Bundeswirtschaftskammer, Wien 1973.
Ullmann, A.: *Unternehmungspolitik in der Umweltkrise. Elemente einer Strategie des qualitativen Wachstums,* Diss. HSG, Bern u. a. 1976.
Vogt, W.: *Zur langfristigen ökonomischen Entwicklung eines kapitalistischen Staates,* in: Leviathan Nr. 2, 1973, S. 161 ff.
Zapf, W. (Hrsg.): *Theorien des sozialen Wandels,* Köln 1970.

2. *Das Verstummen der Natur*

Boulding, K. E.: *Environment and Economics,* in: Murdock, W. M. (Hrsg.), Environment, Stanford 1971.
Coddington, A.: *The Economics of Ecology,* in: New Society, April 1970, S. 595.
Commoner, B.: *Wachstumswahn und Umweltkrise,* München 1973.
Ehrensvärd, G.: *Nach uns die Steinzeit,* Bern 1971.
Haber, H.: *Stirbt unser blauer Planet?,* Stuttgart 1973.
Jöhr, W. A.: *Bedrohte Umwelt. Die Nationalökonomie vor neuen Aufgaben,* in: v. Walterskirchen, M. P. (Hrsg.), Umweltschutz und Wirtschaftswachstum. Frauenfeld 1972, S. 47 ff.
Kapp, K. W.: *Umweltkrise und Nationalökonomie,* in: Schweizerische Zeitschrift für Volkswirtschaft und Statistik, 1972, Heft 3, S. 231 ff.
Klausewitz, W. u. a.: *Umwelt 2000,* Frankfurt a. M. 1971.
Odum, E. P.: *Fundamentals of Ecology,* Philadelphia 1971.
Schäfer, H.: *Folgen der Zivilisation,* Frankfurt 1974.
Siebert, H.: *Das produzierte Chaos,* Stuttgart 1973.
Sioli, H. (Hrsg.): *Ökologie und Lebensschutz in internationaler Sicht,* Freiburg 1973.

Taylor, G. R.: *Das Selbstmordprogramm. Zukunft oder Untergang der Menschheit,* Frankfurt a. M. 1971.
v. Weizsäcker, C.-F.: *Die Einheit der Natur,* München 1971.
Widener, D.: *Kein Platz für Menschen. Der programmierte Selbstmord,* Stuttgart 1971.

3. Optimismus auf schwankendem Boden

Ayres, R. U.: *Prognose und langfristige Planung in der Technik,* München 1971.
Beckerman, W.: *In Defence of Economic Growth,* London 1976.
Freeman, C. / Jakoda, M. u. a.: *Zukunft aus dem Computer? Eine Antwort auf »Die Grenzen des Wachstums«,* Neuwied 1973.
Gross, H.: *Das quartäre Zeitalter,* Düsseldorf und Wien 1973.
Huxley, A.: *Wissenschaft, Freiheit und Friede,* Zürich 1947.
Kahn, H.: *Vor uns die guten Jahre,* Wien 1977.
Leontief, W.: *Die Zukunft der Weltwirtschaft. Bericht der Vereinten Nationen,* Stuttgart 1977.
Maddox, J.: *Unsere Zukunft hat Zukunft. Der jüngste Tag findet nicht statt,* Stuttgart 1973.
Mensch, G.: *Das technologische Patt – Innovationen überwinden die Depression,* Frankfurt 1975.
Ridker, R. C. (Hrsg.): *Population, Resources and the Environment, The Commission on Population Growth and the American Future,* U. S. Government Printing Office, 1972.
Toffler, A.: *Die Grenzen der Krise,* Bern und München 1975.
Weinberg, A. M. / Goeller, H. E.: *The Age of Substitutability, or What We Do when he Mercury Runs Out,* Fifth International Symposium: A Strategy for Resources, Eindhoven (Holland), 1975.

4. Die natürlichen Grenzen des Wachstums

Boesch, M. / Sauter, J.: *Raumplanung und Landschaftsbegriffe,* in: Mitteilungen der Bündnerischen Vereinigung für Raumplanung, Nr. 3, Chur 1976.
Büchi, W.: *Zur Selbstzerstörung des Fremdenverkehrs,* Bern 1974.
Bugmann, E.: *Die formale Umweltqualität. Ein quantitativer Ansatz auf geographisch-ökologischer Grundlage,* Solothurn 1972.
Bundesanstalt für Geowissenschaften und Rohstoffe: *Das Angebot von Energie-Rohstoffen,* Hannover 1976.
Cottrell, F.: *Energy and Society. The Relationship between Energy, Social Change and Economic Development,* Westport Connecticut 1950.
Eidgenössische Anstalt für Wasserversorgung, Abwasserreinigung und Gewässerschutz (EAWAG): *Gewässerschutz 2000,* Dübendorf 1973.
Fritsch, B.: *Wachstumsbegrenzung als Machtinstrument,* Stuttgart 1974.
Gabor, D. u. a.: *Das Ende der Verschwendung. Zur materiellen Lage der Menschheit – Ein Tatsachenbericht an den Club of Rome,* Stuttgart 1976.
Georgescu-Roegen, N.: *Energy and Economic Myths,* New York u. a. 1976.
Gesundheitsdirektion des Kantons Zürich, Koordinationsstelle für Umweltschutz: *Umweltbelastung im Kanton Zürich,* Juli 1977.
Gildemeister, R.: *Landesplanung,* Braunschweig 1973.

Grauhan, R.-R. / Linder, W.: *Politik der Verstädterung,* Athenäum Fischer, Frankfurt a. M. 1974.

Keller, R.: *Bauen als Umweltzerstörung,* Zürich 1973.

Krippendorf, J.: *Die Landschaftsfresser,* Bern 1975.

Kümmel, R.: *Energie und Wirtschaftswachstum,* in: Konjunkturpolitik – Zeitschrift für angewandte Konjunkturforschung, Drittes Heft 1977, S. 155.

Leibundgut, H. (Hrsg.): *Schutz unseres Lebensraumes.* Symposium an der Eidgenössischen Technischen Hochschule in Zürich vom 10.–12. November 1970, Frauenfeld 1971.

Liebrucks, M.: *Die Ressourcen wichtiger Primärenergieträger in der Welt,* in: Zukunft Energie, hrsg. vom Institut für Zukunftsforschung, Berlin 1976.

Mansholt, S.: *Die Krise. Europa und die Grenzen des Wachstums,* Reinbek bei Hamburg 1974.

Meadows, D. u. a.: *Die Grenzen des Wachstums,* Reinbek bei Hamburg 1974.

Murdoch, W. W. (Ed.): *Environment: Resources, Pollution and Society,* Stanford, USA 1971.

Nussbaum, H. v. (Hrsg.): *Die Zukunft des Wachstums. Kritische Antworten zum Bericht des Club of Rome,* Düsseldorf 1973.

Odum, H. T.: *Environment, Power and Society,* New York 1971.

Prognos AG, Basel: *Umweltbelastungen und Umweltschutz in der Schweiz 1970–1985,* Studie im Auftrag Philips AG Zürich, Basel 1974.

Rajarman, I.: *Non Renovable Resources – A Review of Long-term Projections,* in: Futures, Juni 1976, S. 228 ff.

Ridker, R. G.: *Population, Resources and the Environment,* Washington D. C., Government Printing Office, 1972.

Schäfer, W.: *Der kritische Raum,* Frankfurt a. M. 1974.

Scharnagl, W.: *Der Dreck in dem wir leben oder ein Nachruf auf unsere Umwelt,* München 1971.

Schürmann, H. J.: *Ökonomische Ansätze zu einer rationalen Umweltpolitik und wirtschaftspolitische Konsequenzen mit besonderer Berücksichtigung der Energiewirtschaft,* Diss. Köln 1973.

SCEP: *Man's Impact on the Global Environment,* MIT Press, Cambridge Mass. 1970.

SMIC: *Report of the Study on Man's Impact on the Climate,* MIT Press, Cambridge Mass. 1971.

Spillmann, W.: *Knappheit natürlicher Ressourcen,* Diss. Zürich 1975.

Tietzel, M.: *Internationale Rohstoffpolitik – Eine Analyse der rohstoffpolitischen Aspekte des Nord-Süd-Dialogs,* Bonn-Bad Godesberg 1977.

Brobst, D. A. / Pratt, W. P.: *United States Mineral Resources,* Washington 1973.

5. Wirtschaftliche, politische und soziale Grenzen des Wachstums

Abromeit, H.: *Zum Verhältnis von Staat und Wirtschaft im gegenwärtigen Kapitalismus,* in: Politische Vierteljahresschrift, Heft 1, 1976, S. 2 ff.

Bahr, H. D.: *Kritik der ›Politischen Technologie‹,* Frankfurt 1970.

Galbraith, J. K.: *Wirtschaft für Staat und Gesellschaft,* München 1974.

Gehlen, A.: *Die Seele im technischen Zeitalter. Sozialpsychologische Probleme in der industriellen Gesellschaft,* Reinbek bei Hamburg 1957.

Grottian, P. / Murswieck, A.: *Handlungsspielräume der Staatsadministration,* Hamburg 1974.

Guggenberger, B.: *Wem nützt der Staat?,* Stuttgart/Berlin 1974.
Höbel, B. / Seibert, U.: *Bürgerinitiativen und Gemeinwesenarbeit,* München 1973.
Hotz, B. / Werder, H.: *Bedingungen politischer Planung in der Schweiz,* in: Schweizerisches Jahrbuch für politische Wissenschaft, Bern 1976, S. 65 ff.
I.G. Metall Frankfurt a. M. (Hrsg.): *Krise und Reform in der Industriegesellschaft,* Bd. 1: Materialien der IG-Metall-Tagung vom 17.-19. Mai in Köln, Bd. 2: Protokoll, Frankfurt/Köln 1976.
Kaltenbrunner, G.-K. (Hrsg.): *Überleben und Ethik,* München 1976.
Kocka, J.: *Organisierter Kapitalismus oder staatsmonopolistischer Kapitalismus?,* in: Winkler, H. A. (Hrsg.): Organisierter Kapitalismus, Göttingen 1974.
Leuenberger T. / Schilling. R.: *Die Ohnmacht des Bürgers,* Frankfurt 1977.
Luhmann, N.: *Soziologie des politischen Systems,* in: ders., Soziologische Aufklärung, Opladen 1971.
Luhmann, N.: *Wirtschaft als soziales System,* in: ders., Soziologische Aufklärung, Opladen 1971.
Mayer-Tasch, P. C.: *Die Bürgerinitiativbewegung,* Reinbek bei Hamburg 1977.
Müller, A. M. K.: *Die präparierte Zeit,* Stuttgart 1972.
O'Connor, J.: *Die Finanzkrise des Staates,* Frankfurt a. M. 1974.
Offe, C.: *Politische Herrschaft und Klassenstrukturen,* in: Kress/Senghaas, Politikwissenschaft, Frankfurt a. M. 1971.
Ronge, V. / Schmieg, G.: *Restriktionen politischer Planung,* Frankfurt a. M. 1973.
Scharpf, F.: *Planung als politischer Prozeß,* Frankfurt a. M. 1973.
Scharpf, F. W.: *Politische Durchsetzbarkeit innerer Reformen,* Göttingen 1974.
Szasz, Th. S.: *Die Fabrikation des Wahnsinns,* Frankfurt 1976.
Thürkauf, M.: *Pandorabüchsen der Wissenschaft, Die Kommenden,* Freiburg 1974.
Tuchel, K. (Hrsg.): *Wirtschaftliche und gesellschaftliche Auswirkungen des technischen Fortschritts,* Düsseldorf 1971.
Vogt, W.: *Zur langfristigen Entwicklung eines kapitalistischen Systems,* in: Leviathan, Heft 2, 1973, S. 170.
Wallraff, G.: *Industriereportagen. Als Arbeiter in deutschen Großbetrieben,* Reinbek bei Hamburg 1975.
Weizsäcker, C. F. v.: *Wege in der Gefahr. Eine Studie über Wirtschaft, Gesellschaft und Kriegsverhütung,* München/Wien 1976.

6. Sozialprodukt – der falsche Maßstab

Boulding, K. E.: *Fun and Games with the Gross National Product – The Role of Misleading Indicators in Social Policy,* in: Helferich, H. W. (Ed.), The Environmental Crisis, New Haven/London 1970.
Boulding, K. E.: *Income or Welfare,* in: Collected Papers, Vol. 1, Boulder Colorado 1971, S. 265 ff.
Hassenpflug, D.: *Umweltzerstörung und Sozialkosten,* Berlin 1974.
Hillmann, K.-H.: *Geplante Obsoleszenz. Bemerkungen zu Burkhardt Röper: »Gibt es einen geplanten Verschleiß?«,* in: Zeitschrift für Verbraucherpolitik, Nr. 1, 1977, S. 48 ff.
Kapp, K. W.: *Volkswirtschaftliche Kosten der Privatwirtschaft,* Tübingen 1958.
Küng, E.: *Wohlstand und Wohlfahrt. Von der Konsumgesellschaft zur Kulturgesellschaft,* Tübingen 1972.

Kuznets, S.: *Quantitative Economic Research: Trends and Problems,* NBER, General Series 96, Fiftieth Anniversary Colloquium VII, New York 1972.

Leipert, C.: *Unzulänglichkeiten des Sozialprodukts in seiner Eigenschaft als Wohlstandsmaß,* Tübingen 1975.

Mishan, E. J.: *The Costs of Economic Growth,* Harmondsworth 1971.

Nordhaus, W. D. / Tobin, J.: *Is Growth Obsolete?,* in: Economic Research: Retrospect and Prospect, Economic Growth, Fiftieth Anniversary Colloquium V, NBER, New York 1972.

Sheldon, E. B. / Moore, W. E. (Eds.): *Indicators of Social Change,* New York 1968.

Wittmann, W.: *Der unbewältigte Wohlstand. Die Zukunft von Wirtschaft, Staat und Gesellschaft,* München 1972.

7. *Der Leerlauf der Zivilisationsmaschine*

Binswanger, H. C. / Ledergerber, E.: *Bremsung des Energiezuwachses als Mittel der Wachstumskontrolle,* in: Wolff, J., Wirtschaftspolitik in der Umweltkrise, Strategien der Wachstumsbegrenzung und Wachstumsumlenkung, Stuttgart 1974, S. 103 ff.

Commoner, B.: *The Poverty of Power – Energy and the Economic Crisis,* New York 1976.

Illich, I.: *Die sogenannte Energiekrise oder die Lähmung der Gesellschaft,* Reinbek bei Hamburg 1974.

Illich, I.: *Selbstbegrenzung. Eine politische Kritik der Technik,* Reinbek bei Hamburg 1975.

Kümmel, R.: *Energie und Wirtschaftswachstum,* in: Konjunkturpolitik, Heft 3, 1977, S. 155 ff.

Linder, S. B.: *Das Linder-Axiom oder Warum wir keine Zeit mehr haben,* Frankfurt a. M. 1971.

Nydegger, A.: *Infrastrukturpolitik und Input-Outputanalyse,* in: Wolff, J. (Hrsg.), Wirtschaftspolitik in der Umweltkrise. Strategien der Wachstumsbegrenzung und Wachstumsumlenkung, Stuttgart 1974, S. 189 ff.

Reimer, H.: *Müllplanet Erde,* Hamburg 1971.

Schumacher, E. F.: *Es geht auch anders.* Rückkehr zum menschlichen Mass, München 1974/Reinbek 1977.

II. Teil: **Schritte in der richtigen Richtung**

1. *Auf dem Wege zu einer ökologisch angepaßten Wirtschaft*

Basler, E.: *Strategie des Fortschritts,* Frauenfeld 1973.

Bataille, G.: *Die Aufhebung der Ökonomie,* München 1975.

Bell, D.: *Die nachindustrielle Gesellschaft,* Frankfurt 1975.

Braunbek, W.: *Die unheimliche Wachstumsformel,* München 1973.

Bruckmann, G. / Swoboda, H.: *Auswege in die Zukunft. Was kommt nach der Konsumgesellschaft?,* Wien u. a. 1974.

Cramer, F.: *Fortschritt durch Verzicht,* München 1975.

Dopfer, K. (Hrsg.): *Economics in the Future,* London 1976.

Dreier, W. / Kümmel, R. (Hrsg.): *Zukunft durch kontrolliertes Wachstum,* Münster 1977.

Enzensberger, H. M.: *Zur Kritik der politischen Ökologie,* in: Kursbuch 33, Berlin 1973.

Eppler, E.: *Ende oder Wende,* Stuttgart 1975.

Fourastié, J.: *Die große Hoffnung des 20. Jahrhunderts,* Köln 1954.

Ginsburg, T.: *Exponentielles und logistisches Wachstum,* in: Horn, C. u. a. (Hrsg.), Umweltpolitik in Europa, Frauenfeld 1973.

Goldsmith, E. / Allen, R.: *Planspiel zum Überleben,* Stuttgart 1972.

Gottlieb Duttweiler-Institut für wirtschaftliche und soziale Studien (Hrsg.): *Krise ist nicht Schicksal,* Brennpunkte Nr. 1, Rüschlikon/Zürich u. a. 1976.

Gottlieb Duttweiler-Institut für wirtschaftliche und soziale Studien (Hrsg.): *Experimente für die Gesellschaft,* Brennpunkte Nr. 2, Rüschlikon/Zürich 1976.

Jungk, R. / Mundt, H. J. (Hrsg.): *Der Weg ins Jahr 2000.* Berichte der »Kommission für das Jahr 2000«, Perspektiven, Prognosen, Modelle, München u. a. 1969.

Küng, E.: *Steuerung und Bremsung des technischen Fortschritts,* Tübingen 1976.

Olson, M. / Landsberg, H. H.: *The No-Growth Society,* London 1973.

Schaefer, H.: *Folgen der Zivilisation – Therapie oder Untergang?,* Bericht der Studiengruppe »Zivilisationsfolgen« der Vereinigung Deutscher Wissenschaftler, Frankfurt a. M. 1974.

Schlemmer, J. (Hrsg.): *Neue Ziele für das Wachstum,* München 1973.

Schlemmer, J. (Hrsg.): *Anpassung als Notwendigkeit,* München 1973.

Steiger, H.: *Das Recht auf eine menschenwürdige Umwelt. Vorschlag eines Zusatzprotokolls zur Europäischen Menschenrechtskonvention,* Bonn 1975.

Taylor, G. R.: *Zukunftsbewältigung,* Hamburg 1976.

Vester, F.: *Das Überlebensprogramm,* München 1972.

Weizsäcker, C.-F. v.: *Die heutige Menschheit, von außen betrachtet,* in: Merkur, Heft 6 und 7, Stuttgart 1974.

2. Das neue magische Dreieck: Umweltstabilisierung – Geldwerterhaltung – Vollbeschäftigung

Binswanger, H. C.: *Können wir das Wirtschaftswachstum steuern?,* in: Jahrbuch der Neuen Helvetischen Gesellschaft, Zürich 1974.

Matzner, E.: *Gesellschaftliche Folgen und Bedingungen eines gedrosselten Wirtschaftswachstums,* in: Wirtschaft und Gesellschaft, Heft 2, 1975.

Pentzlin, H.: *Arbeitslos – Los der Zukunft? Wie die Vollbeschäftigung zu sehen ist.* Edition Interform AG, Zürich 1977.

3. Bessere Meßgrößen für Wirtschaft und Lebensqualität

Arbeitsgruppe Perspektivstudien: *Entwicklungsperspektiven der schweizerischen Volkswirtschaft bis zum Jahr 2000,* Teil VI, Entwicklungsperspektiven der schweizerischen Energiewirtschaft, St. Gallen 1972.

Baltensperger, M.: *Die volkswirtschaftliche Quantifizierung des Umweltverzehrs,* in: Schweizerische Zeitschrift für Volkswirtschaft und Statistik, Vol. 108, 1972, S. 405 ff.

Deischel, E.: *Umweltbeanspruchung und Umweltschäden durch den Verkehr in der BRD,* München 1971.

Dierkes, M.: *Soziale Daten und politische Planung. Sozialindikatorenforschung in der BRD und den USA,* Frankfurt/New York 1975.

Engelhardt, H. D. / Wenke, K. E. / Westmüller, H. / Zillessen, H.: *Lebensqualität. Zur inhaltlichen Bestimmung einer aktuellen politischen Forderung.* Ein Beitrag des Sozialwissenschaftlichen Instituts der Evangelischen Kirche in Deutschland, Wuppertal 1973.

Eppler, E.: *Alternativen für eine humane Gesellschaft,* in: Nussbaum, H. v. (Hrsg.), Die Zukunft des Wachstums. Kritische Antworten zum Bericht des Club of Rome, Düsseldorf 1973, S. 231 ff.

Eppler, E.: *Die Qualität des Lebens,* in: Aufgabe Zukunft: Qualität des Lebens, Beiträge zur vierten internationalen Arbeitstagung der IG-Metall für die Bundesrepublik Deutschland, 11.–14. April 1972 in Oberhausen, Frankfurt a. M. 1973, Bd. 1, S. 86 ff.

Juster, F. T.: *A Framework for the Measurement of Economic and Social Performance,* in: Moss, M. (Ed.), The Measurement of Economic and Social Performance, Studies in Income and Wealth, Vol. 38, New York 1973.

Landeszentrale für politische Bildung des Landes Nordrhein-Westfalen: *Lebensqualität? Von der Hoffnung Mensch zu sein,* Gütersloh 1974.

Leipert, C.: *Unzulänglichkeiten des Sozialprodukts in seiner Eigenschaft als Wohlstandsmaß,* Tübingen 1975.

Littmann, K.: *Umweltbelastung – Sozialökonomische Gegenkonzepte. Zur Internationalisierung externer Nachteile,* Göttingen 1974.

Nydegger, A.: *Die Social Costs des Umweltungleichgewichts,* in: Walterskirchen, M. P. v. (Hrsg.), Umweltschutz und Wirtschaftswachstum, Frauenfeld/Stuttgart 1972, S. 143 ff.

OECD: *Liste des préoccupations sociales communes à la plupart des pays membres de l'OCDE,* Paris 1973.

Ridker, R. G. / Henning, J. A.: *The Determination of Residential Property Values with Special Reference to Air Pollution,* in: The Review of Economics and Statistics, May 1967, S. 246 ff.

Sametz, A. W.: *Production of Goods and Services – The Measurement of Economic Growth,* in: Sheldon, E. B. / Moore, W. E. (Eds.), Indicators of Social Change, New York 1968, S. 86 ff.

Sheldon, E. B. / Moore, W. E.: *Indicators of Social Change, Concepts and Measurement,* New York 1968.

Simonis, U. E.: *Nettowohlfahrtsindikator – Ein japanischer Ansatz, in:* Zapf, W. (Hrsg.), Soziale Indikatoren. Konzepte und Forschungsansätze III, Frankfurt a. M. 1975, S. 296 ff.

Simonis, H. / Simonis, U. E.: *Lebensqualität: Zielgewinnung und Zielbestimmung. Quality of Life: Methods and Measurement,* Kieler Schrifttumskunden zu Wirtschaft und Gesellschaft Nr. 21, Kiel 1976 (Bibliographie).

Taylor, C. L. / Hudson, M. C.: *World Handbook of Political and Social Indicators,* 2nd. Ed., New Haven and London 1972.

Thomas, W. A.: *Indicators of Environmental Quality,* New York 1972.

Tsuru, S.: *In Place of GNP,* in: Political Economy of Environment. Problems of Method, Paris 1972, S. 11 ff.

Wilcox, W. D. u. a.: *Social Indicators and Societal Monitoring. An Annotated Bibliography,* Amsterdam 1972.

Wittmann, W. / Bülte, U.: *Die sozialen Kosten des Automobils in der Schweiz,* Fribourg und Rüschlikon/Zürich 1973.

Zapf, W. (Hrsg.): *Soziale Indikatoren. Konzepte und Forschungsansätze,* 2 Bände, Frankfurt a. M./New York 1974.

Zwintz, R.: *Die monetäre Bewertung materieller und immaterieller Umweltschäden,* in: Engelhardt, H. D. u. a. (Hrsg.), Umweltstrategie. Zur inhaltlichen Bestimmung einer aktuellen politischen Forderung. Ein Beitrag des Sozialwissenschaftlichen Instituts der Evangelischen Kirche in Deutschland, Wuppertal 1973, S. 192.

4. Welche Bedeutung kommt der Umweltpolitik zu?

Altenpohl, D.: *TP / Die Zukunftsformel, Möglichkeiten und Grenzen der Technologie-Planung,* Frankfurt a. M. 1975.

Baumol, W. J. / Oates, W. E.: *The Theory of Environmental Policy,* Englewood Cliffs, N. J. 1975.

Boese, P. u. a.: *Planungsfaktor Umweltschutz. Gemeinden vor neuen Aufgaben.* Basiswissen für Entscheidungsträger, Grafenau 1976.

Braun, R.: *Gedanken zur Abfall-Bewirtschaftung in der Schweiz,* in: Jahrbuch für Umweltschutz, Luzern 1973, S. 75 ff.

Buhné, R.: *Die internationale Verflechtung der Umweltproblematik,* Göttingen 1976.

Dubach, P.: *Conversion of Refuse to Energy,* Conference Papers, Montreux 1975, IEEE-Catalog, no. 75 CH 1008-2 CRE.

Dubach, P.: *Energieersparnisse durch Wiederverwertung von Altstoffen,* in: Schweizerischer Maschinenmarkt Nr. 4, Goldach 1977.

Dubach, P.: *Recycling in der Materialwirtschaft, Stoffkreisläufe – Rückgewinnung – Abfallnutzung,* Reihe: Expandierende Märkte, Band 5, Hamburg 1975.

Engelhardt, H. D. u. a. (Hrsg.): *Umweltstrategie. Zur inhaltlichen Bestimmung einer aktuellen politischen Forderung.* Ein Beitrag des Sozialwissenschaftlichen Instituts der Evangelischen Kirche in Deutschland, Wuppertal 1973.

Flohn, H.: *Globale Energiebilanz und Klimaschwankungen,* in: Schriftenwerke Rhein. Westfälische Akademie der Wissenschaften Nr. 234, Bonn 1973.

Fritsch, B.: *Wachstumsbegrenzung als Machtinstrument,* Stuttgart 1974.

Gottlieb Duttweiler-Institut für wirtschaftliche und soziale Studien (Hrsg.): *Recycling: Lösung der Umweltkrise?,* Brennpunkte Nr. 2, 5. Jg., Rüschlikon/Zürich u. a. 1974.

Haussmann, F. u. a.: *Systemforschung und Umweltschutz. Praktische Methoden zur Beurteilung von Gestaltungsalternativen im Systemzusammenhang,* Berlin 1976.

Himmelheber, M.: *Symptom-Therapie und Heilung am Beispiel des Abwasserproblems,* in: Scheidewege, Jg. 5, 1975, S. 438 ff.

Horn, C. u. a. (Hrsg.): *Umweltpolitik in Europa,* Frauenfeld/Stuttgart 1973.

Kobelt, R. / Stumm, W.: *Konsequenzen des Energieverbrauchs für den Umweltschutz,* in: Schweizerische Technische Zeitschrift, Mai 1974, S. 423 ff.

Mauch, S. P. / Müller-Stahel, H.-U.: *Umweltschutz: Ziele – Wirtschaftliche und regulatorische Maßnahmen – Vollzug,* in: Wirtschaft und Recht, Heft 1, 1974, S. 27.

Meyer-Abich, K. M.: *Bedingungen der mittel- und langfristigen Energieversorgung,* in: Fornallaz, P. (Hrsg.), Technik für oder gegen den Menschen, Basel 1975, S. 189 ff.

Nowotny, E.: *Wirtschaftspolitik und Umweltschutz,* Freiburg i. Br. 1974.

Ospelt, F.: *Unternehmenspolitik und Umweltschutz,* Wien 1977.

Rausch, H.: *Umweltschutzgesetzgebung, Aufgabe, geltendes Recht und Konzepte,* Zürich 1975.

Schulz, W.: *Die optimale Nutzung erschöpfbarer Energieressourcen,* in: Wirtschaftswissenschaftliche Studien, Februar 1977, S. 60 ff.

Walterskirchen, M. P. v. (Hrsg.): *Umweltschutz und Wirtschaftswachstum,* Frauenfeld 1972.

Weizsäcker, E. v.: *Humanökologie und Umweltschutz,* Stuttgart und München 1972.

9. Weltenergiekonferenz; *Survey of Energy Resources 1974,* Detroit 1974.

Wolff, J. (Hrsg.): *Wirtschaftspolitik in der Umweltkrise. Strategien der Wachstumsbegrenzung und Wachstumslenkung,* Stuttgart 1974.

5. Begrenzung und Rationierung

a) Das Modell der ökologischen Buchhaltung

Beckermann, W.: *Pricing for Pollution,* Hobart Paper 66, London 1975.

Binswanger, H. C.: *Verursacherprinzip und Umweltschutz,* in: Jahrbuch für Umweltschutz, Luzern 1973, S. 31 ff.

Bonus, H.: *Möglichkeiten der Internalisierung externer Effekte,* in: Schriften des Vereins für Socialpolitik, N. F. 88 Berlin 1976.

Frey, B. S.: *Umweltökonomik,* Göttingen 1972.

Müller-Wenk, R.: *Die ökologische Buchhaltung,* Frankfurt a. M. 1978.

Spreng, D. T.: *Useful Questions in Energy Accounting,* Institute for Energy Analysis, Oak Ridge Assosiated Universities, IEA Research Memorandum, Oak Ridge Tennessee 1976.

b) Sicherung des Lebensraumes

Buchwald, K.: *Handbuch für Landespflege und Naturschutz,* München 1968.

Gruen, V.: *Die lebenswerte Stadt. Visionen eines Umweltplaners,* München 1975.

Leibundgut, H.: *Landschaftsschutz und Umweltpflege,* Frauenfeld 1974.

Linder, W. / Maurer, U. / Resch, H.: *Erzwungene Mobilität. Alternativen zur Raumordnung, Stadtentwicklung und Verkehrspolitik,* Köln/Frankfurt a. M. 1975.

Vester, F.: *Ballungsgebiete in der Krise. Eine Anleitung zum Verstehen und Planen menschlicher Lebensräume mit Hilfe der Biokybernetik,* Stuttgart 1976.

Zinn, H.: *Beziehungen zwischen Raumgestaltung und Sozialleben,* Bern 1970.

6. Energie-Stabilisierung und Sicherung der Arbeitsplätze

Binswanger, H. C. / Ledergerber, E.: *Bremsung des Energiezuwachses als Mittel der Wachstumskontrolle,* in: Wolff, J., Wirtschaftspolitik in der Umweltkrise, Strategien der Wachstumsbegrenzung und Wachstumsumlenkung, Stuttgart 1974, S. 103 ff.

Boulding, K. E.: *New Goals for Society?* in: Schurr, S. H. (Ed.), Energy, Economic Growth, and the Environment, Baltimore and London 1972, S. 139 ff.

Bundesministerium für Forschung und Technologie: *Viertes Atomprogramm der Bundesrepublik Deutschland für die Jahre 1973–1976,* Bonn 1973.

Cottrell, F.: *Energy and Society; The Relation between Energy, Social Change and Economic Development,* Grenwood Press, Westport 1970.

Danish Ministry of Commerce: *Danish Energy Policy* Kopenhagen Mai 1976.

Fichtner Beratende Ingenieure: *Abschätzung der Energieeinsparungsmöglichkeiten innerhalb der Bundesrepublik Deutschland, Studie im Auftrag des Bundesministeriums für Forschung und Technologie,* Stuttgart 1975.

Gaul, E.: *Atomenergie oder ein Weg aus der Krise?, Kritik zum Bonner Atomprogramm,* Reinbek bei Hamburg 1974.

Ginsburg, Th. / Mauch, E. / Rausch, H. / Wechler, D.: *Arbeitsgruppe Energie – Wachstum – Umwelt, EWU: Die Stabilisierungsvarianten;* Studie Nr. 11 a im Auftrag der Eidgenössischen Kommission für eine Gesamtenergiekonzeption, Bern 1977.

Gottlieb Duttweiler-Institut für wirtschaftliche und soziale Studien: *Kernenergie – offen bilanziert,* Brennpunkte Nr. 4, Rüschlikon-Zürich/Frankfurt 1976.

Holenstein, A.-H.: *Zerstörung durch Überfluß. Überentwicklung – Unterentwicklung am Beispiel unserer Ernährung.* (NAWU-Studie), Z-Verlag Basel 1977.

Illich, I.: *Die sogenannte Energiekrise; oder Die Lähmung der Gesellschaft, Das sozial kritische Quantum der Energie,* Reinbek bei Hamburg 1974.

Meyer-Abich, K. M.: *Bedingungen der mittel- und langfristigen Energieversorgung,* in: Fornallaz, P. (Hrsg.), Technik für oder gegen den Menschen, Basel 1975, S. 189.

Ministère de l'Industrie et de la Recherche: *Les Economies d'Energie; Les dossiers de l'Energie (II),* Paris 1976.

The National Energy Plan, Executive Office of the President; *Energy Policy and Planing;* Government Printing Office, Washington C. D. 1977.

Over, J. A. / Sjoerdsma, A. C. (Hrsg.): *Energy Conservation: Ways and Means, Future Shape of the Technology Foundation,* Den Haag 1974.

PLENAR: *Planung, Energie, Architektur,* Niederteufen 1975.

Österreichisches Institut für Bauforschung, Forschungsbericht 117: *Reduzierung des Energieverbrauchs in Wohnungen,* Wien 1976.

Schmitt, D. / Schürmann, H. J. / Pluge, W.: *Zur Notwendigkeit einer staatlichen Energieeinsparungspolitik;* ein kritischer Ansatz. Aktuelle Fragen der Energiewirtschaft, Heft 8, München 1976.

Schumacher, E. F.: *Energie, Mensch und Umwelt,* in: Gottlieb Duttweiler-Institut für wirtschaftliche und soziale Studien (Hrsg.), Kleintechnologie kontra Wirtschaft?, Brennpunkte Nr. 5, Zürich/Rüschlikon u. a. 1976, S. 11 ff.

Schweizerische Energie-Stiftung: *Energie und Arbeitsplätze. Stabilisierung verhütet Krisen,* Zürich 1977.

Schweizerisches Nationalkomitee der Welt-Energie-Konferenz, *Stellungnahme zu den technisch-wirtschaftlichen Aspekten der Stabilisierungsvarianten, Bericht im Zusammenhang mit der Erarbeitung einer schweizerischen Gesamtenergiekonzeption,* Bern 1976.

A Time to Choose; America's Energy Future. *A Report to the Energy Policy Project of the Ford Foundation,* Cambridge Mass. 1974.

III. Teil: Strukturen einer alternativen Gesellschaft

1. Übergang zu einer neuen Lebensform

Amery, C.: *Natur als Politik. Die ökologische Chance des Menschen,* Reinbek bei Hamburg 1976.

Dahl, J. u. a.: *Bussauer Manifest zur umweltpolitischen Situation,* in: Scheidewege, Heft 4, Jg. 5, Frankfurt 1975.

Jouvenel, B. de: *Jenseits der Leistungsgesellschaft,* Freiburg 1970.

Jungk, R.: *Der Jahrtausendmensch,* München 1974.

Maude, B.: *The Turning Tide, Towards the Post-Surplus Society,* London 1975.

Schumacher, E. F.: *Es geht auch anders* (Technik nach Menschenmaß), München 1974/Reinbek 1977.

2. Die platonische Utopie einer stabilen Wirtschaft

Platon *Die Gesetze,* in: Sämtliche Werke, 3. Band, übersetzt von Deutsche J., Georgii L., Schleiermacher F., Susemichl F., Verlag Jakob Hegner, Köln und Olten 1967.

3. »Kleine Netze«: Im Vorfeld einer »sozialen Mutation«

Atteslander, P. / Hamm, P.: *Materialien zur Siedlungssoziologie,* Köln 1974.

Bahr, H.-E. (Hrsg.): *Politisierung des Alltags – gesellschaftliche Bedingungen des Friedens,* Darmstadt/Neuwied 1972.

Bertaux, P.: *Mutationen der Menschheit,* Frankfurt/Hamburg 1963.

Burckhardt, L. / Förderer, W.: *Bauen ein Prozeß,* Teufen 1968.

Bussiek, H. (Hrsg.): *Wege zur veränderten Gesellschaft,* Frankfurt a. M. 1971.

Duhm, D., *Angst im Kapitalismus,* Hagen 1972.

Evans, A. A.: *Temps et vie de travail,* Paris 1973.

Gizycki, H. v.: *Entwurf einer neuen Kommune,* Darmstadt/Neuwied 1974.

Grauhan, R.-R.: *Grenzen des Fortschritts,* München 1975.

Hauser, R. / Hauser, H.: *Die kommende Gesellschaft, Handbuch für soziale Gruppenarbeit und Gemeinwesenarbeit,* München 1971.

Held, T. / Lévy, R.: *Die Stellung der Frau in Familie und Gesellschaft,* Frauenfeld 1973.

Jäggi, M. / Müller, R. / Schmid, S.: *Das rote Bologna,* Zürich 1976.

Laage, G.: *Umwelt und Mitbestimmung,* München 1973.

Leuenberger, T. / Schilling, R.: *Die Ohnmacht des Bürgers,* Frankfurt a. M. 1977.

Liegle, L.: *Familie und Kollektiv im Kibbuz,* Weinheim 1972.

Richter, H. E.: *Lernziel Solidarität,* Hamburg 1974.

Rusterholz, H.: *Das kleine Netz,* Niederlenz 1974.

Schilling, R.: *Die Demokratie der Teilnahme,* Zürich 1973.

Schwägler, G.: *Soziologie der Familie,* Tübingen 1975.

Vilmar, F.: *Strategien der Demokratisierung,* Darmstadt 1973.

Zahn, U. / Klurfeld, M.: *Alternativkatalog,* Heft 1, Köniz 1976.

Zimpel, G.: *Selbstbestimmung oder Akklamation,* Stuttgart 1972.

Zinn, H.: *Beziehung zwischen Raumgestaltung und Sozialleben,* Schriftenreihe Wohnungsbau, Bern 1970.

4. Ausbau des Sozialdienstes – Eindämmung der Geldwirtschaft

Achinger, H.: *Sozialpolitik als Gesellschaftspolitik,* Hamburg 1958.

Badura, B. / Gross, P.: *Sozialpolitische Perspektiven.* Eine Einführung in Grundlagen und Probleme sozialer Dienstleistungen, München 1976.

Binswanger, H. C.: *Ökonomie und Lebensqualität,* in: Lebensqualität, Jahrbuch der Neuen Helvetischen Gesellschaft, Bern 1975.

Canetti, E.: *Die gespaltene Zukunft.* Aufsätze und Gespräche, Reihe Hauser 111, München 1972.

Dubs, P. u. a.: *Das O/S-System. Ein Vorschlag zur Neugestaltung der menschlichen Gesellschaft,* Achberg 1974.

Ferber, C. U.: *Sozialpolitik in der Wohlstandsgesellschaft,* Hamburg 1967.

Freidson, E.: *Dominanz der Experten. Zur sozialen Struktur der medizinischen Versorgung,* München u. a. 1975.

Glazer, N.: *Die Grenzen der Sozialpolitik,* in: Narr, W. D. / Offe, C. (Hrsg.), Wohlfahrtsstaat und Massenloyalität, Köln 1975, S. 335 ff.

Herder-Dorneich, Ph. / Kötz, W.: *Zur Dienstleistungsökonomik. Systemanalyse und Systempolitik der Krankenhauspflegedienste,* Berlin 1972.

Illich, I.: *Die Enteignung der Gesundheit,* Reinbek bei Hamburg 1975.

Kohl, H.: *Freizeitpolitik,* Frankfurt/Köln 1976.

Kötz, W.: *Maßnahmen und Vorschläge zur Behebung des Mangels an Krankenhauspflegediensten,* Diss. Köln 1970.

Linder, St. B.: *Das Linder Axiom oder Warum wir keine Zeit mehr haben,* Gütersloh/Wien 1970.

Schäfer, D.: *Die sozialen Dienste im Rahmen einer Systematik der sozialen Hilfen,* in: Blind, A. u. a. (Hrsg.), Sozialpolitik und persönliche Existenz, Festgabe für Hans Achinger anläßlich seines 70. Geburtstages, Berlin 1969, S. 265 ff.

5. Anpassung der Eigentumsformen

Basler, E.: *Strategie des Fortschritts,* Frauenfeld 1972.

Binswanger, H. C.: *Umrisse einer umweltkonformen Wirtschaftsforschung,* in: Schlemmer, J. (Hrsg.), Neue Ziele für das Wachstum. München 1973, S. 118 ff.

Binswanger, H. C., u. a., *Eigentum und Eigentumspolitik,* Zürich 1978.

Lendi, M.: *Planungsrecht und Eigentum,* in: Zeitschrift für schweizerisches Recht, Jg. 95 II, 1976, Heft I, S. 1–224.

Nobel, P.: *Europäisierung des Aktienrechtes,* Diss. Zürich 1974.

Ott, C.: *Recht und Realität der Unternehmenskorporation,* Tübingen 1977.

Rittstieg, H.: *Eigentum als Verfassungsproblem,* Darmstadt 1975.

6. Landwirtschaft und Ernährung ohne Raubbau

Améry, C.: *Das Ende der Vorsehung,* Reinbek bei Hamburg 1972.

Aubert, C.: *L'agriculture biologique, Le Courrier du Livre,* Paris 1970.

Binswanger, H. C. / Müller, K.: *Vorschlag für die Einführung von Flächenbeiträgen,* in: Binswanger, H. C. (Hrsg.), Die europäische Agrarpolitik vor neuen Alternativen, Bern 1977, S. 17 ff.

Brubacher, G. / Ritzel, G. (Hrsg.): *Zur Ernährungssituation der schweizerischen Bevölkerung, Erster Schweizerischer Ernährungsbericht,* Bern 1975.

Büchting, A. J. / Gutschow, A.: *Grenzen und Engpässe moderner Agrarverfahren – Ökologische Alternativen,* hrsg. von der Eden-Stiftung zur Förderung naturnaher Lebenshaltung und Gesundheitspflege, Bad Soden 1976.

Collins, J. / Moore Lappé, F.: *Vom Mythos des Hungers,* Frankfurt 1978.

Dentinger, J.: *Das grüne Buch,* Basel 1975.

Egger, K. / Glaeser, B.: *Kritik der Grünen Revolution: Wege zur ökologischen Alternative,* in: Scheidewege, 4. Jg., Heft 4, Frankfurt a. M. 1974.

George, S.: *How the Other Half Dies,* The Real Reasons for World Hunger, London 1976.

Gerber, F.: *Wandel im ländlichen Leben,* Bern 1974.

Hauser, J.: *Die grüne Revolution,* Zürich 1972.

Holenstein, A.-M. / Power, J.: *Hunger. Welternährung zwischen Hoffnung und Skandal,* Fischer Taschenbuch, Frankfurt a. M. 1976.

Koepf / Petterson / Schaumann: *Biologische Landwirtschaft, Eine Einführung in die biologisch-dynamische Landwirtschaft,* Stuttgart 1974.

Leach, G.: *Energy and Food Production,* IPC Science and Technology Press 1976.

Lockeretz, W. u. a.: *Vergleich der Produktionsleistung, Wirtschaftlichkeit und Energieintensität von landwirtschaftlichen Systemen mit und ohne Verwendung von landwirtschaftlichen Düngemitteln im Maisgürtel der USA.* Studie des Center for Biology of Natural Systems, Washington University, Saint Louis Missouri 1975.

Meier, U.: *Ökologie und Entwicklungsländer,* Diss. St. Gallen 1975.

Müller, K.: *Ausgleichszahlungen als neues Instrument der schweizerischen Agrarpolitik,* Winterthur 1973.

Nature Conservation and Agriculture: *Appraisal and Proposals by the Nature Conservancy Council,* Great Britain Headquarters, 19/20 Belgrave Square, London SW 1X 8 PY.

Popp, H. u. a.: *Ausgleichszahlungen an die schweizerische Landwirtschaft,* hrsg. vom Eidg. Volkswirtschaftsdepartement, Bern 1973.

Popping, O.: *Bauern und Politik,* Frankfurt 1975.

Priebe, H.: *Zur Lösung der Konflikte zwischen Einkommens- und Marktpolitik,* in: Binswanger, H. C. (Hrsg.), Die europäische Agrarpolitik vor neuen Alternativen, Bern 1977, S. 9 ff.

Rist, M. / Vogtmann, H.: *Wird das postindustrielle Zeitalter ein biologisches?,* in: Neue Zürcher Zeitung Nr. 81, Zürich, 22. 3. 1975.

Schuphan, W.: *Mensch und Nahrungspflanze,* Den Haag 1976.

Schweizerische Gesellschaft für Umweltschutz: *Ökologische Landwirtschaft als notwendige öffentliche Aufgabe,* Zürich 1977.

Seifert, A.: *Gärtnern, Ackern – ohne Gift,* München 1971.

Villacher Manifest: *Der ländliche Raum – Lebensgrundlage der Industriegesellschaft. Österreichischer Naturschutzbund,* Wien 1976.

Wortmann, M.: *Konventionelle und biologische Landwirtschaft im Spannungsfeld von Ökonomie und Ökologie, »Lebendige Erde«,* Darmstadt 1977.

Zahn, U.: *Alternativkatalog, Heft 2,* Porrentruy 1976.

Namenregister

fischer alternativ

Hans Ekkehard Bahr
Reimer Gronemeyer (Hg.)
Anders leben – überleben
(Im Taschenbuchmagazin „Brennpunkte")
Originalausgabe
Bd. 4002

Die tägliche Revolution
(Im Taschenbuchmagazin „Brennpunkte")
Originalausgabe
Bd. 4005

Lewis Mumford
Mythos der Maschine
Kultur, Technik und Macht
Bd. 4001

Helmut Swoboda
Der Kampf gegen die Zukunft
Ein Report über die Widerstände gegen das Verändern
Originalausgabe
Bd. 4004

Bio-Energie
Unerschöpfliche Quelle aus lebenden Systemen
Ein Handbuch zur Gewinnung von Energie aus lebenden Systemen
(Im Taschenbuchmagazin „Brennpunkte")
Bd. 4014

Carl Amery, P. C. Mayer-Tasch, Klaus Meyer-Abich (Hg.)
Energiepolitik ohne Basis
Vom bürgerlichen Ungehorsam zu einer neuen Energiepolitik
Originalausgabe
4007

Hartmut Bossel
Bürgerinitiativen entwerfen die Zukunft
Neue Leitbilder – Neue Werte – 30 Szenarien
Originalausgabe
Bd. 4010

Christine Föppl
Die Vollbeschäftigungsformel
Wirksame Rezepte gegen die Arbeitslosigkeit
Originalausgabe
Bd. 4009

Horst von Gizycki/
Hubert Habicht (Hg.)
Oasen der Freiheit
Von der Schwierigkeit der Selbstbestimmung
Bd. 4012

Herbert Gruhl
Ein Planet wird geplündert
Die Schreckensbilanz unserer Politik
Bd. 4006

Massenmedien spontan
Die Zuschauer machen ihr Programm (Im Taschenbuchmagazin „Brennpunkte")
Originalausgabe
Bd. 4011

Frances Moore-Lappe
Die Öko-Diät
Wie man mit weniger Fleisch gut ißt und die Natur schont
Deutsche Erstausgabe
Bd. 4013

fischer alternativ

Das Fischer Lexikon

Enzyklopädie des Wissens

Das Fischer Lexikon umfaßt in selbständigen Einzelbänden das Wissen unserer Zeit nach dem letzten Stand der Forschung. Jeder Band besteht aus einer allgemeinen Einleitung in das betreffende Wissensgebiet, den alphabetisch angeordneten enzyklopädischen Artikeln mit den entsprechenden Stichwörtern (die in einem Register am Ende des Bandes lexikalisch auffindbar sind) und einer ausführlichen Bibliographie. In fast allen Bänden zahlreiche Abbildungen.

1 Geschichte der Religionen
2 Staat und Politik
3 Christliche Religion
4 Astronomie
6 Psychologie
7 Internationale Beziehungen
8 Wirtschaft
9 Publizistik
10 Soziologie
11 Philosophie
12 Recht
13 Völkerkunde
14 Geographie
15 Anthropologie
19 Physik
20 Geophysik
24 Geschichte
25 Sprachen
26/1 Chemie I Allgemeine Chemie
26/2 Chemie II Angewandte Chemie
27 Biologie I: Botanik
28 Biologie II: Zoologie
29/1 Mathematik I
29/2 Mathematik II
34 Literatur I
35/1, 2 Literatur II/III
36 Pädagogik